权威·前沿·原创

皮书系列为
"十二五""十三五""十四五"时期国家重点出版物出版专项规划项目

BLUE BOOK

智库成果出版与传播平台

河北蓝皮书

BLUE BOOK OF HEBEI

河北传媒发展报告
（2025）

ANNUAL REPORT ON MEDIA DEVELOPMENT
OF HEBEI (2025)

塑造主流舆论新格局

Shaping a New Pattern of Mainstream Public Opinion

主　　编／吕新斌
执行主编／张　芸
副 主 编／韩春秒　张　旭

社会科学文献出版社
SOCIAL SCIENCES ACADEMIC PRESS (CHINA)

图书在版编目(CIP)数据

河北传媒发展报告.2025：塑造主流舆论新格局／吕新斌主编.--北京：社会科学文献出版社，2025.8.（河北蓝皮书）.--ISBN 978-7-5228-5651-3

Ⅰ.G219.272.2

中国国家版本馆CIP数据核字第20255AP402号

河北蓝皮书
河北传媒发展报告（2025）
——塑造主流舆论新格局

主　　编／吕新斌
执行主编／张　芸
副 主 编／韩春秒　张　旭

出 版 人／冀祥德
责任编辑／高振华
文稿编辑／孙玉铖
责任印制／岳　阳

出　　版／社会科学文献出版社·生态文明分社（010）59367143
　　　　　地址：北京市北三环中路甲29号院华龙大厦　邮编：100029
　　　　　网址：www.ssap.com.cn
发　　行／社会科学文献出版社（010）59367028
印　　装／天津千鹤文化传播有限公司
规　　格／开本：787mm×1092mm　1/16
　　　　　印　张：23.75　字　数：356千字
版　　次／2025年8月第1版　2025年8月第1次印刷
书　　号／ISBN 978-7-5228-5651-3
定　　价／128.00元

读者服务电话：4008918866

▲ 版权所有 翻印必究

《河北蓝皮书（2025）》
编委会

主　任　吕新斌

副主任　彭建强　肖立峰　袁宝东　孟庆凯　吕雪松

委　员　(按姓氏笔画排序)
　　　　王建强　边继云　李　靖　李会霞　李鉴修
　　　　汪　洋　张　芸　张　波　陈　璐　樊雅丽

主编简介

吕新斌 河北省社会科学院党组书记、院长，中共河北省委讲师团主任，河北省社会科学界联合会第一副主席，中国李大钊研究会副会长。

吕新斌同志先后在原中国吴桥国际杂技艺术节组委会办公室、原河北省文化厅、河北省委宣传部、河北省社会科学院工作。在河北省委宣传部工作期间，先后在文艺处、城市宣传教育处、宣传处、办公室、研究室（舆情信息办）、理论处等多个处室工作，后任河北省委宣传部副部长、省文明办主任，2023年10月到河北省社会科学院履新任现职。

吕新斌同志长期从事和负责河北省意识形态、理论武装、哲学社科、宣传领域政策研究、文化艺术、舆情信息、精神文明建设等工作，参与组织全省性重大活动，多次参与河北省党代会等全省性重大会议报告和主要文件起草工作。在《人民日报》《光明日报》《学习时报》《中国社会科学报》《新华智库研究》《河北日报》等报刊发表多篇文章，参与编写或主编完成《战略机遇期的文化建设》《走向沿海强省》《文明让我们的城市更美好》等多部著作。担任中央马克思主义理论研究和建设工程重大项目和重点项目首席专家。参与完成《习近平新时代中国特色社会主义思想学习纲要》《习近平新时代中国特色社会主义思想三十讲》等多部重要读物编写任务，获中宣部办公厅致函表扬、省委主要领导同志高度肯定、省委宣传部通报表扬；曾获"全省政研系统先进个人""全国法制宣传教育先进个人"等称号。

摘　要

《河北传媒发展报告（2025）》是河北省社会科学院主持编撰的河北蓝皮书传媒卷，由河北省社会科学院新闻与传播学研究所组织院内专家、高校学者及省级主流媒体从业人员撰写，围绕智能媒体传播的年度主题，客观、全面反映2024年河北省传媒业塑造主流舆论新格局的实践探索，科学分析研判传媒业的发展趋势，为推动河北省传媒业的进阶发展提供理论指导，为传媒从业者和相关领域研究提供参考借鉴，具有较高的理论价值和实践意义。

2024年，河北省传媒业适应技术革新的时代要求，主动拥抱数字技术，全力发展传媒新质生产力，构建适应全媒体生产传播的工作机制，为主流媒体系统性变革提供强大动力。同时，河北省传媒业面对传播范式的急剧转变，亟须加速融合创新，打造更具传播力与引导力的主流舆论阵地。

本书分为总报告、分报告、专题篇和调研篇四部分。总报告分析了2024年河北省主流媒体融合发展的主要成就和面临的主要问题与挑战，提出创新全媒体工作机制、加快传媒智能化转型、加强国际传播能力建设、积极探索主流媒体新型盈利模式、完善政策支撑体系的对策建议。分报告共5篇，分别分析了河北省报业、广播电视事业、主流新媒体、图书出版业、影视业等传媒行业的年度发展特点，并提出发展传媒新质生产力、构建传媒新型生产关系等优化建议。专题篇共13篇，分别从专业视角对主流媒体舆论引导、社会治理、文旅宣传、公益广告、地市级媒体融合、网络环境治理等热点问题进行深入研究。调研篇共 2 篇，分别针对 Z 世代河北大学生婚恋观、短视频对河北城乡老年群体社会参与和价值认同的影响等现实问题进行实证分析。

关键词： 传媒业　主流舆论　媒体融合　系统性变革

Abstract

Annual Report On Media Development Of HEBEI (2025) is written by the Institute of Journalism and Communication of Hebei Academy of Social Sciences, organized by experts in the institute, university scholars and some mainstream media practitioners in Hebei Province. This book takes the major theoretical and practical issues of Hebei media industry as the research content, objectively and comprehensively reflects the development trend of Hebei media industry in 2024, accurately grasps the frontier dynamics, analyzes and evaluates the main problems restricting the high-quality development of Hebei media industry, and puts forward practical countermeasures and suggestions.

In 2024, the Hebei media industry adapted to the era requirements of technological innovation, actively embraced digital technology, fully developed new media productive forces, and constructed a working mechanism suitable for all-media production and communication, providing strong impetus for the systematic transformation of mainstream media. At the same time, in the face of the rapid transformation of the communication paradigm, the Hebei media industry urgently needs to accelerate integration and innovation to build a mainstream public opinion position with stronger communication power and guiding force.

The book is divided into four parts: general report, topical reports, special reports and research reports. The general report analyzes the main achievements, main problems and challenges faced by the integrated development of Hebei mainstream media in 2024, and puts forward countermeasures and suggestions such as innovating the all-media working mechanism, accelerating the transformation of media toward intelligence, strengthen the constuotion of international communication capacity, actively exploring new profit models for mainstream media and improving the policy support system. There are 5 topical reports in total, which respectively analyze the annual development characteristics of the media industries in Hebei such as the newspaper industry, radio and television industry, mainstream new media, book publishing industry, film and television industry, and put forward optimization suggestions such as developing new media productive forces, constructing a new media production relationship. There are 13 articles in the special reports, which conduct in-depth research on hot issues such as the guidance of public opinion by mainstream media, social governance, cultural tourism publicity, public service advertisements, the integration of local media, and the governance of the network environment from a professional perspective. There are 2 articles in the research reports, which conduct empirical analysis on practical issues such as the view of marriage and love among Generation Z of Hebei college student and the impact of short videos on the social participation and value recognition of Hebei urban and rural elderly groups.

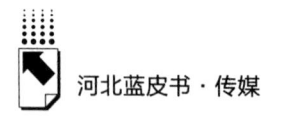

Keywords: Media industry; Mainstream Public Opinion; Convergence of Media; Systemic Transformation

目 录

Ⅰ 总报告

B.1 2024年河北省主流媒体融合发展报告
………………………………… 张　芸　韩春秒　安钰盟 / 001

Ⅱ 分报告

B.2 2024年河北省报业发展报告 ………… 商建辉　张志平 / 015
B.3 2024年河北省广播电视事业发展报告
　　………………… 孙荣欣　葛晓宇　张君琳　刘长亮 / 032
B.4 2024年河北省主流新媒体发展报告
　　………………… 张　旭　李小琳　张　妍　焦占梅 / 049
B.5 2024年河北省图书出版业发展报告 ………… 罗敬达 / 066
B.6 2024年河北省影视业发展报告 …… 景义新　魏若冰　李晔煊 / 083

Ⅲ 专题篇

B.7 智能传播背景下舆论形成机制及风险防范研究
　　………………………………………… 王秋菊　马馨怡 / 095

B.8　河北省主流媒体时政新闻短视频传播研究…… 高春梅　韩春秒 / 110

B.9　河北省主流媒体虚拟主播应用实践及创新发展研究

…………………………………………… 沈　静　王奕然 / 126

B.10　河北省主流媒体社交平台账号的运营及优化研究

………………………………… 郭毓娴　夏倩玉　谷雨涵 / 145

B.11　河北省公益广告传播现状与价值引领研究

………………………… 宋维山　韩文举　王浩宇　李玉萌 / 162

B.12　2024年河北省文旅类网络微短剧发展报告

………………………… 魏茹芳　石宏杰　顾　燚　沈宁宁 / 176

B.13　文化认同视域下燕赵文化的影像传播研究

………………………………… 李骄阳　侯　瑜　姚一诺 / 193

B.14　河北主流媒体热点事件报道的公共价值偏好与舆论引导效果研究

………………………………… 窦玉英　张　璠　张卉馨 / 207

B.15　河北省"清朗"行动促进网络舆论治理的实践创新与成效分析

………………………………………………………… 王全领 / 219

B.16　河北文旅传播的多维呈现及实践路径研究

………………………………………… 安钰盟　韩幸婵 / 233

B.17　河北省地市级媒体深度融合的实践探索与发展策略

………………………………… 李　丽　廖雪婷　孙佳旭 / 252

B.18　河北省地市级媒体参与社会治理的创新路径研究

………………………………………… 许　可　丁立捷 / 275

B.19　县级融媒体中心创新基层舆论引导路径研究

………………………………… 都海虹　安一丹　靳琳璇 / 291

Ⅳ 调研篇

B.20 社交新媒体对Z世代河北大学生婚恋观的影响与塑造研究
　　…………………………… 陈　默　商　倩　蔡杭宇 / 320
B.21 短视频对河北城乡老年群体社会参与和价值认同的影响调查
　　…………………………… 陈丽芳　代丽丽　刘斐然 / 338

皮书数据库阅读使用指南

CONTENTS

I General Report

B.1 Report on the Integrated Development of Mainstream Media in
Hebei Province in 2024 *Zhang Yun, Han Chunmiao and An Yumeng* / 001

II Topical Reports

B.2 Development Report of Hebei Newspaper Industry in 2024
Shang Jianhui, Zhang Zhiping / 015

B.3 Development Report of Hebei Radio and Television Industry
in 2024 *Sun Rongxin, Ge Xiaoyu, Zhang Junlin and Liu Changliang* / 032

B.4 Development Report of Hebei Mainstream New Media in 2024
Zhang Xu, Li Xiaolin, Zhang Yan and Jiao Zhanmei / 049

B.5 Development Report of Hebei Book Publishing Industry in 2024
Luo Jingda / 066

B.6 Development Report of Hebei Film and TV Industry in 2024
Jing Yixin, Wei Ruobing and Li Yexuan / 083

III Special Reports

B.7 Research on the Mechanism of Public Opinion Formation and Risk Prevention in the Context of Intelligent Communication
Wang Qiuju, Ma Xinyi / 095

B.8 Research on the Dissemination of Short Video News on Current Affairs by Mainstream Media of Hebei Province
Gao Chunmei, Han Chunmiao / 110

B.9 Research on the Application Practice and Innovative Development of Virtual Anchors in Mainstream Media in Hebei Province
Shen Jing, Wang Yiran / 126

B.10 Research on the Operation and Optimization of Mainstream Media Social Platform Accounts in Hebei Province
Guo Yuxian, Xia Qianyu and Gu Yuhan / 145

B.11 Research on the Current Situation and Value Guidance of Public Service Advertising Communication in Hebei Province
Song Weishan, Han Wenju, Wang Haoyu and Li Yumeng / 162

B.12 Report on the Development of Network Micro-Short Plays in Culture and Tourism in Hebei Province in 2024
Wei Rufang, Shi Hongjie, Gu Yi and Shen Ningning / 176

B.13 Research on the Audiovisual Communication of Yan Zhao Culture from the Perspective of Cultural Identity
Li Jiaoyang, Hou Yu and Yao Yinuo / 193

B.14 Public Value Preferences in Hotspot Event Reports and the Performance of Public Opinion Guidance by Mainstream Media in Hebei Province
Dou Yuying, Zhang Fan and Zhang Huixin / 207

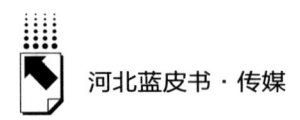

B.15　The Practical Innovation and Effect Analysis of Hebei Province's
　　　 "Qinglang" Action to Promote Network Public Opinion Governance
Wang Quanling / 219

B.16　Research on Multidimensional Representation and Practical Path of
　　　 Hebei Culture and Tourism Communication
An Yumeng, Han Xingchan / 233

B.17　Practical Exploration and Development Strategies for the Deep
　　　 Integration of Prefecture-level Media
Li Li, Liao Xueting and Sun Jiaxu / 252

B.18　Research on the Innovative Pathways of Media at the Prefectural
　　　 and Municipal Levels in Social Governance in Hebei Province
Xu Ke, Ding Lijie / 275

B.19　Research on Innovative Grassroots Public Opinion Guidance
　　　 Path of County level Integrated Media Center
Du Haihong, An Yidan and Jin Linxuan / 291

Ⅳ　Research Reports

B.20　Research on the Influence and Shaping of Social New Media on the
　　　 View of Marriage and Love of Generation Z Hebei College Students
Chen Mo, Shang Qian and Cai Hangyu / 320

B.21　Investigation on the Influence of Short Videos on the Social
　　　 Participation and Value Identity of the Elderly in Urban and
　　　 Rural Areas of Hebei Province　*Chen Lifang, Dai Lili and Liu Feiran* / 338

总报告

B.1 2024年河北省主流媒体融合发展报告

张芸 韩春秒 安钰盟*

摘 要： 2024年，河北省主流媒体聚焦塑造主流舆论新格局，通过内容深耕、渠道拓展、体制机制革新、产业运营升级等举措推动系统性变革，助力河北经济社会高质量发展。在政策宣传上，聚焦习近平新时代中国特色社会主义思想在河北的生动实践，推动党的创新理论深入人心；在新闻作品方面，围绕重大主题与全省中心工作，精品生产持续发力；媒体深度融合加快推进，做强移动端、优化体制机制、拓展民生服务边界，成效显著；积极开拓海外传播渠道，讲好河北故事，国际传播有力有为；全省首家国有控股文化企业成功上市，铸就河北传媒产业发展里程碑。面对传播范式转变，河北省主流媒体需要继续加速融合创新。本文在分析全国主流媒体发展动态与趋势的基础上，从创新全媒体工作机制、加快智能化转

---

* 张芸，河北省社会科学院新闻与传播学研究所所长、副研究员，主要研究方向为新闻传播实务、媒体融合；韩春秒，河北省社会科学院新闻与传播学研究所副所长、副研究员，主要研究方向为城乡传播、自媒体；安钰盟，河北省社会科学院新闻与传播学研究所研究实习员，主要研究方向为新媒体、文化传播。

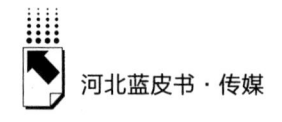

型、加强国际传播能力建设、探索新型盈利模式、完善政策支撑体系等方面对河北省主流媒体提出发展建议，以打造更具传播力与引导力的主流舆论阵地。

关键词： 主流媒体　媒体融合　智能化转型　体制机制革新　河北省

2024年是全面贯彻落实党的二十大精神的关键之年，是全面贯彻落实党的二十届三中全会精神的开局之年，也是媒体融合战略实施的第11个年头。河北省主流媒体聚焦塑造主流舆论新格局，通过内容深耕、渠道拓展、体制机制革新、产业运营升级等举措推动系统性变革，助力区域协同、经济高质量发展、社会治理现代化、文旅融合等。面对传播范式的急剧转变，河北省主流媒体需要加速融合创新，打造更具传播力与引导力的主流舆论阵地，为谱写中国式现代化建设河北篇章提供舆论保障。

一　2024年河北省主流媒体发展概况及特征

（一）聚焦习近平新时代中国特色社会主义思想在河北的生动实践，推动党的创新理论深入人心

习近平新时代中国特色社会主义思想蕴含的科学思维方法和丰富实践观是宝贵的精神财富。2024年以来，河北省主流媒体立足党媒职责使命，紧紧围绕宣传阐释习近平新时代中国特色社会主义思想，持续开展专版专题专栏，推出系列报道与短视频，扎实推动党的创新理论入脑入心。

《河北日报》推出"新思想里的方法论""新思想引领新时代改革开放"等系列报道，把深刻思想融入鲜活实践，反映河北坚定不移深化改革的创新和探索。河北广播电视台在重要时段、首页首屏持续推进党的创新理

论"头条"建设，持续开设专题专栏，通过策划推出系列报道，推动党的创新理论深入人心。长城新媒体集团围绕习近平总书记在河北雄安新区、沧州市、石家庄市等地考察指导一周年，以"回溯温暖瞬间，讲述一年新变化、展现新面貌"为主题，生动反映河北干部群众牢记嘱托、感恩奋进的精神风貌和实干成效。

（二）精耕内容沃土，筑牢传媒根基，新闻内容生产可圈可点

1. 国家重大战略在河北落地落实成效报道，注重小切口讲述大主题

在京津冀协同发展十周年的历史性时间节点，《河北日报》携手京津党报推出的"十年十记 瓣瓣同心 京津冀协同发展的一线视角"系列报道，成为京津冀协同发展十周年报道中的"爆款"。长城新媒体集团推出《创意视频｜解码京津冀》、"巡天遥瞰京津冀"系列报道，通过"三维数字图表+实景视频"与卫星之"眼"，创意呈现十年来京津冀在重点领域的成绩单。

2. 重大主题报道紧扣全省中心工作，突出呈现新气象新作为

河北日报报业集团推出"九问河北钢铁如何焕新""九问河北新兴产业怎样上新"等全媒体系列报道，以生动故事展现河北传统产业和新兴产业蓬勃发展的新气象新成效。河北广播电视台重点新闻节目、"冀时"客户端同步开设"学习贯彻党的二十届三中全会精神""锚定现代化 改革再深化"专栏，营造学习宣传贯彻党的二十届三中全会精神的浓厚氛围。

3. 精品内容生产持续发力，全力打造党媒品牌

2024年，河北省主流媒体深挖区域特色资源，加强选题策划、创意制作，不断打造具有原创示范价值的精品力作。

在第三十四届中国新闻奖评选中，河北省共有7件作品获奖（见表1）。其中，河北日报报业集团有5件作品获奖，长城新媒体集团有1件作品获奖，河北共产党员网有1件作品获奖。

表1　第三十四届中国新闻奖河北获奖作品

作品名称	获奖项目及等级	刊播单位/发布平台	作者(主创人员)	编辑
大桥西移四十米,为崖沙燕留个"家"	消息二等奖	河北日报	周洁、霍晓丽	张文君、安人和、蔡计锁
把调查研究的"自行车"骑到基层一线	评论二等奖	河北日报	贾梦宇、张博	吴宏爱
"网红"干部"出圈"更要"出彩"	评论二等奖	河北共产党员网	魏春生	姚越华、李文亮
"不拘一格地选拔人才"——习近平同志在河北正定工作期间推出"人才九条"的实践与启示	通讯二等奖	河北日报	集体	霍晓丽、刘荣荣、周洁
微视频|看雄安·水下白洋淀	新闻专题三等奖	冀云客户端	张国锋、张梦琳、刘志成、李全	曹朝阳、胥文燕、张晓鹏
数字经济时代传统媒体融合发展路径分析	新闻业务研究三等奖	传媒	刘翠敏	左志新、陈琦
《雄安奇遇记》系列短视频	国际传播三等奖	河北日报客户端、加利福尼亚州KSBT-LD地面数字电视台等	王洪峰、贾伟、刘成群、郭欢叶、赵红、高维佳、赵小博	闫锐、刘燕、卢国玲

资料来源:《第三十四届中国新闻奖获奖作品目录》,《人民日报》2024年11月8日,第16版。

在国家广播电视总局2023年度全国广播电视新闻"百佳"推优活动中,河北广播电视台共获奖4项,分别是优秀广播电视新闻"头条"《雄安新区:打造全球创新高地》,调研式报道优秀案例《行走京津冀,聚力开新局》,议题设置优秀案例《别让基层干部困在"指尖上""表格里"》,优秀新闻播音员主持人李良。[①] 在由中国网络社会组织联合会等单位联合举办的"正能量澎湃大流量"网络传播经验评选活动中,长城新媒体集团《百

---

① 《国家广播电视总局办公厅关于公布2023年度全国广播电视新闻"百佳"推优结果的通知》,国家广播电视总局网站,2024年10月12日,https://www.nrta.gov.cn/art/2024/10/12/art_113_69093.html。

姓看联播》入选专业类赛道十大案例。①

此外，石家庄日报社策划推出的"瞰·城""留学'石'光"系列短视频，受到群众的喜爱和业界的好评。在第29届全国广播电视技术能手竞赛中，唐山广播电视台孙臻获得电视中心专业三等奖。②张家口日报社推出的"同在一片蓝天下·'首都两区'建设全媒体采访行"活动，将深度报道和科普知识等融入稿件与视频，引起强烈的社会反响。③

（三）加快推进媒体深度融合，全媒体传播体系建设渐入佳境

1. 做强移动端，壮大融媒体矩阵，开辟群众方便用的传播渠道

2024年，河北日报报业集团实施"河北日报"和"纵览新闻"双平台发展战略，前者主打公信力、引导力，突出权威、主流，后者着力打造成有全国影响力的新型传播平台。此外，截至2024年11月，集团旗下共有143个新媒体账号，分布在微信、抖音、小红书、哔哩哔哩等多个平台，其中，"纵览新闻"抖音号粉丝量已达到2416.2万人。河北广播电视台依托"冀时"客户端，构建涵盖广播频率、电视频道、IPTV、网站以及第三方平台的全媒体传播体系，成为省内唯一一家实现台、网、端"三屏互动"的媒体平台。截至2024年11月，全台共有第三方新媒体账号259个，其中，"冀时"客户端总粉丝量突破2100万人。长城新媒体集团的冀云·融媒体平台是河北省县级融媒体中心省级技术总平台，已为全省163个市县级融媒体中心及媒体单位（其中，县级融媒体中心147个、市级媒体5个、区级媒体11个）开发上线了"冀云"客户端。截至2024年11月，"长城新媒体"抖音号拥有粉丝854万人。

---

① 《正能量澎湃大流量！〈百姓看联播〉入选网络传播经验专业类十大案例》，长城网，2024年4月1日，https://hebfb.hebccw.cn/system/2024/04/01/101298898.shtml。
② 《2024年（第29届）全国广播电视技术能手竞赛决赛获奖名单来了！》，"视听中国"微信公众号，2024年12月2日，https://mp.weixin.qq.com/s/A6fenJ7Ayz3VN4nfgZ5D8g。
③ 《京张两地"同在一片蓝天下·'首都两区'建设全媒体采访行"活动圆满收官》，《张家口日报》2024年11月25日，头版。

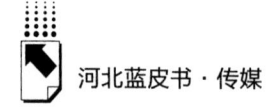

同时，河北省地市级媒体加紧布局移动端，融媒体传播矩阵初步形成。石家庄日报社已建成"四报一刊一网两端一平台多账号"的融媒体传播矩阵。张家口日报社"河山"新闻客户端实现19个县区级融媒体中心、45家市直单位资源整合，350多个文化名家、网络红人、自媒体账号的入驻。

2. 优化体制机制，释放一体化效能，助力媒体深度融合迈向高质量发展新阶段

在组织架构方面，河北省主流媒体按照精简行政部门、向采编部门和媒体融合倾斜的原则，为构建全媒体传播格局、加快新型主流媒体建设提供组织体系保障。河北日报报业集团于2024年10月完成机构职能调整工作。长城新媒体集团对集团和股份公司进行组织架构调整，着眼未来发展。保定新闻传媒中心（集团）将110个内设机构精简至36个，精简了67.3%；中层干部由融合前的177人精减为121人，减少32%，坚持以机构再造深化融合。①

在管理机制方面，河北日报报业集团制定出台了《关于推进领导干部能上能下的实施办法（试行）》等"三能"改革系列文件，助力形成重实干、重业绩、有为才有位、有位更有为的良好政治生态。河北广播电视台优化了全员考核、分类考核、考核追踪、考核联动的考核管理机制。长城新媒体集团探索分类精准考核，将所有部门分为成本部门、任务部门、利润部门三类，不同类型的部门有不同的考核指标。

3. 做实融媒体传播，提供百姓离不开的民生服务

河北省主流媒体持续拓展服务边界，从提供权威资讯到打造便民服务平台，涵盖政务信息查询、生活服务指引等多元领域，不仅能够满足民众多样化需求，还能在互动中沉淀用户流量，为自身发展汇聚强大新动能。

---

① 《保传声音｜李会斌：携手共进 深度融合 铸就新型主流媒体辉煌》，"保定传媒"微信公众号，2024年11月13日，https：//mp.weixin.qq.com/s/jbhXh6--4l15-2eWNm0e9g。

河北日报报业集团在"纵览新闻"客户端推出更符合移动端用户使用习惯及移动端传播规律的"纵览帮办"板块。河北广播电视台持续打造爱心"公益+"活动，《小吴来帮忙》节目利用AI技术优化帮扶服务，《有缘天空》节目推出线下"湾里妙会·晨露说媒"大型相亲活动等。长城新媒体集团"问政河北"平台，通过设置"问政·网民关切""理政·民声回音""惠民·早知道"等专栏，[①] 成为畅通社情民意的"直通车"。

（四）深耕国际传播，点亮外宣新光，国际传播有力有为

近一年来，为深入贯彻落实习近平总书记关于"着力加强国际传播能力建设、促进文明交流互鉴"[②] 的重要指示，河北省开辟省级主流媒体国际传播中心2家，通过讲好"河北故事"多维度展现国家形象。

河北广电国际传播中心成立一年来，制作推出的多部精品纪录片、宣传片在30多个国家播出，构建了包括Facebook、X（原推特）、YouTube等在内的海外社交媒体平台矩阵，围绕全省中心工作、重大活动、重大主题等做好外宣，面向世界有力宣传了河北好形象，并将"'鑫鑫'念念"打造成河北国际传播的一张亮眼名片。长城新媒体集团的长城国际传播中心以"全球视野、融媒特质、河北元素"为特色，在Facebook、Instagram、X（原推特）、YouTube等海外主流社交媒体平台设立机构账号，打造"一县一品知河北""印象河北"等文化品牌，面向世界充分展示燕赵文化的多彩魅力。

此外，河北日报报业集团纵览新闻"览天下"推出全球创作者传播计划，将着力向世界讲述河北"好故事"，唱好河北"好声音"。[③]

[①] 参见"问政河北"网页，https://wz.hebei.com.cn/ttxw/index.shtml。
[②] 《思想之光照亮前路 凝心聚力再谱新篇——深入学习贯彻习近平总书记重要指示和全国宣传思想文化工作会议精神》，新华网，2023年10月11日，http://www.news.cn/politics/leaders/2023-10/11/c_1129911600.htm。
[③] 《纵览新闻"览天下"全球创作者传播计划上线，携手优秀内容创作者讲好河北故事》，河北新闻网，2024年12月9日，https://hebei.hebnews.cn/2024-12/09/content_9274443.htm。

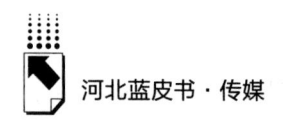

（五）全省首家国有控股文化企业成功上市，传媒产业开启高质量发展新篇章

1. 河北广电无线传媒股份有限公司成功上市，铸就河北传媒产业发展里程碑

2024年9月，河北广电无线传媒股份有限公司成功登陆A股市场（证券代码为301551），成为河北省首家上市国有控股文化企业，彰显了河北文化改革成效。河北广电无线传媒股份有限公司是河北省三网融合内容集成播控平台唯一运营机构，家庭用户规模超过1500万户。河北广电无线传媒股份有限公司将技术创新作为培育新质生产力的关键。同时，积极探索与互联网、大数据、人工智能等技术的融合，持续对垂直行业的智慧化发展需求开展深入挖掘，为整个行业的发展注入新动力。[1]

2. 传媒经营创收稳健增长，新业态成为驱动产业发展的新引擎

河北省主流媒体通过聚焦主业，深挖潜能，多方合力稳住传统收入基本盘，并通过创新发展新业态，成功打造新质生产力新动能。2024年1~9月，河北日报报业集团总收入6.34亿元，同比增加2618万元，增长4.31%；非报收入41000万元，占总收入的65%，比上年增加3个百分点，同比增加3126万元。[2] 截至2024年6月30日，河北广播电视台（集团）资产总额40.68亿元，其中流动资产28.72亿元，非流动资产11.96亿元。河北广播电视台（集团）本级及全资、控股公司共24家，以"节目内容、影视剧、新媒体+科技、商贸经营、文化创意和综合服务"六大产业板块为主打，产业收入一定程度上缓解了传统广告收入下滑的资金压力。[3] 截至2024年9月底，长城新媒体集团资产总额6.42亿元，净资产总额3.91亿元，国有资

---

[1] 《河北广电无线传媒成功登陆A股，开启高质量发展新篇章》，"冀时"微信公众号，2024年9月26日，https://mp.weixin.qq.com/s/cytn4p7tzR_iwhpbsuVZOg。
[2] 数据由河北日报报业集团提供。
[3] 数据由河北广播电视台提供。

产保值增值率100.04%。[①] 2024年5月,长城新媒体集团成功入选"2024·全国成长性文化企业30强"。[②]

二 2024年我国主流媒体发展动态与趋势分析

(一)媒体深度融合:探索构建多元开放互动的全媒体生态

在内容生产方面,一体化的融合传播使新闻传播样态丰富。2024年国庆期间,中央广播电视总台央视频推出的国内首个AI互动视频产品《与共和国同框》发起打卡邀请,用户可一键生成专属海报并分享。2024年10月25日,央视频推出的《千里江山如画》盛典使用"直播节目+短视频+云上展览"的创新形式,微博相关话题总阅读量超过2亿次。

在平台建设方面,主流媒体积极构建相融共生的全媒体传播体系。由安徽省委宣传部指导、安徽广播电视台主办的"安徽视讯"客户端,构建了省市县三级联动、一体传播的融媒格局,提供及时、全面的安徽本地新闻报道。央视频携手北汽等六家车企推出央视频车载版,用户可在驾驶过程中随时享受直播等媒体服务,这一跨界合作在"人、车、生活+"生态场景应用方面迈出重要一步。

(二)技术跃升:智能化转型塑造主流媒体发展新景观

信息技术发展推动传媒业全面转型,智能化技术的创新应用正加速传媒业的高效化、个性化和场景化发展。人工智能生成内容(AIGC)在新闻生产、内容推荐等方面展现出强大潜力,VR和XR技术的应用使传媒内容的传播更富沉浸性与生动性。

2024年5月19日,"人民日报健康"客户端上线"AI健康管家"智能

[①] 数据由长城新媒体集团提供。
[②] 《快讯!长城新媒体集团入选"2024·全国成长性文化企业30强"》,长城网,2024年5月23日,http://heb.hebccw.cn/system/2024/05/23/101325738.shtml。

健康服务互动产品，通过"媒体平台+AI技术+健康服务"模式，提供智能高效的疾病问答和健康管理服务。2024年4月24日，央视网推出的"VR带你走进中国空间站"项目，带给用户沉浸式体验。2024年9月5日，央视频发布的三维台风预警手册，将数据可视化为生动的极端天气场景，引导公众重视防灾减灾，实现VR与新闻内容的融合创新。

（三）机制重塑：转型升级激发传媒业活力

坚持互联网思维，建立适应市场化竞争和一体化发展的内部管理机制。为充分激发事业活力，传媒机构构建工作室制、首席制、项目制等内部运行机制，赋予部门、团队或机构自主运营、独立用人、资金支配等市场化运作权限，逐渐形成跨部门、跨专业、跨媒介运营的融合内容生产运营机制。[1]

用人机制方面，主流媒体加强满足全媒体时代需求的复合型、创新型人才的培养，青岛广电通过优化"人单合一、链群合约"运行机制，打造"青骑兵"团队矩阵；大胆改革分配机制，将短视频制作纳入考核，激发团队创造力。运营机制方面，更多媒体开始探索多元化收入模式，增强盈利能力与市场竞争力。湖南广电通过构建事业产业"双机构"运作、一体化运行机制，将具备经营性质的业务资产及相应人员有序并入集团架构中，整合升级各下属二级事业单位，全部转型为集约化、高效化的一体化公司形态。

（四）国际传播：在对外讲好中国故事中彰显文化自信

作为信息传递与价值塑造的核心渠道，主流媒体承担着文化传播的重要使命。对外讲好中国故事、传递中国声音，成为传媒业的重要任务。[2] 2024年3月7日，人民日报社新媒体中心推出了中华文明国际形象网宣片 CHN 等，这些作品以新颖的视角和表达形式，展现中国国家形象和文化魅力。

---

[1] 冷成琳：《安徽广电融媒体工作室如何做到"四两拨千斤"——专访安徽广播电视台党委委员、副台长邵晓晖》，《中国广播影视》2021年第15期。

[2] 熊捷：《"新闻+创意"开辟主流媒体融合新阵地——以人民日报新媒体的探索为例》，《青年记者》2023年第17期。

以习近平总书记关于加强国际传播能力建设的一系列重要指示为根本遵循，地方主流媒体将对外传播作为媒体发展的着力点，不断提高国际传播水平。重庆在2024年建立了报业、广电、网络媒体3支国际传播团队，并在41个区县级融媒体中心设立国际传播工作室，形成多级联动的传播体系。

三 推动河北省主流媒体高质量发展的对策建议

党的二十届三中全会通过的《中共中央关于进一步全面深化改革 推进中国式现代化的决定》指出："构建适应全媒体生产传播工作机制和评价体系，推进主流媒体系统性变革。"这既是媒体管理的延伸与升级，也是推动媒体高质量发展的必然要求。河北省主流媒体应把握契机，强化互联网思维，在内容生产、体制机制、运营模式等关键环节深化改革。

（一）创新全媒体工作机制，统筹推进省市县三级媒体深度融合

推进主流媒体系统性变革的核心在于深化媒体融合。经过十多年的发展，媒体融合从外部资源的"相加"逐步转向依托自身优势的深度融合。2023年2月18日，浙报集团启动"三端合一"战略，将"浙江新闻"、"天目新闻"和"小时新闻"整合为"潮新闻"客户端，省市县各级媒体共享各类政务账号和优质自媒体账号等资源。通过"以减法做加法"的内部整合，汇聚力量，成为扩大移动端主流舆论声量的新尝试。

河北省主流媒体的融合发展从"相加""相融"进入深度融合的关键突破期，河北省应该整合全省各级媒体的优质资源，着力破解制约一体化发展的体制机制问题。

1. 加强顶层设计

从省级层面高位推动，集中力量建设以自有新媒体平台为中枢的一体化融合平台，形成全省一张网、一盘棋。各级融媒体都应总结经验、逐步推进，整合并激活政务、交通、教育等各类信息及社会治理大数据资源，实现资源共享、内容共创、效益共生的垂直融合。

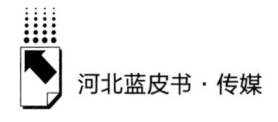

2. 优化体制机制

建立适应全媒体传播的组织架构和工作机制，形成集约高效的内容生产体系。以加快深度融合为关键着力点，以资源集约化配置为核心，精简精办报纸、广电频率，整合功能重复、同质竞争的新媒体平台，重整组织架构，建立全媒体、大中心、一体化运营模式。

3. 创新全媒体传播评价体系

评价体系改革是推进媒体深度融合发展的难点和重点，也是培育媒体新质生产力的赋能空间和着力点。河北省主流媒体要以正能量、大流量为衡量标准，探索设置"媒体融合传播评价指数"，建立全媒体综合评价体系，并将考核体系与绩效考核、人才评聘等相结合。

（二）加快传媒智能化转型，打造提升新闻传播效能的新引擎

河北省主流媒体要强化技术顶层设计，打造数字化、智能化、云化全媒体技术体系。加强与头部互联网技术公司合作，制定人工智能发展战略规划，推动成熟的网络工具和人工智能技术的应用，将人工智能广泛应用到生产、传播、运营各环节，扩大与提高主流舆论的覆盖面和影响力、到达率，尤其要借鉴商业平台的算法推荐机制。一方面，建立完善的用户画像系统，深入分析并精准把握不同群体的需求特点；另一方面，优化算法推荐机制，体现主流价值观，算法赋权使重要的时政新闻、权威的政策解读等信息优先推送、广泛传播，让正能量真正激发大流量。

（三）加强国际传播能力建设，着力讲好中国式现代化河北故事

构建更有效的国际传播体系是主流媒体自觉履行的政治责任，也是实现自身高质量发展的重要手段。

1. 积极布局海外传播渠道

在Facebook、X（原推特）、YouTube等海外主流社交媒体平台申请官方账号，根据各平台的特点实行差异化运营；在各级主流媒体客户端开设英文频道，同时，对接央媒"借船出海"，融入新华社、中央广播电视总台、

中国新闻社等海外传播矩阵，形成海外传播的"组合舰队"。

2. 吸纳多元主体参与国际传播

发挥京津冀协同发展和雄安新区建设的战略优势，让吸纳聚集的中央企业、科研机构、高层次人才等参与国际传播，发挥"人人都是外宣使者"的作用。汇聚全省各级主流媒体、政务新媒体、自媒体等内容资源，与已经建成的河北广电国际传播中心、长城国际传播中心深度合作，在人才培育、平台建设、合作传播等方面充分借力发力。

（四）积极探索主流媒体新型盈利模式，促进现代传媒产业转型升级

移动互联网不仅催生新的传媒业态，还带来更加多元的传媒产品销售形态。传媒产业运营要摆脱传统广告售卖的固化思维和单一模式，向现代传媒产业转型。

1. 依托内容生产，构建"新闻+政务服务商务"运营模式，增强全媒体价值创造力

顺应产品内容化、服务产品化的趋势，增强传媒品牌与在地资源的链接力，将社会资源、商业资源、生活资源融入传媒产业链。面向市场承接内容生产、活动策划、品牌宣传等项目，为重点客户提供全媒体、一站式专属定制服务。

2. 强化技术引领，培育传媒产业新生态

数字技术的发展深刻改变了报刊、广电等传统媒体的经营结构。河北省传媒产业要大胆向新，开发舆情、数据、互联网广告、政务媒体代运营、智慧城市建设等新型技术服务，打造传媒产业新的增长极。

（五）完善政策支撑体系，为主流媒体提质发展提供坚实保障

1. 用好政策红利

充分利用京津冀协同发展、雄安新区建设的政策优势，在争取国家层面的政策支持的同时，针对各级传媒机构普遍面临的技术资金缺口较大、设备升级难等问题，建议在省级层面设立专项引导资金，支持智能信息技术的开

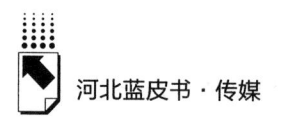

发应用和迭代升级，为主流媒体发展注入持久动能。

2. 优化人才制度

一要"灵活引才"。对全媒体生产传播的紧缺人才实行灵活开放的用人政策，可采用项目共建、短期引进、特设专岗等多种形式。二要"科学育才"。用好首席制等人才管理新机制，针对岗位需求制订更加专业化的人才培育计划。三要"拴心留才"。破除编制限制，为编外优秀人才在职称晋升、薪酬奖励等方面畅通渠道。

3. 健全法治保障

当前，面对传媒生态环境的深刻变化，内容生产领域的盗版侵权、广告经营中的恶意举报与恶性竞争等新问题不断出现，现有法律法规一定程度上存在监管漏洞。建议进一步完善立法、制定行业规范，以保障主流媒体的有序健康发展。

参考文献

谷君峰：《全媒体时代广播电视精品内容创作实践与思考——以河北广播电视台为例》，《中国广播电视学刊》2025年第2期。

冷成琳：《安徽广电融媒体工作室如何做到"四两拨千斤"——专访安徽广播电视台党委委员、副台长邵晓晖》，《中国广播影视》2021年第15期。

刘晓梅、丁奕宁、刘梁：《省级广播电视台推进新质生产力发展的实践路径——以河北广播电视台为例》，《电视研究》2025年第1期。

武鸿儒：《以全面深化改革赋能河北广电高质量发展》，《中国广播电视学刊》2025年第1期。

熊捷：《"新闻+创意"开辟主流媒体融合新阵地——以人民日报新媒体的探索为例》，《青年记者》2023年第17期。

分报告

B.2 2024年河北省报业发展报告

商建辉 张志平*

摘　要： 2024年河北报业整体发展态势良好，坚持守正创新、锐意进取，在做好重大主题融合报道、推出高质量融媒体新闻作品、打造自主可控客户端、讲好河北文旅故事、理顺组织管理机制体制等方面，取得了不俗的成绩。党的二十届三中全会首次提出的"推进主流媒体系统性变革"，为河北报业指明了未来发展方向。本报告从发展传媒新质生产力和构建传媒新型生产关系两个方面出发，试图为推进河北报纸媒体系统性变革提供一定参考。

关键词： 主流媒体　系统性变革　河北省

---

* 商建辉，河北大学新闻传播学院教授、博士生导师，河北省文化产业发展研究中心主任，主要研究方向为媒介经营管理、文化产业管理；张志平，博士，石家庄学院新闻与传媒学院讲师，河北省文化产业发展研究中心研究员，主要研究方向为媒介经营管理、广告学。

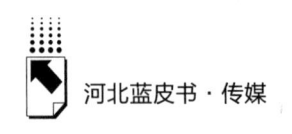

一 河北报业发展概况

河北省面向公众出版报纸共计56种，其中省级报纸22种、市级报纸33种、县级报纸1种。

（一）报纸基本经营情况

从图1可见，2019~2023年河北省报纸总印数呈现波浪式变化趋势，2019~2023年整体呈现下降趋势，2021年在连续多年下降后首次回升，但是在2022年河北省报纸总印数出现较大幅度下降，较上年下降1.11亿册，而到2023年增加0.55亿册。

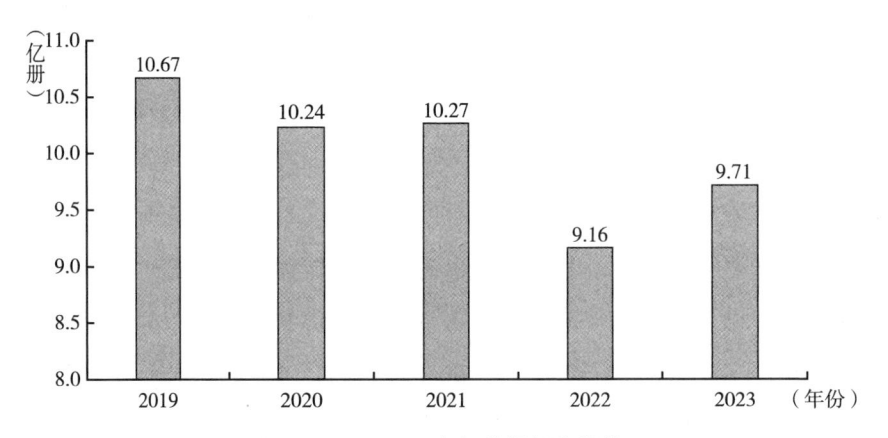

图1 2019~2023年河北报纸总印数

资料来源：《河北统计年鉴·2020》，中国统计出版社，2021；《河北统计年鉴·2021》，中国统计出版社，2022；《河北统计年鉴·2022》，中国统计出版社，2023；《河北经济年鉴·2023》，中国统计出版社，2024；《河北经济年鉴·2024》，中国统计出版社，2025。

从图2可见，2023年河北省报纸总印数同比上升6%，为近五年来最大增幅。河北省报纸总印数从2019年开始下行幅度持续收窄、趋势放缓，下降幅度基本控制在5%以内，报纸总印数虽然在2022年出现了较大幅度的下降，但是在2023年呈现"回暖"势头。

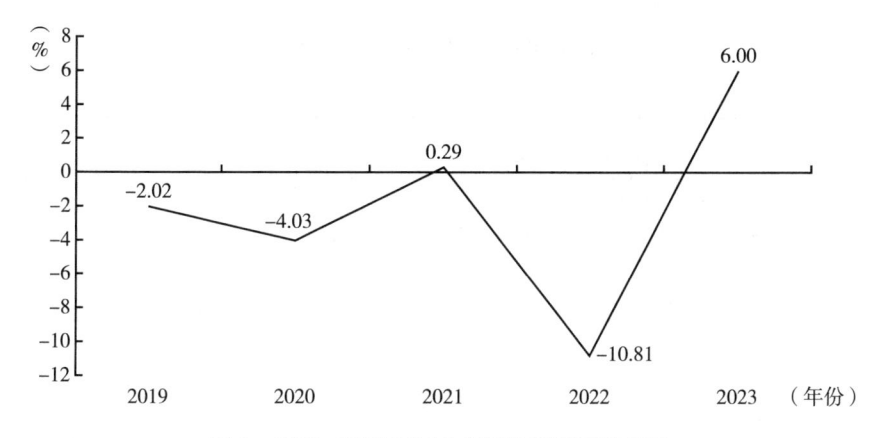

图 2　2019～2023 年河北报纸总印数变化趋势

资料来源：《河北统计年鉴·2020》，中国统计出版社，2021；《河北统计年鉴·2021》，中国统计出版社，2022；《河北统计年鉴·2022》，中国统计出版社，2023；《河北经济年鉴·2023》，中国统计出版社，2024；《河北经济年鉴·2024》，中国统计出版社，2025。

从表1可见，2019～2023年，河北省各层级报纸总印数呈现不同态势，省级报纸呈现波浪式趋势，地市级报纸呈现持续下降趋势，县级报纸整体平稳。

就2023年的数据而言，2023年省级报纸总印数6.53亿册，较上一年增加0.55亿册，上升9.2%，与2019年相比下降6.6%；地市级报纸总印数3.15亿册，与上一年持平，与2019年相比下降13.70%；县级报纸总印数0.03亿册，与2019年相比基本保持稳定。综上，2023年省级报纸总印数触底反弹，较上一年有所增加，地市级报纸、县级报纸总印数均相对稳定，较上一年保持不变。

河北省内各层级报纸总印数变化的不均衡，造成各层级报纸所占比重有所变化。省级报纸仍占据主导地位，总印数一直保持在全省六成以上，2023年省级报纸总印数实现正增长，使其占比达到67.25%，为近五年占比最大的年份；地市级报纸所占比重较上一年下降1.95个百分点，达到32.44%；县级报纸所占比重相对稳定，与上一年差距不大，占比为0.31%。

表1 2019~2023年河北报纸总印数分层级情况

单位：亿册，%

地域层级	2019年 总印数	比重	2020年 总印数	比重	2021年 总印数	比重	2022年 总印数	比重	2023年 总印数	比重
省级报纸	6.99	65.51	6.66	65.04	6.82	66.41	5.98	65.28	6.53	67.25
地市级报纸	3.65	34.21	3.55	34.67	3.42	33.30	3.15	34.39	3.15	32.44
县级报纸	0.03	0.28	0.03	0.29	0.03	0.29	0.03	0.33	0.03	0.31
合计	10.67	100	10.24	100	10.27	100	9.16	100	9.71	100

资料来源：《河北统计年鉴·2020》，中国统计出版社，2021；《河北统计年鉴·2021》，中国统计出版社，2022；《河北统计年鉴·2022》，中国统计出版社，2023；《河北经济年鉴·2023》，中国统计出版社，2024；《河北经济年鉴·2024》，中国统计出版社，2025。

（二）广告收入情况

从图3可见，继2023年1~10月我国广告刊例花费同比上升5.6%之后，2024年1~10月我国广告刊例花费实现连续两年正增长，同比上升1.9%，广告市场整体呈现温和的增长态势。

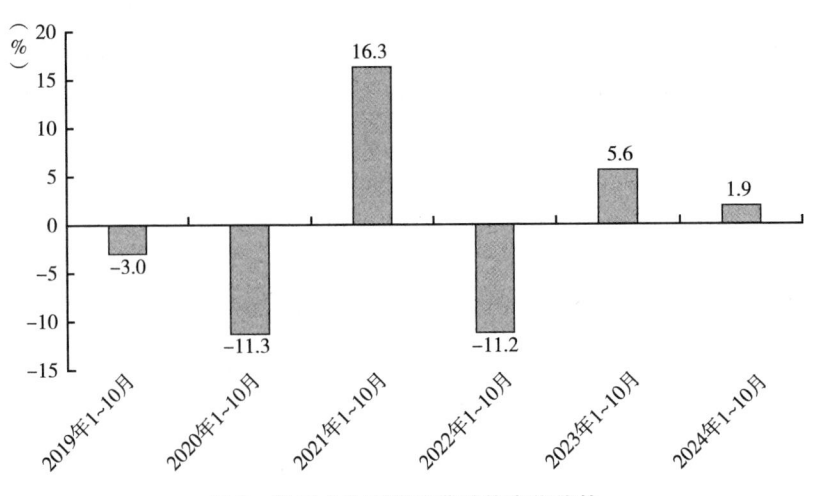

图3 我国广告刊例花费整体变化趋势

资料来源：根据CTR媒介智讯相关数据整理，https://www.ctrchina.cn/report。

从图4可见，2024年上半年我国广告刊例花费自1月开始连续三个月同比正增长，其中2月同比正增长达到了12.3%，随后呈现相对稳定的态势。从环比数据来看，2024年上半年我国广告刊例花费的环比数据呈现先降后升再降的趋势，2月环比下降17.1%，而5月环比上涨14.6%，说明我国广告市场在不同月份的表现差异明显。分广告渠道来看，2024年上半年火车/高铁站、电梯LCD和电梯海报等渠道实现正增长，而以传统媒体为代表的广告渠道花费同比均有不同程度的下跌。

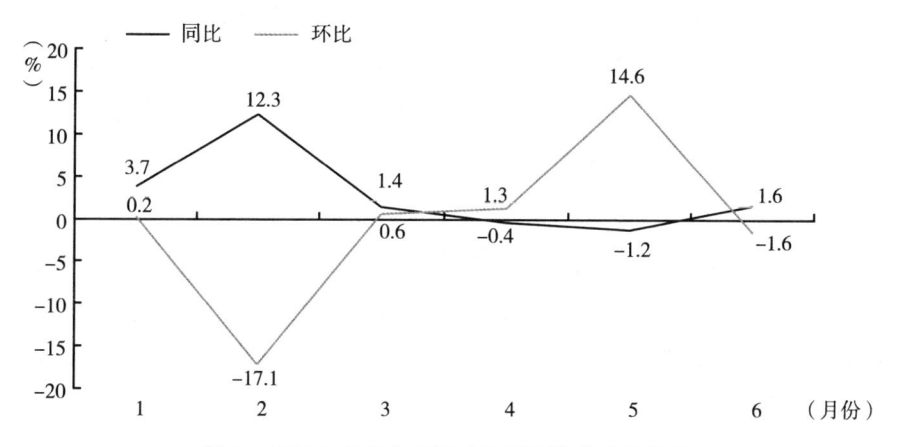

图4 2024年上半年我国广告刊例花费变化趋势

注：广告渠道范围包括电视、广播、报纸、杂志、传统户外、电梯LCD、电梯海报、影院视频、互联网站。

资料来源：根据CTR媒介智讯相关数据整理，https://www.ctrchina.cn/report。

综上，2024年上半年我国广告市场整体呈现稳中有进的趋势，但主要是电梯、影院等广告渠道花费的增长带动的，以报纸、电视和广播为代表的传统媒体广告收入下行压力仍然较大。因此，报纸媒体需要在保持优质内容生产的基础上，不断增加非报收入，继续探索多元化发展路径。

二 河北报业发展现状分析

2024年，河北省、市、县各级报业媒体始终坚守主责主业，在做好重大主题融合报道、推出高质量融媒体新闻作品上亮点突出。与此同时，河北报业媒体积极尝试求新求变，在打造自主可控客户端、讲好河北文旅故事、理顺组织管理机制体制等方面取得了不俗的成绩。

（一）坚守主责主业，努力做好重大主题融合报道

一是重点做好党的二十届三中全会相关报道。河北省内报纸媒体系统报道了全省各地全方位、多形式、分层次开展学习贯彻党的二十届三中全会精神宣讲活动。《河北日报》专门发表评论员文章《深入学习贯彻党的二十届三中全会精神　努力构筑河北进一步全面深化改革新图景》，从政治站位、贯彻落实等维度进行深度阐释，明确提出因地制宜发展新质生产力、着力构建支持全面创新体制机制等具体要求，构筑河北进一步全面深化改革新图景。

二是联合推出京津冀协同发展十周年报道。京津冀协同发展重大主题报道包括重磅长篇通讯、特刊、系列报道、新媒体产品等。2024年2月27日至3月7日，《河北日报》推出"十年十记　瓣瓣同心　京津冀协同发展的一线视角"系列报道。在京津冀协同发展十周年的历史性时间节点，京津冀三家党报合作，开创性地以联合报道的形式，推出了此组系列报道，以独特的报道视角、丰富的鲜活事例、创新的传播形式，成为京津冀协同发展十周年报道中的"爆款"，刊发后社会反响强烈。

三是聚焦全省重点工作，做好主题宣传。先后推出"九问河北钢铁如何焕新"系列报道、"九问河北新兴产业怎样上新"系列报道，围绕河北钢铁产业发展、新兴产业发展两个领域，分别回答了河北传统产业如何转型升级、河北新兴产业如何强劲突破的现实问题。两组报道注重用小切口讲述大主题，内容鲜活生动，注重全媒体传播渠道，刊发文字报道的同时，配发图片和视频二维码，增强了报道的生动性、鲜活性、感染力和说服力。两组报道先后被"学习强国"、人民网、网易、凤凰网、新浪、搜狐等多家有影响力的平台推送转载，社会反响强烈。

四是做好省内重大活动的策划与报道。6月16~20日，2024廊坊经洽会

在廊坊市举办。紧紧围绕廊坊经洽会"共建全国现代商贸物流重要基地、共谱京津冀协同发展新篇章"主题，《河北日报》共推出9个整版，共计刊发新闻报道37篇。"河北日报"客户端共发布各类稿件160多篇，总浏览量370多万次。纵览新闻开展网络直播2场，点击量超过150万次。廊坊经洽会报道获表扬。9月24~26日，2024中国国际数字经济博览会在石家庄举行。《河北日报》聚焦主题、突出重点，制定了会前、会中、会后详细的宣传报道方案，开设"聚焦2024中国国际数字经济博览会"栏目，共推出近40篇稿件。

（二）创新媒介呈现方式，推出高质量融媒体新闻作品

河北日报报业集团打造数智化新闻生产模式，加大对融媒体新闻作品的创新力度，产品形态由单一向多样化扩展，先后推出纪行式采访，微纪录片，手绘+SVG交互产品、创意融合栏目等全新形态的融媒体新闻作品。

一是推出"跟着董耀会再走长城"纪行式采访，在《河北日报》、"河北日报"客户端、纵览新闻等平台，以全媒体视角展现长城保护和长城风貌，跟随中国长城学会首席专家、副会长董耀会再走长城。"跟着董耀会再走长城"纪行式采访在秦皇岛山海关老龙头开启，走访了长城沿线的省区市，探访了具有历史文化代表性的重要点、段。

二是推出多部高质量微纪录片。先后制作推出微纪录片《刁窝的"头等大事"》《雄安夫妻》《时间的果实·河钢塞钢8年记事》《微纪录片丨麦田合伙人》。重点围绕灾后重建、雄安新区建设、河钢塞钢、盐碱地综合改革利用等主题，描绘了新时代河北取得的成就，获得了良好的传播效果。例如，微纪录片《刁窝的"头等大事"》围绕习近平总书记作出的"房屋修缮加固重建，是灾后恢复重建的头等大事"这一重要指示，反映河北受灾重灾区刁窝镇干部群众团结奋斗共建美好家园的生动故事，该纪录片在"河北日报"客户端首发后，被"学习强国"总平台首页突出推荐，30多家网站、新媒体平台转发，24小时浏览量突破2000万次；微纪录片《时间的果实·河钢塞钢8年记事》，从微观、中观、宏观三个维度立体展示了人的变化、钢厂的发展以及"一带一路"倡议下，河北企业给塞尔维亚带来

的改变。该作品在北美洲、欧洲、亚洲、大洋洲等地区以及其他多个国家发布，并在第一时间被当地主流渠道、广播电视门户网站及重点信息服务机构广泛转载，总量达674家，覆盖潜在受众1.5亿人次。

三是重磅推出全新形态的融媒体新闻作品。推出手绘+SVG交互产品《我们的人民币》，以五套人民币的发展进程为线索，展现了新中国75年来巨大的生活变迁和国家进步，主题深刻，视角独特，交互感强，引发受众共情和对垂直领域的关注，在传播上达到了"破圈"的效果。同时，推出"竖视频+创意条漫"复合形态新媒体栏目"百姓看日报"，以通俗易懂的视频讲解和妙趣横生的创意漫画，立足百姓视角，个个"有梗、有料"，实现传播"有效"，为党报打破"传播屏障"创制出新范式。

（三）打造自主可控客户端，高起点高标准构建全媒体传播平台

河北日报报业集团实施双平台发展战略，即"河北日报"和"纵览新闻"双平台。《河北日报》及"河北日报"客户端主打公信力、引导力，突出权威、主流。"河北日报"客户端下载量872万次，注册用户数471万人；纵览新闻整合《燕赵都市报》、河北新闻网以及集团第三方平台200多个新媒体账号，打造有全国影响力的新型传播平台，在正能量宣传、产业转型等方面进入全国省级党报新媒体平台前列。截至2024年，纵览传媒已覆盖1.3亿用户，其中"纵览新闻"微博号粉丝1080万人，2024年以来主持的话题登上全国热搜榜103次；"纵览新闻"抖音号创办5年，粉丝超过2400万人，发布视频3万余条，累计播放量超1500亿次，获赞15亿次，播放量超亿次视频155条，点赞百万次视频3185条。紧跟社会热点，积极传递正能量，在巴黎奥运会期间，精准捕捉赛事精彩瞬间、挖掘运动健儿赛场内外故事，发布视频318条，其中16条视频登上全国热搜榜、23条视频观看量超千万次，搭建的合集"2024巴黎奥运会来了"播放量达9.2亿次。[①]

[①] 刘成群、张文君、侯鑫辉：《数智引领、深融创新，推进新闻宣传和网络舆论一体化管理》，《新闻战线》2024年第20期。

石家庄日报社努力将"石家庄日报"App打造成为"口碑App"。目前，随着媒体融合由表层走向深层，传统媒体的新闻客户端建设也正经历由"量"到"质"、由"加法"到"减法"、由粗放到精细的迭代升级。石家庄日报社努力在内容生产规模化、高效化、视频化等方面创新，在互动服务一体化、产品化等方面提质增效。"石家庄日报"App在用户感知敏感的内容呈现领域，大规模采用融媒体的报道形式，将专业深度报道的信息与观点通过视频化方式呈现，做到"视频+深度"的有机结合。①

（四）讲好河北文旅故事，助力河北文旅融合发展

近年来，河北省打造"这么近，那么美，周末到河北"文旅品牌，品牌影响力持续提升，已经成为休闲度假新时尚。河北日报报业集团作为省级主流媒体，主动担当，发挥全媒体传播优势，助力河北文旅共同讲好河北文旅故事。

一是重点报道第八届河北省旅游产业发展大会。9月22~24日，第八届河北省旅游产业发展大会举办期间，河北日报报业集团策划推出"'冀'情山水""文华燕赵""非遗河北"系列全媒体报道方案。其中，经济新闻部自9月22日开始在"'冀'情山水"栏目陆续推出"体验河北五大旅游带"系列报道，全景展现京张体育文化旅游带、长城文化旅游带、大运河文化旅游带、太行山旅游带、渤海滨海旅游带的特色亮点，提升"五带"的吸引力和影响力。

二是做好"旅游在'县'"新闻分析。9月29日起，《河北日报》"新闻纵深"版与一版"旅游在'县'"新闻分析同日推出"1+1"组合、系列稿件。推出《古城古韵　自在正定》《盛景荟萃　福地双桥》《红绿交织　大美平山》《雪域崇礼　四季如画》等系列稿件，重点围绕本地的旅游资源、旅游服务、旅游品牌等进行推介，篇幅4000字左右，配多张照片，全方位、多角度展示各旅游名县"美在何方、'靓'在何处"。

---

① 范文龙：《石家庄日报社：思想领航向　实干创新局》，《传媒》2024年第3期。

三是"这么近,那么美,周末到河北"主题报道。推出"这么近,那么美,周末到河北"系列报道,包括夜间游、研学游、乡村游、古镇游、避暑游等,推出《"灯火里的河北",有别样的美》《学在旅途,"行走的课堂"受热捧》《山水之间,乡村旅游添了"潮范儿"》等稿件;宣传"这么近,那么美,周末到河北"综述性报道,《"这么近,那么美,周末到河北"成为新时尚——从"假日窗口"看如何打造文旅新业态》《"这么近,那么美,周末到河北"何以成为新时尚》等。

(五)理顺组织管理机制体制,释放高质量发展新动能

一是在组织架构方面,河北日报报业集团针对个别机构职能,与当前新闻宣传工作新形势新任务新要求不相适应的问题,集团党委加强顶层设计,科学谋划,从工作实际出发,以改革创新为抓手,坚持问题导向,坚持"瘦身"和"健身"相结合,在充分调研和慎重研究的基础上,按照精简行政部门、向采编部门和媒体融合倾斜的原则,完成了集团机构职能调整工作。集团部分机构改革后职能进一步优化:技术保障服务部更名为技术保障与研发部,增加研发职能,技术赋能得到强化;事业发展和项目部与规划管理部整合为战略发展研究部,文化新闻部与体育新闻部整合为文体新闻部,职能相近、工作关联性强的部门形成合力;满足采编需求、充实采编力量,新设要闻报道部、分社记者管理部、对外联络部。本次集团机构调整优化,为构建全媒体传播格局、加快新型主流媒体集团建设提供了组织体系保障。

二是在管理机制方面,为切实用好考核"指挥棒",提振干事精气神,形成能者上、优者奖、庸者下、劣者汰的用人导向,集团自 2023 年 11 月起,根据相关党内法规和国家法律,在充分调查研究论证、广泛征求干部职工意见的基础上,相继制定出台了《河北日报报业集团关于推进领导干部能上能下的实施办法(试行)》《河北日报报业集团关于员工能进能出的管理办法(试行)》《河北日报报业集团关于员工薪酬能高能低的管理办法(试行)》等"三能"改革系列文件。集团的"三能"改革,立足集团实际,紧紧抓住制约集团高质量发展的干部人才问题这个牛鼻子,以完善激励

约束机制为突破口，结合岗位职能，分类细化量化明确考核指标，使考核更精准且便于操作，体现了系统性、整体性和协同性。同时，实施工作室制度，目前已有24个工作室挂牌成立运营，为年轻干部成长成才搭建平台。

三　河北报业发展建议

党的二十届三中全会通过的《中共中央关于进一步全面深化改革　推进中国式现代化的决定》提出："构建适应全媒体生产传播工作机制和评价体系，推进主流媒体系统性变革。"推进主流媒体系统性变革，是目标、是结果；构建适应全媒体生产传播工作机制，是前提、是基础；构建适应全媒体生产传播评价体系，是必要条件、是价值引领。根据《党的二十届三中全会〈决定〉学习辅导百问》（以下简称《学习辅导百问》）做出权威解释："要推进主流媒体技术革新，建立有利于新技术使用、新应用创新的体制机制，探索将人工智能等新技术运用在新闻采集、生产、分发、接收、反馈中，以先进技术驱动媒体转型，重构媒体融合发展技术底座。"这就要求主流媒体适应技术革新的时代要求，主动拥抱数字技术，全力发展传媒新质生产力，构建适应全媒体生产传播工作机制，为主流媒体系统性变革提供强大动力。

（一）发展传媒新质生产力，夯实主流媒体系统性变革的基础动力

推进主流媒体系统性变革需要先进科学技术的支撑。传媒新质生产力是以科技创新为主导，实现关键性颠覆性技术突破而产生的生产力，其所具备的人工智能（AI）等颠覆性技术，将推动新闻采集、生产、分发、接收、反馈等全流程实现颠覆性变革，进而重构媒体技术与运营的底层逻辑。因此，传媒新质生产力是主流媒体实现高质量发展和系统性变革的强大动能。主流媒体应聚焦传媒新质生产力的科学内涵，以体制机制创新逐步实现流程再造、场景重塑、生态重构，构建传播介质相互打通、产品形态多样化、消费场景相互融合的全业态模式，积极发挥新型生产方式对新质生产力发展的

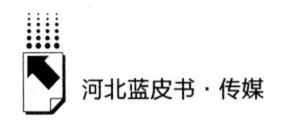

促进作用。

1. 新质生产力再造主流媒体生产流程

传媒新质生产力主要以数智技术为创新驱动力。数智技术消除了传统新闻制作核心环节之间的明显界限，新闻制作流程已经从传统的线性模式转变为集智能化、同步化、动态化于一体的多维度模式。一是智能新闻数据采集与选题。随着AI、云计算、5G、传感器等数智技术的迭代发展，新闻数据的生成与采集由传统被动采集转变为主动采集，实现了新闻分类选择的精准化、新闻数据分析的高效化。以传感器为终端的智能化设备，给新闻信源带来颠覆性变革，不仅拓宽了新闻数据获取的渠道，还实现了新闻数据收集的实时主动性，为构建海量高质的新闻数据集成系统奠定了基础。另外，场景识别、语义分析等AI技术的广泛应用，使智能平台新闻选题与数据的推送得以实现。二是"人工+算法"新闻内容生成与审核机制。借助自然语言理解、机器学习、大数据、知识系统和专家系统等数智技术，"人工+算法"智能审校系统已经能够被有效构建。这一系统不仅能够利用人工智能生成内容（AIGC）技术提供专业化的智能写作服务，还可以对新闻内容进行智能化校验。这样一来，前方全媒体记者采集的文字、图片、视频等各类新闻素材，都能够借助智能审校系统实现同步内容生成与校验，不仅节省了审校时间，还极大提升了审校质量。三是智能化精准新闻分发。通过对用户的搜索记录、点赞、停留时长、分享记录、转发次数等个人数据进行分析，智能化平台能够对用户进行画像，并研判用户需求、态度和行为特征等用户偏好，从而基于目标用户的精准画像和海量数据的优化分析，实现信息的精准化推送分发。例如，上海报业集团依托旗下各媒体的AI编辑平台，正在打造AI超级平台，以实现AI技术在新闻采编过程中的深入运用，并为创意策划、内容制作、内容分发、数据分析以及商业运营提供全方位的支持。

2. 新质生产力重塑主流媒体融合场景

现阶段，用户对新闻的需求已经由简单的信息转变为基于体验的场景，这就需要当下的主流媒体从业人员从以往的信息思维转变为场景思维。场景思维的核心就是以用户为中心，利用数智技术将用户置于"人、物、场"

互联互通的个性化时空情景，从而激发用户参与互动的热情，实现用户的体验价值。目前，虚拟现实新闻、H5新闻、传感器新闻、新闻游戏等场景化新闻产品，都是依据场景思维生产的，其核心就是要满足用户的个性化需求，在场景空间中实现体验价值。一是重塑全息化的生产场景。以虚拟现实、增强现实等技术为支撑，以5G、大数据、AI技术为基础，以全息膜显示终端等全新技术体系为保障，新闻生产场景逐渐摆脱了现实的时空限制，实现赛博空间与现实空间的交互融通，呈现全息多时空访谈场景。目前，借助全息膜显示终端，能够将以往新闻采访对象重建为真人三维模型，主持人与真人三维模型能够实现异地同屏实时交互，使异地采访更加立体化、生动化、场景化，实现了多时空的相互交融。例如，新华社的5G全息互动采访系统能够搭建跨时空异地访谈场景，先采集身处异地的采访对象的全息影像，再利用全息成像技术与主持人实现异地同屏的跨时空交流。二是重塑"超现实"场景。数智技术能够将不同业态加以整合、将不同场景加以融合，进而使现实场景与虚拟场景的界限日益模糊，最终逐渐形成了"虚实相生"的"超现实"场景。与传统新闻场景相区别，"超现实"场景是基于数智技术产生的一种复合重组的交往空间，能够有效拓展新闻应用场景，全方位提升用户的体验。例如，新民晚报社《重走解放路，飞越新地标丨AI眼中的上海解放瞬间》融媒报道，选取上海解放战役的重要事件和地标，利用AI技术还原历史场景和英雄故事，展现今昔巨变，颠覆了在"故纸堆里挖宝"的传统范式。

3.新质生产力重构主流媒体全链条生态

科技创新能够催生新产业、新模式、新动能，是发展新质生产力的核心要素。因此，通过构建创新生态，实现源源不断的创新要素供给，是发展传媒新质生产力的重要实践路径。全链条融合是形塑创新生态系统的重要方法，是指在政府引导和市场机制作用下，技术链、创新链、产业链转变成协同高效的现代化创新体系，强化创新要素供给。一是技术链是传媒业全链条生态的基本支撑。其作用在于以数据、算力和算法驱动数智技术革新，在生成式人工智能、虚拟现实、区块链等方面推动传媒业关键技术攻关与应用场景深度开发，以技术驱动要素配置、业态模式、产业布局创新。二是创新链是传媒业全链条生态的核心本体。其作用在于在技术链的驱动下，通过协同创新机制，实现科研技术创新向业界应用创新的转化。要推动相关高校、科研机构与业界组织共同构建产学研融合的创新联合体，以开放共享思维集中创新资源，将高校等主体在科研领域的技术创新成果，与业界主体在业务领域的技术、数据资源积累进行融合互补，完善传媒业科技创新成果转化机制，推动多模态人工智能等前沿技术加速在传媒业具体场景的应用落地。三是产业链是传媒业全链条生态的基本载体。其作用在于以技术链、创新链的数智技术创新，驱动传媒业上下游业态升级，为价值转化提供产业基础，进一步促进资金、人才要素向产业链流动，最终形成涵盖内容生产、渠道分发、平台运营、用户服务等全链条的现代传媒业体系。要鼓励主流媒体与平台媒体在媒体融合向纵深推进中发挥引领作用，以"报、台、网、端、微"融合转型打造上下游协同的"平台+内容+终端"创新生态。

（二）构建传媒新型生产关系，推进河北主流媒体系统性变革

《学习辅导百问》中指出："推进主流媒体系统性变革要在系统性上下功夫，坚持导向为魂、内容为王、创新为要、流量和效果说话，用互联网思维主导资源配置，全方位推进组织架构、管理流程、运营模式、话语体系、媒体形态、平台技术等变革。"[①] 新质生产力是当下我国高质量发展的重要推动力，而新质生产力的发展，必然需要形成与之相适应的新型生产关系。因此，主流媒体体制机制的变革显得尤为关键，它本质上是对现有生产关系系统性的重塑，是推进主流媒体系统性变革的深层动能。具体来看，主流媒体的组织领导机制、运行管理机制及评价体系等都需要在系统性思维的指导下进行变革。

1. 破除体制机制深层阻碍，推动主流媒体从表层融合迈向深层融合

经过十年的媒体融合进程，我国主流媒体的组织领导机制已经实现了从

---

① 《党的二十届三中全会〈决定〉学习辅导百问》编写组：《党的二十届三中全会〈决定〉学习辅导百问》，党建读物出版社、学习出版社，2024，第153页。

简单的"相加"到深度融合、从初步合作到全面合并的转变，标志着全媒体传播体系建设进入了新的发展阶段。① 中央和省级媒体作为先行者，积极调整组织结构，创建了一系列融媒体工作室，如上海报业集团从融媒设备支持到工作室项目孵化，再到培训资源赋能，建立了一支融媒精英小队，现已成立融媒体工作室42个，这些工作室专注于国内外时政、文化、科技等新闻领域，创作出许多广受欢迎的作品，为各级主流媒体提供了改革的示范案例。同时，各级媒体积极整合资源，创建了以个人IP、技术、内容等为导向的多种融媒体工作室，旨在培育引流变现的自我更新能力。主流媒体尽管已经尝试突破传统结构，通过消除内部部门障碍、实现台报网融合或进行事企改制等方式简化组织结构，但仍然存在许多挑战。例如，在管理体制方面，许多主流媒体的改革未能满足全媒体传播体系建设的实际需求。受限于主流媒体的事业单位属性，主流媒体的行政管理方式通常较为僵化，在薪酬分配、绩效考核等方面难以实现预期目标。在运行机制方面，许多主流媒体尚未构建真正的全媒体发展格局，资源整合和利用效率不高造成浪费。因此，如何实现从深度融合到一体化、从全面合并到形成合力，成为主流媒体系统性变革面临的新时代课题。

党的二十届三中全会通过的《中共中央关于进一步全面深化改革 推进中国式现代化的决定》提出："深化文化领域国资国企改革，分类推进文化事业单位深化内部改革。"以报纸媒体为代表的主流媒体，其具有事业单位和企业的双重属性，下一阶段必然要深化内部改革，将从以媒体内容和渠道的表层融合转向更深层的传媒体制机制的融合，包括生产传播工作机制、人才队伍建设、激励评价体系等方面。② 而智能传播技术正是促进组织领导机制和管理体制系统性变革的关键力量。例如，新华报业传媒集团2024年全新启动"数智新华行动方案"，自主研发上线了包括"新问"AIGC智能

---

① 蔡斐、王啸洋：《创新管理：加强全媒体传播体系建设的重点进路》，《中国出版》2023年第23期。
② 丁和根、李威：《推进主流媒体系统性变革的理论逻辑与行动方向》，《传媒观察》2024年第S2期。

创作平台、"新盾"内容智能审核系统、"新湖"数据资产服务中台、"新链"区块链版权运营服务平台、"新维"智慧一体化运维管理平台等在内的18个项目，这些平台集成了先进的AI大模型技术，实现了内容生产全流程智能化，为传媒和相关机构提供了一站式智能化生产传播解决方案。①

2. 坚持系统性、协同性思维，构建适应数智时代客观公正的评价体系

传媒新质生产力对主流媒体生产传播运行机制的再造，需要建立一套与之相适应的客观公正的评价体系。全媒体传播体系作为一个有机系统，需要用系统性、协同性思维贯穿其评价体系的构建中。一是新评价体系要突出"流量和效果说话"的互联网维度。《学习辅导百问》提出用"流量和效果说话"，这一价值导向突出了增强互联网思维的紧迫性和运用数据科学评价传播效果的重要性。新评价体系不仅要关注媒体内容的传统质量标准，还要涵盖信息聚合能力、用户互动性和参与度、平台运营水平等互联网特有的维度。二是新评价体系要涵盖突出"全程性"的多维评价指标。传统的主流媒体评价体系以发行量、收视率、点击量等单一指标为主，已经不能全面反映全媒体生产传播的效果。新评价体系应建立多维评价指标，涵盖内容策划、内容生产、内容传播、效果反馈等整个新闻生产传播流程。多维评价指标具体包括：选题的创意性、角度的新颖性、内容生产的智能化、分发渠道的有效互动性、效果反馈的影响力等。三是新评价体系要具有动态性和多元化。为快速适应复杂多变的新媒体环境，新评价体系要摒弃以往评优体系周期长的劣势，利用大数据、人工智能等数智技术开发实时评价功能，以高度的灵活性对主流媒体的实时动态进行评估，为主流媒体提供及时的效果反馈，帮助其及时调整传播策略。同时，要建立多元化指标体系，只有针对不同级别、不同地区、不同类型的主流媒体分级分类细化评价指标，才能对不同主流媒体进行精准化评价。

---

① 《新华报业传媒集团"新问"人工智能创作平台入选中国新媒体大会"融媒有技"优秀案例库》，"交汇点客户端"百家号，2024年10月16日，https://baijiahao.baidu.com/s?id=1813030282493116877&wfr=spider&for=pc。

参考文献

蔡斐、王啸洋：《创新管理：加强全媒体传播体系建设的重点进路》，《中国出版》2023年第23期。

丁和根、李威：《推进主流媒体系统性变革的理论逻辑与行动方向》，《传媒观察》2024年第S2期。

B.3
2024年河北省广播电视事业发展报告

孙荣欣　葛晓宇　张君琳　刘长亮*

摘　要： 2024年，河北省广电系统以习近平新时代中国特色社会主义思想为指导，紧扣学习宣传贯彻党的二十大和二十届二中、三中全会精神主线，聚焦内容、技术、安全三大重心，完善公共服务、产业发展、对外传播三大体系，在主题报道、节目创优、新技术应用等方面取得显著成效，努力将广电职能优势转化为推动全省高质量发展的新动能，为奋力谱写中国式现代化河北篇章贡献广电智慧和力量。在新技术、新业态不断涌现的传播环境下，广电媒体应继续以建设新型主流媒体为目标，在建立适应全媒体生产传播的一体化组织架构、以人工智能新技术推进广电行业转型升级、微短剧成为广电业务重要增长点、供给侧改革步伐进一步加快等方面发力，全面深入推进媒体融合，激发创新创效活力。

关键词： 广电行业　新质生产力　媒体融合　供给侧改革

一　2024年河北省广播电视事业整体发展情况

（一）扎实做好主题宣传报道

2024年，全省广电系统以习近平新时代中国特色社会主义思想为指引，

---

* 孙荣欣，河北省社会科学院新闻与传播学研究所副研究员，广播电视与网络传播研究室主任，主要研究方向为广播电视、新媒体传播；葛晓宇，河北广播电视台经济频率总监兼总编室副主任，高级编辑，主要研究方向为广播电视节目管理、媒体融合发展；张君琳，河北广播电视台总编室高级编辑，主要研究方向为广播电视、媒体融合发展；刘长亮，河北广播电视台总编室主任助理，主任编辑，主要研究方向为媒体融合发展。

以全面深入学习宣传贯彻党的二十大精神为主线，充分发挥新闻主阵地优势，认真谋划、深度策划，以全媒平台继续扎实做好主题宣传报道。省、市广播电视台重点新闻节目以及客户端、微信公众号在重要时段、首页首屏围绕深入宣传阐释习近平新时代中国特色社会主义思想，聚焦党的二十届二中、三中全会精神，持续做好深化改革主题宣传。持续开设"学习贯彻党的二十届三中全会精神""新思想引领新时代改革开放""党纪学习教育""聚焦京津冀协同发展"等专题专栏，多角度阐释、多形式解读，获得良好的传播效果。河北广播电视台推出"筑梦现代化　共绘新图景""向总书记报告""车间里的'高精尖'""民生跟着民声走"等系列报道和短视频，扎实推动党的创新理论深入人心；《河北新闻联播》推出《牢记嘱托　感恩奋进　奋力谱写中国式现代化建设河北篇章》综述报道，重点策划推出"幸福说给总书记听"系列报道，以总书记视察河北的地方为重点，用镜头记录百姓生活发生的新变化。特色思政类节目《好好学习——主题教育特别节目》在原有基础上不断创新，以百姓视角展示河北深入开展主题教育的生动实践及成果成效。廊坊广播电视台《廊坊新闻》开辟"记者走基层·来自一线的改革故事"等专栏，以生动的案例和鲜活的人物故事，展示廊坊市坚定不移全面深化改革、推进京津冀协同发展的新探索、新成效。邯郸新闻传媒中心开设"向'新'而行看邯郸""利企惠民话改革"等专栏，展示邯郸培育壮大新质生产力、推进高质量发展的新举措。

聚焦新中国成立75周年，河北广播电视台重点新闻节目、"冀时"客户端开设"奋进强国路　阔步新征程""庆祝中华人民共和国成立75周年"专栏，推出"奔向现代化""数说河北75年""共和国·'冀'忆"等系列报道以及《追寻光辉足迹——庆祝新中国成立75周年中国红色文化传播全媒体行动》等融媒直播。石家庄广播电视台在国庆期间，策划推出12集系列短视频《看变化·说发展——石家庄城市新画卷Vlog》，通过12个不同主题、不同侧面展示石家庄在社会、经济、文化等各领域高质量发展的新成果、新亮点；大型融媒体文化体验节目《穿越诗文遇见你》推出国庆特别节目《地道战》，依托石家庄本土红色历史文化资源，以正定高平地道战

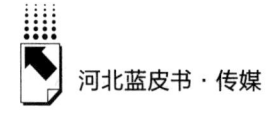

为切入点，采用国潮手绘、人工智能（AI）复原人物和场景等技术手段，带领观众了解那段艰苦卓绝的抗战史，激发观众的爱国热情。

全国两会期间，河北广播电视台打通会内会外、融合大屏小屏，推出"筑梦现代化　共绘新图景·代表委员履职故事""直通两会""会外民声"等9个专栏专题，《全国两会特别节目》《对话京津冀·十年著新篇》2档特别节目，以及4项特别策划、5组新媒体产品，播发相关稿件1100余篇，全网累计浏览量超亿次。10余篇融媒报道被中宣部、国家广播电视总局、全国广电新媒体联盟刊文关注，多个新媒体产品被全国广电新媒体联盟全网推送。"河北广播"在"2024全国两会省台广播泽传媒总指数"排行榜总榜上名列榜首，这是"河北广播"连续8年获得总榜全国第一。①

紧扣全省中心工作，河北广播电视台持续做好"撸起袖子加油干　风雨无阻向前行""坚定信心　勇挑大梁""一线观察""高质量发展调研行"等专题专栏，推出"新质生产力在国企""改革'试验田'一线行""记者走基层·来自一线的改革故事""民生工程一线行"等多组系列报道，讲好河北改革故事，生动展现河北高质量发展的韧性与活力。围绕京津冀协同发展十周年，与北京广播电视台、天津海河传媒中心联合制作纪录片《京津冀·瓣瓣同心》、全媒体特别节目《京津冀十年同心向未来》等一批精品节目。

（二）新媒体传播力稳步提升

截至2024年12月底，河北广播电视台"冀时"客户端下载量已突破8100万，比2023年底的6300万增长29%。全台（集团）将原有的335个第三方平台新媒体账号精减为259个，总粉丝量1.3亿，较2023年底的1.2亿不降反增。其中，台级第三方平台新媒体账号全部由原来的"河北广播电视台"更名为"冀时"，总粉丝量突破2200万。2024年有250余篇稿件

---

① 《2024全国两会河北台融媒传播再创佳绩：新闻广播总指数再夺第一，联播单日最高第一，冀时单日最高第五》，河北网络广播电视台网站，2024年3月11日，https://www.hebtv.com/0/0rmhlm/sydw/hbgbdstzbs/cxcy/11422625.shtml。

登上微博、百度、抖音、头条、快手热搜榜，有110余篇稿件点击量超过1000万。

2024年7月，河北广播电视台推出全新融媒节目《今日资讯1直播》，每周一至周五10：00至20：00在"冀时"客户端及第三方平台新媒体账号进行直播，构建每日10小时不间断播出的移动端民生新闻频道，并在中午12：00推出原生互联网午间新闻节目《1直播》，演播室播评、现场探访、事件还原、嘉宾互动、行进式慢直播等多样态并存，打造便捷、高效的网络端新闻信息互动服务平台。节目与新华网、人民网、上海广播电视台等10余家国内央省级媒体官方账号建立联动策划、执行机制；与省内11个市级融媒体中心、80余个县级融媒体中心紧密合作，实现优质内容的共享联动。截至2024年底，总用户量超过1000万，发布短视频、图文作品3.1万条，总传播量超7.2亿，打造了主流媒体与商业媒体同声绘就同心圆的宣传模式。

全省各广电媒体把互联网阵地建设放在重要位置，引导鼓励节目生产部门加强短视频、直播等内容生产。河北广播电视台紧扣重要节点、本台优质节目，加强主题短视频生产，制作推出了"非遗过大年"系列、"看见雄安"系列、"二十四节气"AI系列等立意高、制作精良的短视频。截至2024年11月底，141条原创短视频获全国广电新媒体联盟矩阵推送。唐山广播电视台2023年9月12日开播的融媒体短视频节目《你好唐山》，以小切口展现大主题，系统讲述唐山城市建设、时代发展、历史人文故事，截至2024年11月底已推出近300期。作品多次被平台抓取进入今日头条、抖音、快手唐山热榜，多次获人民日报全国党媒信息公共平台首页推荐。

2024年2月4日，北京2022年冬奥会成功举办两周年之际，河北广播电视台与北京广播电视台合作推出直播活动《重游京张过大年》，邀请北京冬奥会运动员、裁判员、志愿者、新闻工作者等，推介沿线文旅资源。直播活动期间，"冀时"客户端、"北京时间"客户端同步推出海报、短视频等多种新媒体产品，全国广电新媒体联盟成员纷纷推送宣传片。各平台直播获广大网友积极互动、评论，全网点击量超过600万。2022年9月开播的《美丽河北》

慢直播，已在全省300家景区景点开通慢直播信号502路，实现省内5A级旅游景区和滹沱河流域全覆盖，河北卫视、河北公共频道每天大时段直播，并在"冀时"客户端推出《美丽河北》慢直播5G频道，全网传播量已达100亿。《美丽河北》慢直播节目开创了电视媒体常态化、规模化慢直播的先河，搭建了行业领先的慢直播技术体系，擦亮了"中国式现代化建设河北篇章"的集中展示窗口，稳步成长为传播地域之美、展示河北形象、赋能文旅产业发展的媒体新品牌。2024年5月，国家广播电视总局中广联在正定组织召开《美丽河北》慢直播研讨会，表示将节目作为服务国家新发展战略和融合传播的典型案例向全国推广。

（三）节目创优取得显著成效

2024年是河北广播电视台节目质量提升年。截至2024年11月底，全台共推出20档全新节目，改造提升27档原有品牌节目。所有在播节目实现融媒转型，节目生产更加适应融媒生态环境。在国家广播电视总局2023年度全国广播电视新闻"百佳"推优活动中，河北广播电视台获奖4项，分别是优秀广播电视新闻"头条"《雄安新区：打造全球创新高地》，调研式报道优秀案例《行走京津冀，聚力开新局》，议题设置优秀案例《别让基层干部困在"指尖上""表格里"》，优秀新闻播音员主持人李良。河北广播电视台的《京津冀十年同心向未来》（电视特别节目，与北京广播电视台、天津海河传媒中心联合制作）、《好好学习——学习贯彻习近平新时代中国特色社会主义思想主题教育特别节目》（电视）、《袅袅余音又一村》（电视节目）、《开卷有益》（电视节目）和张家口广播电视台《启航公益之声》（广播节目），分别获评国家广播电视总局2024年第一季度、第二季度、第三季度广播电视创新创优节目。

原创青少年节目《我中国少年》阅读季——《开卷有益》，通过邀请文学大家讲述创作往事、分享读书心得和写作的心路历程，倾听青少年分享阅读感悟，让大家感受文学之美和阅读的魅力，共同营造浓厚的阅读氛围。大型综艺人文类节目《妙不可言（第二季）》以"弘扬工匠精神，彰显时代新风"为主题，综合调动知识竞赛、文化解读、人物故事、文艺呈现等元素，展现小到百姓生活智慧、大到国家建设成就的各种"妙"处，使受众通过新奇的知识点感受神州大地的文化底蕴。大型音乐文化乡村纪实节目《袅袅余音又一村》以"绝色中国"为主题，带领观众打卡秀美壮阔的山河，探索美丽乡村的和美之道，通过"一村一色""一村一歌"的形式，展现中国乡村振兴的美好图景。文化季播节目《魅力书画家》引领青少年探索书画之美，感受其背后的深厚历史文化底蕴，激发对中华文化的自豪感与传承使命感。在春节、元宵节、中秋节等传统节日，倾力打造戏曲、国潮音乐、非遗等特色主题晚会，形成一定的品牌效应。其中，《国潮之夜——2024河北广播电视台新春乐享音乐盛典》立足于"国"之核心底蕴，突出"潮"之表现形式，融入河北国宝级文物、河北梆子、河北大国工匠等元素，以全新视角探寻美丽河北的历史底蕴和时代光彩。节目自春节期间在河北卫视播出后取得了不俗的成绩，共推出各类宣传产品300余个，触达京津冀生活圈受众600余万，各平台总浏览量突破5000万，荣登"中国视听大数据"省级卫视2024年春晚融合指数单项指标TOP3。2024年河北春节戏曲晚会邀请31位中国戏剧"梅花奖"获得者倾情献唱，十几个地方剧种同台竞技，充分展示出戏曲文化的深厚底蕴和丰富内容。晚会收视表现良好，全国60多家平台进行同步直播，全网视频观看量超过3800万，通过央视频、"新华社"客户端、光明网等百余家全媒体平台累计发布稿件1400余条（篇），全网话题点击量超3.9亿。

深入挖掘燕赵历史文化资源，河北广播电视台精心创制纪录片《大河之北·文华燕赵》《长城 长城（第一季）》《城市烟火》《燕赵衣风》，以时代精神赓续燕赵文脉。《大河之北·文华燕赵》入选国家广播电视总局2024年第一季度优秀国产纪录片推荐目录；《长城 长城（第一季）》被"学习强国"总平台首页推荐，优酷、B站重点推荐；《城市烟火》国庆期间在央视经济频道重点推出。生态纪录片《白洋淀》《山·海·人》，全面展现河北生态之美、人文之美。《白洋淀》获评国家广播电视总局2023年度国产纪录片及创作人才扶持项目"优秀系列长片"，河北广播电视台获评

2023年度国产纪录片"优秀制作机构"。以塞罕坝为题材的三集纪录片《美丽的高岭塞罕坝》，在CGTN（中国国际电视台）2023年度新媒体平台发布的产品中，以3600万的全球阅读量位列第一，成为河北纪录片"走出去"的突破性成果。① 石家庄广播电视台国庆前夕播出的纪录片《正太饭店》，以一座历经百年沧桑的古建筑为切口，用一集人文纪录片、三集修复纪录片共同讲述了石家庄地标建筑正太饭店的风云历史。其中，人文纪录片主要围绕正太饭店讲述了石家庄的重要历史人物和历史事件；修复纪录片则不仅记录了作为文物的正太饭店修复的全过程，还记录了参与其中的文物修复师、普通工人等新时代城市建设者的人物故事。邯郸新闻传媒中心承办的"只有邯郸——成语少年英雄会"活动，报名人数累计达到18000余人，在近3个月时间里，历经海选赛、晋级赛、复赛、决赛，最终100名成语之星分别获得一、二、三等奖。2024年10月，在湖南广播电视台主办的第八届广播超级碗·全媒季活动中，邯郸新闻传媒中心凭借"只有邯郸——成语少年英雄会"项目，在上百个优秀案例中脱颖而出，成功斩获"超级案例奖"。

（四）以增强服务意识提升媒体影响力

2024年9月1日，河北广播电视台原公共频道更名为"文旅·公共频道"，进一步突出"专精文化旅游，热心公共服务"的定位。同时，"冀时"客户端开设文旅频道，切实将大屏端文旅资源向小屏端转移，更好地服务全省文旅发展。推出大型音乐文化乡村纪实节目《袅袅余音又一村》、微短剧《你好，苏东坡》《河北48小时》等，助力打造"这么近，那么美，周末到河北"文旅品牌。《你好，苏东坡》入选国家广播电视总局"跟着微短剧去旅行"创作计划第三批推荐剧目、荣获第五届中国（沧州）中华优秀传统文化颂网络电影盛典"优秀网络微短剧"，《河北48小时》《田园织梦》以及保定市文化广电和旅游局出品的《驴火了》等入选国家广播电视总局

---

① 《省政府新闻办"河北省推动广播电视和网络视听高质量发展"新闻发布会文字实录》，河北省人民政府网站，2024年12月31日，http://www.hebei.gov.cn/columns/6b529089-3c22-40ef-8d24-fda72cb33bf5/202501/06/af561cc5-18c0-412c-b841-2e62cfe5d047.html。

"跟着微短剧去旅行"创作计划推荐剧目。2023年11月至2024年2月，承德广播电视台紧紧围绕承德市委、市政府"破解季节性短板制约，建设环京津高端度假休闲和温泉旅游康养优选城市"这一目标，结合承德开展的"2023/2024河北承德冰雪温泉旅游季""2024故宫·避暑山庄龙腾盛世新春灯会""承德村晚"等一系列活动，制作推出了近千件融媒体作品，宣传推介冰雪温泉旅游、冰雪体育赛事、春节民俗文化、地方特色美食。其中，《这么近　那么美　周末到河北——水墨避暑山庄》点击量53万，《白天逛庙晚上看冰雕　不去"尔滨"在承德也可以看冰雕啦》点击量17.9万，为打造承德冬季旅游品牌、助推承德冬季旅游"破局出圈"做出了积极贡献。[①]

舆论监督是主流媒体的一项基本功能和重要职责。河北广播电视台《阳光热线》节目以"优化营商环境，促进高质量发展"为抓手，持续推动与省市县政府职能部门和重点行业企业的合作，推出特别节目《千帆竞发看营商》。截至2024年11月15日，共有40多家上线单位负责人做客直播间，发布权威信息，受理咨询投诉。《今日资讯》全面改版升级，增设"今日大事件""神秘访客""新闻三句半"等板块，以建设性舆论监督为导向，陆续推出《文旅小镇经营现状调查》《保定高碑店：无证运营　线下交易"黑车"非法载客》等深度报道，推动了当地相关部门的迅速整改，取得良好的社会效果。石家庄广播电视台结合市领导干部接听12345政务服务便民热线，在原有《电视问政》的基础上拓展节目形式和内容，开办《问政·12345马上办》特别节目，跟踪拍摄、真实记录市民所反映问题的解决全过程。该节目不仅拉近了政府与市民的距离，而且对促进干部作风的转变和机关效能的提升发挥了重要作用。

河北广播电视台以《992大家帮》节目为基础，打造以爱心助学、爱心送考为代表的"公益+"活动，2005年创立的"爱心助学圆梦行动"已连续举办二十届，是河北省历史最久、影响最大的公益助学活动之一，该行动

---

① 武海波、李瑞鲜：《如何在城市营销中彰显媒体作为——以承德广播电视台助推承德冬季旅游"破局出圈"为例》，《采写编》2024年第7期。

至今共募集善款超727万元，资助1430余名应届学子走进大学。2023年、2024年、2025年连续三届以"最暖的夜"为主题举办跨年爱心盛典，汇聚凡人善举、凝聚感人力量，以融媒手段为全网观众呈现温暖、振奋的年度盛会，在全国众多广电媒体跨年活动中办出了河北特色。

（五）对外传播实现新突破

河北广电国际传播中心于2023年12月成立后，着力推进国际传播能力建设，致力于讲好河北故事、讲好中国故事。一年来，多部精品纪录片、宣传片落地30多个国家播出，构建了包括Facebook、X（原推特）、YouTube、Instagram、TikTok等在内的海外社交媒体平台矩阵，面向世界有力宣传了河北好形象。

精心拍摄制作宣传片《经济强省 美丽河北》（中英文两版），全方位展现新中国成立75年来特别是党的十八大以来，河北省在国家级重大工程、生态建设、经济高质量发展、基础设施、民生工程、乡村振兴等方面取得的成就，以及文化特色和风土人情。该片英文版于2024年9月29日在CGTN英文频道播出，中文版于2024年10月3日在央视中文国际频道播出，同时在海内外新媒体账号推送，取得良好反响。原创纪录片《大河之北·山川地理篇》《大河之北·文华燕赵》《京津冀·瓣瓣同心》，微纪录片《遇见白洋淀》《水清如许》《海客谈：白洋淀新生记与回归之旅》登陆CGTN，全球播放量超过100万。

配合2024中国·廊坊国际经济贸易洽谈会制作播出总宣传片《2024中国·廊坊国际经济贸易洽谈会》、成效专题片《让实体经济的"筋络"更加强劲》。雄安推介会期间推出的短视频"'鑫鑫'念念"雄安篇《愿望清单Wishes List》，以及奥运系列报道"你好奥运（Hello Olympic）"、河北省旅游产业发展大会特别报道《原来你是这样的"旅发大会"》、雄安工业设计周特别报道、安平国际丝网博览会特别报道《和中国生意人一起赚钱》、数博会特别报道《在2024数博会的一天》，都是以记者的第一视角和轻松活泼的Vlog形式记录国际盛会及中央部委重大活动。相关报道突出国际化视野、强化新媒体传播，营造出国内国际良好的舆论氛围。目前，"'鑫鑫'念念"已成为河北国际传播的一张亮眼名片，得到省委宣传部、省外办等部门高度肯定。

（六）行业发展迈上新台阶

2024年9月26日，河北广电无线传媒股份有限公司成功在深圳证券交易所创业板敲钟上市，成为河北省首家登陆资本市场的国有文化企业。河北广电无线传媒股份有限公司是经河北省委宣传部批准、由河北广播电视台（集团）于2009年4月24日设立并控股的视听新媒体市场运营主体，是省级集成播控平台——河北IPTV（交互式网络电视）的唯一运营机构，拥有超过1500万家庭用户。公司整合来自IPTV中央集成播控平台、河北广播电视台、增值音视频内容提供方的丰富资源，为用户提供影视、音乐、游戏、在线教育等多种新媒体视听服务。

（七）技术引领开创新局面

强化技术赋能，创新技术应用。河北广播电视台对全台现有数字和网络技术设备进行智能化升级改造，建成"冀时"客户端4.0新媒体平台。探索打造"河北广播电视台AI项目平台"，功能涵盖AI个性化视频制作、AI图文生成等，有效提升技术耦合内容制作水平。成立人工智能生成内容（AIGC）实验室，大力推动AI技术在日常节目创新、精品制作、活动举办中的应用，除制作了《龙抬头》、"二十四节气"AI系列等精品短视频外，还在纪录片《长城 长城》、石家庄马拉松比赛、汽车文化节等中广泛应用了AI技术。自2024年6月起，交通频率群继续探索AIGC技术赋能"新视听"发展，研发AI音频矩阵，推出AI文化知识小百科《992个为什么》，打造992 AI主播团，选取科技文化、网络热点、生活服务等新鲜有趣的冷知识，由AI制作生成线性插件，打破常规广播节目节奏，提供较高的情绪价值，形成收听新亮点。搭建大规模媒资转储技术平台和版权信息管理系统，涵盖集成语音识别、智能标签等多种AI原子能力。自主研发虚拟主播"冀小佳"并掌握虚拟数字人开发的全流程，"冀小佳"在元宵晚会上首次实现实时直播，在第二十届文博会上首次实现与真人同台实时互动。虚拟数字人的研发与应用拓展了传播形式，丰富了视觉呈现手段，并取得了较好的效果与反响。

二　全国广播电视行业发展形势分析

（一）广播电视行业总体发展稳中向好

国家广播电视总局2025年5月9日发布的《2024年全国广播电视行业统计公报》显示，2024年全国广播电视和网络视听行业总收入14878.02亿元，同比增长5.32%。其中，广播电视和网络视听业务实际创收收入12855.87亿元，同比增长5.27%；财政补助收入996.71亿元，与上年基本持平；其他收入1025.44亿元，同比增长12.01%。

按主体分，传统广播电视机构总收入6798.41亿元，同比增长7.39%，广播电视新媒体业务、广电5G业务等成为收入增长点；网络视听服务机构总收入8079.61亿元，同比增长3.65%，占行业总收入的比重超过一半。实际创收收入中，网络视听用户付费、节目版权等服务收入1830.94亿元，同比增长34.60%，微短剧成为激活创新发展强劲引擎；短视频、网络直播等收入4515.24亿元，同比增长5.43%；有线电视网络收入739.37亿元，同比增长3.84%，广电5G业务收入呈现爆发式增长；节目制作、销售等节目相关收入659.21亿元，同比下降1.73%；广播电视机构交互式网络电视（IPTV）平台分成、互联网电视（OTT）集成服务收入258.56亿元，同比下降4.69%；广告收入3182.63亿元，同比下降7.36%；技术服务、票务、游戏、主题乐园及衍生产品等收入1669.92亿元，同比增长12.85%。[1]

纵观近三年全国广播电视行业统计数据可以发现，广电行业克服多种不

---

[1] 《2024年全国广播电视行业统计公报》，国家广播电视总局网站，2025年5月9日，https://www.nrta.gov.cn/art/2025/5/9/art_113_70729.html。

利因素，总体收入保持稳步增长，2022~2024年，行业总收入增长率分别为8.10%、13.74%、5.32%。从收入结构来看，传统广播电视收入下降、网络视听收入增长的趋势仍在延续。这也反映出传统媒体在营收方面的转型进程，由依赖电视大屏和广播频率广告转向布局新媒体领域，在"传统"与"新兴"之间实现过渡。

（二）网络视听成为行业发展新引擎

随着各类互联网音视频平台的崛起，传统广播电视媒体受众持续向互联网端转移。《2023年全国广播电视行业统计公报》显示，2023年新增互联网视频节目11291.87万小时、音频节目7968.55万小时、短视频54746.26万小时（2022年新增分别为4328.69万小时、6005.60万小时、51873.53万小时），网络视听内容日益丰富。随着高质量、精品化供给成为行业共识，网民对网络视听的认可度和观看黏性也不断提升与增强。《2023年全国广播电视行业统计公报》显示，网民人均每天观看互联网视听节目（含短视频）约3小时，网络视听日益吸引网民大量注意力。受众的增加带来收入的增长，2023年网络视听相关业务收入已达5642.81亿元，同比增长27.67%，是2019年的3.25倍。其中，短视频、网络直播等其他收入4282.52亿元，同比增长33.39%。随着新技术不断创新应用，新产品、新服务大量涌现，网络视听必将进一步打开大视听产业发展的新空间。①

三 河北省广播电视事业未来发展的几个着力点

（一）建立适应全媒体生产传播的一体化组织架构

党的二十届三中全会审议通过的《中共中央关于进一步全面深化改

---

① 《数说五年：广播电视行业收入趋势和重要增长极》，"国家广电智库"微信公众号，2024年5月11日，https://mp.weixin.qq.com/s/21K0H5flZ_9YJ9TbwNGhWg。

革 推进中国式现代化的决定》提出："构建适应全媒体生产传播工作机制和评价体系，推进主流媒体系统性变革。"① 这标志着主流媒体的融合传播、融合发展、融合格局进入一个新阶段。对于广电媒体来说，就是要加速构建大小屏联动、资源集约、技术赋能、渠道融通的融合新生态。

首先，建强自有新媒体平台。目前，媒体融合相关政策都在强调建设自主可控平台，主流媒体积极打造自主传播平台，形成数字化、智能化的全媒体内容生产体系，提升主流媒体的引导力和影响力。例如，湖南广电集团以做强自有App形成突出优势，截至2024年11月，湖南广电集团已经打造了处于长视频第一梯队的芒果TV、专注内容电商赛道的"小芒"App、以短视频为切入口的新闻资讯平台"风芒"App，以及专注于数字文博的"山海"App，与湖南卫视、金鹰卡通一起构成全新芒果六平台，构建长中短融合、音视频协同、资源互通的新生态。

其次，继续探索打通台内新媒体与传统媒体，频道频率与客户端和新媒体矩阵融合运营，各平台优势叠加。作为全国地方广电领军者，湖南广电集团在做优做强品牌内容的基础上，深化台网融合，将战略中心全面转移至新媒体，形成覆盖全域用户的全媒体传播格局。湖南卫视与芒果TV双平台虽然是两个党委，但领导班子骨干成员双向进入；成立由双平台共同组成的综艺立项委员会和电视剧立项委员会，统一立项和调度重点文艺项目，在综艺节目生产、电视剧采购、广告经营等方面资源共享、一体化运作，二者各展所长、统分自如、形成合力，在节约成本的同时实现生产、传播效应最大化。

最后，对于市级媒体来说，通过广播电视与传统报业之间的整合来实现深度融合已成为趋势。2022年4月，中宣部、国家广播电视总局等部门联合发布《推进地市级媒体加快深度融合发展实施方案》，在全国遴选60个市（地、州）进行地市级融媒体中心建设试点工作。初步统计，截至2024年底，在全国333个地级市（地区、自治州、盟）中，挂牌成立地市级融媒体中心

---

① 《中共中央关于进一步全面深化改革 推进中国式现代化的决定》，新华网，2024年7月21日，https://www.news.cn/20240721/62ea30d40ef44ef7af63449446179b86/c.html。

的已经超过半数。在河北，邯郸市整合邯郸日报社、邯郸广播电视台，于2022年7月成立邯郸新闻传媒中心和邯郸新闻传媒集团有限责任公司。邯郸新闻传媒中心成立后，积极探索融合模式，完善运行体系，重构业务流程，编制职数和内部机构实现大幅"瘦身"，系统性推动媒体融合取得重要进展和显著成效。[1] 在地市级媒体普遍面临现实困境的情况下，虽然广播电视与传统报业整合并非"包治百病"的"良药"，但是机构间"大融合"有利于机构精简、资源共享、减少同质竞争，成为媒体融合发展的主要趋势。

（二）以AI新技术推动广电行业转型升级

在数字化浪潮的推动下，广电媒体正迎来前所未有的机遇与挑战，布局AIGC技术的重要性越发凸显。AIGC技术的应用将加速广电媒体的数字化转型进程，推动其在内容生产、传播渠道、用户互动等方面的全面升级。

随着中央广播电视总台人工智能工作室、上海广播电视台生成式人工智能媒体融合创新工作室、北京广播电视台人工智能融媒创新实验室、河北广播电视台（集团）AIGC联合实验室等接连成立，各级广电机构积极探索广电行业与AIGC技术的深度融合，在选题策划、热点筛选、素材剪辑等多环节引入AI技术，打破传统产制流程，凝聚兼具效率和质量的新质生产力。中央广播电视总台依托国家重点实验室的科研基础，联合国内头部企业建立AIGC研发技术产学研用一体化的发展体系，研发了AI转写、AI智能剪辑、AI修复增强等AI新技术，提高总台内容创作效率，优化制作流程，节约制作成本。省级电视台利用AI技术密集推出多部AIGC作品，如全国两会期间，北京广播电视台、广东广播电视台、河北广播电视台分别推出《AI带你看中国成绩单》《AI主播解码报告》《AI听两会 听会了这些会!》等报道，高效解读国务院《政府工作报告》热词，发出权威声音和呈现翔实数据。北京广播电视台在2024年春晚期间，自主研发AI视频互动小程序，为观众定制专属国潮短视频，加强与观众的互动。河南广播电视台利用AI动

---

[1] 常品山：《融合改革提升"四力"的邯郸实践》，《传媒》2022年第22期。

画、虚拟现实等技术，让《唐宫夜宴》《簪花仕女图》《千里江山图》等文物"活"起来，带给观众独特的视觉享受；推出的虚拟现实沉浸式电影《唐宫夜宴》和《隐秘的秦陵》，利用三维建模技术分别重新构建了盛唐时期繁华的都城景象和秦始皇陵的历史场景，观众佩戴相关设备，感受文化与科技的完美交融，体验历史的震撼与文化的多彩。总之，智能化转型升级是广电行业未来发展的必由之路，AI的应用将有助于广电媒体提高生产效率、优化内容质量、提升用户体验、增加创收渠道，从而提升整体竞争力。

（三）微短剧成为广电业务的重要增长点

根据国家广播电视总局的定义，"微短剧"是指单集时长从几十秒到15分钟左右、有着相对明确的主题和主线、较为连续和完整的故事情节的网络视听节目。[1] 中国网络视听节目服务协会2024年11月6日发布的《中国微短剧行业发展白皮书（2024）》显示，微短剧已成为网络视听领域新爆点。截至2024年6月，我国微短剧用户规模已达到5.76亿人，占整体网民的52.4%，呈稳步增长态势。[2] 微短剧以独特的魅力成为用户文娱生活的重要组成部分，同时为品牌营销提供了新渠道，展现出强大的市场潜力和跨界赋能能力。

除了商业媒体，主流媒体也逐渐成为微短剧行业的主力军。2024年初，《国家广播电视总局办公厅关于开展"跟着微短剧去旅行"创作计划的通知》发布，积极引导微短剧与传统文化、旅游资源、线下经济融合，全年共发布5批次162部推荐剧目，催生出《一梦枕星河》《你好，苏东坡》《宁波144小时》《我在正定》等一批优秀作品；8月，国家广播电视总局网络视听节目管理司等多部门联合发起"跟着微短剧来学法"创作计划，引导微短剧赋能法

---

[1] 《国家广播电视总局办公厅关于进一步加强网络微短剧管理　实施创作提升计划有关工作的通知》，国家广播电视总局网站，2022年12月27日，https：//www.nrta.gov.cn/art/2022/12/27/art_113_63062.html。

[2] 《微短剧迈入2.0时代〈中国微短剧行业发展白皮书（2024）〉发布八大主要发现》，中国网络视听节目服务协会网站，2024年11月6日，http：//www.cnsa.cn/art/2024/11/6/art_1955_45923.html。

治宣传和普法教育。中央广播电视总台推出《中国神话》《AI 看典籍》《美猴王》等微短剧，采用新技术、新叙事推动经典 IP 传承；湖南广电集团推出"风芒"App，定位为"以微剧微综微新闻为主的新一代短视频平台"，引领行业新趋势。

值得关注的是，微短剧与电视大屏结合后，精品化趋势愈加显著。湖南卫视 2023 年 12 月联动芒果 TV 在后晚间时段上线首部大芒微短剧《风月变》，成为首个推动微短剧上星的省级卫视；2024 年在后晚间时段开辟首个微短剧剧场"大芒剧场"、在黄金档推出"730 大芒剧场"，为观众提供更加多样化的观看选择，也为视频内容的创新发展开辟了新的道路。2024 年 10 月 14 日，由上海广播电视台与中国网络视听节目服务协会携手打造的"中国微短剧品质东方计划"五大行动之一"品质东方·微剧场"在东方卫视黄金档开播，成为上海广播电视台展播优秀微短剧的重要平台。根据中国视听大数据（CVB）统计，截至 2024 年 11 月，已有超过 30 部微短剧在省级卫视播出，收视覆盖超过 5 亿户次。[1] 可以预见，随着行业规模不断攀升并逐渐朝着精品化方向发展，微短剧的受众范围和影响力还将进一步扩大。

（四）供给侧改革步伐进一步加快

2024 年 11 月 26 日，国家广播电视总局召开广播电视频道频率精简精办工作座谈会，强调要以高度的政治责任感和历史使命感，进一步把频道频率精简精办工作抓紧抓好，扎实推进主流媒体系统性变革和高质量发展。[2]

频道频率关停是广播电视供给侧改革的措施之一，传统频道频率不再产生效益，关停并转则是最佳选择。2020 年 10 月 15 日，《国家广播电视总局关于推动新时代广播电视播出机构做强做优的意见》发布，积极推动广播

---

[1]《广电何以引领微短剧向"精"而行？》，"国家广电智库"微信公众号，2024 年 12 月 16 日，https://mp.weixin.qq.com/s/UVxDuekuTzSGJdF2IyqgwA。
[2]《国家广播电视总局召开广播电视频道频率精简精办工作座谈会》，国家广播电视总局网站，2024 年 11 月 29 日，https://www.nrta.gov.cn/art/2024/11/29/art_112_69725.html。

电视精简精办。如果说前些年频道频率精简精办主要针对地市级广播电视台以及省级台的付费频道，那么2024年以来则扩大到一些省级广播电视台的地面频道。2024年8月10日，深圳电视台公共频道、娱乐频道停播，相关节目内容转到"壹深圳"客户端播出；2024年9月，上海广播电视台在改革发展大会上提出，要有序关停4个电视频道和4套广播频率，大力压减40%的传统频道频率，推动优质内容和品牌栏目加快向东方卫视电视主频道汇聚，加速向看东方移动主平台转型，以实现主业更加突出、特色更加鲜明、效益更加改善的目标。这是全国广电媒体关停并转最大的举措之一。江西广播电视台（江西广电传媒集团）于2024年12月12日发布《台（集团）推进系统性变革总体工作方案》，其中包括要有序关停3个频道频率，压减一般性业务和同质化内容。2025年，随着媒体系统性变革的逐步推进，广电媒体精简精办频道频率的步伐会进一步加快，并以此为契机，把"融合强台"作为改革的创新点，构建网上网下一体化传播格局，打造融媒体传播矩阵。

参考文献

《从〈唐宫夜宴〉XR沉浸剧看中国表演艺术数字化国际化发展》，"国家广电智库"微信公众号，2024年9月18日，https：//mp.weixin.qq.com/s/-XLK-oKJOdkySjGNv4G_Kg。

龚政文：《台网深度融合下的芒果精品创作实践》，《广电时评》2024年第20期。

《广播电视和网络视听高质量发展的路径探索》，"国家广电智库"微信公众号，2024年8月23日，https：//mp.weixin.qq.com/s/l_HIGuG2Lyfk-l52CmiTDg。

《科技相融　新质相生——2024中国传媒业发展十个特点》，《中国新闻出版广电报》2024年12月24日。

《轻体量也能赢得高质量——微短剧丰富电视大屏内容纪实》，"广电视界"微信公众号，2024年10月20日，https：//mp.weixin.qq.com/s/P16mxwS0w9PzBry-i_rYGw。

孙军涛、杜洁、王琳：《构建融媒问政体系，打造新型主流媒体——以石家庄广播电视台为例》，《中国广播影视》2024年第9期。

B.4
2024年河北省主流新媒体发展报告

张旭 李小琳 张妍 焦占梅*

摘 要： 党的二十届三中全会提出的"推进主流媒体系统性变革"，为河北省主流新媒体发展指明前进方向。2024年，河北省主流新媒体把媒体融合发展作为生存之需、变革之策、图强之方，在坚守主责主业、强化智媒技术应用、加强体制机制建设、强化社会治理参与等方面持续发力，书写主流媒体系统性变革的河北答卷。面对数字技术进入加速创新的爆发期，河北省主流新媒体在推动媒体深度融合、巩固和扩大影响力、拓展新场景、实践新应用等方面任重道远。

关键词： 媒体融合 地方媒体 新媒体 河北省

一 2024年河北省主流新媒体规模

（一）河北省新媒体用户规模递增，结构呈现年轻化、城镇化、高学历化的特点

河北省通信管理局发布的《2023年度河北省信息通信行业发展报告》和《2023年度河北省互联网发展报告》显示，2023年以来，河北省新媒体用户规模稳步增长，用户结构呈现年轻化、城镇化、高学历化的特点。2023年底，河北省固定互联网接入用户数3179.7万户，同比增长6.3%；移动互

---

* 张旭，河北省社会科学院新闻与传播学研究所助理研究员，主要研究方向为新媒体、网络舆情；李小琳，解放军新闻传播中心网络部编辑，主要研究方向为军事媒体新闻传播；张妍，长城新媒体集团办公室主任，主要研究方向为内容策划与品牌建设；焦占梅，长城新媒体集团办公室副科长，主要研究方向为媒体融合。

联网接入用户数达7849.2万户，同比增长3.6%，手机成为主要上网终端。全省网民年龄结构分布主要集中在19~24岁，占26.3%，其次是25~30岁，占15.2%，熟悉并喜欢新技术和应用的年轻人仍是互联网的主要用户。在网民中，城市居民占60.1%，显示出更高的新媒体接触率。具有大学本科学历的网民占47.6%，大专及以上学历的占80.0%，高学历用户特征明显。① 未来，随着互联网技术发展和应用场景拓展，新媒体用户规模将继续增长，用户结构进一步年轻化、多元化。

（二）河北省主流新媒体关注度逐年提升，用户结构年龄偏大，仍有拓展空间

本研究关注的河北省主流新媒体主要包括长城新媒体集团的冀云·融媒体平台、河北日报报业集团的"河北日报"App与"纵览新闻"App、河北广播电视台的"冀时"客户端及其在社交平台上的账号等。2024年，河北省主流新媒体在平台建设和用户结构层面呈现鲜明特征。

一是自有平台建设稳步推进，关注度逐年提升。截至2024年12月，作为河北省县级融媒体中心省级技术总平台，长城新媒体集团的冀云·融媒体平台已为河北全省163个市县级融媒体中心及媒体单位（其中，县级融媒体中心147个、市级媒体5个、区级媒体11个）开发上线了"冀云"客户端。自2019年10月正式上线的"冀云"客户端及其系列客户端，总下载量由2021年10月的1160万次增至2024年底的8170万次；累计访问量由2021年10月的60亿+跃升至2024年底的350亿+，逐年近倍数增长。② 河

---

① 《河北省政府新闻办"河北省信息通信行业和互联网发展情况"新闻发布会文字实录》，河北省人民政府网站，2024年5月17日，http：//www.hebei.gov.cn/columns/6b529089-3c22-40ef-8d24-fda72cb33bf5/202405/21/4c924e9c-8a47-4f23-870d-58046d6e41c6.html。

② 2024年数据由长城新媒体集团提供，2021年数据来自《冀云客户端下载突破千万！河北新型传播平台建设取得新进展》，"河北经济日报"微信公众号，2021年10月2日，https：//mp.weixin.qq.com/s?__biz=MzA3NzcyNTg4MA==&mid=2650389802&idx=2&sn=09d378d2a26803cd26f55352bbd73cd9&chksm=8740b4fdb0373deb59cd27921443f1e20a940887f5305dcca07d60443454a317eaaadbb49ba9&scene=27。

北日报报业集团2024年实施"河北日报"和"纵览新闻"双平台发展战略，前者主打公信力、引导力，突出权威、主流，截至2024年12月"河北日报"客户端下载量872万次，注册用户数471万人；后者坚持"立足河北、辐射全国、放眼全球"，整合"纵览新闻"客户端、河北新闻网、燕赵都市报及集团百余个新媒体账号，打造传媒旗舰，①截至2024年12月，"纵览新闻"抖音号粉丝2416.2万人，在正能量宣传等方面进入全国省级党报新媒体平台前列。河北广播电视台"冀时"客户端涵盖广播、电视、IPTV、网站以及第三方平台，是河北省内唯一一家实现台、网、端"三屏互动"的媒体平台。截至2024年11月29日，"冀时"客户端下载量已突破7300万次，同比增长15.9%。河北广播电视台"国+社区"抖音号粉丝2100万+，跻身全国新闻头部官方新媒体账号。农民频道官方微博粉丝547.1万人，中宣部新媒体生产传播效果9月评价结果显示，在包括央媒、报纸等在内的全国百家主流媒体154个微博账号排名中，农民频道官方微博入选TOP10榜单，是河北省唯一入选的账号。②

二是社交平台粉丝用户年龄结构整体偏大，微信、微博平台的女性用户占比高于男性用户，而短视频平台的男性用户占比高于女性用户。截至2024年10月31日，"长城新媒体"微信公众号关注用户超220万人，26~45岁的用户占比最多，超65%，男女用户比例为1∶2；河北长城网官方微博粉丝达600.4万人，18~44岁的用户占比最多，达84.5%，"长城新媒体"微信视频号活跃粉丝70万+，50岁以上的用户占比最多，占43.94%；"长城新媒体"抖音号粉丝857.6万人，31~40岁的用户占比最多，达32.3%，男性用户占比略高于女性用户。③河北日报报业集团新媒体平台用户36~45岁占比最多，达33.26%，46~60岁占比接近1/4，为24.14%；女

---

① 《塑造主流舆论新格局——二〇二四媒体融合发展论坛发言摘编（一）》，《人民日报》2024年11月1日，第10版。
② 数据由河北广播电视台提供。
③ 数据由长城新媒体集团提供。

性用户（57.28%）占比略高于男性（42.72%）。① 河北广播电视台第三方新媒体账号259个，总粉丝1.3亿人，同比增长8.3%，"冀时"微信公众号粉丝74.5万人，36~45岁占比最多，为38.96%，女性占比（59.95%）远高于男性（38.91%），"冀时"抖音号粉丝850.6万人，年龄段占比前三的为31~40岁（33.2%）、41~50岁（28.3%）、50岁以上（26%），男女比例超过2∶1。②

二 2024年河北省主流新媒体融合发展实践

2024年，河北省主流新媒体把媒体融合发展作为生存之需、变革之策、图强之方，加快构建适应全媒体生产传播的工作机制和评价体系，以主动权赢得话语权，以传播力释放影响力，③ 书写主流媒体系统性变革的河北答卷。

（一）坚守主责主业，以创新内容生产赢得发展机遇

2024年以来，河北省主流新媒体深入学习实践习近平文化思想，贯彻落实习近平总书记"七个着力"重要指示，以创新内容生产为核心，通过多样化新闻宣传形式与互动性传播手段，持续推动党的创新理论入脑入心，讲好河北故事、提升河北形象。

1. 推动习近平新时代中国特色社会主义思想宣传入脑入心

2024年，河北省主流新媒体把宣传阐释习近平新时代中国特色社会主义思想作为首要政治任务，围绕习近平总书记在河北雄安新区、沧州市、石家庄市等地考察指导一周年，推出多篇融合报道。长城新媒体集团依托"学习强国"总平台推出《沿着总书记的足迹·河北篇》，讲述一年新变化、展现新面貌，被"学习强国"总平台推荐频道高位连续推荐3天，专题总

---

① 数据由河北日报报业集团提供。
② 数据由河北广播电视台提供。
③ 《推动主力军全面挺进主战场》，摘自《塑造主流舆论新格局——二〇二四媒体融合发展论坛发言摘编（一）》，《人民日报》2024年11月1日，第10版。

阅读量超1.3亿次，得到中宣部宣传舆情研究中心肯定，入选国家广播电视总局2024年第二季度优秀网络视听作品推选活动优秀作品目录①；在习近平总书记给保定学院西部支教毕业生群体代表回信十周年之际，推出微纪录片《青春的方向》《追光·到西部教书去》、报告文学《赴一场青春之约》《长城访谈｜做一棵大漠红柳》系列，得到中宣部《新闻阅评》专刊肯定；推出"温暖的回声"等系列报道，生动反映河北干部群众牢记习近平总书记嘱托、感恩奋进的精神风貌和实干成效。学习好宣传好贯彻好党的二十届三中全会精神方面，长城新媒体集团联合团省委推出《强国青年说》《强国来电｜解码三中全会关键词》等系列融媒体报道，推动青年群体与专家学者进行理论对话。"冀时"客户端、河北网络广播电视台深化"头条"建设，在重要时段、首页首屏持续开设"学习贯彻党的二十届三中全会精神""新思想引领新时代改革开放""党纪学习教育""正午学习时间"等专题专栏；推出"筑梦现代化 共绘新图景""向总书记报告"等系列报道和短视频，扎实推动党的创新理论深入人心。

2. 重要节点做好重大主题报道

聚焦新中国成立75周年，长城新媒体集团抓住"人的故事"，全程跟踪报道天安门国旗护卫队原升旗手张自轩奔赴四川凉山为"天梯小学"升旗的故事，推出纪录片《旗"迹"》、通讯《国旗升起在"云端"》等作品，深入挖掘中国青年助农育人、爱国奋斗的心路历程。河北日报报业集团"百姓看日报"工作室推出手绘+SVG交互产品《我们的人民币》，以五套人民币的发展进程为线索，通过一个个独具记忆点的代表性画面，展现了新中国成立75年来巨大的生活变迁，主题深刻，视角独特，交互感强，引发了受众共情和对垂直领域的关注。②

2024年全国两会期间，长城新媒体集团发布相关微视频、图解、海报等多种形式原创作品500余篇（次），转载（含信息流）4万篇，全网总阅

---

① 《长城新媒体集团召开2024年工作总结表彰暨2025年工作动员部署大会》，河北机关党建网，2025年3月3日，https：//www.hbjgdjw.gov.cn/Template/content.html？id=27948。
② 郭伟、赵丽肖：《以漫画助力党报声音"出圈"》，《新闻战线》2024年第23期。

读量上亿次。"新'县'象·超有料"系列融媒报道、《这届年轻人关心啥?》、《带着农民职称证上两会》、《听,来自河北的代表委员,多种语言传递全国两会好声音》等获得中宣部肯定。2024年河北省两会期间,长城新媒体集团发布多种形式的作品300多篇(次),现场搭建"长城新媒体2024省两会直播平台",推出《聚焦省两会　长城全直播》大型网络视频直播节目,为河北省两会营造了良好氛围。持续推出"坚定信心　勇挑大梁""宝藏小城环游'冀'""推进民营经济发展"等系列报道,唱响中国经济"光明论"。

3. 持续做好扎实推进党中央重大改革部署在河北落地落实成效报道

围绕雄安新区设立七周年重大节点,长城新媒体集团与北京千龙网、天津津云新媒体联动,推出三地大型直播《我与雄安共成长》、《拔节生长看雄安》《手绘长卷|拔节生长!雄安画卷2024》《手绘视频|2024,拔节生长的雄安》《雄安改革身边事》《跟着社区书记去走访》《主播说雄安》等作品,展示七年来雄安新区从无到有、从蓝图到实景的生动画卷;与中新社合作推出"问淀哪得清如许"系列微纪录片,与新华社合作推出"在雄安和'未来'握手"系列报道,让企业、百姓讲述雄安和白洋淀生态修复保护故事,生动展示雄安未来之城的"妙不可言""心向往之"。"河北日报"客户端推出微纪录片《雄安夫妻》,讲述三对扎根雄安建设的塔吊夫妻故事,以小切口展现雄安新区发展建设成果。

围绕京津冀协同发展国家战略提出十周年,长城新媒体集团联合北京时间、天津津云新媒体集团推出《瓣瓣同心向未来——京津冀协同发展十周年》大型直播,"同心筑梦京津冀"系列、"倏忽十年"系列等,展现京津冀协同发展十年新变;《创意视频|解码京津冀》,以"图表+视频"呈现十年来京津冀在交通、环境、产业、公共服务方面的丰硕成果;"巡天遥瞰京津冀"系列,以卫星为"眼",用大量航拍影像从空、天、地三个视角展现10年来的河北之变;联合北京日报社推出融媒直播《京冀携手打通跨界新通道　厂通路潮白河大桥通车》,全网总浏览量超1000万次,受到广大网友高度关注。《河北日报》联合《北京日报》、《天津日报》推出"十年十记　瓣瓣同

心 京津冀协同发展的一线视角""京津冀代表委员话协同"等系列报道，获中宣部《新闻阅评》表扬。

4. 聚焦河北全省旅游重点工作，打造文旅融合精品

第八届河北省旅游产业发展大会期间，长城新媒体集团首次搭建两处新闻中心及融媒访谈区，开发建设旅游产业发展大会"中央厨房"，对接近400家媒体、平台参与报道旅游产业发展大会，形成强大的宣传声势。河北日报报业集团推出的《邢瓷：类银似雪韵悠长》《定瓷：气韵生动展芳华》《井陉窑：博采众家成大器》等"非遗河北"系列报道，从小切口讲述河北陶瓷非遗的前世今生。

长城新媒体集团持续开展"文化中国行"报道，围绕"考古河北""探访河北""游历河北""非遗河北""开放河北"五个方面，开设新媒体专栏"大河之北"，推出"寻找河北古建之美""挑个周末出去玩"等各具特色的系列短视频产品。"河北日报"客户端旅游频道推出与河北省文化和旅游厅合办的"按图游冀"栏目，以"山河问早"海报、创意海报、精美长图等形式展现河北美景和各类旅游攻略，以美图好景吸引更多游客走进河北。

围绕河北旅游名县，长城新媒体集团推出"宝藏小城环游'冀'"系列报道，其中《来涉县，与山水同行》在"冀云"客户端阅读量超1200万次。《河北日报》推出的"旅游在'县'"系列报道，以"主稿+配稿（记者手记）"的"1+1"组合方式，全方位、多角度展示各旅游名县"美在何方、'靓'在何处"。

围绕弘扬长城文化，长城新媒体集团推出"我与长城"系列报道，弘扬和继承长城文化内涵与时代精神。《长城老张的朋友圈》通过跟踪记录和虚拟拍摄，讲述河北秦皇岛长城保护员张鹤珊四十六年如一日守护长城的感人事迹和长城保护员制度的开创之举。

5. 持续拓展国际传播外向度

长城新媒体集团于2024年1月成立长城国际传播中心，在"冀云"客户端、长城网等自有平台开设英文频道的同时，积极"借船出海"，在Facebook、Instagram、X（原推特）、YouTube等主流海外社交媒体平台设立

"iHebei"账号，海外平台粉丝量超百万人，发布稿件2500余篇，互动量超5000万次，成立驻巴西、意大利联络站，在全球32个国家和地区建立涵盖百余人的海外报道员、海外传播官队伍，与中国驻外机构及官员、海外驻华机构及官员等100多个账号保持高频互动，海外高层"朋友圈"点赞、转发、评论超1800次，与中国外文局合作，实现向五大洲任何国家进行定向推广[1]；内容生产方面，充分挖掘中华传统文化与河北地方文化特色，推出"诗意中国"系列报道、"一县一品知河北""印象河北""特色奇遇'冀'"文化品牌，以及《AI海报｜"山河四省"联动　追溯黄河文明》，以柔性方式塑造可信、可爱、可敬的中国形象与河北文化品牌；微纪录片 Farming Proverbs of China 向国外传递中国农谚的劳动智慧，使地方国际传播中心在国家战略传播中发挥重要支撑作用。[2] 河北广播电视台于2023年12月成立河北广电国际传播中心，制作推出的多部精品纪录片、宣传片在30多个国家播出，构建了包括Facebook、X（原推特）、YouTube、Instagram、TikTok等在内的海外社交媒体平台矩阵，面向世界有力地宣传河北好形象。围绕中心工作，推出《中国河北的邀约》《经济强省　美丽河北》视频作品，系列双语报道短视频"'鑫鑫'念念"，奥运系列报道"你好奥运（Hello Olympic）"，《驻华使节看河北》特别报道，河北省旅游产业发展大会特别报道《原来你是这样的"旅发大会"》，英文版雄安日历"CALENDAR XIONG AN"，短视频《四季白洋淀》（英文版）等，以国际化视野讲好中国故事，营造良好的国内国际舆论氛围。

（二）强化智媒技术应用，以数字化转型驱动传播创新

河北省主流新媒体强化对前沿技术的把握和应用，不断推动智能化转型，通过前沿技术的应用，在融媒平台、融媒技术、政务场景、行业项目等方向开发推出了众多应用型、平台型技术产品，以数字化转型驱动传播

---

[1] 数据来源：长城新媒体集团2024年工作总结。
[2] 《一文解读！这家地方媒体如何探索国际传播新路径》，长城网，2024年11月6日，http://heb.hebei.com.cn/system/2024/11/06/101402020.shtml。

创新。

一是发挥平台优势，汇聚云端融媒新生态。长城新媒体集团建设运营河北省县级融媒体中心省级技术总平台——冀云·融媒体平台，实现一整套云端融媒体内容生产和传播的应用体系。省、市、县三级融媒体中心登录省级技术总平台即可使用云上"策、采、编、发、评"所有应用，实现内容、用户、技术、数据、传播平台全省互联互通，打造以"冀云"系列客户端为核心的传播矩阵。研发长城应急指挥调度平台，集汛情信息发布、可视化展示、求助信息发布及转办、汛情防护宣传于一体，搭建受灾群众和政府部门、救援团队的线上沟通桥梁，在顶层设计上统筹采访、编辑、录制、研发等各方力量，进行实战演练，确保一旦出现汛情，平台能用、好用、管用。研发推出"长城大模型"、传播力大数据系统"传播大脑"等功能，开发上线3.0版"冀云"客户端，有效提升用户体验，满足用户多元化需求。

二是先进技术的全面融入，开创内容生产新模式。河北日报报业集团探索直播、微视频、数据新闻、H5交互、SVG等数智化新闻生产模式，产品形态由单一向多样化扩展。在巴黎奥运会期间，搭建数字人制作平台，推出了"数字人宏伟说奥运"系列视频作品；在高招会期间，通过3D建模和VR技术，推出了高招会系列视频节目。2024年全国两会期间，长城新媒体集团推出第四代交互能力更强的虚拟主播"冀小青"，结合AI虚拟人、语音识别和大数据技术，打破传统知识普及方式的界限，为用户关注两会、了解两会提供全新体验。

三是自主开发大模型，深度探索媒体场景智能应用。长城新媒体集团自主研发智能大模型应用"长城大模型"，深度嵌入生产流程，打造内容创作、信息提炼、传播分析等智能场景，赋能内容创作和运营。2024年五一假期期间，由"长城大模型"支撑的虚拟主播"冀小云"在直播间与广大网友实时互动，为假日出游提供出行建议和交通信息播报。[1] 针对用户应用

---

[1] 《开启媒体智能应用新篇章 长城大模型正式发布》，河北经济网，2024年10月25日，http://www.hbjjrb.com/system/2024/10/25/101396449.shtml。

场景，长城新媒体集团研发推出神笔马良AI绘画系统、长城智能风控云平台、京津冀文旅一体化数字平台、高光时刻智能剪辑系统等数字产品。

（三）加强体制机制建设，建立"以传播力为导向"的新评价体系

长城新媒体集团将原有业务进行整合归并，打造适应全媒体生产传播的一体化架构，推动构建新型采编流程，优化人员配置，形成协同高效格局，让一支队伍服务于多个平台，提升新媒体集团市场竞争力。

一是细化管理制度，精准分类考核。自2023年11月起，河北日报报业集团相继制定出台了《河北日报报业集团关于推进领导干部能上能下的实施办法（试行）》《河北日报报业集团关于员工能进能出的管理办法（试行）》《河北日报报业集团关于员工薪酬能高能低的管理办法（试行）》等"三能"改革系列文件，结合岗位职能，分类细化量化明确考核指标，使考核更精准、便于操作，每月评选"社长特别奖""总编辑特别奖"，激发部门潜能。长城新媒体集团探索分类精准考核，根据承担职责及工作分工实行分类考核，将所有部门分为成本部门、任务部门、利润部门等三类，不同类型部门有不同的考核指标。

二是岗位优化布局，打造复合型人才库。完善岗位管理与调整，把熟悉新媒体传播、技术研发及平台建设的运营人员安排在关键岗位，新闻业务部门实现既有采编人员，也有产品、设计及运营人员，推动人才与要素融合。通过"岗位大练兵"、揭榜挂帅、创办工作室、选派年轻干部交流任职等形式培养人才，给予人才充分发挥才能的机会，有效激发员工创新创业活力，提升人才综合素质和业务水平。

（四）强化社会治理参与，提升主流舆论影响力

长城新媒体集团"问政河北"平台为省委确定的全省党政机关和领导干部走网上群众路线的总平台，2017年9月上线运行以来，已有省、市、县4500余家党政部门或单位入驻，充分发挥媒体监督作用，积极受理群众诉求、将网民诉求转办至相关入驻单位、督办催办问题答复，共收到网民诉

求约130000件，2024年答复率92%以上，通过网络化解群众矛盾、解决群众急难愁盼问题，有效减少各地负面舆情，在维护社会稳定、政府民主决策中发挥着极其重要的作用。张家口日报社顺应发展趋势，深入探索"新闻+政务服务商务"运营模式，通过媒体深度融合涵盖区域社会治理的各领域，以"河山"新闻客户端为依托，全力打造全市宣传总平台、总端口，已实现19个县区级融媒体中心、45家市直单位资源整合，350多个文化名家、网络达人、自媒体账号的入驻，提高与扩大平台用户活跃度和影响力。[1]

三 2024年河北省主流新媒体融合发展环境分析

（一）政策环境：多维施策，巩固壮大主流舆论

2024年以来，国家有关新媒体发展的政策相继出台，一是从顶层设计中对我国媒体和新闻传播领域深化改革提出战略部署，党的二十届三中全会通过的《中共中央关于进一步全面深化改革　推进中国式现代化的决定》提出"推进主流媒体系统性变革""深化网络管理体制改革""构建更有效力的国际传播体系"，[2] 三个"推进"相互关联、互为因果，[3] 是巩固壮大主流舆论、推进国家治理体系和治理能力现代化的现实需要。二是网信重点领域法律体系加快完善优化。2024年，《网络暴力信息治理规定》《未成年人网络保护条例》《数字乡村建设指南2.0》《生成式人工智能服务安全基本要求》《网络反不正当竞争暂行规定》等密集发布，标志着未来网络暴力信息监督管理机制，未成年人网络保护，数字乡村建设、运营及管理，网络视听规范管理，公民个人和企业网络合法权益保护等将进一步法治化、规范化。三是加大传媒生态治理力度。2024年，"自媒体"无底线博流量、违法

---

[1] 刘永刚：《把握数字化趋势，持续推进媒体深度融合》，《新闻战线》2024年第19期。
[2] 《中共中央关于进一步全面深化改革　推进中国式现代化的决定》，中国政府网，2024年7月21日，https://www.gov.cn/zhengce/202407/content_6963770.htm。
[3] 《把握好新闻传播领域全面深化改革的三个"推进"》，《中国社会科学报》2024年8月5日。

信息外链、涉企侵权信息乱象、网络平台算法典型问题、生活服务类平台违法违规信息等网络生态突出问题得到精准整治，国家网信办"清朗"系列专项行动重拳整治、从严处置违规开展互联网新闻信息服务问题，包括编发虚假不实新闻信息，借舆论监督名义干预新闻信息牟取不正当利益，仿冒或假冒新闻单位，未经许可或超越许可范围开展互联网新闻信息服务，伪造、倒卖、出租、出借、转让互联网新闻信息服务许可资质等。

（二）技术环境：数字技术创新推动传媒业转型升级加速

2024年，新一代信息技术等战略性新兴产业加速发展，新型工业化、中国信息基础设施建设提速升级，人工智能、5G/5G-A、算力、物联网、大数据等新技术新应用不断落地，深度赋能千行百业，[1]对经济社会发展的战略性、基础性和先导性作用日益凸显[2]。以数据为基础、以科技为驱动的传媒产业转型升级加速，不断优化发展。2024年，国务院《政府工作报告》首次提出开展"人工智能+"行动，媒体行业迎来前所未有的发展机遇。数字化浪潮中，人工智能已成为推动各行各业变革的关键力量；媒体行业作为信息传播的核心领域，全产业链条正经历技术加速迭代、业务快速更新的变革。2024年2月，OpenAI推出Sora文生视频大模型，实现分钟级长视频生成，展现生成式人工智能技术在内容生产供给侧的无限创造潜力和未来应用的可能性。[3]党的二十届三中全会提出，"健全因地制宜发展新质生产力体制机制""健全劳动、资本、土地、知识、技术、管理、数据等生产要素由市场评价贡献、按贡献决定报酬的机制"。处在"数字化、网络化、智能化"浪潮中心地带的新闻媒体急需在科技创新和颠覆性技术突破中践行"形成新质生产力、增强发展新动能"这一使命。

---

[1] 《2024我国信息通信业发展观察 | 5G高质量发展新动能持续高效释放》，中国工信新闻网，2024年12月19日，https://www.cnii.com.cn/rmydb/202412/t20241219_624628.html。

[2] 《〈中国互联网发展报告2024〉和〈世界互联网发展报告2024〉蓝皮书发布》，国家互联网信息办公室网站，2024年11月21日，https://www.cac.gov.cn/2024-11/21/c_1733881276101727.htm。

[3] 姜文波、谭阳：《人工智能推动媒体高质量发展》，《新闻战线》2024年第11期。

（三）行业环境：全媒体传播体系升级，平台化趋势明显

当前，我国全媒体传播体系正由格局建设进阶至生态化建设，各级融媒体中心协同并进，主流媒体平台化趋势明显，全媒体传播体系初步串联形成具有主体集合性、技术具身性、内容创新性、传播高速流动性的复合型生态系统。① 浙江省已形成了"两家省级重大传播平台（重大新闻传播平台"潮新闻"和重大文化传播平台"Z视介"）+一家省级技术平台（"传播大脑"）+市级融媒体中心+县级融媒体中心"的全省主流媒体"一张网"传播生态格局，以三个平台为顶端的倒金字塔结构整合了浙江省域内主流媒体的内容、技术、运营、数据等要素，为市县级融媒体中心提供支撑与服务。② 南方报业传媒集团以"两端一云"［南方+、GD Today（今日广东国际传播中心）、南方智媒云］为抓手，带动广东省媒体融合向纵深推进，为地市级和县级融媒建设赋能。③ 四川省、市、县主流媒体主动打破原有架构，成立天府融媒联合体，打破体制机制的樊篱，探索主流媒体创新转型路径，把媒体融合放置于"共建、共融、共享"的更高层次去进行顶层设计，不搞"超级客户端""超级编辑部"的外壳建设，着力于"技术联通、数据融通、主业贯通"的内功修炼。天府融媒联合体着力打造新基建，在自主可控的技术基底平台上，围绕公益产品供给、增值服务提供、社会资源整合等方面提供技术支撑和运维保障，为省、市、县三级媒体提供传播赋能、技术赋能、人才赋能。④

---

① 胡正荣、黄楚新、陈玥彤：《数智化转型与深度媒介化：中国新媒体发展新方向》，载胡正荣、黄楚新主编《新媒体蓝皮书：中国新媒体发展报告（2024）》，社会科学文献出版社，2024，第1~37页。
② 曾祥敏、刘思琦、张华：《自主、协作与互构：全媒体传播体系建设的区域性探索——基于天府融媒联合体的研究》，《新闻界》2024年第11期。
③ 刘启宇：《做强新平台 激发新动能 开辟新赛道——以"两端一云"建设促进主流媒体高质量发展》，《中国记者》2024年第7期。
④ 《四川全媒体传播"航母"启航天府融媒联合体今日成立》，川观新闻，2024年10月30日，https：//cbgc.scol.com.cn/news/4302936?from=iosapp&app_id=cbgc。

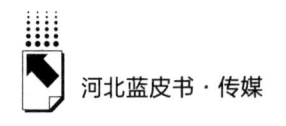

四 河北省主流新媒体融合发展路径

"推进主流媒体系统性变革"这一重要论述对我国主流媒体的深度融合目标以及实践路径进行了精准把控。我国媒体融合正步入系统性部署、整体性推进、协同性发展的深融阶段,[①] 河北主流新媒体要抓住技术有效赋能机会,牢牢占据传播制高点。

(一)布局数据资产培育,夯实媒体融合技术底座

信息技术的高速发展和算法平台的崛起深刻改变了全球经济社会的运行逻辑,也给舆论生态、媒体格局、传播方式带来前所未有的颠覆式变革。在数字化、网络化、智能化浪潮中的媒体,其内容生产、分发和消费过程不断受到数据相关技术带来的冲击。一方面,数据作为劳动对象,被加工成信息产品并嵌入再生产或商品化;另一方面,数据作为劳动工具,提高了劳动效率,优化了生产流程,推动了新闻业的创新发展和数字化转型。在发展新质生产力的背景下,主流新媒体如何重新释放数据生产要素蕴含的创新潜能,从而推动媒体深度融合,其核心路径就是通过对数据生产要素的重新整合来推动数据资源的公有化以及公共数据的基础设施化,并在这一过程中重新议定规则,获得主导权,以推进新型主流媒体建设。[②]

只有深入理解和有效利用数据优化生产流程,才能在技术变革和市场竞争中占据先机。从劳动对象角度来看,主流新媒体要提升数据采集、处理和分析的技术水平,建设自主可控"获取媒资数据、管理媒资数据、运用媒资数据"的工具平台,形成符合大模型研发需求的标准化语料产品,构建内容数据双循环。上海报业集团拥有300多套虚拟数字资产,赋能各媒体生产

---

① 黄楚新、李一凡:《以深度融合推进主流媒体系统性变革》,《新闻与传播研究》2024年第11期。
② 田自豪、王斌:《数据生产要素驱动新闻业新质生产力发展:时代特征、理论逻辑与实践路径》,《中国编辑》2024年第11期。

1700 小时以上的视频内容，批量化生产高质量、拥有场景感和沉浸感的创新报道。[①] 从劳动工具角度来看，主流新媒体要以内容运营数据、用户反馈数据、行业发展数据等为基础，指导新闻生产全流程的自动化、智能化。[②] 上海报业集团"AI 数字人融媒创作平台"实现了轻量化、低成本、高效率的生产方式，24 小时不间断提供新闻报道；推出的 70 个数字人，就是 70 套全流程、智能化、自动化的融媒生产工具；自主研发的"派生万物 AI 办公算法""澎湃智媒音乐大模型算法""澎湃智媒 AI 海报算法"等媒体垂域模型和专属算法获得"深度合成服务算法备案"，以主流价值导向驾驭算法，打造安全可控的技术基座。[③]

（二）AI 技术深度嵌入内容生产，持续推进全平台建设

在融合发展的大背景下，主流媒体发挥内容生产、价值导向、资源聚合等优势进行全媒体平台建设，随着 AI 技术的快速迭代升级，生成式 AI 技术将重构媒体制播流程，给媒体生产和传播带来革命性的变化。AI 技术通过机器学习和自然语言处理等技术，能够自动生成多样化的媒体内容，如分镜脚本、视觉场景设计等，并在内容生产过程中显著提升效率和质量。生成式 AI 技术的发展将进一步推动与激发媒体生态的多元化和活力，为媒体产业的未来发展提供新的动能。

加强 AI 技术在采编流程的深度应用和对创意策划、内容生产、内容分发、数据分析、商业运营的全链路支持。中央广播电视总台在 2024 年 2 月推出国内首部文生视频 AI 系列动画片《千秋诗颂》，其通过提取不同朝代

---

① 《李芸：主动变革，驾驭变革，引领变革｜2024 中国报业传媒行业人工智能应用大会主题分享》，"上海报业集团"微信公众号，2024 年 12 月 20 日，https：//mp.weixin.qq.com/s/1d9uj7UB7wj6_hgcM3FoWg。

② 田自豪、王斌：《数据生产要素驱动新闻业新质生产力发展：时代特征、理论逻辑与实践路径》，《中国编辑》2024 年第 11 期。

③ 《李芸：主动变革，驾驭变革，引领变革｜2024 中国报业传媒行业人工智能应用大会主题分享》，"上海报业集团"微信公众号，2024 年 12 月 20 日，https：//mp.weixin.qq.com/s/1d9uj7UB7wj6_ hgcM3FoWg。

的建筑、器物、人物造型等语料，形成具有中国文化特色的训练数据集，运用可控图像生成、人物动态生成、文生视频等技术，将国家统编语文教材中的200多首诗词转化为唯美的国风动画。其中，《咏鹅》《过故人庄》《黄鹤楼送孟浩然之广陵》等6集的唐诗动画片收视率在全国上星频道动画片中位居第一，观众触达量累计达9441.3万人。[1] 长城新媒体集团将继续加大在人工智能领域的研发投入，发掘大模型技术潜力，深挖媒体应用场景，探索人工智能技术在更多领域的应用，为用户提供更多价值。[2] 上海报业集团以智媒应用打通内外宣、中英文产品制作堵点，打造全球音视频多语种转化与发布平台，实现对大量原创中文视频高质量、原生态的9语种产品转译发布，增强国际传播新闻的时效性。[3]

（三）培养"内容+科技"新质人才，营造良好的用人环境

创新型人才是提升媒体从业者媒介素养的关键，他们的全媒体叙事能力、融媒体表达能力、跨部门协作能力、产品运营管理能力、数据挖掘分析能力、人机协作能力等都是推动媒体融合发展的重要力量。通过提升融合思维和创新能力，可以提高优质内容生产能力，并熟练运用大数据、视频信息处理、生成式人工智能等新媒体技术与新兴智能媒介技术，为媒体融合提供技术支持。面对技术挑战和"卡脖子"问题，创新型人才能将技术阻碍反馈到技术系统改造中，进而解决问题，并通过技术升级降低技术门槛和成本，实现行业整合与技术升级的正向循环。通过新质人才的引领，可以实现生产流程的创新再造，推动平台终端、智能算法等共融互通，催化融合质变，并提升媒体融合的整体效益。例如，上海报业集团实行 IP 主理人、融媒体工作室、"揭榜挂帅"、"项目小组"等垂直化扁平化柔性化生产机制，

---

[1] 姜文波、谭阳：《人工智能推动媒体高质量发展》，《新闻战线》2024年第11期。
[2] 《开启媒体智能应用新篇章　长城大模型正式发布》，河北经济网，2024年10月25日，http://www.hbjjrb.com/system/2024/10/25/101396449.shtml。
[3] 《李芸：主动变革，驾驭变革，引领变革 | 2024中国报业传媒行业人工智能应用大会主题分享》，"上海报业集团"微信公众号，2024年12月20日，https://mp.weixin.qq.com/s/1d9uj7UB7wj6_hgcM3FoWg。

充分提高生产效率和资源利用率，完善激励机制，"向人才倾斜""向一线倾斜""与贡献匹配"，大力锻造文化科技复合型新质人才队伍，让文化和科技共享"C位"，"不拘一格降人才"。① 长城新媒体集团加强高端专业技术人才引进，利用报社事业单位编制优势，吸引高端专业人才，提高核心竞争力和市场地位，在实现定岗定编定责基础上，改革现有薪酬分配方式，实施以岗定薪，不同岗位对应不同岗位工资和绩效系数，薪酬分配向基层一线和高端紧缺人才倾斜。同时，完善绩效考核办法及各类奖励办法，建立奖罚分明的激励约束制度。

参考文献

《把握好新闻传播领域全面深化改革的三个"推进"》，《中国社会科学报》2024年8月5日。

姜文波、谭阳：《人工智能推动媒体高质量发展》，《新闻战线》2024年第11期。

刘永刚：《把握数字化趋势，持续推进媒体深度融合》，《新闻战线》2024年第19期。

田自豪、王斌：《数据生产要素驱动新闻业新质生产力发展：时代特征、理论逻辑与实践路径》，《中国编辑》2024年第11期。

《推动主力军全面挺进主战场》，摘自《塑造主流舆论新格局——二〇二四媒体融合发展论坛发言摘编（一）》，《人民日报》2024年11月1日，第10版。

---

① 《2024中国报业传媒行业人工智能应用大会在沪开幕　上报集团：做最懂科技的传媒集团》，上海市人民政府网站，2024年12月20日，https：//www.shanghai.gov.cn/nw4411/20241220/6fa67ea497f445e0beda9a3a87afab73.html。

B.5
2024年河北省图书出版业发展报告

罗敬达*

摘　要： 2024年，河北省图书出版行业在习近平文化思想和党的二十大精神的指引下，认真落实全国及全省宣传思想文化工作会议的部署要求，展现出稳健发展、锐意进取的良好态势，特别是作为行业骨干力量的河北出版传媒集团，紧紧围绕"抓民心导向、抓人才建设、抓基础工程"这三大关键点，瞄准"出好书、出人才、出名家、出效益"的核心目标，聚焦出版主责主业，持续提升优质内容的供给能力，以崭新的精神面貌和扎实的行动，推动各项工作迈上新台阶。河北省图书出版业尽管在2024年取得了显著成绩，但在迈向更高质量发展的征程中，依然面临一系列不容忽视的挑战和深层次问题，需要在提升内容核心竞争力、拓展营销渠道、深化融合创新、提升出版效能、夯实人才根基等方面继续发力。

关键词： 图书出版　数字出版　营销发行

一　2024年河北省图书出版业取得的主要成绩与亮点

河北省图书出版业在2024年取得了令人瞩目的成绩。河北出版传媒集团继2023年再次入选由光明日报社和经济日报社联合发布的"全国文化企业30强"名单，这充分证明了其稳固的行业地位和持续增强的综合实力。集团注重提高选题策划的主动性和前瞻性，全年共有34种出版物或选题荣

---

* 罗敬达，河北省社会科学院新闻与传播学研究所助理研究员，主要研究方向为媒介效果与评估。

获国家级重要奖项或入选重点推荐项目，其中包括3种图书入选"中国好书"月度榜单，5种选题入选中宣部主题出版重点出版物选题，7种选题入选国家出版基金资助项目，8种选题入选"十四五"国家重点出版物出版规划增补项目。在教育出版领域，集团旗下4家出版单位新修编送审的10个学科130册教材全部通过教育部审定，进一步巩固了冀版教材的市场地位和品牌声誉。在国家新闻出版署2024年出版业科技与标准创新示范项目评选中，集团获评"科技与标准应用单位"，系国内首家入选的地方大型出版集团。

（一）坚持精品出版战略，持续提升优质内容供给能力

2024年，河北各出版单位立足自身定位，深耕细作，均取得了可喜的成绩。

1. 河北人民出版社：深耕主题出版，传承燕赵文脉

河北人民出版社作为省内重要的综合性出版社，长期以来在社会科学、思想理论、党政读物、地方文史等领域扮演着关键角色。其出版方向紧密围绕国家发展大局和时代主题，注重理论深度与学术价值，同时积极挖掘和传播燕赵优秀传统文化，并致力于推动冀版图书"走出去"。2024年该社在理论研究和主题出版领域持续发力，"新时代的方法论：学习习近平总书记思想方法与工作方法""走向当代的传统：论'两创'基本理论问题""周恩来国际战略思想研究系列丛书"等3个项目成功入选2024年度国家出版基金资助项目，其中"周恩来国际战略思想研究系列丛书"亦是"十四五"国家重点出版物出版规划项目，凸显了该社在国家级重点项目策划与承担上的实力。此外，该社还承担了国家出版基金项目"中国戏曲剧种全集"中的《河北赛戏》和《定州秧歌》两个分卷的编纂出版任务。挖掘整理地方文化资源的《大运河·河北民间故事》荣获第十六届中国民间文艺山花奖"优秀民间文学作品奖"，体现了其在传承地域文脉方面的贡献。除重点项目外，该社还注重策划面向大众的优秀文化读物。例如，《说九州：地理变迁与人文故事》和《说名楼：历史记忆与文学景观》两部作品将知识性与

趣味性融为一体，以生动的笔触深入浅出地介绍了中国的地理、历史、文化与文学，获得良好的社会反响。河北人民出版社与河北科学技术出版社联合出版的《未来科技大爆炸》凭借前沿性与通俗性，成功入选 2024 央视《读书》精选"年度好书"、中国图书评论学会 2024 年 9 月"中国好书"推荐书目。

2. 河北美术出版社：红色画卷领航，美术精品荟萃

在美术出版界的权威奖项——第三十四届"金牛杯"优秀美术图书评选中，河北美术出版社共有 3 种图书获奖。其中，《红色画卷——书写中国共产党人的精神谱系》获金奖，《庆祝中华人民共和国成立 75 周年 图画新中国——典藏新年画特辑》获银奖，"中国磁州窑文化大系·历代精品典藏"系列丛书获铜奖。同时，编辑杨硕荣获"优秀美术编辑"称号。《红色画卷——书写中国共产党人的精神谱系》还成功入选中宣部 2024 年主题出版重点出版物选题目录。该书以党史为主线，精选红色美术经典作品，图文并茂地阐释了中国共产党人的精神谱系，实现了政治性、思想性与艺术性的高度统一。

3. 花山文艺出版社：文学书写时代，融媒展现河北

2024 年，花山文艺出版社有两部作品入选中宣部 2024 年主题出版重点出版物选题目录，分别是《青春的方向》和《雄安华章》。《青春的方向》由著名作家李春雷创作，生动再现了保定学院西部支教群体扎根边疆、无私奉献的感人故事，深刻诠释了民族团结和奋斗精神；《雄安华章》则聚焦雄安新区建设，记录了雄安新区日新月异的变化和建设者的动人故事。这两部作品的入选，彰显了花山文艺出版社在围绕中心、服务大局，用文学形式讲好中国故事、河北故事方面的能力和担当。花山文艺出版社和方圆电子音像出版社联合出版的融媒体出版物《这里是河北》，包括图书 6 册、电子出版物 2 件、文创产品 3 件，以多元视角展现河北的自然风光、人文历史、风土人情、文化特色，让读者在享受阅读的快乐的同时，得到视觉和听觉的享受。

4. 河北科学技术出版社：科普双轮驱动，原创引进并举

河北科学技术出版社面向青少年的《图文中国古代科学技术史系列·少年版》和关注本土珍稀动物的《了不起的中国动物》入选科技部评选的"2024年全国优秀科普图书作品名单"，这两部作品同时是"十四五"国家重点出版物出版规划项目，其中《图文中国古代科学技术史系列·少年版》还获得了2024年度国家出版基金的资助。该社引进版科普佳作《时间》凭借独特的视角和生动的内容，成功入选由中国出版协会等主办的"中华优秀科普图书榜2023年度榜单"，彰显了其在引进和推广高水平科普读物方面的眼光和能力。

5. 河北少年儿童出版社：童书百花齐放，原创屡屡获殊荣

河北少年儿童出版社的原创儿童文学作品《珊瑚在歌唱》2024年2月出版以来，获得良好的社会反响，入选"十四五"国家重点出版物出版规划增补项目、中宣部2024年主题出版重点出版物选题目录、2024年3月"中国好书"推荐书目、2024年"中国好书·六一专榜"、2024央视《读书》精选"年度好书"、第十二届"新阅读童书榜"、《中国新闻出版广电报》2024年度童书、《中华读书报》2024年度十佳童书等多个榜单。该社精心打造的"给青少年的美文"系列（4册），由著名作家贾平凹编选，汇集了众多现当代文学大家的经典散文，因高品质的内容和精准的定位，入选《中国出版传媒商报》评选的"奇迹"童书2023年度大赏榜单（儿童文学类），获得市场和业界的双重肯定。《少年科考队系列·追回恐龙化石》凭借将科普知识与探险故事巧妙融合的特色，荣获首届"澳门国际儿童文学奖"最佳科普奖。

6. 河北教育出版社：学术精品立社，文化传承创新

河北教育出版社多种图书获得重要奖项和读者青睐。该社策划的《太行山志（第一辑）》和《新编金文编》两个选题入选2024年度国家出版基金资助项目。《太行山志》旨在系统整理和呈现太行山区域的自然、历史与文化，是传承中华优秀传统文化的重要工程；《新编金文编》则是对金文研究成果的集大成之作，具有很高的学术价值。这表明该社在策划和承担国家

级重大文化与学术出版工程方面具备雄厚实力。该社出版的《与"现实"缠斗：〈讲话〉以来的革命现实主义文学及其周边》凭借在现当代文学理论研究上的深度与创见，荣获首届雪峰文论奖（著作奖），《家乡民俗学》获得第十六届中国民间文艺山花奖"优秀民间文艺学术著作奖"，关注儿童情感教育与生命教育的图画书《狐狸与树》入选2024年"中国好书·六一专榜"推荐书目，以"轻阅读"方式普及中国画艺术的《见山——穿越中国画的笔墨时空》凭借独特的视角和优美的文字入选"2023百道好书榜年榜"的"艺术类"榜单。

7. 方圆电子音像出版社：技术赋能文化，融合创新发展

方圆电子音像出版社策划的《识古泽今——传世书法墨迹里的中国文脉》融合出版项目，遴选从三国至清代47位书法家的3000余幅代表作品，以"电子出版物+数据平台+图书+文创衍生品"的融合出版形式彰显中华文脉，运用人工智能、3D动画等技术，图文声像融合，打破了传统图书和音像制品的时空局限性和单向性，从时间、空间、人物等多个维度展现中国书法的魅力。该社的"中华文化基因·经典民间故事"融媒体绘本系列图书，巧妙地融合了动画视频，辅以AR等融媒体出版新技术，立体化、沉浸式展示了故事场景，使经典民间故事"动"起来、优秀传统文化"活"起来，其中的《祝融与火》《勤俭二字不可分》入选2024年度中国经典民间故事动漫创作出版工程（第五辑）项目名单。

8. 高校出版社：学术优势彰显，特色资源开发

除了河北出版传媒集团这一主阵地外，河北省内的高校出版社也是图书出版领域一支不可忽视的重要力量，它们依托各自大学的学科优势和学术资源，在服务教学科研、推动学术交流、传承文化知识方面发挥着独特作用。2024年，河北大学出版社申报的"西南联大全史"（共6种）和"钟敬文先生民俗学讲堂录"两个重量级项目，成功增补入选"十四五"国家重点出版物出版规划。连同此前已列入规划的"新中国成立以来京津冀地区重大疫情防控实践和经验研究（1949—2020）"，河北大学出版社目前共有三个项目入选该国家级重点规划。燕山大学出版社在2024年出版的《中国长城》一书，收录了长城专题摄影家董旭明的近260幅摄影作品，全面展现了长城的雄伟风貌。在第30届北京国际图书博览会上，该社与加拿大皇家柯林斯出版集团成功签约，将合作出版长城专家董耀会撰写的《长城：追问与共鸣》（修订版）以及摄影集《中国长城》的英文版。这一举措不仅是对长城文化的推广，还标志着燕山大学出版社在利用自身特色资源、开展国际版权合作方面迈出了坚实的一步。

（二）推动数字化出版转型，构建融合发展新生态

面对数字技术带来的深刻变革，河北省出版业特别是河北出版传媒集团，将数字化转型摆在突出位置，全面加快融合发展步伐，在数字化基础设施建设、内容数字化与融合出版、全媒体营销体系等方面取得显著成效，初步构建富有活力的数字出版新生态。

一是数字化基础设施建设取得新突破。河北出版传媒集团加强顶层设计，着力打造坚实的数字底座，成功建设了集出版资源、用户资源于一体的数据库，并搭建了经营管理"驾驶舱"和"冀知"云平台，实现对旗下23家子公司核心数据的汇聚与管理，初步形成富有出版特色的集团级"数据中台"。截至2024年底，在库资源总量达8.5万种，积累用户649万人，粉丝3306万人，订单353万条。持续升级人力资源、ERP（企业资源计划）业务、全面预算、智慧党建等智能化管理系统，显著提升了管理数智化水平。积极探索区块链等前沿技术的应用，开发"太行链"文化区块链及系列数据库，已取得66项自主知识产权。同时，注重数字人才培养，组建大数据标注专业团队，为数字出版的持续发展奠定人才基础。

二是内容数字化与融合出版成果丰硕。河北出版传媒集团积极推动优质内容资源的数字化转化与创新应用。谋划实施"大科普精品IP"项目，截至2024年底，成功研发112节"知了科学课"课程，"知了科普地图"小程序上线并已入驻650余家场馆。河北省文化数字化保护应用中心项目成果显著，建成京津冀红色文化知识服务平台、村史村志数据库平台、《诗经》研究数据库平台等多个特色文化数据库，并开发智慧党建云展馆、泥河湾博

物馆等8个虚拟展馆。持续开展出版资源数字化和智能档案信息化业务，成功开发了非遗与红色文化数字文创产品及"冀风数韵"小程序，"方圆特教——智障儿童无障碍辅助教学融合出版云平台"与"翰墨遗韵App"两个案例荣获"第七届中国数字出版创新发展论坛创新案例"奖。一批优秀的数字产品获得良好的社会反响。例如，河北美术出版社《中国磁州窑文化大系》融合出版项目，通过自有NAS（网络附加存储）平台建立数字资源云共享系统，成功推出数字化结合的卷册。方圆电子音像出版社入选中宣部"中华民族音乐传承出版工程精品出版项目（2024年度）"的"河北经典民间器乐曲声音档案"项目，利用现代媒体技术，将国家和地方多次组织的田野普查和民间采风中录制的音像资料进行整理、修复，并转化为数字化产品出版，真正实现对民族音乐的活态传承，也为后人传承发展民族音乐提供了珍贵资料。河北人民出版社"中华技艺书系"集文字、音频、视频、图画于一体，书中有大量视频、音频的二维码，扫描二维码即可收看、收听非物质文化遗产技艺传承人制作工艺品的全过程、各工艺品相关的故事以及各工艺品家居装饰的案例等，对文字内容进行了补充和扩展，使阅读变得生动立体，有效拓展了出版的边界。

三是全媒体营销体系初步构建。顺应媒体格局变化，积极构建线上线下融合、覆盖全渠道的立体化营销体系。河北省新华书店公司大力培育直播电商，主力直播账号达160多个，全年实现线上销售收入超3亿元。河北省店云仓为各出版社电商业务提供有力支撑，全年发运订单15万单，发货码洋超2000万元。各出版社也积极拥抱新媒体，如河北美术出版社抖音直播账号多次进入平台销售榜前列，河北人民出版社抖音账号从零起步，短时间内实现快速发展，有效提升了图书的触达率和销售额。

（三）加快出版"走出去"步伐，助力讲好中国故事

2024年河北全年共输出版权近40种，其中河北出版传媒集团有35种出版物版权输出至俄罗斯、美国、日本、韩国等11个国家和地区。河北人民出版社聚焦重大理论与实践问题的《中国式共同富裕：理论、实践与政

策选择》一书，其英文版和缅甸文版分别入选2024年"经典中国国际出版工程"和"丝路书香工程"项目，标志着该社在阐释中国道路、推动学术外译方面达到新高度。河北人民出版社为挖掘、传承和弘扬中华优秀传统文化而策划组织的"中华技艺书系"，截至2024年底已出版《定瓷》《剪纸》《年画》《内画》《缂丝》《芦苇画》6种，其中的《定瓷》《剪纸》英文版和葡萄牙文版已出版发行。河北少年儿童出版社版权输出的图书《一个女孩朝前走》日文版入选2024年"丝路书香工程"项目，该书的版权还输出至俄罗斯、白俄罗斯、哈萨克斯坦、吉尔吉斯斯坦等国。河北少年儿童出版社与冰心奖办公室共同推出的"童年中国书系"，2019年出版第一辑以来，截至2024年底已经出版五辑55册。该书系入选"十四五"国家重点出版物出版专项规划项目，《再见，婆婆纳》入选中宣部中国当代作品翻译工程项目，《我的邻居是大象》《高小宝的熊时代》《相遇，白桦树》等10册图书输出英文版权。《我的邻居是大象》《再见，婆婆纳》《会飞的孩子》等8种图书分别于2021年12月、2024年2月与俄罗斯尚斯国际出版社有限公司签署俄文版版权输出合同；2024年2月，《我的邻居是大象》与日本出版制作中心有限公司签署日文版版权输出合同、《会飞的孩子》与俄罗斯东方图书出版社有限公司签署白俄文版版权输出合同。另外，方圆电子音像出版社策划创作的《识古泽今——传世书法墨迹里的中国文脉》版权授权至中国香港，"中华文化基因·经典民间故事"系列融媒体绘本版权输出韩国，河北教育出版社《一座等了你三千年的城》、"中国民间故事丛书"中英文双语版等输出新加坡。

（四）拓展对外合作空间，促进优势互补协同发展

对外合作方面，河北省图书出版业展现出积极开放的姿态，并取得了切实的成效。

2024年1月10日，中国出版集团与河北出版传媒集团签署战略合作协议。中国出版集团作为全国最具影响力的出版集团，其出版物市场占有率持续领先；河北出版传媒集团作为"全国文化企业30强"单位，拥有完整的

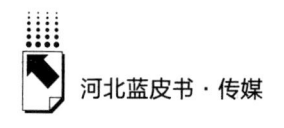

出版产业链。两家单位产业契合度高、地域邻近，具有良好的战略合作基础。根据合作协议，双方将在内容创新、数字融合、资本合作、产业运营、全民阅读推广、文化品牌活动等多个层面展开深度合作与协同，共同探索出版业的新模式、新业态，这不仅为双方品牌影响力的提升注入了新动能，还为京津冀文化事业的高质量协同发展增添了活力。

6月24日，河北出版传媒集团与中国国家版本馆举行战略合作协议签约仪式。双方表示，将以此次战略合作为起点，立足传承中华文明，围绕服务京津冀协同发展战略，聚焦推进版本征集工作、藏品合作出版、文化创意交流、版本收藏宣传、藏品数字化建设等方面，实现更高层次的资源整合、优势互补、能量共享、互利共赢。后续与中国国家版本馆的深度合作，不仅打通了双方出版资源数据库接口，使集团成为唯一开通接口的地方出版集团，还共同组织了"文瀚雅集"系列活动，联合举办了展览，并在古籍资源数字化、文创开发等方面取得了实实在在的合作成效。

除了与中直宣传文化系统的合作外，河北出版传媒集团还与省文联、省科学技术协会、省中医药管理局等十余家单位签署战略合作协议，积极推动并持续深化与省内文化、教育、数字、科普、医疗等不同行业企事业单位的产业链、价值链融合创新，对进一步加强内容资源挖掘整理出版、文化活动共建、文化资源共享互惠、内容资源数字化开发建设、以合作图书出版为主线的联合融合，必将产生有力的助推作用。

二 河北省图书出版业发展面临的主要挑战

河北省图书出版业尽管在2024年取得了显著成绩，但在迈向更高质量发展的征程中，依然面临一系列不容忽视的挑战和深层次问题。这些挑战既有行业共性的难题，也包含区域性的特点，需要认真审视并寻求破解之道。

（一）产业结构性问题突出，市场竞争力有待提升

与国内许多地方出版机构类似，河北省部分出版社一个长期存在且较为

突出的问题是对教材教辅的过度依赖与产品结构失衡,这直接影响了整体市场竞争力的提升。教材教辅虽然是教育事业的重要支撑,且出版发行能够带来相对稳定的收入和利润,但是在整个图书销售收入中占比过高则会带来结构性风险。根据北京开卷信息技术有限公司数据,2024 年 1～8 月,教辅分类码洋占比升至 24.93%,实洋占比为 27.67%。2018～2023 年,教辅图书市场规模从 359 亿元增加至 436 亿元,复合年增长率为 4.9%,预计到 2024 年将超过 1000 亿元。[1] 这种"一条腿走路"的模式,使得出版单位的经营业绩容易受到国家教育政策调整、教材循环使用推广、政府采购方式变化等因素的剧烈影响,抗风险能力相对较弱。更重要的是,对教材教辅利润的依赖,可能会在一定程度上削弱与减少出版社开拓市场化一般图书的动力和资源投入,有限的资金、编辑力量和营销资源可能更倾向于投入"旱涝保收"的教辅领域,从而限制了在竞争更为激烈也更具活力和增长潜力的一般图书市场上的投入和发展空间。

结构失衡的另一面,便是一般图书板块相对薄弱,在全国图书零售市场上的竞争力有待加强。一是优质畅销书供给不足。从整体上看,河北省出版机构策划推出能够在全国范围内引发广泛关注、销量突破数十万册乃至上百万册的"现象级"畅销书或常销书的能力仍需要提升。这也是全国地方出版社面临的共性问题,地方优秀图书发行量超过 20 万册的畅销书非常少见。这反映出在发掘具有全国性潜力的选题、签约和培养顶尖作者资源、打造强 IP 内容等方面,与北京、上海等出版高地相比,河北仍存在一定差距。二是市场化运作能力有待提高。在选题策划的市场敏锐度、图书产品的包装设计、营销推广的策略与执行力、销售渠道的拓展与维护等方面,部分出版单位的市场化运作能力和精细化管理水平还有提升空间,尤其是在当前媒体融合、渠道多元的背景下,如何精准定位读者、有效触达目标市场、运用新媒体手段整合营销,是亟待加强的关键环节。三是地方特色资源转化不足。河北拥有丰富的历史文化资源和地方特色素材,但在将其有效转化为具有广泛

---

[1] 魏玉山主编《2023—2024 中国出版业发展报告》,中国书籍出版社,2024。

市场吸引力的图书产品方面，潜力尚未充分挖掘。如何将地方性题材与大众阅读兴趣点巧妙结合，进行富有创意的策划和呈现，是凸显冀版图书特色和提升市场表现的重要课题。

（二）融合发展的步伐待加快，数字化转型面临瓶颈

河北省图书出版业虽然在数字化建设方面取得了初步成效，如数据库建设、线上营销探索等，但与行业前沿和高质量发展的要求相比，融合发展的步伐仍需要加快，其在数字化转型过程中依然面临一些瓶颈和深层挑战，有时还停留在"+互联网"而非"互联网+"的层面，未能实现真正意义上的深度融合。尽管有数字产品的尝试，但大量图书仍以传统纸质形态为主，产品形态创新不足，缺乏与数字技术的有机结合，图书表现形态单一仍然是一个问题，能够通过扫码链接到拓展阅读、音视频讲解、互动社区、AR/VR体验等的融合型图书尚未成为主流，未能充分满足新生代读者多元化、沉浸式的阅读需求。在选题策划、内容生产、编辑加工、营销发行乃至用户服务的全流程中，数字思维和融合理念的贯穿尚不充分。有时数字产品被视为纸质图书的附属品或简单的介质转换，未能从根本上利用数字技术的优势来重塑内容价值链和商业模式。例如，基于用户数据进行精准内容定制、开发互动性强的知识服务产品、构建垂直领域的学习社群等深度融合的探索仍有较大空间。

（三）全国市场拓展受限，品牌影响力亟待提升

河北省图书出版业尽管在省内及京津区域有一定基础，但在全国图书市场上的整体渗透力和品牌影响力还存在较大提升空间，要将冀版图书有效地推向全国市场还面临诸多挑战。首先是渠道壁垒，全国性的实体书店和大型电商平台的核心位置和推荐资源往往被大型中央出版集团、知名民营出版商以及经济发达地区的出版机构占据，地方出版社要想获得同等的曝光度和上架机会，需要付出更高的成本和更多的努力。其次是读者认知，外地读者对河北出版机构及其品牌的熟悉度还不够高，缺乏天然的信任感和购买倾向，

需要在品牌建设和营销推广上投入更多资源，打破地域认知上的障碍。另外，新兴营销方式应用粗放，效果提升遇阻。以直播带货为代表的新兴营销方式虽已广泛应用，但效果和可持续性面临挑战。当前，地方图书出版社直播带货的方式往往过于单一与粗放，直播形式创新不足、互动性不强，难以有效沉淀用户。许多直播间过度依赖低价折扣作为主要吸引力，缺乏对图书内容价值的深度挖掘和呈现，容易陷入同质化竞争，损害品牌形象和压缩利润空间，有待从简单的"卖货"向"品牌建设+用户服务"转变，探索更多元、更具文化内涵的直播内容和形式。除了直播，整合运用短视频、社交媒体、知识付费平台、私域社群等多种数字营销工具，构建覆盖线上线下、公域私域的全域营销体系，实现精准触达和高效转化，仍是许多出版单位需要补齐的短板。

（四）人才队伍建设与发展环境面临压力

人才是出版业发展的第一资源，但当前地方图书出版业在人才队伍建设和营造一个有利于人才发展的环境方面，面临不小的压力和挑战，尤其是河北紧邻全国出版高地北京，外部"虹吸效应"显著。北京凭借更集中的出版资源、更活跃的市场环境、更高的薪酬待遇以及更广阔的职业发展平台，对高端编辑人才、熟悉市场运作的营销人才、数字出版与版权运营专业人才等形成了强大的吸引力，这使得河北出版机构在吸引和留住顶尖人才方面面临较大挑战。此外，即便能够吸引或培养出人才，内部职业倦怠易造成人才流失的风险。图书编辑普遍面临"职业劳动超载与生存压力加大"的困境。长时间、高强度的工作，不仅带来身体上的疲惫，还易导致"心理失衡"[1]。编辑在审读稿件，尤其是情感冲击力强的稿件时，需要反复进行"入戏共情"与"出戏回归"的情感调适，长此以往极易产生职业倦怠感。[2] 这种身

---

[1] 刘蒙之、付正苇：《图书编辑离职的职业隐喻、释因话语与制度反思——基于40篇离职文本的分析》，《现代出版》2023年第6期。

[2] 刘蒙之、张锐君：《劳作于时间之中：工作控制、制度逻辑与图书编辑的职业调适》，《现代出版》2022年第5期。

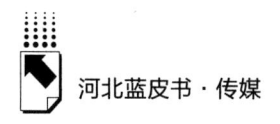

心双重压力,加上可能存在的晋升空间有限、价值认同感不强等,往往成为"图书编辑离职的最终原因",影响了编辑队伍的稳定性和专业传承。①

三 河北省图书出版业未来发展的着力点及对策建议

(一)优化生产结构,提升内容核心竞争力

图书是知识的载体,内容是出版业的灵魂。要想提升河北省图书出版业的整体实力,必须从优化知识生产的内部结构入手,打造更具竞争力的内容核心。当前,河北图书内容生产虽然在儿童教育和文学领域表现突出,但存在主题相对集中、知识谱系有待完善的问题。同时,对特定板块(如教材教辅)的路径依赖可能带来潜在的结构性风险。因此,调整和优化出版结构至关重要。一方面,应有意识地引导和扶持出版资源向科技、社科、学术、艺术理论等当前相对薄弱但潜力巨大的领域倾斜,逐步构建一个更加均衡、能够全面满足时代知识需求的知识谱系,减少对单一板块的过度依赖,增强整个行业的抗风险能力;另一方面,在保持儿童教育、文学等优势板块领先地位的同时,要注重内容创新和细分市场的深度挖掘,避免陷入低水平的同质化竞争,持续提升优势领域的质量和影响力。

提升内容竞争力,最终要落脚到打造更多经得起市场和时间检验的精品力作上。河北省图书出版业虽然近年来屡获各类奖项,但要在全国图书市场形成更强的冲击力,需要在打造"叫好又叫座"的精品图书上下更大功夫。这需要建立健全更为有效的"有组织的创作"机制,提升选题策划的精准度和前瞻性;需要加大对优秀原创内容和本土潜力作者的发现与扶持力度,培育能够持续产出高质量作品的"冀版作家群";需要完善从选题论证、编辑加工、装帧设计到印刷制作的全流程质量管控体系,以工匠精神打磨每一

---

① 刘洁、刘蒙之:《危机语境下中国出版职业社群的回应话语谱系及其结构性张力》,《河南大学学报》(社会科学版) 2023 年第 3 期。

本图书，力争推出更多能够在全国范围内产生广泛影响、奠定冀版图书高地地位的标志性成果。通过这些努力，逐步形成一个结构更趋合理、内容更具深度、特色更加鲜明的知识生产新格局。

（二）突破市场格局，拓展营销渠道

品牌建设需要将市场拓展作为支撑。当前，冀版图书要想进入全国性的销售渠道，尤其是大型实体书店和主流电商平台的核心位置，往往面临较高的门槛和激烈的竞争。为此，需要主动加强与这些关键渠道的战略合作，争取更多、更好地展示和推荐机会。同时，要充分利用好京津冀协同发展的地缘优势，将这一区域作为冀版图书"走出去"的优先深耕区，稳固基础后再向更广阔的全国市场辐射。此外，还可以积极探索与省外其他地方的出版集团或有实力的民营出版机构在发行、渠道资源共享等方面的合作，借力扩大市场覆盖面。

随着媒体环境的深刻变化，传统的营销方式已显不足，而新兴的营销方式如直播带货等，又容易陷入简单依赖低价促销、缺乏深度内容挖掘的困境。河北省图书出版业需要构建更加立体、高效的全媒体营销体系。这意味着，不仅要用好各类新媒体平台，还要转变思路，从单纯的"卖书"转向"推广价值、服务读者"。在直播、短视频等营销活动中，应更加注重深入解读图书的内涵和价值，讲好图书背后的故事，以优质内容吸引并留住读者，而不是仅仅依靠折扣。同时，要下力气建设出版社自己的营销阵地，如培育有特色的品牌自播账号、建立读者社群等，逐步积累私域流量和用户数据，为实现更精准的营销和构建更长效的读者关系打下基础。加强对读者需求的精准洞察，了解他们真正想读什么、需要什么，是提升所有营销活动有效性的根本前提。只有通过品牌塑造、渠道拓展和营销创新"三管齐下"，冀版图书才能在激烈的市场竞争中赢得更多读者，占据更稳固的市场地位。

（三）深化融合创新，拥抱数字智能时代

2025年4月24日，中国新闻出版研究院组织实施的第二十二次全国国

民阅读调查结果发布。结果显示，数字化阅读方式持续深入成年国民生活，2024年有78.7%的成年国民进行过手机阅读，有23.6%的成年国民使用平板电脑进行阅读，有5.7%的成年国民通过视频讲书的方式进行阅读；有38.5%的成年国民通过听书的方式阅读，高于2023年的36.3%。[①] 阅读方式的变化为出版业的发展提出了新要求。

河北省图书出版业虽然在数字化转型方面已经迈出了坚实的步伐，建设了数据库、云平台，并在数字内容生产、线上营销等方面取得了初步成效，但要想真正顺应时代潮流，赢得未来发展的主动权，必须向更深层次的融合发展迈进。未来，需要推动从"+互联网"向真正的"互联网+"转变，将数字化、智能化的理念贯穿于选题策划、内容创作、编辑加工、市场营销和用户服务的每一个环节。这意味着要大力开发真正意义上的融合型图书。比如，让读者可以通过扫描书中的二维码，即时获取相关的音视频讲解、拓展阅读资料，甚至进入虚拟现实或增强现实的场景进行沉浸式体验。同时，要超越单一的图书形态，积极建设面向特定领域的专业知识服务平台和特色数据库，为用户提供更精准、更便捷的知识解决方案，这不仅能提升内容的附加值，还能开辟新的增长点。此外，还需要着力打破各出版单位内部以及不同单位之间的"数字孤岛"，促进优质数字资源的整合、共享与互通，形成聚合效应。

一个开放、连通的数字生态对扩大冀版图书内容的传播范围至关重要。目前，河北的数字内容在全国主流阅读平台上的覆盖面还有待扩大，分销渠道也相对单一。一方面，需要持续优化和提升现有的自有数字平台（如"冀知"App），增强其服务能力和用户吸引力，将其打造成冀版数字内容的核心阵地。另一方面，必须以更开放的心态，积极推动冀版优质数字内容进入如微信读书、掌阅、得到等用户基数庞大的全国性商业平台，让更多读者能够便捷地接触到河北的优秀出版物。同时，要探索更加多元化的数字发行

---

① 《我国成年国民各媒介综合阅读率达82.1%——第二十二次全国国民阅读调查结果发布》，《光明日报》2025年4月30日，第9版。

模式，结合直面消费者（D2C）、面向机构（B2B）和通过平台分销（B2C）等多种路径，构建一个立体化的数字内容传播网络。

（四）借力人工智能，提升出版效能

面对以人工智能生成内容（AIGC）为代表的新技术浪潮，河北省图书出版业既要积极拥抱，也要审慎应对。AIGC在提高内容生产效率（如辅助校对、初步排版、信息检索、营销文案撰写等）、创新内容表现形式等方面潜力巨大，河北出版传媒集团已开始相关技术的培训和部署规划。建议采取分阶段、分层次的应用策略：初期可以先从应用成熟的辅助工具入手，降低与减少技术门槛和风险；中期逐步探索利用人工智能进行内容辅助生成、多媒体转换等；待经验和数据积累到一定程度后，再考虑构建更系统化的智能出版应用。在应用过程中，必须高度重视并建立健全相应的规范和风险防控机制，严密防范可能出现的版权纠纷、内容质量偏差、意识形态风险和伦理问题。同时，要加强对编辑、营销等从业人员的培训，让他们掌握利用人工智能工具提升工作效能的技能。更具前瞻性的探索是，可以尝试将河北丰富的特色文化资源作为训练数据，开发在特定垂直领域（如地方文史、特色艺术等）具有比较优势的专业化语言模型，为冀版图书的智能化升级增添独特竞争力。只有深化融合、开放生态、智领未来，河北省图书出版业才能在数字时代的浪潮中乘风破浪，行稳致远。

（五）夯实人才根基，优化发展环境

出版业的竞争，归根结底是人才的竞争。无论是策划精品内容、开拓市场渠道，还是驾驭数字技术，都离不开一支高素质、专业化、充满活力的出版人才队伍。因此，夯实人才根基，营造有利于人才成长和发挥作用的环境，是河北省图书出版业实现高质量发展的关键保障。需要构建更具吸引力的人才"引、育、留、用"体系。这包括建立与市场接轨、能够体现人才价值的薪酬福利机制，并为人才提供清晰、通畅的职业发展路径。需要实施更为积极、精准的人才引进策略，特别是针对当前紧缺的高端策划编辑、熟

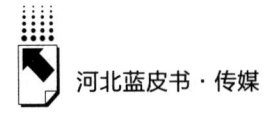

悉市场运作的营销专才、掌握前沿技术的数字出版人才以及精通国际规则的版权运营人才。同时，要更加重视内部人才的培养和梯队建设，为他们提供系统化、持续性的业务培训，尤其是在数字技能、人工智能应用、融合出版等新兴领域。此外，还需要关注从业人员的身心健康，通过优化工作流程、加强人文关怀、建立有效的心理疏导机制等方式，努力削弱职业倦怠感，增强队伍的稳定性和归属感。

参考文献

黄晓新主编《中国印刷业发展报告（2021版）》，中国书籍出版社，2021。
《思考出版——文化的力量》，广西师范大学出版社，2016。
魏玉山主编《国际出版业发展报告（2022版）》，中国书籍出版社，2023。
魏玉山主编《2023—2024中国出版业发展报告》，中国书籍出版社，2024。
张养志主编《出版产业转型研究》，文化发展出版社，2020。
周蔚华等：《中国特色出版管理体制研究》，中国人民大学出版社，2024。

B.6 2024年河北省影视业发展报告

景义新　魏若冰　李晔煊**

摘　要： 2024年河北影视业发展取得显著成效，主旋律电影佳作与纪录片精品力作不断涌现，聚焦重大时代主题，全媒体传播频频发力，"影视+"文旅模式彰显河北独特魅力。但是，河北影视业融资渠道不通畅，资金缺口制约发展；影视技术运用不充分，亟待顺应新技术趋势；产教融合突破有难度，复合型影视人才紧缺。这些困境制约了河北影视业健康发展。因此，建议河北影视业加快融资促进数智化转型，推动大视听产业快速发展；探索跨界整合发展模式，推动影视与文旅产业深度融合；加强校企合作培育人才，激发影视产业创新活力；深入发掘燕赵资源，全力打造河北独特的影视品牌。

关键词： 影视业　内容创新　融媒

一　2024年河北影视业发展概况

（一）主旋律电影佳作与纪录片精品力作不断涌现

2024年是新中国成立75周年，是河北省加快建设经济强省、美丽河北

---

* 本文为2022年度河北经贸大学科学研究与发展计划重点项目"5G时代广电媒体盈利模式重构与创新路径研究"（编号2022ZD08）阶段性成果。
** 景义新，河北经贸大学新闻与文化传播学院院长，县域媒介与文化传播研究中心研究员，主要研究方向为新媒体与视听传播；魏若冰，河北经贸大学新闻与文化传播学院硕士研究生，主要研究方向为新闻学；李晔煊，河北经贸大学新闻与文化传播学院硕士研究生，主要研究方向为新闻学。

的重要一年。习近平总书记在主持中共中央政治局第十七次集体学习时强调，"探索文化和科技融合的有效机制，实现文化建设数字化赋能、信息化转型，把文化资源优势转化为文化发展优势"。[1] 总书记的重要讲话，为影视业的发展指明了方向。抓住数字经济发展机遇，以数字化重塑河北影视业发展模式，河北影视业必将迎来新的发展春天。

一是紧扣主旋律，涌现众多电影佳作。《志愿军：雄兵出击》《人生大事》《北京2022》获中宣部第十七届精神文明建设"五个一工程"奖。《志愿军：雄兵出击》荣获第37届大众电影百花奖最佳影片奖、第37届中国电影金鸡奖评委会特别奖，导演陈凯歌荣获最佳导演奖。第37届中国电影金鸡奖评选中，河北作家徐光耀荣获中国文联终身成就奖（电影）。《人生大事》在中法建交60周年法国中国电影节上展映。《傍晚向日葵》入选国家电影事业发展专项资金国产影片发行和宣传推广项目。2024年5月14~25日，法国第77届戛纳国际电影节上展出12部河北佳作，具体包括《革命者》《守岛人》《人生大事》《零度极限》《春天的约定》《古田军号》《那时风华》《白头小书记》《谷魂》《傍晚向日葵》《孔秀》《乡土》，充分展现了当代河北电影的独特韵味与卓越成就。

2024年河北电影业佳作不断涌现。《情满天山》《乡土》于全国两会期间在电影频道黄金时间播出。《青松岭的好日子》《绿歌》正在申请"龙标"，《寻砖》拍摄完成。河北电影制片厂等单位联合出品的《青年邓颖超》获得第四届亚洲华语电影节"优秀影片奖"、第6届网影盛典"最佳网络电影奖"。河北电影制片厂等单位联合出品的微电影《壁虎》是全国首部工伤预防主题微电影，荣获"2024金童象儿童电影周"年度优秀短片奖；抗战题材电影《打铁花行动》，成功入围"2024乡村振兴主题电影推荐活动"影片。网络视听作品《在希望的田野上》获得"第十四届河北省文艺振兴奖"，通过电影的形式讴歌了扶贫一线、乡村振兴的共产党员，在中央组织

---

[1] 《习近平在中共中央政治局第十七次集体学习时强调 锚定建成文化强国战略目标 不断发展新时代中国特色社会主义文化》，中国政府网，2024年10月28日，https://www.gov.cn/yaowen/liebao/202410/content_6983529.htm。

部第十六届全国党员教育电视片观摩交流活动中被评为一等奖，向全国展现河北党员的风采和扶贫成果。

2024年河北省积极推进重点项目、支持鼓励优秀电影创作生产，全年受理电影备案申请147项，国家电影局审核通过备案48项，审查电影完成片15部，取得公映许可证9部，办理电影制片事宜62项。修订《河北省电影审查委员会工作规程》，补充调整电影审查委员会专家库。研究制定《全省优秀电影创作扶持资助和宣传发行扶持资助项目评审和管理办法》；给予《马兰的歌声》等6部作品创作扶持资助和宣发扶持资助。举办2024年全省电影管理人员和骨干人才培训班，培训人员931人。[①]

二是立足燕赵文化，持续推出纪录片精品力作。2024年河北省广播电视局为深入学习贯彻习近平文化思想，加强纪录片创作规划引领，推动打造精品力作，组织开展了年度纪录片选题征集活动，最终确定"西柏坡1947—1949""'一带一路'看河北""衡水湖""长城脚下是我家"四个选题，作为2024年度河北省纪录片重点选题。"西柏坡1947—1949"作为重点选题，立足于"谦虚谨慎、艰苦奋斗、实事求是、一心为民"的"西柏坡精神"的诠释和解读，详尽解读"中国共产党为什么能"，解析"西柏坡精神"的形成过程、历史价值以及新时代意义。《长城 长城》以"长城与中华统一文明史"为主题，围绕长城的雄伟壮观和人文神韵，深入探讨了长城在中国历史和文化中的重要地位和作用。《城市烟火》对京津冀地区的特色美食进行挖掘式拍摄，包含《一面之缘》《河海之鲜》《无辣不欢》《人生一串》等12集，展现三地流动的烟火气和人情味儿，还有挥之不去的乡愁记忆。《好好学习——学习贯彻习近平新时代中国特色社会主义思想主题教育特别节目》入选2024年河北省网络视听优秀作品（第一季度）名单，该纪录片以独特的视角和深入的内容，展现了学习的力量和重要性。《塞罕坝来了一群"小精灵"》入选2024年河北省网络视听优秀作品（第

---

① 数据来源：中共河北省委宣传部电影处2024年工作总结。

三季度）名单，通过记录塞罕坝的生态环境和野生动物，展现了人与自然和谐共生的美好画面。

2024年河北参与制作的纪录片数量众多、题材广泛，既有聚焦京津冀协同发展的宏大叙事，也有展现河北自然风光与人文历史的深度挖掘，还有记录河北社会发展的真实写照。这些纪录片不仅让观众能够更深入地了解河北的历史文化和社会发展，还为河北的文化传播和旅游推广做出了积极贡献。

（二）聚焦重大时代主题，全媒体传播频频发力

一是礼迎75周年华诞，多元视听形态颂征程。为庆祝新中国成立75周年，河北省电影局、中共河北省委宣传部、河北广播电视台联合在石家庄、雄安新区举办"光影里的新中国"电影交响乐演出2场；举办电影海报展览7场，在全省254家影院和600个流动点播放电影歌曲集锦。推出全媒体特别策划《光影里的新中国》50期；推出"影视剧里的河北"特别节目《光影记忆·新中国从这里走来》10期。2024年第一季度河北省广播电视"头条"建设推优作品《西柏坡见证：75年"赶考"精神激励燕赵儿女砥砺奋进》，重温共产党赶考之路，西柏坡见证了共产党人的精神血脉长流不断。

二是展现时代精神风貌，网络视听作品持续创新。2024年8月，河北包括短视频22部、网络微短剧1部、微电影1部、网络纪录片9部、网络公益短片4部等在内的40部优秀网络视听作品获评2024年河北省"中国梦 新征程"原创网络视听节目优秀作品，并成为河北省网络视听原创精品库第二十八批入选作品。其中，网络微纪录片《幸福新家园》聚焦雄安新区南文营社区，细致描绘其"十五分钟生活圈"、文明积分制度、社区食堂运营、民情台账管理、就业服务提供等多个维度的实践探索；长城新媒体集团面向全球推出《特色奇遇"冀"》短视频，以国外体验官探访安平丝网、隆尧食品等河北省县域特色产业发展为主题，助力河北企业"走出去"、外资"走进来"；《大河之北·文华燕赵》展示燕赵大地丰富多彩的非物质文

化遗产技艺与艺术等。此外，还有长城新媒体集团《千年丝路》（短视频）、河北新闻网《只要我们记得，你们就永远活着》（短视频）、唐山市丰润区融媒体中心《家国两团圆　同心共守护》《敬平凡　敬不凡》（网络公益短片）等。

三是聚焦京津冀协同发展，纪录片创作影响力凸显。为全面呈现十年来京津冀协同发展的光辉历程，中共河北省委宣传部、河北广播电视台等单位联合出品，三地团队携手，创作推出六集大型纪录片《京津冀·瓣瓣同心》。相关微博话题"纪录片里的京津冀""京津冀瓣瓣同心向阳开"等阅读量超千万次，微博视频号、微信视频号、抖音和快手等平台总播放量超150万次，被近100家国内主流媒体转载传播，被"学习强国"总平台上线推荐。美兰德数据分析显示，2月26日至3月2日播出期间，《京津冀·瓣瓣同心》视频热度、网民评议度位居同期电视专题片类第四，引发社会各界广泛关注和强烈反响。纪录片《脉动京畿》围绕京津城际、雄安站、京雄城际等单位进行纪实性拍摄，全方位、多角度展示京津冀协同发展十年来，铁路给京津冀三地带来的翻天覆地的变化。

（三）"影视+"文旅模式彰显河北独特魅力

近年来，河北着力打造文旅融合、全域全季的旅游强省，把历史文化资源、旅游资源和影视资源更好地转化为高质量发展优势。

一是"文旅+直播"展现文旅新模式。由河北广播电视台开展的《美丽河北》慢直播特别节目《长城　我们的家园》，沿行长城国家文化公园河北段，打卡张家口大境门、承德滦平县、保定涞水等长城脚下新业态，溯源长城文脉，传承长城文化。系列慢直播节目《看见雄安》，全方位、多角度地展现了雄安新区"绿色生态、智慧科技、创新驱动"的独特魅力。《最美雄安建设者发布》、《"美丽河北　丰收在'冀'"》全媒体大直播等直播活动，以新技术展现了河北文旅发展新模式。张家口广播电视台《走进中都原始草原度假村》、唐山市丰润区融媒体中心《沿着长城看发展——走近雪国崇礼》等直播同样为"文旅+直播"做出贡献。

二是"文旅+微短剧"塑造文旅新产品。国家广播电视总局"跟着微短剧去旅行"创作计划第三批推荐剧目发布，31部作品凭借鲜明的文化和地域特色，正形成又一轮"追剧打卡"的新风尚。其中，河北省文化和旅游厅与河北广电影视文化有限公司共同出品的微短剧《你好，苏东坡》，讲述了定州知州"穿越"至2024年定州塔的故事，展现了定州深厚的历史底蕴、独特的文化魅力。河北广播电视台全资子公司河北广电影视文化有限公司推出文旅题材微短剧《河北48小时》，以"太行山脉"与"渤海之滨"为拍摄舞台，镜头穿梭于井陉红土岭、太行山大梁江古村、太行天路、北戴河鸽子窝公园等地，深刻展示了河北省丰富的自然景观、深厚的文化底蕴，激发了广大观众对河北旅游的浓厚兴趣。

三是"文旅+戏剧"助推影视与文旅深度融合。戏剧文化助推地方文旅产业发展成为一种有力举措。廊坊依托河北省旅游产业发展大会，策划"文旅融合，打造戏旅品牌"，一是推出《五星出东方》《巴黎圣母院》等国内外精品剧目展演；二是举办"富连成社"创办120周年暨戏曲名家故里廊坊行戏曲大会；三是举办京津冀京评梆票友大赛暨戏曲名票廊坊行活动；四是举办"戏剧之星"艺术盛典活动；五是开展"百里戏廊"多点联动观演线路提升行动。此外，将组织进行对戏旅融合项目、商旅融合项目、特色旅游项目等重点项目的观摩，并开展线上"云观摩"，深度解读其示范性。此外，推出"跟着演艺去旅行""沿着永定河去旅行""沿着大运河去旅行""跟着主题乐园去旅行""沿着雄廊白洋淀去旅行"5条京津廊联动游线路，艺术游·"戏剧walk"、美食游·"市井烟火"、非遗游·"燕京造办"、运河游·"古境新韵"、影视游·"创客筑梦"等8条市域精品旅游线路和9个城市微度假目的地，全力打造特色旅游廊坊矩阵，支持和鼓励旅游企业"引客入廊"，进一步释放消费潜力。

二 2024年河北影视业发展困境

河北省环绕京津，具有较强的区位优势，能够及时掌握传媒政策动向，吸收先进思想，学习传媒运营管理经验。但与此同时，河北影视业的生存条件并不乐观，河北影视业在发展的过程中面临诸多方面的困境。

（一）融资渠道不通畅，资金缺口制约发展

影视业的经营常被比喻为"资金消耗大户"，影视业高额的投入普遍导致行业资金匮乏。市场规则不健全、高风险性等多重因素严重阻碍了影视制作的融资进程，成为制约河北影视业蓬勃发展的关键因素。面对影视领域的高投资风险，国内众多资本持观望态度，不敢轻易涉足。同时，盗版市场的泛滥进一步削弱了影视作品发行环节的利益，使得投资者更倾向于将目光投向利润空间已相对狭窄的传统行业。

影视业呈现显著的规模经济效应，即大投入带来大产出，小投入往往难以产生有效回报，凸显资本支持的重要性。当前，除少数受国家重点保护和支持的影视项目外，大多数影视项目需要自主筹集资金。鉴于河北影视业资金短缺的现状，拓宽融资渠道，积极引入外资和民间资本共同参与影视业的发展，已成为必然选择。

（二）影视技术运用不充分，亟待顺应新技术趋势

数字化技术的引入，如计算机图形图像（CGI）技术、动作捕捉、虚拟摄影棚等，极大地提升了影视作品的创作与制作效率。这些技术使得复杂的场景和特效制作更加便捷，同时降低了制作成本。随着人工智能和机器学习技术的发展，自动化工具在影视后期制作中的应用越来越广泛。例如，自动剪辑、色彩校正和音频处理等工具，可以大幅提高后期制作的速度和质量。

电影创作的新技术运用还不充分。尽管近年来中国电影产业在技术应用方面取得了一些进展，涌现了一批影片如《哪吒之魔童降世》《流浪地球》等，但这些影片的数量远远不够。大多数企业不敢涉足高科技、高投资的电影项目，在剧本选择时仍倾向于传统叙事模式，在电影制作过程中对VR、AR和AIGC等新技术的运用较少，一定程度上限制了电影表现形式的多样性和创新性发展。河北省也面临这样的问题，影视作品在新技术运用方面还

不够成熟。在河北省影视创作中，的确已有数字化技术的运用，如动作捕捉技术、实时渲染技术和虚拟背景技术等，显著提升了拍摄的效率与质量，同时引发了社会各界对"虚拟制片"及扩展现实（XR）技术在影视领域应用的广泛关注，但其运用并没能对各影视公司和集团进行全方位的覆盖。这些前沿技术的探索与实践，往往预示着整个行业的深刻转型，运用好这些新技术，将会为河北影视业的发展"更上一层楼"提供更为便捷的机会。

《2023年中国影视新技术发展报告》指出，2024年影视技术领域的发展趋势将聚焦以下关键层面：AIGC推动产业结构的优化升级、超高清视频技术将进一步深化应用、云端服务的融合应用将不断深化、虚拟制作技术的多元化趋势日益显著、沉浸式体验将重塑观影感受、数字人技术将迈向更深层次的智能化、跨领域合作将为数字经济注入新动力。然而，河北省在顺应这些发展趋势方面仍需要加大力度。

（三）产教融合突破有难度，复合型影视人才紧缺

影视业产教融合直接关系到行业人才的培养质量和创新能力，进而影响整个产业链的发展水平。在河北影视业中，产教融合的不足表现得尤为明显，高校和影视企业之间不仅缺乏合作机制，还缺乏长期稳定的合作关系和有效的沟通平台，导致教育资源与产业资源难以充分对接和融合，同时现有的产教融合项目大多停留在表面，缺乏深度和广度，难以真正培养出既懂理论又懂实践的复合型人才。此外，河北影视业在产教融合方面还面临一些体制机制上的障碍。例如，政策引导和支持力度不够，缺乏明确的政策导向和激励措施；行业标准和规范尚未完善，难以对产教融合的质量和效果进行有效评估；教育观念和教学方法的滞后，难以适应行业发展的快速变化等。

复合型人才，即既具备扎实的影视专业知识和技能，又熟悉市场运作规律，同时拥有创新思维和跨文化交流能力的综合型人才。这类人才在剧本创作、导演执导、演员表演、后期制作、市场推广等影视业的各个环节中都发挥着至关重要的作用，然而，在河北影视业中，这样的复合型人才尤为稀缺。一方面，河北省毗邻首都，传媒业起步早、发展迅速且体系成熟，拥有

广阔的发展前景，人才或团队的流失现象在所难免，人才储备相对薄弱，难以形成强大的人才梯队；另一方面，影视业随着快速发展和市场竞争的日益激烈，对人才的要求越来越高，传统的单一型人才已经无法满足行业发展的需求。这种人才短缺的现象不仅制约了河北影视业的发展速度和质量，还影响了河北影视业在国内乃至国际市场上的竞争力。因此，如何培养和引进复合型人才，成为河北影视业亟待解决的重要问题。只有通过加强人才培养、完善人才引进机制、提高人才待遇等措施，才能逐步解决这一问题，推动河北影视业实现更高质量的发展。

三 河北影视业发展对策建议

（一）加快融资促进数智化转型，推动大视听产业快速发展

影视文化创意产业的繁荣发展，需要积极畅通融资渠道，搭建产业发展平台，以吸引和集聚各类资源要素，推动优质内容的持续产出。因此，河北影视业应积极拓宽多元融资渠道，在法律允许的范围内合理引入外资和民间资本，为影视业的数智化转型发展提供充足的资金保障。数字技术与影视文化创意产业的深度融合将成为关键驱动力。建议构建以影视文化创意为核心的数字经济创新创业孵化平台，为创业者提供必要的支持和资源，还可以通过培育新业态和新模式，不断推动影视业的提质增效。同时，抓住京津冀协同发展的重大机遇，通过产业集聚和项目合作等多种方式，打造数字技术与影视文化创意产业融合发展的示范区，发挥区位优势和资源优势，推动三地之间的深度合作和协同发展，共同探索数字技术与影视文化创意产业融合发展的新路径。

加强数字技术的深度应用，是提升影视产品品质的重要途径。数字技术的全面融入，不仅颠覆了传统影视作品的制作流程，还显著降低了成本，为影视业的进步奠定了坚实的技术基础。应充分利用三维动画、数字特效及虚拟现实等前沿技术，不断提升影视产品制作的数字化层级，从而确保影视作

品的制作质量和效率实现质的飞跃。与此同时，加强与国际顶尖影视制作机构的合作与交流至关重要。通过与国际伙伴的互动，能够学习先进的数字影视技术和前沿的制作理念，这不仅能够推动河北影视业向国际化水平靠拢，还能显著提升河北文化的国际影响力和传播效能。

要深化供给侧结构性改革，构建新型视听生产与消费模式，形成需求牵引供给、供给创造需求的更高水平动态平衡，畅通大视听产业经脉。尽快形成以数据为核心要素，以社会主义文化为创新创造源泉，以先进科技手段为生产力，以固定、移动网络为承载环境，以数字化、智能化、精准化为基本特征的大视听产业经济，释放整体转型红利，以产业基础高级化、产业链现代化提升质量效能。

（二）探索跨界整合发展模式，推动影视与文旅产业深度融合

党的二十届三中全会通过的《中共中央关于进一步全面深化改革 推进中国式现代化的决定》明确提出"健全文化和旅游深度融合发展体制机制"的工作任务，为文化、旅游领域全面深化改革的目标和方向提供了根本遵循。影视与文旅产业深度融合成为广播电视和网络视听、文化和旅游行业重要的使命。影视作品在满足人民群众对美好视听生活新需求、新期待的同时，为地方文旅产业与区域经济转型发展注入了强劲的动能。河北省要充分利用大数据的发展优势，加大对各地的投资力度，将高质量的影视文化产业项目引进来，将大数据发展的产业链进行延伸，规划大数据产业与影视动画等文化产业的融合发展模式。

同时，应对各个区域的特色影视产业资源进行深度的整合，以影视业赋能文旅融合，从而促进全省文旅康养、乡村振兴、服务业、大数据等相关产业的发展，张家口市在影视与文旅产业融合方面创新尝试，《张家口市关于促进影视产业发展的若干规定》按照"一条主线、两大品牌、三大基础、四大服务、五大亮点"的发展思路重点扶持影视产业，建立"1+3+N"的张家口影视产业体系，形成了一条完整的影视文化产业链。2020年以来，在张家口取景拍摄的国家重点影视剧有电影《长津湖》《我和我的父辈》

《志愿军》、电视剧《大决战》等，有效提升了张家口影视名片的知名度和美誉度，逐步整合带动全域文化和旅游行业共同发展，实现"影视+旅游"的新业态，形成经济增长新引擎，提高相关产业在国内生产总值中的占比，打造京张体育文化旅游带亮点。

（三）加强校企合作培育人才，激发影视产业创新活力

党的二十届三中全会明确指出，加快适应信息技术迅猛发展新形势，培育形成规模宏大的优秀文化人才队伍，激发全民族文化创新创造活力。坚持"招才引智+优质内容"双轮驱动，集聚更多的影视数字创意人才，应当积极促进产教融合，致力于打造一个专业的人才培养基地。校企合作作为顺应影视产业的发展趋势、培育创新型人才的关键策略，具有不可替代的作用。

河北高校需要与企业建立长期稳定的合作关系，以市场需求为导向，以促进影视业的整体进步为共同目标，携手培养既懂数字技术又熟悉影视业运作的高素质专业人才。在具体实践上，校企双方可以采取多种形式的合作。例如，共建校内外的实训基地，为学生提供真实的行业环境和实践机会；实行双导师制度，即每位学生都有一位来自高校的理论导师和一位来自企业的实践导师，从理论与实践两个层面给予学生全面地指导。这些措施将有效提升专业人才培养的质量，确保河北影视业的发展需求与人才培养之间实现无缝对接。高校方面，需要进一步完善数字技术相关的课程设置，确保学生能够熟练掌握并灵活运用各种数字技术，以满足日益增长的市场需求。此外，借助大数据、云计算、人工智能等前沿技术，构建一个影视产业人才数据库和就业服务平台，为用人单位提供精准、高效的人才推荐服务，从而进一步提升人才的就业质量和行业的整体竞争力。视听艺术的本质特性决定了其显著依赖多领域团队协同合作的模式，故而需要充分发挥复合型文化人才的领军作用，有效整合经济资源、文化资源、资本要素、影视产业及科技力量，以实现对优秀传统文化进行创造性转化与创新性发展的新型表达。这一过程中，应当实现从传统"制片人制"向新型且具备复合能力的"制作人制"的转型升级。

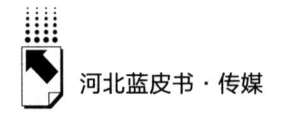

（四）深入发掘燕赵资源，全力打造河北独特的影视品牌

河北影视业在涉足影视作品拍摄、栏目及节目制作时，应当深入发掘本土资源，凸显燕赵大地的地域特色与文化底蕴，引起和激发省内民众的关注与热情。

当前，影视领域的竞争已步入品牌竞争的新纪元，构建鲜明的品牌形象成为制胜的关键。在这一背景下，河北影视业核心竞争力在于节目内容的本土化和地域特色，这是其树立独特品牌的关键所在。传播学研究揭示，文化与地域的亲近感最能引发本地受众的共鸣，得到他们的审美认同。从市场战略来看，本地市场构成了地方影视业最为稳固、可靠的根基。因此，河北影视业的发展必须在内容上深挖地方特色，这不仅是获得观众青睐的法宝，还是在激烈的市场竞争中脱颖而出的重要途径。

河北影视现实题材创作曾规划出"三大重点创作方向"：一是聚焦京津冀协同发展国家战略；二是聚力雄安新区建设千年大计；三是助力北京携手张家口举办2022年冬奥会、冬残奥会。目前，第三个重点创作方向的工作已圆满完成，还有两大重点创作方向的工作仍在进行。坚守初心与使命，河北影视人团结一心，奋勇拼搏，不断前行。河北影视业要深入挖掘地域丰富的文化资源，科学合理地调配各项资源，凭借高度的文化自信，充分展现河北历史文化的独特魅力，致力于擦亮"影视冀军方阵"这一闪亮品牌，让古老的燕赵文化在新时代焕发出璀璨夺目的新光彩。

专题篇

B.7
智能传播背景下舆论形成机制及风险防范研究[*]

王秋菊 马馨怡[**]

摘　要： 智能传播技术的迅速普及标志着人类社会进入了新的信息传播时代。智能算法、大数据、物联网、云计算等一系列技术的兴起，不仅极大地改变了人们获取和传播信息的方式，还深刻影响了社会舆论的形成和发展。本文在分析智能传播特点的基础上，探讨了智能传播背景下舆论的形成机制，揭示了智能传播对舆论的影响，提出了智能传播背景下河北省防范舆论风险的创新路径，为智能传播环境中的舆论管理和风险防控提供参考。

关键词： 智能传播　舆论风险　人工智能生成内容

---

[*] 本文为河北社会科学发展研究课题"智能传播背景下舆论生成机制及风险防范研究"（202401007）的研究成果之一。
[**] 王秋菊，河北大学新闻传播学院教授，博士研究生导师，主要研究方向为网络传播与新媒体；马馨怡，河北大学新闻传播学院研究生。

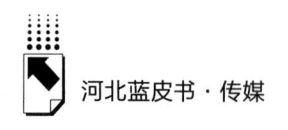

一 智能传播的基本含义及特点

（一）智能传播的基本含义

随着信息传播技术的不断发展，智能传播已经成为现代信息传播的重要形式，对舆论的形成及传播产生了重要影响。智能传播是指在现代信息传播过程中，依托人工智能（AI）、大数据、云计算、物联网等先进技术，结合社会化媒体、智能算法等手段，以更高效、精准、个性化的方式实现信息的采集、传播、处理和反馈的过程。智能传播是人类数字技术发展的结果，本质是数据驱动的内容生产和传播方式的变革。① 将 AI 技术融入内容生产和分发的各个环节，从而提升了内容的生产和分发效率。随着 AI 技术的大规模应用，内容生产逐渐变得更加自动化和智能化。AI 技术虽然给信息传播带来了诸多便利，但引发了关于智能传播伦理等问题。智能传播时代以人工智能生成内容（AIGC）、算法推荐和大数据为核心驱动力，不仅对舆论形成机制及舆论生态产生了重要影响，还重构了舆论风险的生成逻辑与传播路径。

（二）智能传播的特点

1. 个性化与定制化

智能传播通过大数据分析和算法推荐，根据每个用户的兴趣、行为和偏好进行信息的推送。与传统传播方式依赖于广泛受众的"大众化"内容不同，智能传播能够为不同的受众群体提供个性化的内容。这种定制化的传播方式提高了信息的相关性和用户的接受度，从而加速了信息的传播效率。国外 Netflix 的推荐系统就能够根据用户的观看历史、评分和偏好推送电影和

---

① 方兴东、钟祥铭：《智能媒体和智能传播概念辨析——路径依赖和技术迷思双重困境下的传播学范式转变》，《现代出版》2022 年第 3 期。

电视剧。该系统通过分析用户的观看行为，推算出他们可能感兴趣的影片类型，从而提高内容的相关性和延长观看时长。

2. 实时性与高效性

智能传播的另一个显著特点是信息的传播速度极快。在智能传播的环境下，信息能够在几乎没有延迟的情况下进行传播，且覆盖面广泛。依托于云计算和大数据技术，信息的采集、分析、处理和传播能够实时完成。2024年巴黎奥运会上，中央广播电视总台首次使用8K超高清转播车为巴黎奥运会田径比赛和闭幕式提供了8K国际公用信号，这在夏季奥运会历史上尚属首次。这使得信息可以在几秒钟内从一个地方传递到世界的另一端，打破了传统媒介的时间与空间限制。此外，"百城千屏"个性化编播让广大受众身处户外也能感受巴黎奥运会转播报道的极致精彩。这些技术的应用大大提高了信息传播的效率和速度。

3. 去中心化与多元化

智能传播打破了传统传播方式的集中性和单向性，信息的来源和传播路径更加去中心化。在智能传播环境中，任何用户都可能成为信息的生产者、传播者或评论者。[1] 社交媒体、微博、论坛等平台使得信息的传播不再由少数媒体控制，普通用户也能通过自己的平台参与话语权的创造和舆论的形成。

4. 情感化与情绪化传播

智能传播高度依赖情感化的内容来引发用户的情感共鸣，这类内容通常能够引起更多的关注和互动。社交平台的算法优先推送能够引发强烈情绪反应（如愤怒、惊讶、快乐等）的内容，从而提高信息的传播度。在山西女硕士被拐卖案中，智能传播情绪化特点表现得尤为突出。事件发生后，许多网友在社交平台上表达了愤怒和悲伤，同时对家属表示同情，并呼吁关注女性安全及非法拐卖等社会问题。这种情绪化的反应使得网络舆论愈加激烈复杂，反映了公众对社会问题的高度关注。

---

[1] 于滈：《浅谈自媒体舆论监督存在的问题及改善》，《新闻文化建设》2021年第16期。

5. 数据驱动与智能推荐

智能传播技术通过数据与智能推荐算法分析用户行为数据来精准匹配用户偏好并推送相关内容。这些平台利用动态调整的算法，持续优化内容推荐，旨在提升用户的活跃度和满意度。以抖音为代表的短视频平台，会依据用户的观看历史、搜索偏好及点赞行为，智能推送与其兴趣相契合的视频。例如，经常观看历史类内容的用户会收到更多同类视频的推荐。这种数据导向的精准推送机制显著提高与增强了信息传播的效率和针对性。

这些特点使得信息传播更加高效、精准，同时给舆论的生成与演变带来前所未有的复杂性。智能传播背景下的舆论形成机制呈现高度动态、多源交互的特征。信息的快速流通与个性化推送，使得公众对于同一事件的认知与态度能够迅速汇聚形成舆论，而算法的中介作用则进一步增强了舆论的多样性与不确定性。因此，智能传播背景下舆论的形成机制，不仅涉及信息的传播与接收，还涉及信息背后的权力关系、利益博弈以及公众情绪的波动，为理解并应对智能传播时代的舆论风险提供了重要视角。

二　智能传播背景下舆论的形成机制

（一）舆论形成的四个阶段

匡文波将新媒体舆论的发展划分为四个阶段：议题出现期、新媒体舆论存活期、新媒体舆论归纳整合期、新媒体舆论消散期。[1] 本文以此为参考在总结智能传播背景下舆论从酝酿、生成、扩散至衰退各阶段特征的基础上，进一步为智能传播背景下舆论研究奠定基础，并为有效引导舆论和解决相关问题提供借鉴。

---

[1] 匡文波：《论新媒体舆论的生命周期理论模型》，《杭州师范大学学报》（社会科学版）2014年第2期。

1. 舆论酝酿期：智能传播助推了热点议题的形成

在这一阶段，舆论的种子开始萌发，议题尚处于潜在的讨论和关注中。在传统传播模式下，舆论的酝酿往往是通过新闻媒体或少数意见领袖推动的。然而，在智能传播背景下，网络社交平台、微博、短视频平台等成为信息的主要生产和传播场所。这些平台借助智能推荐算法与信息流技术，能迅速使热门话题出现在公众视野，同时凭借即时的互动功能和社交属性，使这些话题能够快速吸引大批用户的注意力。用户经过社交网络点赞、分享或发表评论，加速了话题的传播与关注度的提升，使得潜在的公众议题在短时间内迅速发酵。

2. 舆论生成期：智能传播加速了舆论场的构建与情绪累积

在舆论生成期，议题开始得到集中的讨论和回应，公众对于某一事件的态度逐渐形成。在智能传播背景下，舆论形成的过程受到了社交平台的情绪化传播特点的影响。在这一阶段，智能传播平台成为舆论场构建的核心场所，不仅是信息传递的载体，还是情感和意见表达的空间。公众通过转发、评论和互动，形成了多元化的意见交流和碰撞。智能传播平台的实时互动性和数据驱动性，使得公众在短时间内对事件产生了情绪反应，舆论逐渐从单一的信息传播向情绪的积累转变。在这一阶段，情感化、极端化的表达逐渐占据了舆论场，情绪激烈的讨论和意见冲突使得话题聚焦和集中。在这一过程中，情绪成为推动舆论发展的关键因素。用户通过平台上的表情符号等方式，表达了对议题的情感倾向和态度。智能传播平台通过算法机制，将这些情绪进行放大和扩散，进一步加剧了舆论场的紧张氛围和情绪累积，推动了舆论的快速形成。在智能传播时代，信息传播的速度是空前的，多元化的情感抒发，使得舆论环境变得更加复杂且多变。

3. 舆论扩散期：智能传播导致信息洪流与意见极化

在这一阶段，舆论的扩散达到高潮，信息大量传播，意见迅速分化，舆论场变得愈加复杂和极化。智能传播通过精准的推荐算法和个性化的信息推送，使得信息在网络上快速扩散，并迅速蔓延至更广泛的受众群体。社交媒体的"朋友圈效应"和"信息传播裂变效应"使得舆论场的构建不再依赖传统的媒体传播渠道，而是通过用户间的自主传播和互动完成的。与此同时，由于不同群体接收到的信息呈现分化趋势，舆论意见开始极化。社交平台推送符合用户偏好的内容，导致信息茧房的出现，加剧了意见的两极化，具有极端情绪的内容往往会被优先推送，使得公共讨论中的理性声音逐渐被情绪化、极端化的言论淹没。在这一过程中，智能传播平台成为意见极化的催化剂，进一步推动了舆论的扩散和升级。

4. 舆论衰退期：智能传播影响了舆论热度的下降与舆论的解构

舆论的衰退期是指舆论热度逐渐下降的过程。在传统模式下，舆论的衰退往往是由于媒体的淡出报道或受众兴趣的减弱。而在智能传播时代，舆论的衰退期更加受到信息过载和公众情绪疲劳的影响。智能传播加剧了信息的快速流动和内容的更新迭代，舆论热度可能会迅速下降。在高度互动性的社交媒体和信息流平台及信息碎片化的环境中，公众的注意力极为分散，热点事件的讨论往往在短时间内被其他事件替代。因此，舆论的衰退期不仅受媒体的报道减少影响，还受智能传播背景下信息的快速流动和用户兴趣的转移影响。然而，智能传播平台的算法机制和信息过滤机制可能导致一些信息被长期保留或反复传播，形成舆论的"长尾效应"。此外，在这一阶段，舆论可能会出现解构现象，即部分舆论内容被重新审视和重新定义，带有批判性和反思性的声音开始涌现，舆论议题的原本框架可能会被瓦解和重塑。例如，百雀羚化妆品原料事件发生后，大量相关信息迅速在网络上传播，导致公众在信息的海洋中感到疲惫，公众的情绪经历了从好奇、关注到逐渐麻木的过程，百雀羚品牌迅速做出回应，消除了消费者的恐慌和疑虑。随着信息的不断涌入，公众对该事件的关注度逐渐下降，情绪逐渐稳定，公众对事件的看法开始趋于理性和客观。百雀羚化妆品原料事件的讨论很快被其他新兴话题替代，公众的注意力也随之转移。

（二）智能传播背景下网络舆论的新演进

1. 信息传播速度加快，舆论形成周期缩短

智能传播技术借助 AI 和大数据分析等，显著提升了信息传播的速度，

让舆论的形成与传播呈现突发性和复杂性。① 当社会冲突与矛盾的情绪累积至临界点时，某一偶发事件可能成为情绪宣泄的"引爆点"，此触发因素具有显著的不可预见性。事件的相关信息能够迅速通过社交媒体、新闻网站等渠道传播开来，形成舆论的焦点。这种快速的信息传播方式使得舆论的形成周期大大缩短，公众能够迅速对事件做出反应和进行讨论。海量的即时信息迅速涌现并快速流传，使得公众暴露于众多未经核实、真伪混杂的内容中，这进一步增强了舆论形成的突发性和难以预测性。

2. 舆论主体多元化，观点碰撞激烈

网络舆论主体是舆论的发出者，在当今社会，政府、媒体及广大民众构成了主要的舆论力量。智能传播技术的进步不仅提升了信息传播的效率，还重构了舆论主体的结构，强化了"媒体+AI"的发展模式和社群在舆论形成中的主导作用。② 譬如，社交媒体特有的封闭环境促使网民表达更加自由且情绪饱满，这加剧了舆论的两极分化，并提升了达成共识的挑战性。在智能传播时代，网络舆论的主体不再局限于传统媒体或意见领袖，而是包括了广大网民、自媒体、社会组织等多个层面。这些不同的主体在信息传播和观点表达上呈现多元化的特点，使得网络舆论中的观点碰撞更加激烈和复杂。社交机器人作为AI的关键应用之一，能全程参与信息传播，模拟人类行为，并多方式收集语言、表情及动作信息，甚至模拟人类的情感展现。凭借与人类极为相似的交流模式，社交机器人受资本与技术的影响及基于预设程序，在网络中隐蔽地发布、散播并引导特定观点，这种"类人化"主体参与舆论传播进一步扰乱了原有的舆论环境平衡。③ 此外，算法推荐和个性化推送，容易导致信息茧房的出现，进一步加剧了舆论的偏见和分裂，并提升了达成共识的挑战性。

---

① 陈雨：《智能传播时代网络舆论生成逻辑、演变特征及引导策略》，《传媒论坛》2024年第16期。
② 林凌：《智能网络舆论传播机制及引导策略》，《当代传播》2019年第6期。
③ 高山冰、汪婧：《智能传播时代社交机器人的兴起、挑战与反思》，《现代传播（中国传媒大学学报）》2020年第11期。

3. 情感化表达增强，舆论情绪化趋势明显

智能传播时代，网民在表达观点时往往带有强烈的个人情感色彩，使得网络舆论呈现明显的情绪化趋势。信息碎片化是促使舆论情绪化的一个关键因素，尽管重大社会事件依然备受人们瞩目，但公众倾向于以有限的精力应对信息过载，追求信息的多样性。因此，个人关注的新闻与舆论热点趋向多样化，不再局限于单一领域或传统媒体设定的集中议程，促使议题呈现碎片化特征。碎片化的议题因缺乏连贯性和相互关联，往往削弱接收者的理性分析能力，进而诱发极端的情绪化表达。① 这种情绪化表达能够引发公众的共鸣和关注，但也可能导致网络暴力的滋生和不良后果的产生。舆论传播中，多节点的网络结构让附带的主观情绪不断累积，导致公众接收到错误信息、夸大描述或歪曲事实，进而形成狭隘的理解。舆论的圈层传播更易引发共鸣与从众心理，情绪在相互感染下迅速扩散，导致群体极端化，甚至加速谣言的无序传播。② 同时，社交媒体上的算法推荐技术可能加剧这种情绪化表达的趋势，使得用户更容易接触到与自己观点一致的信息，形成信息茧房。

4. 跨媒介融合传播，信息飞沫化现象显著

在智能传播时代，信息传播与扩散的平台不再局限于单一媒介，新媒体与传统媒体的跨媒介融合让舆论在相互议程设置中快速发酵，迅速遍及传统媒体与新媒体舆论场。③ 自媒体与机构媒体、商业媒体、主流媒体的各自发声让信息来源更加广泛，也让特定消息的舆论传播产生融合。这种融合传播的特征让舆论在舆论场的扩散更加迅速，但同时带来了信息飞沫化的问题。尽管主流媒体在重大事件与政策传播上保持着较高公信力，但众多商业化媒体依据公众兴趣设置议程，其"短平快"的内容更偏向实用、娱乐，易产生裂变式传播。受经济利益驱使，这些媒体可能散布虚假信息，操控舆论或引发公众负面情绪，造成舆论反向影响，给社会带来负面影响。当前的内容过滤与审核体系还不足以缩短内容审核与智能传播之间的时间差，信息传播

---

① 苏宏元、王月琳：《智能传播时代网络舆论生态变化及其治理》，《中国编辑》2022年第12期。
② 苏宏元：《5G时代舆论生态变化与舆论引导新范式》，《人民论坛》2020年第27期。
③ 赵前卫：《智能时代移动舆论场的传播特点与舆论引导》，《青年记者》2022年第3期。

偏差一定程度上削弱了主流媒体的话语权。引导者如果在传播的精准度与影响力上没有优势，其发布的消息将成为飞入信息海洋中的飞沫，使舆论内容真假难辨，增加了舆论引导的难度。①

5. 圈层传播带来舆论暗流，舆论影响力逐渐增强

在智能传播时代，群体传播常借助社交工具形成"圈层化"模式。特定领域的热点话题往往先在特定圈层内兴起。尽管这些舆论暗流潜藏于圈层传播之中，但圈层内部的紧密联系及圈层间的关联网络，使得舆论影响力随着时间推移和圈层扩展而逐渐增强。若缺乏对此类舆论暗流的预警与动态管理，其不利影响将持续累积，最终可能跨越圈层，成为全社会关注的热点。

6. 数据驱动决策，网络舆论影响力显著增强

在智能传播时代，数据成为推动网络舆论发展的重要力量。通过对网络舆论数据的收集和分析，可以了解公众的关注点和情绪倾向，为政府和企业提供决策参考。同时，网络舆论影响力得到了显著增强，一个事件在网络上的发酵和扩散往往能够引发广泛的关注和讨论，甚至对社会事件产生实质性影响。

三 智能传播对舆论的影响

智能传播对舆论的影响是多方面的，既有积极影响，如提升信息传播效率、促进国际舆论的交流与合作，也存在潜在的消极影响，如信息茧房、隐私泄露等。

（一）智能传播对舆论的积极影响

1. 提升信息传播效率，促进信息个性化推送

智能传播技术的发展重塑与加快了信息传播的模式与速度，如算法推

---

① 管琼：《新媒体时代舆论引导面临的挑战与对策》，《记者摇篮》2021年第10期。

荐、自动化新闻写作等的应用，极大地加速了信息的处理与分发，显著拓展与加快了舆论传播的广度与速度。自然灾害如地震、洪水发生时，智能新闻系统能即刻整合分析数据，快速产出报道，并通过社交媒体、新闻站点广泛发布。这种高效的信息流通，使公众能迅速掌握灾情及救援动态，做出合理判断。此外，大数据技术的融入，让信息传播趋向精准化。智能传播技术依据用户兴趣、偏好及历史行为数据，实现信息的个性化传递。这种定制化服务不仅优化了用户的阅读体验，还深化了用户对感兴趣话题的理解，增强了舆论的导向力与影响力。

2. 提高舆论透明度，推动舆论监督与问责

智能传播技术能提升舆论透明度，通过数据解析与可视化手法，让公众直观把握舆论趋势、热门议题及公众情绪，增强公众对舆论的信赖，消弭误解与偏见，促进社会和谐稳定。例如，新冠疫情期间政府利用智能平台发布政策草案并征集公众意见，可视化展示公众意见分布与情绪波动，提升公众对政策的信任度，促进政策顺利推行。智能平台还为公众开辟了便捷的监督途径，便于公众对政府、企业等主体进行监督与问责。借助舆论传播，公众能揭示问题、抒发不满，并促使有关方面做出改进。这一监督问责机制有助于捍卫社会公正，维护公共利益。

3. 促进国际舆论交流与合作，推动国际传播格局变革

智能传播技术还加速了国际舆论的互动与融合，跨越国界的信息流通与互动让各国公众能更深刻地了解对方的文化、价值观及社会发展，促进了相互间的理解和尊重，为全球化进程与国际关系的和谐铺路。互联网、社交媒体及即时通信工具等的应用，打破了传统媒体的地域与时间局限，实现了全球信息的即时共享。这种信息的快速流通为国际舆论交流与合作创造了有利条件，使各国公众能迅速掌握对方的文化、价值观及社会动态。以新华社"问道"平台为例，该平台运用 AI 技术，为全球用户提供定制化的学习资源与信息服务，在国际传播中，它向全球受众传递中国政治、经济、文化等多方面的知识与信息，加深了国际社会对中国的认知。

（二）智能传播对舆论的消极影响

1. 信息茧房与信息过载

智能传播技术的发展改变了信息传播的路径和速度。AI 和大数据技术的应用使得信息传播更加迅速和精准，但同时带来了信息茧房和信息过载的问题。智能传播技术，如新闻推荐算法等，能够迅速生成大量信息，并通过社交媒体平台进行传播。然而，这种信息的海量增长往往导致用户陷入信息过载的困境，难以筛选出真正有价值的内容。同时，算法推荐系统往往根据用户的兴趣和偏好进行个性化推送，虽然提高了信息的针对性和互动性，但容易使用户陷入信息茧房，忽视了其他重要的新闻和观点。这种注意力的分散和碎片化不利于公众形成全面、深入的舆论认知。

2. 信息失真与算法偏见

智能传播技术的自动化和算法化特点，使得信息的生成和传播更加快速和便捷。然而，这也加大了信息失真的风险。例如，一些不法分子利用 AI 技术编造虚假新闻或谣言，通过社交媒体等渠道迅速传播，误导公众。这些虚假信息不仅损害了公众的知情权，还可能引发社会恐慌和不稳定。AIGC 可以即时获取网络上的网页、文档资料，获取舆情事件的最新动态，提升了舆情反转的可能性。它通过不断更新舆情信息及提供问答，使事件复杂化。如果用户对 AIGC 过度信任，就会过早产生对于事件的结论性判断。随着 AIGC 的不断更新学习，AIGC 会在新的对话中修改之前给出的答案，甚至做出与之前回答完全相反的判断。这种反复性的观点倾向容易使舆情在极端之间摇摆不定，导致舆情多次反转。此外，算法推荐系统也可能因为算法设计的不完善或偏见，导致信息的误导性传播。

3. 隐私泄露与监督漏洞

智能传播技术在收集和处理用户数据的过程中，存在隐私泄露和信息安全的潜在风险。例如，一些社交平台在未征得用户同意的情况下，私自收集个人信息和浏览数据，用于定向广告或其他商业用途。这不仅侵犯了用户的隐私权，还可能导致信息安全问题，如身份盗窃、网络诈骗等。此外，这种行为还可能削弱舆论监督的功能。一些自动化写作工具缺乏整体视野和舆论监控能力，无法有效判断报道的内容、时效性及传播效果，也无法提出具有深度的见解。这种缺乏人性化关怀和舆论引导的传播方式，削弱了公众对媒体的信任，可能给社会健康发展带来不利影响。

四 智能传播背景下河北省防范舆论风险的创新路径

在京津冀协同发展与数字中国建设的双重战略驱动下，河北省积极探索智能技术与舆论治理的深度融合，形成了一系列具有河北特色的创新路径。河北日报报业集团作为省级主流媒体，对智能传播时代主流媒体的舆论引导与舆论风险的防范进行了有益探索，为全国舆论治理提供了"河北经验"，为智能传播环境中的舆论管理和风险防控提供参考。

（一）构建智能时代全面有效的信息审核与监管机制

智能传播技术在提升信息传播效率的同时，加剧了信息传播的失控风险。在这种背景下，信息审核与监管机制的健全变得尤为关键。河北日报报业集团着力打造全新传媒旗舰"纵览传媒"，以"立足河北、辐射全国、放眼全球"为目标定位，积极打造具有全国影响力的自主可控传播平台、集团转型发展的产业承载平台、新技术新应用的创新孵化平台。在智能传播平台中，信息审核不仅依赖传统人工审核，还应结合大数据、机器学习和自然语言处理等技术，实现自动化的内容筛选。算法能够有效识别虚假信息、敏感话题以及违法内容，提前进行拦截或标记。此外，人工审核仍然起到辅助作用，纠正机器审核的误判，确保审核的准确性和全面性。智能传播平台需要承担更大的社会责任，对信息发布和传播进行严格把关，确保信息的质量与合规性。平台不仅要确保信息内容的真实可靠，还要加强对用户行为的监管，避免信息源头的不法行为。平台应制定明确的信息发布规范和行为准则，对发布虚假信息、操控舆论的行为进行处罚，增强平台的社会责任感与法律责任感。

（二）提升智能传播时代公众媒介素养与辨识能力

在智能传播背景下，公众常常面对海量的信息流，如何从中甄别真实信息、识别虚假信息，以及正确解读信息内容，已经成为每个公民应具备的基本能力。政府、教育机构及媒体应加强媒介素养教育，普及信息来源识别、内容分析、情感解读等技能。通过开设专题课程、举办讲座和传播教育活动，帮助公众了解智能传播的运作机制，提高其对信息真实性的判断能力。河北日报报业集团在此领域积极作为，通过旗下"纵览新闻"客户端、河北新闻网等开设河北网络辟谣平台，创新推出"纵览捉谣记"栏目，为公众媒介素养教育提供了生动实践。《纵览捉谣记｜录取批次没结束，"录取通知"抢先到？当心诈骗新手段！》等新媒体产品，以真实谣言案例为切入点，通过情景还原、专家解读、互动问答等形式，拆解谣言传播套路，普及信息来源识别技巧。例如，针对"扫码领劳动补贴"的谣言，栏目组联合公安部门制作反诈动画，直观展示虚假链接的识别方法，视频获赞超 50 万次。此类内容不仅帮助公众掌握"核实信息出处""交叉验证消息"等实用技能，还通过情感解读引导公众理性看待热点事件，避免被情绪化传播误导。

（三）利用大数据与人工智能技术进行舆情监控和预测

在智能传播背景下，舆论的变化非常快速且难以预测。因此，建立一个高效的实时舆情监测系统显得尤为重要。利用大数据分析技术，可以对社交媒体、新闻网站等平台上的信息进行实时监控，跟踪舆论的动向，及时发现舆情热点和风险事件。纵览传媒依托前沿技术驱动内容生产创新，深度挖掘数据要素价值，构建智能算法模型并采用创新技术手段，为舆情监测、预警及响应机制提供技术支撑，为相关部门提供决策依据。在智能传播背景下，舆论的引导需要更加精确和个性化。政府和相关机构可以利用 AI 技术制定智能化的舆论引导策略。例如，通过智能推荐系统，根据用户的兴趣和关注点推送正面信息，强化社会主流价值观的传播。同时，利用算法模型对负面

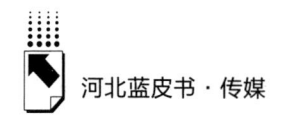

信息进行有效识别和处理，避免其过度传播。这样既能够引导健康舆论，也能够有效遏制虚假信息和极端言论的蔓延。

（四）提升智能传播中主流媒体的舆论引导力和影响力

随着智能传播技术的发展，社交媒体和其他新兴平台的快速崛起，传统主流媒体的舆论引导力面临前所未有的挑战。但是，主流媒体在舆论引导中仍扮演着核心角色，其影响力不容忽视。智能传播给主流媒体带来了新机遇，主流媒体要强化内容质量、深化报道层次，以提升权威性和公信力。在信息过载与舆论分化的大背景下，主流媒体需要增强引导力与影响力。为了满足受众需求，主流媒体应利用智能传播技术创新内容形式，通过社交媒体和短视频平台，使信息更有效地触达各类受众。智能传播时代，主流媒体不仅是信息传播源，还是舆论互动平台，通过社交平台实时互动，加强与公众的联结与信任，精准把握舆论动态，避免信息误导。河北日报报业集团着力打造全新传媒旗舰"纵览传媒"，推出了"我们村的'第一个'"融媒体系列报道，通过深度挖掘河北省75个典型农村的"首创故事"，以"1+1+N"（1个主视频+1个主稿+N个配稿）模式全景展现乡村振兴的生动实践。该系列报道以人物故事为主线，通过全媒体全链路运营，获60余家中央及省级媒体转发，全网相关报道达1400余条，阅读量突破3000万次，多个话题登上热榜。通过深度融合技术、内容与渠道，主流媒体不仅能巩固舆论引导力，还能在多元舆论场中重塑"权威信息源"的核心地位，为社会发展提供思想动力与价值引领。

结 语

本文通过分析智能传播的特点和舆论形成的机制，探讨了智能传播背景下的舆论风险以及防范路径。在智能传播不断发展的背景下，信息的传播速度和传播渠道发生了深刻变化，舆论形成机制也随之发生了变化。智能传播虽然在信息的广泛传播和公众参与方面发挥了积极作用，但也带来了虚假信息、极端舆论、信息过载等一系列风险。河北省积极探索智能技术与舆论引导及风险管理的深度融合，通过建立完善的信息审核机制、提升公众媒介素养和加强舆情监控与引导，能够有效防范舆论风险，维护健康的信息传播环境。

参考文献

陈雨：《智能传播时代网络舆论生成逻辑、演变特征及引导策略》，《传媒论坛》2024年第16期。

方兴东、钟祥铭：《智能媒体和智能传播概念辨析——路径依赖和技术迷思双重困境下的传播学范式转变》，《现代出版》2022年第3期。

高山冰、汪婧：《智能传播时代社交机器人的兴起、挑战与反思》，《现代传播（中国传媒大学学报）》2020年第11期。

管琼：《新媒体时代舆论引导面临的挑战与对策》，《记者摇篮》2021年第10期。

匡文波：《论新媒体舆论的生命周期理论模型》，《杭州师范大学学报》（社会科学版）2014年第2期。

林凌：《智能网络舆论传播机制及引导策略》，《当代传播》2019年第6期。

苏宏元：《5G时代舆论生态变化与舆论引导新范式》，《人民论坛》2020年第27期。

苏宏元、王月琳：《智能传播时代网络舆论生态变化及其治理》，《中国编辑》2022年第12期。

于滈：《浅谈自媒体舆论监督存在的问题及改善》，《新闻文化建设》2021年第16期。

赵前卫：《智能时代移动舆论场的传播特点与舆论引导》，《青年记者》2022年第3期。

B.8
河北省主流媒体时政新闻短视频传播研究

高春梅 韩春秒*

摘　要： 融媒体时代，短视频成为主流媒体时政新闻报道的重要形式。河北省各级主流媒体积极探索时政新闻短视频传播，初步形成"省级媒体引领、市级媒体协同、县级媒体参与"的时政新闻短视频传播格局，内容以动态新闻为主，主题宣传、政策解读并重，形式多样，传播渠道多元、以商业化平台为主。时政新闻短视频传播呈现报道快捷高效、情绪感染力强、宏大主题具象化呈现、政策解读更接地气、传播效果更为显著等特点。同时，河北省主流媒体时政新闻短视频传播存在内容质量不一，短视频精品欠缺，呈现形式模式化，易产生审美疲劳，社交互动不足，传播力有限等问题。未来，河北省主流媒体要进一步做优短视频内容，打造时政新闻短视频精品，做活短视频表达形式，灵活多样表达时政内涵，重视短视频的社交属性，激发用户参与时政新闻传播的热情，使时政新闻报道更加入脑入心。

关键词： 主流媒体　时政新闻　短视频　河北省

时政新闻是各级党委、政府发布政策动态的重要渠道，也是公众获知国家及地方方针政策的重要途径。做好时政新闻报道是贯彻落实各级党委、政府路线方针政策的需要，对凝聚社会共识、增进国家认同具有重要的意义和

---

* 高春梅，廊坊师范学院传媒学院讲师，主要研究方向为网络与新媒体、媒体融合；韩春秒，河北省社会科学院新闻与传播学研究所副所长、副研究员，主要研究方向为城乡传播、自媒体等。

价值。时政新闻历来是主流媒体新闻报道的重中之重，也是主流媒体彰显权威性、发挥引导力的重要方式。融媒体时代，如何创新时政新闻报道的传播形态和内容表达，是主流媒体面临的重要课题。

当前，用户信息获取呈现移动化、视频化、社交化的特征，短视频成为用户获取信息的重要途径。第55次《中国互联网络发展状况统计报告》显示，截至2024年12月，我国短视频用户规模接近10.4亿人，占网民总数的93.8%。[1]研究表明，我国网络新闻用户中通过短视频平台获取新闻的占网络新闻用户整体的74.4%，短视频平台超过微信、新闻客户端、新闻网站、生活资讯平台及微博，成为我国网络新闻用户最主要的新闻获取渠道。[2]主流媒体积极探索利用短视频创新时政新闻报道，努力实现时政新闻的破圈传播，以更好地传播党和政府的理论和政策主张、反映群众呼声、凝聚社会共识，为中国特色社会主义建设营造良好的舆论氛围。

一 时政新闻短视频的内涵及发展历程

近年来，随着信息传播技术的快速发展及短视频平台的快速崛起，时政新闻短视频从无到有，成为主流媒体时政新闻报道的重要形态。

（一）时政新闻短视频的内涵

目前，学界和业界对于"短视频"的概念界定并未形成统一的观点。易观智库在《中国短视频市场专题研究报告2016》中将短视频定义为"视频长度不超过20分钟，通过短视频平台拍摄、编辑、上传、播放、分享、互动的，视频形态涵盖纪录短片、DV短片、视频剪辑、微电影、广告片段等的视频短片的统称"[3]。也有研究者将其定义为，以智能手机为平台，时

---

[1] 《第55次〈中国互联网络发展状况统计报告〉》，中国互联网络信息中心网站，2025年1月17日，https://www.cnnic.net.cn/n4/2025/0117/c88-11229.html。
[2] 李天然：《我国网民新闻获取渠道现状调查》，《青年记者》2024年第12期。
[3] 《中国短视频市场专题研究报告2016》，易观智库网站，2016年7月1日，https://www.analysys.cn/article/detail/1000134。

长在5分钟以内，具备制作周期短、内容广泛、原创度高、参与度高、形式自由灵活等特点的视频表现形式。① 第30届和第31届中国新闻奖融合新闻奖的评选规则把短视频新闻分为短视频现场新闻和短视频专题新闻，前者时长不超过3分钟，后者时长不超过8分钟。可见，时长较短是短视频的突出特点之一，但目前业界对短视频的时长观点不一。作为一种新兴的媒体形式，短视频还具有制作简便、传播迅速、内容精炼、交互性强等特点。近年来，越来越多的主流媒体将短视频这一媒介形式运用于时政新闻报道中。时政新闻短视频是指以国家政治生活中新近或正在发生的、涉及全局性的政治、经济、社会生活领域的重大事件或重要问题为报道对象，以智能终端设备为主要传播平台，时长不超过8分钟的视频。时政新闻短视频已成为主流媒体新闻报道的重要形态之一。

（二）时政新闻短视频的发展历程

2014年底，新华社推出短视频新闻应用"新华15秒"，新闻主流媒体开始涉足短视频，利用短视频这一媒介形式传播时政新闻。在2015年全国两会期间，中央级媒体积极尝试采用短视频传播两会新闻。例如，央视新闻推出"V观两会"微视频报道，对拍摄的两会视频进行精剪，推出600多条独家报道；人民网推出"民声舆情"这一短视频栏目，每期节目3分钟，解读两会舆情热点；新华网则推出"微视评两会特刊"。这些视频短小精悍，围绕两会热点问题及关键词进行解读，深受用户欢迎。2016年，北京广播电视台推出"北京时间"视频客户端，新京报推出视频新闻项目"我们视频"。2017年，短视频爆发式增长，浙江日报报业集团推出"浙视频"，在进行视频直播的同时围绕时政新闻推出短视频报道。

随着抖音、快手等短视频平台的快速崛起，2017年主流媒体开始入驻短视频平台。以抖音平台为例，2017年3月媒体开始入驻抖音平台以来，媒体抖音号的数量一直保持着稳健的增长速度。2018年，抖音平台经过认

---

① 杨嘉崛：《我国短视频新闻的发展与传播研究》，四川大学出版社，2019，第2页。

证的媒体账号已超过 1340 个。① 从中央级媒体最先涉足时政新闻短视频，到省级媒体快速跟进，再到地市级媒体的跟进和县级融媒体中心的成立，越来越多的主流媒体开始借助短视频这一媒介形式进行时政新闻报道。2019 年，各级各类媒体共创建 1651 个媒体抖音号，省级、地市级、县级媒体成为全年新增媒体抖音号的三大类型，新闻时政类内容占比超三成，所有类型的媒体都对新闻时政类内容最为关注②；2020 年，媒体机构认证抖音号较 2019 年增长 71%③。根据 CTR 唯尖系统监测数据，截至 2024 年 6 月底，45 家主流媒体机构（8 家央媒和 37 家省级广电机构）在抖音、快手平台共有 743 个粉丝量百万级以上的活跃账号，其中有 98 个为粉丝量千万级以上账号。④ 时政新闻是主流媒体短视频账号传播的内容类型之一。

2018 年，第 28 届中国新闻奖增设媒体融合奖项，短视频新闻是媒体融合奖项的重要类型。近年来，随着技术的发展、平台的演进及政策的推动，时政新闻短视频成为主流媒体时政新闻报道的重要形态。

二 河北省主流媒体时政新闻短视频传播的现状及特点

河北省主流媒体积极顺应视频化发展趋势，在时政新闻短视频领域进行了深入探索，从省级媒体的创新引领到市县级媒体的协同跟进，河北省已初步构建多层次、立体化的时政新闻短视频传播体系。后文将从传播主体、传播内容、传播平台等维度，梳理河北省时政新闻短视频传播的整体图景，呈现主流媒体时政新闻短视频传播的特点。

---

① 林功成、张志安、郑亦楠：《媒体抖音号的现状、特征和发展策略》，《新闻与写作》2019 年第 3 期。
② 《2019 中国媒体抖音号年度发展报告》，流媒体网，2020 年 12 月 11 日，https：//lmtw.com/mzw/content/detail/id/195551。
③ 《2020 年中国媒体抖音发展年度报告》，微博，2021 年 9 月 2 日 https：//weibo.com/ttarticle/p/show? id=2309634676897622851921。
④ 《2024 年上半年主流媒体网络传播力榜单及解读》，"媒介杂志"微信公众号，2024 年 8 月 2 日，https：//mp.weixin.qq.com/s/LWhxdZPP57ZaAyWAh1aN_A。

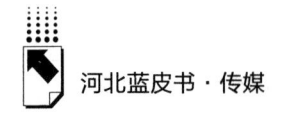

（一）河北省主流媒体时政新闻短视频传播的现状

1.传播主体：省级媒体主导、市县级媒体协同参与，构建多层次传播体系

河北省各级主流媒体积极探索时政新闻短视频传播，初步形成"省级媒体引领、市级媒体协同、县级媒体参与"的时政新闻短视频传播格局。

首先，省级主流媒体高度重视、积极探索并引领时政新闻短视频的生产与传播。在全国两会、党的二十届三中全会、京津冀协同发展十周年、雄安新区设立七周年等重大时政报道及主题宣传报道中，省级主流媒体积极运用短视频这一传播形态，推出时政新闻短视频产品，短视频已经成为河北省省级主流媒体重大时政报道及主题宣传的标配。以2024年全国两会报道为例，河北日报报业集团推出系列短视频"代表委员请留步"，该系列短视频以竖屏形式呈现，配合个性化背景音乐和灵活的剪辑风格，拉近了代表委员与年轻人的距离；河北广播电视台推出短视频《两会提案｜漫说》《AI听两会 听会了这些"会"！》等，用新奇的视觉体验带动两会信息的广泛传播；长城新媒体集团推出系列短视频"全国两会·一问到底"，从细微之处展现2024年全国两会民生新图景，联合全省县级融媒体中心推出"新'县'象·超有料"系列融媒报道，用短视频的形式展现乡村振兴中的青春力量。与此同时，河北省主流媒体积极打造时政新闻短视频栏目，进行常态化时政新闻短视频生产。2022年，长城新媒体集团推出竖屏短视频日播栏目"百姓看联播"，借助短视频的形式对每天的《河北新闻联播》进行通俗化解读。2023年末，河北日报报业集团推出融合性栏目"百姓看日报"，该栏目采用"短视频+条漫"的形式，从时政新闻中选取百姓关注的内容，以出镜记者轻松"唠嗑"的方式进行解读，使时政新闻内容更加生动易懂。除此之外，河北日报报业集团、河北广播电视台、长城新媒体集团等省级主流媒体注重在日常新闻报道中使用短视频，短视频成为常态化传播方式。

其次，各地市级媒体协同，实现时政新闻短视频报道本土化。河北省11个地级市的报社和广播电视台在转发省级主流媒体短视频报道的同时，立足本地时政新闻，开展时政新闻的短视频传播。"石家庄日报"客户端在石家庄市第十一次党代会召开三周年之际，推出特别策划系列短视频"瞰·城"，用俯瞰视角从全域回顾展现城市代表性变化；为加强国际传播，石家庄日报社策划推出"留学'石'光"系列短视频，以河北留学生的视角，借西方与东方的思想交流、碰撞，来记录石家庄的发展；2024年，"石家庄日报"客户端共发布原创短视频约2000条；石家庄新闻网推出25期系列融媒新闻短视频"奋进中的石家庄"，探访"6+2+2"城市更新项目，总阅读量超3000万次，取得了良好的传播效果。邢台日报社围绕重大时政及邢台市重点工作制作短视频，2024年全国两会期间，邢台日报社推出"全国两会邢台好声音"系列短视频，呈现参加全国两会的邢台市人大代表的议案，吸引公众关注全国两会；围绕产业集群发展、市容市貌整治等重点工作，推出"产业集群大家谈""小编在现场 市容市貌整治提升进行时""中心城区这一年"等系列短视频，通过访谈、"记者出镜+实地探访"等形式，呈现邢台市经济社会发展；邢台日报社推出短视频栏目"小编带你读日报"，用通俗易懂的方式解读本地时政。省内其他地级市的主流媒体均在转发省级媒体及中央级媒体时政新闻短视频的同时，围绕河北省重大决策部署，从本地经济社会发展出发，制作时政新闻短视频。

最后，县级融媒体中心作为全媒体传播体系的基础，积极参与时政新闻短视频传播。2024年全国两会期间，长城新媒体集团联合全省县级融媒体中心，统一策划推出"新'县'象·超有料"系列融媒报道，聚焦河北各地返乡创业的青年群体，邀请"田园创客""农村网红""'Z世代'村支书""乡村'守'艺人"等各县的家乡"新"人出镜，记录返乡"后浪"在家乡发展中的新作为和政策支持，推出系列短视频，展现乡村振兴中的青春力量和成果。井陉县融媒体中心、曲周县融媒体中心、怀来县融媒体中心、沙河市融媒体中心、香河县融媒体中心、张北县融媒体中心等多家县级融媒体中心参与其中。除了参与省级媒体策划的报道之外，县级融媒体中心围绕县域政治经济社会发展，推出一些短视频产品。

2.传播内容：以动态新闻为主，主题宣传、政策解读并重

从传播内容上看，河北省主流媒体时政新闻短视频主要涉及理论传播、

主题宣传、时政事件报道、时事解读评论等类型。根据传播内容，河北省时政新闻短视频大致可以分为三类。一是动态类短视频，这类短视频突出"新"和"快"，多采用精剪现场长视频、长视频拆条，或"原声画面/资料图片+字幕突出重点+背景音乐烘托氛围"，或记者现场出镜的方式，以最快的速度传播时政动态。这类短视频由于制作相对简便、时效性强，在时政新闻报道中居多。二是主题宣传类短视频，这类短视频主要围绕宣传工作重点展开，更加注重创意策划，这类短视频突出"精"和"情"，注重精心策划，小切口切入，或采用故事化的形式，以情感人，将重大主题浓缩在短短几分钟的视频里，让用户从中感受到短视频所传递的宏大意涵。三是时政解读评论类短视频，这类短视频主要围绕时政新闻事件展开，解读和点评时事政策，这类短视频更加突出"场景化""平民化"，通过场景化叙事和平民化视角，往往以第一人称叙事，将严肃的时事政策与百姓日常生活相联系，使时政新闻更加入脑入心，如"百姓看联播""百姓看日报""小编带你读日报"等时政新闻短视频栏目均以记者出镜的方式，采用平民化视角，对当前发生的热点事件及时事政策进行通俗化解读。

河北省主流媒体时政新闻短视频形式多样，既有短视频新闻、微纪录片，也有Vlog新闻、动画新闻等。时政新闻短视频有竖屏短视频和横屏短视频两种：横屏短视频视角更为开阔，画面层次感更强，情绪表达更为丰富，更多用于主题宣传类短视频等复杂内容的呈现；竖屏短视频更能够满足移动端观看需求，由于屏幕宽度的制约，影像本身更加适合相对简约的内容呈现，更多使用中心聚焦式镜头，对字幕、原声或背景音乐的要求更高，更多应用于动态类短视频、时政解读评论类短视频。

河北省省级主流媒体还将AI技术运用到短视频生产中，提高短视频生产效率，创新视觉体验。新中国成立75周年之际，长城新媒体集团推出AI视频《没有共产党就没有新中国》，用AI视频回顾峥嵘岁月，看新中国的沧桑巨变。2024年全国两会期间，河北广播电视台利用AI生成技术，制作竖屏短视频《AI听两会 听会了这些"会"!》《两会提案 | 漫说》，打破了传统视频的生产模式，以"科技+创意"赋能主旋律新表达，带给网友更加

新奇的观看体验，竖屏短视频《"新质生产力"&"职业教育"AI机器人替你提问啦！#代表委员开麦啦#》《AI+养老，会"预"见怎样的未来？#代表委员开麦啦#》等，将AI提问与全国政协委员回答、AI生成视频与真实采访画面穿插呈现，给网友带来全新的视听体验。2024年末2025年初，河北日报报业集团推出《AI视频｜2024，致敬河北力量》，展现河北省2024年经济社会发展取得的成就。

3. 传播平台：传播平台多元，以商业化平台为主

从传播平台上看，河北省主流媒体时政新闻短视频借助自有客户端以及抖音、快手、微信视频号等商业化平台传播，传播平台较为多元。

河北省3家省级主流媒体及11家地市级主流媒体均在抖音、快手、微信视频号等平台开通账号，成为河北省主流媒体时政新闻短视频的重要传播平台。截至2024年底，"河北日报"抖音号粉丝量突破490万人，获赞2.9亿次。河北广播电视台"冀时"抖音号粉丝量超过840万人，获赞近6500万次。"长城新媒体"抖音号粉丝量突破840万人，总浏览量超800亿次，获赞超9亿次。地市级媒体也均在抖音等短视频平台开通账号。"石家庄日报"抖音号粉丝量47万人，获赞2800多万次。张家口日报抖音号"河山新闻"粉丝量超200万人，获赞超7500万次，"沧州日报"抖音号获赞超2000万次。

除了商业化平台之外，自有客户端也是河北省主流媒体时政新闻短视频的传播平台之一。"河北日报"客户端设有"视觉"栏目，汇集原创图片及视频内容，包括原创时政新闻短视频。"冀时"客户端在首页底部菜单栏设置"短视频"板块，发布河北广播电视台制作的短视频产品，其中时政新闻短视频是该板块的重要内容。长城新媒体集团非常重视时政新闻短视频的生产与传播，"冀云"客户端"视频"频道汇聚了长城新媒体集团原创的短视频内容。除了省级主流媒体之外，地市级主流媒体自有客户端也均设有"视频""视觉""短视频"等板块或频道，发布央媒、省级媒体及媒体自身原创的短视频产品。但从总体上看，短视频尚未成为自有客户端的主要传播形态，时政新闻短视频产品数量在自有客户端的占比不高，往往被"淹

没"在大量其他内容产品之中,加上自有客户端活跃用户数量的限制,大部分时政新闻短视频在自有客户端特别是市级、县级媒体客户端的传播力有限,商业化平台仍然是河北省时政新闻短视频的重要传播平台。

(二)河北省主流媒体时政新闻短视频传播的特点

基于短视频的制作门槛低、碎片化传播、视听沉浸性、社交化传播等特点,主流媒体时政新闻短视频传播呈现不同于其他媒介形式的特征,使其能更好地契合用户的信息获取习惯与偏好,增强传播效果。

1. 便捷化制作,报道快捷高效

基于移动智能终端的短视频具有操作便捷、内容制作简单的特点,对于实时发生的时政新闻,采编人员借助智能手机即可完成现场视频录制、剪辑、配乐、发布,实现随拍随发。河北省主流媒体大多以"现场画面/视频+文字+配乐"方式,第一时间发布动态新闻短视频,使时政新闻的传播更加便捷高效、渗透性强。

2. 视听化呈现,情绪感染力强

短视频作为视听媒介的一种,除了具有一般视听媒介所具备的直观、清晰、易懂等特性之外,还融合文字、图片、视频、音频等多种元素,注重通过画面的色彩、构图、景别、剪辑,字幕呈现,声音的频率、节奏以及背景音乐等,发挥各种元素的优势,打造丰富立体的传播效果,刺激用户感官。例如,在竖屏短视频中,短视频新闻在现场视频呈现上舍弃完整的叙事,直接将新闻最核心的元素提炼给受众,且画面更加注重对人物近景和特写的呈现,有助于使观众直击新闻现场,强化了时政新闻报道的感染力;在字幕呈现上,时政新闻短视频通过放大关键字、用醒目颜色凸显、花式字幕等方式,提示短视频内容所要传达的关键信息,对内容进行清晰的阐释,增加短视频的信息量;在声音呈现上,除现场同期声或主播同期声之外,还会根据短视频内容匹配背景音乐,烘托现场氛围,有的甚至以音乐代替解说词,起到声画合一、深化报道主题的作用。

3. 小切口切入，宏大主题具象化呈现

短视频体量小，要想在短时间内完成叙事，就需要从微小的故事或细节入手，用简洁的结构、轻松的语言和好看的画面进行呈现。这就要求在时政新闻短视频制作时，要注重从小切口切入，将宏大主题具象化，让短视频更有趣味性和可看性。主流媒体在时政新闻短视频制作时注重从微观视角切入，通过真实、日常的故事和细节来呈现宏大主题。例如，2024廊坊经洽会的报道中，河北日报报业集团"15秒看河北"栏目推出系列短视频，分别为《机器人曼舞迎嘉宾》《京津冀首飞，飞行汽车来了》《特色商品多，老外来"练摊"》，这组系列短视频跳出原有大场面、大景别的惯性思维，把镜头从"景"移到"人"和"事"身上，小切口、小故事反映大主题、大背景，取得了良好的传播效果。

4. 平民化视角，政策解读更接地气

传统的时政新闻报道常常以严肃、正式的方式呈现，很难吸引公众关注，影响时政新闻的传播效果和政策的深入人心。短视频作为主要在移动终端传播的媒介形态，其传播具有个性化和私密性的特点，严肃枯燥的内容难以吸引用户的关注和转发。一些主流媒体打破了传统时政新闻报道的单一模式，在时政新闻短视频中采用平民化视角进行场景化、故事化表达，使时政新闻更具亲和力、政策解读更加接地气。长城新媒体集团推出的时政新闻短视频栏目"百姓看联播"、河北日报报业集团推出的"百姓看日报"，均从平民化视角出发，采用场景化、故事化表达，如《养老？来个互助式》《治沙？可以相信光》等均从老百姓的日常生活入手，解读相应的政策及生态治理新模式，将时事及政策与百姓生活紧密相连。

5. 移动化、社交化传播，传播效果更为显著

短视频主要基于移动平台发布，用户可通过移动端对短视频内容进行转发、评论和点赞，用户不仅是短视频的消费者，还是短视频的生产者和传播者。这使时政新闻报道由单向传播转变成交互式、社交化传播，用户可以通过评论、点赞等方式进行互动，用户参与传播过程、进行转发成为时政新闻短视频传播的重要推动力。移动化、社交化传播为时政新闻短视频增强传播

力提供了机遇。截至2024年底，长城新媒体集团"百姓看联播"在抖音平台播放量近1亿次。

三 河北省主流媒体时政新闻短视频传播存在的问题

近年来，短视频为河北省主流媒体时政新闻的传播开辟了新路径，创新了河北省主流媒体时政新闻报道的方式方法，增强了时政新闻报道的传播力、吸引力、感染力和影响力。与此同时，河北省主流媒体时政新闻短视频传播存在一些问题，主要表现在以下几个方面。

（一）内容质量不一，短视频精品欠缺

首先，从内容生产数量来看，部分市级及县级融媒体中心时政新闻短视频原创能力不足，主要转发省级媒体及国内其他媒体生产的短视频，时政新闻报道的本土化特征不明显，影响了公众对本地时事信息的及时获取。其次，从内容生产质量来看，内容生产比较粗放，以动态类短视频为主，主题宣传类短视频和时政解读评论类短视频数量相对较少且精品不足，像"百姓看联播"这样有影响力的时政新闻短视频栏目较少，特别是主流媒体因严谨性、严肃性而在时政新闻报道中存在模式化叙事的倾向，无法与短视频生动、活泼、富有创意的个性化话语相契合。虽然一些省级媒体创新报道模式，在时政新闻短视频生产中注重以小切口反映大主题，将宏大叙事融入个体化叙事，以平民化视角、场景化叙事化解时政内容的严肃枯燥，以视听语言增强时政内容的情绪感染力，涌现出一些传播力、影响力强的时政新闻短视频精品报道及精品栏目，但从总体来看，一些媒体的时政新闻短视频生产未能抓住短视频的特点，没有从用户需求入手，创新报道语态、叙事方式，短视频内容毫无新意，影响了时政新闻的传播效果。

（二）呈现形式模式化，易产生审美疲劳

虽然Vlog、微纪录片、动画等表现形式及AI技术均在时政新闻短视频

生产中有所应用，但从总体来看，当前河北省主流媒体时政新闻短视频生产存在模式化的现象，特别是动态类短视频的生产。这类短视频的生产主要有两种方式，一是现场画面或图片配上文字及背景音乐，二是长视频拆条。当前，随着AI在新闻生产中的应用，长视频拆条非常便捷，将长视频拆条进行传播，虽然在视频时长上符合短视频简短的特点，但并不符合短视频传播的规律，无法满足用户移动端信息获取的需求，导致传播效果欠佳。现场画面配上文字及背景音乐是动态类短视频的主要形态，这类短视频采用竖屏方式，能够更好地满足用户碎片化、移动化的信息获取需求，但在制作中模式化、套路化现象严重，背景音乐、剪辑手法、叙事节奏千篇一律，导致用户出现审美疲劳，还有一些媒体在制作这类短视频时，对于文字和音乐把握不当，存在文字过多、过于密集，背景音乐和内容调性不符等问题，影响时政新闻的传播效果。

（三）社交互动不足，传播力有限

互动性和社交化传播是短视频区别于其他视频形态的重要特征。增强与用户互动是提升时政新闻短视频传播力的关键。一些中央级媒体尝试通过设置互动话题、组织线上线下活动等方式，激发用户参与热情，提升传播效果。例如，在庆祝改革开放40周年时，央视新闻联合快手等平台发起"我的选择我的路"话题，超过2.8亿名用户参与该话题的讨论，征集用户作品数达1350件，播放量/阅读量累计超过54亿次，这种高参与度极大地扩大和提升了传播的覆盖面与影响力，提高了用户对主流媒体时政新闻短视频的接受度。相比之下，河北省主流媒体在时政新闻短视频传播中与用户的互动相对较少，还存在自说自话的现象，很多地市级媒体及县级媒体的时政新闻短视频流量数据少、引领能力差，在社交平台上的"转评赞"数量较少，传播力、影响力有限。

四 河北省主流媒体时政新闻短视频传播的优化策略

融媒体时代，河北省主流媒体需要牢牢树立"以人民为中心"的报道理念，从百姓生活入手，遵循短视频移动化、个性化、社交化的传播规律，将时政新闻短视频做精、做活，用短视频实现"硬新闻"的"软表达"及破圈传播，以便更好地传播党政民声、凝聚社会共识。

（一）做优短视频内容，打造时政新闻短视频精品

对于新闻传播而言，优质内容永远是硬通货，河北省主流媒体借助短视频传播时政新闻，要在内容上下功夫，重视短视频内容的生产，增强原创时政新闻短视频的生产能力，遵循短视频传播规律，打造时政新闻短视频精品报道及精品栏目。

一是小切口切入，场景化叙事，化"硬"为"软"。短视频在内容表达方面同长视频存在较大差异，时政新闻短视频要想在15秒内"抓住"用户，就要"以小见大"，将宏大的主题浓缩在具有代表性的"小事件"上，通过鲜活的真实素材表现出来。另外，要用场景化叙事灵活、亲民地传递政策信息和政务内容。

二是情感化叙事，引发情感共鸣。一方面，将个人情感化叙事融入宏大政治叙事，削弱时政新闻的疏离感，如中央广播电视总台推出的"大国外交最前线""主播说联播"等时政新闻短视频栏目，采用主持人第一人称的视角，具有个性化、人情味儿的语言报道时政要闻、解读时事热点，取得了良好的传播效果，成为时政短视频精品栏目。另一方面，由描述用户行为模式的 SIPS（S，即 Sympathize，共鸣；I，即 Identify，确认；P，即 Participate，参与；S，即 Share&Spread，分享扩散）模型可知，情感共鸣是用户对产品进行分享扩散的前提，因此，时政新闻短视频在传播时政信息的同时，要积极挖掘并放大时政新闻中的情感因素，并注重通过精选题材、具有视觉冲击力的画面及有感染力的背景音乐引发用户情感共鸣。

三是立意精巧，突出短而精。时政新闻短视频要想在短短几分钟内展现大主题，就需要立意精巧，做到选材精、视频精、文本精。首先，要精选最能阐释主题的真实素材，尽量用精炼、坚实的素材在短时间内增加信息量；其次，要精选最具现场感和冲击力的视频画面；最后，在尽量压缩文本长度

的同时，提炼易于传播的"金句"，增加信息承载量。例如，人民日报社推出的《中国共产党百年述职报告》，将党漫长的百年奋斗历程浓缩在仅有968个字、时长不足5分钟的短视频中，成功实现时政内容的破圈传播。

（二）做活短视频表达形式，灵活多样表达时政内涵

当前，河北省主流媒体在时政新闻报道中虽然涌现出一些Vlog、微纪录片、动画等短视频表现形式，但从总体来看这些创新性表达还是以省级媒体为主，并未在河北省主流媒体时政新闻报道中得到广泛应用，"视频/图片+字幕+背景音乐"依然是河北省主流媒体时政新闻短视频的主要呈现形式。主流媒体在时政新闻报道中还需要进一步开阔思维，创新时政新闻短视频的表达形式。例如，更多地使用Vlog拉近与用户的距离，增强时政新闻的现场感和体验感；在重大主题宣传中更多地采用微纪录片的方式彰显时政主题、展现时代变迁；采用动画、VR/AR等技术增强政策解读的趣味性、现场感和沉浸感。此外，还可以采用MV、微电影等方式，不断创新产品形态，灵活多样表达时政内涵。

需要注意的是，对于时政新闻短视频的传播而言，"守正"是创新的前提，无论形式如何创新，短视频的立意永远是第一位的，河北省主流媒体不能盲目地去追求形式创新而忽略了时政内涵，既要使时政新闻报道获得大流量，又不能抱着制造爆点的心态去制作时政新闻短视频。在时政新闻短视频的生产过程中，河北省主流媒体既要勇于创新，积极利用新技术创新表达形式，也要避免陷入博人眼球的怪圈之中。

（三）重视短视频的社交属性，激发用户参与时政新闻传播的热情

短视频具有极强的社交属性，这是短视频能够吸引用户的重要因素之一。河北省主流媒体在时政新闻短视频传播中应充分利用短视频的这一属性，在短视频中嵌入社交元素，如提出引人深思的问题、组织线上社交活动等，提升用户体验，增强用户黏性。

短视频平台本身具有开放性、草根性、原发性等特征，为大众提供了信

息发布和展示的平台。时政新闻报道的主体不应局限于新闻从业者，广大人民群众的衣食住行、生活变迁无不是"时政"的体现。2024年12月，围绕乡村治理和乡村振兴，新华社新媒体中心、新华社新闻信息中心发起"咱们村里的新鲜事"抖音短视频征集活动，邀请网友拍摄记录现代乡村治理的创意短视频，优秀作品在"新华社"客户端、"新华社"抖音号、"新华社"头条号等平台展示推送。河北省主流媒体在进行时政新闻报道时，应拓宽思路，充分调动人民群众的力量，引导用户从简单的"转评赞"向深度参与内容创作转变，将用户从时政新闻的消费者转变为素材贡献者和传播者。2024年12月，为深入推进"双争"活动，反映河北的新变化、新气象，河北广播电视台开展"'双争'有我 点赞家乡"短视频征集活动，围绕河北产业发展、城市建设、文化建设、基础设施建设、乡村全面振兴、生态建设等方面，邀请网友以小切口讲述大主题，用小故事展现新风尚、传递正能量。河北省各级主流媒体可围绕党委、政府宣传重点，面向用户征集与时政主题相关的短视频，鼓励用户记录并分享自己身边与时政相关的点滴，可直接在短视频平台推送，或经筛选、整合及再创作后形成更具生活气息的时政新闻短视频。

除此之外，还可以利用大数据、AI等技术，及时分析用户反馈，并根据用户的兴趣点和关注点实时调整短视频的选题、风格以及推送策略，让时政新闻真正成为用户想看、爱看、主动参与传播的内容。长城新媒体集团推出的原创时政新闻短视频栏目"百姓看联播"在全省征集1000多名网友组成"千人点题点评团"，由网友点题，就短视频内容生产征集网友意见，发布后基于网友反馈进行改进，对提升内容质量、增强用户黏性发挥了重要作用。

参考文献

陈然：《传统媒体时政短视频的发展现状与优化路径》，《传媒》2019年第6期。

黄雯、许国玮：《时政新闻的年轻态表达——中央广播电视总台新闻类短视频节目的创新实践》，《电视研究》2024 年第 8 期。

李舒、孙小咪：《时政微视频：媒体政治传播的新探索》，《电视研究》2017 年第 10 期。

汪文斌：《以短见长——国内短视频发展现状及趋势分析》，《电视研究》2017 年第 5 期。

王雅琴：《微视频时政新闻传播转换和思考》，《中国出版》2018 年第 18 期。

王悦路：《提升时政新闻"亲和力" 创新融合传播新路径——长城新媒体集团〈百姓看联播〉节目的创新实践》，《传媒》2023 年第 24 期。

B.9 河北省主流媒体虚拟主播应用实践及创新发展研究*

沈 静 王奕然**

摘 要： 自2019年起，我国从国家层面推进主流媒体智能化发展，虚拟主播成为新闻传媒领域新兴力量。随着人工智能、计算机图形学等技术飞速发展，虚拟主播逐步走向现实应用，引领媒体行业向智能化、个性化方向发展，国内主流媒体纷纷布局虚拟主播领域。本文聚焦河北省主流媒体新闻报道中虚拟主播的应用现状与价值，分析其存在的问题，并基于国内主流媒体应用虚拟主播的经验及趋势，为河北省主流媒体提供对策建议。河北省主流媒体应借鉴成功案例，探索将虚拟主播广泛应用于新闻播报等节目生产，创新节目形态，提高制播效率和智能化水平，以期在新媒体竞争中占得先机。

关键词： 主流媒体 虚拟主播 人工智能 新闻生产 河北省

2019年，习近平总书记在讲话中指出，"从全球范围看，媒体智能化进入快速发展阶段。我们要增强紧迫感和使命感，推动关键核心技术自主创新不断实现突破，探索将人工智能运用在新闻采集、生产、分发、接收、反馈

---

* 本文为河北省高等学校人文社会科学研究项目青年拔尖人才项目"数智视听技术赋能优秀传统文化传播创新研究"（编号：BJ2025342）阶段性成果。
** 沈静，河北经贸大学新闻与文化传播学院副教授，主要研究方向为新闻史论、传媒经济与管理；王奕然，河北经贸大学新闻与文化传播学院研究生。

中，用主流价值导向驾驭'算法'，全面提高舆论引导能力"。[①] 国家广播电视总局2021年下发的《广播电视和网络视听"十四五"科技发展规划》要求，推动虚拟主播、动画手语广泛应用于新闻播报、天气预报、综艺科教等节目生产，创新节目形态，提高制播效率和智能化水平。这表明我国已经从国家层面推进主流媒体的智能化发展。

近年来，随着人工智能（AI）技术、计算机图形学以及实时渲染等技术的飞速发展，虚拟主播作为一种新兴的主播样态、新闻播发形态，甚至媒体形态，逐步从科幻概念走向现实应用，成为新闻传媒领域不可忽视的一股新兴力量。在国内，众多主流媒体敏锐地捕捉到了这一技术浪潮带来的机遇，纷纷布局虚拟主播领域，以期在新媒体竞争中占得先机。本文聚焦虚拟主播在河北省主流媒体新闻报道中的应用现状与价值，分析其面临的挑战，在当前国内主流媒体应用虚拟主播的经验及趋势的基础上，试图为河北省主流媒体运用虚拟主播赋能新闻报道，加快推进智能化发展提供对策建议。

一 河北省主流媒体中虚拟主播的应用现状

在智能技术进步与媒体创新的背景下，河北省主流媒体积极响应国家号召，依托技术合作与本地文化，开发了一系列虚拟主播。这些虚拟主播被广泛应用于新闻播报、文化旅游、公共服务等领域，以独特的魅力提升节目观看率与互动性，助力河北文化品牌的创新传播，为地方经济社会发展注入新活力。由于技术基础坚实、应用场景广泛，虚拟主播在河北省主流媒体的应用展现出强劲的创新力与影响力。

（一）技术：河北省主流媒体虚拟主播的发展基础

作为技术集合体的虚拟主播正逐步重塑河北省主流媒体生态。这一变革

[①] 《习近平：加快推动媒体融合发展　构建全媒体传播格局》，中国政府网，2019年3月15日，https://www.gov.cn/xinwen/2019-03/15/content_5374027.htm。

背后，与AI技术赋能下的虚拟角色设计与建模技术、动作捕捉与驱动技术、语音生成与语言处理技术、实时交互技术等关键技术密切相关，加上媒体与外部技术企业的紧密合作，共同推动了虚拟主播在河北省主流媒体中的广泛应用。

1. 外形的塑造：虚拟角色设计与建模技术

在虚拟主播角色设计层面，河北省主流媒体主要采用仿真人与卡通两种风格。仿真人虚拟主播的设计流程首先涉及三维扫描真人，然后利用3D建模与渲染软件，如Daz、Maya等构建头部、身体、手脚等部位的精细模型，并添加皮肤、毛发、衣物等真实质感的贴图和材质。

例如，河北广播电视台虚拟主播"冀小佳"的角色设计利用人脸建模技术，形成逼真的3D数智人形象。设计团队初期明确了卡通与写实两种风格，卡通风格采用Daz软件结合雕刻技术和虚幻引擎创作，写实风格则通过三维扫描获取面部模型，并在ZHrush中精细雕刻后导入数字人创建器生成完整的角色模型。此外，团队还设计了新闻主播李耀阳的数字形象及另外两个备选方案，并深入研究了面部表情数据库，实现了对不同风格角色的面部捕捉。邯郸日报社与杭州相芯科技合作打造的"小甘"则是另一款仿真人虚拟主播，原型为邯郸日报社融媒体中心实习生王梦寒，经过筛选、建模、动画制作等流程，"小甘"被赋予真人化的表情、语言与动作特征，并于2020年正式上岗。

2. 让拟真更逼真：动作捕捉与驱动技术

为了让虚拟主播更接近真人，使观众获得真实、自然的观看体验，河北省主流媒体虚拟主播设计中同样重视动作捕捉与驱动技术的应用。长城新媒体集团通过自主研发，在冀云·融媒体平台上创新动作捕捉技术，结合大数据、AI及机器语音合成，成功推出"冀小蓝"虚拟主播。近年来，"冀小蓝"历经全面技术升级，集成动作捕捉与面部识别技术，真人穿戴专业设备可操控其超过30个关节，并实现面部特征的精细控制，极大提升了逼真度与互动性。此外，针对多样化的应用场景，河北广播电视台为"冀小佳"等虚拟主播设计了两种驱动方式：一是基于动作捕捉的实时驱动，结合光学动作捕捉设备与惯性动作捕捉手套，采用 Live Link Face 技术处理面部表情；二是基于动作库的传统驱动，通过前期采集新闻播报常用动作构建数据库，线上发送稿件给真人"中之人"，快速匹配动作并同步配音完成制作。邯郸日报社打造的"小甘"则采用专业 Web 端编辑系统的方案。用户输入新闻文本，即可驱动虚拟主播以真人声音播报，唇型、面部表情等细节精准模拟真人。该系统能实现1:1高清视频生成，1分钟新闻播报视频仅需要1分钟渲染，确保对突发新闻的及时响应与播报。这些技术创新不仅展示了技术的成熟与稳定，还为虚拟主播的广泛应用奠定了坚实基础。

3. 情感化赋能：语音生成与语言处理技术

语音生成与语言处理技术不仅赋予了虚拟主播自然流畅的语音交互能力，还是虚拟主播与观众情感连接的桥梁。通过先进的波形建模方式，这些技术能够精确地模拟出与虚拟主播形象相匹配、极具个性化的语音音色，使虚拟主播在声音层面具备了与人类主播相似的情感表达能力。更重要的是，语言处理技术的运用让虚拟主播能够理解和分析用户的文本输入，并据此生成富有感情的个性化回复。这意味着虚拟主播不仅能够在技术层面实现智能对话，还能在情感层面与用户进行深度的互动交流。

首先，为虚拟主播建模生成合适的语音音色至关重要。AI 技术通过波形建模等方式，结合形象设计技术，推动虚拟主播向拟人化和高精度方向发展。例如，长城新媒体集团的"冀小青"和邯郸日报社的"小甘"，均基于真人音色建模，能够生成逼真、自然的语音，并根据不同场景进行声音选择。

其次，虚拟主播需要具备语音识别和自然语言处理能力。这依赖于自然语言处理技术，使虚拟主播能理解和分析用户文本，生成相应的回复，实现更自然、流畅的对话交流。河北广播电视台虚拟主播研发团队正整合微软的文本转语音技术、虚幻引擎和 ChatGPT 技术，探索数字角色的智能语音对话系统，实现高度仿真的 AI 人机对话交互。"冀小青"则在语音识别、语音合成等 AI 核心领域拥有领先的技术实力，并具有卓越的语音交互功能。此外，长城新媒体集团还为"冀小青"构建了个性化的知识库，使其在互动播报、实时讲解等广泛的应用场景中展现出卓越的性能与较强的适应性。

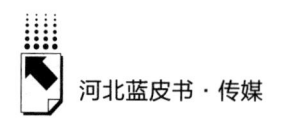

（二）置于何地：河北省主流媒体虚拟主播应用场景

河北省省级主流媒体目前已有5位虚拟主播投入使用，包括长城新媒体集团的"冀小青"与"冀小蓝"，前者依托前沿技术实现智能驱动新闻直播，后者利用AI等技术拥有强大的学习能力与知识储备；"冀时"平台的"超写实"、职业化虚拟主持人"冀小科"，以及河北广播电视台的"冀小佳"与新闻主播李耀阳的数字形象"李耀阳"。此外，河北广播电视台还有2位备用虚拟主播待启用。在市级层面，石家庄、邯郸等地也已开始应用布局虚拟主播。这些虚拟主播在新闻播报、节目主持、政策科普、公众服务、文化旅游宣传及品牌推广等应用场景中发挥着重要作用，展现了省级与市级主流媒体的创新实践。

1. "主阵地"：新闻播报与节目主持

虚拟主播的关键应用场景是新闻播报与节目主持，这一变革源自技术进步与用户需求的双重驱动。为顺应时代发展潮流，河北省主流媒体积极探索虚拟主播的创新应用，旨在提升新闻时效性与节目互动性，拓宽信息传播渠道。

河北广播电视台推出的3D数智人虚拟主播"冀小佳"，在新闻播报和视频播报中大放异彩。其拥有干练的职业形象，在"跟着鸟儿游河北"等特色节目中引领观众体验新奇的观鸟之旅，并在多个重要播报中展现广泛适用性。市级媒体亦不甘落后，廊坊广播电视台利用新华智云AI系统，推出虚拟主持人访谈短视频，展现AI在媒体创作中的巨大潜力。

在节目主持方面，"冀小佳"加入2024年河北少儿春节联欢晚会主持团队，与其他主持人默契互动，增添科技元素。长城新媒体集团的虚拟主播"冀小青"则在2023年全国消费促进月暨京津冀消费季河北分会场启动仪式上惊艳亮相，担纲开场主持，强化科技视觉效果。此外，"冀小蓝"与真人主播同台播报，赢得网络广泛好评。河北卫视《大汉中山》文博纪录片及"你早，河北"节目，也成功制作数字人播报样片，标志着河北在数字化内容创作上迈出重要一步。

2. 政策科普与公共服务

河北省政府部门与主流媒体紧密合作，积极探索虚拟主播在政策解读、知识普及、公共服务等领域的创新应用，旨在提升政策传播的精准度与公众服务的便捷性。借助先进技术，虚拟主播能精准满足公众需求，以生动有趣的方式传递政策信息，提高公众的参与度与满意度。

党的二十大期间，河北省主流媒体推出的特色虚拟主播备受瞩目，以及时、有力的内容传播和创意报道的形式赢得广泛认可，为大会报道增添科技色彩。长城新媒体集团的"冀小蓝"不断升级，从单独播报到与真人主播联合，再到推出"冀小青"，形象更真实、互动更自然。河北日报报业集团推出 AI 互动答题，河北广播电视台的"冀小科"则借助虚拟演播室技术提升制播效率。市级媒体如廊坊广播电视台，创作超 80 个 AI 新媒体作品，部分获省委宣传部表彰。

此外，河北省主流媒体还积极探索虚拟主播在公共服务领域的应用。石家庄广播电视台交通频率的"小石榴"播报路况，提升公共服务效率；石家庄新闻网在新冠疫情防控期间上线"小石"，全天候播报疫情新闻，有效缓解人力资源紧张。这些应用表明，虚拟主播在媒体融合与公共服务中发挥着重要作用，成为连接政府与公众、传递信息与提供服务的重要桥梁。

3. 城市传播：文化旅游宣传及品牌推广

文化旅游产业蓬勃发展，文化旅游宣传及品牌推广的创新成为提升城市形象、吸引游客的关键。河北省依托丰富的文化旅游资源，积极探索虚拟主播在文化旅游宣传、游客服务等方面的创新应用，旨在打造独具特色的文化旅游品牌形象、提升旅游目的地的知名度与美誉度。

2024 年，在第二十届中国（深圳）国际文化产业博览交易会的河北展区，"冀小佳"以较强的交互能力，与非遗传承人进行了深度互动直播，将河北丰富的非物质文化遗产以更加直观、生动的方式呈现给全球观众，讲述了一段段动人的河北故事。同年元宵佳节，河北广播电视台"冀小佳"化身为一位古代的游园人，通过"游园+穿越+互动"的独特模式，巧妙地将民俗表演、国风舞蹈、戏曲互动等多种传统文化元素融为一体，给观众带来了一场"沉浸感更强、视觉体验更佳、互动效果更突出"的元宵盛宴。这一创新尝试不仅让传统文化焕发出了新的生机与活力，还让观众在欢乐的氛围中感受到了中国传统文化的深厚底蕴。此外，长城新媒体集团还推出大模型虚拟数字人"冀小云"，其拥有细腻、丰富的面部表情、较强的动作细节及自然语言处理能力，提供个性化、智能化服务，适用于讲解、客服等多种场景，为游客提供了更加个性化、智能化的服务体验。随着技术的不断进步和应用的持续深化，虚拟主播和虚拟数字人将在文化旅游产业中发挥越来越重要的作用，给游客带来更加丰富多样、便捷高效的旅游服务。

二 河北省主流媒体虚拟主播的应用价值

通过应用现状的描述可以发现，当前河北省虚拟主播正逐步渗透并深刻影响着河北省主流媒体的传播格局。这一部分将深入探讨河北省主流媒体虚拟主播的应用价值，包括深化互动体验、推动内容创新以及引领媒体转型等方面。

（一）深化互动体验，提升用户黏性

虚拟主播凭借高度仿真的个性化设定与先进的智能化交互技术，为观众开创了一种前所未有的互动体验模式。其具备的多模态主动交互能力[1]，基于指令辨识、语音解析等技术，实现了与观众之间的即时反馈与交流，如解答疑问、参与话题讨论等，显著提升了用户的参与程度与归属感。凭借强大的技术支撑，虚拟主播能够呈现多元化的体验内容，融合语音、图像、视频等多种媒介形式，从而丰富了用户信息接收的渠道，特别是当虚拟主播与虚拟现实、增强现实技术相融合时，能够实现信息传播方式的沉浸式转变，进而带来播音主持领域的全新感受。[2] 未来，随着虚拟现实技术与穿戴式或便

---

[1] 周勇、郝君怡：《建构与驯化：人工智能主播的技术路径与演化逻辑》，《国际新闻界》2022年第2期。
[2] 张荻：《论虚拟主播的发展演进、行业影响与应用路径》，《中国电视》2024年第5期。

携式感知设备的深度融合，虚拟主播有望为受众提供更加多维度的信息，进一步增强信息的立体传递效果。

在河北省主流媒体中，虚拟主播能够以更加亲切、生动的形象出现在新闻播报、节目主持等场景中。例如，在2024年河北少儿春节联欢晚会中，河北广播电视台创新性地将虚拟主播"冀小佳"纳入主持阵容，作为一大亮点呈现。该虚拟主播不仅与多位资深主持人实现了无缝对接与流畅互动，还独立完成了舞蹈表演，使晚会充满了前沿的科技元素与未来感。这一创意实践显著吸引了广大观众的注意力，促使他们在欣赏精彩节目的同时，与"冀小佳"这一虚拟形象建立了深厚的情感联结，进而有效提高了观众对节目的忠诚度与黏性。这种深度互动拉近了媒体与受众之间的距离，有效提升了用户黏性，使观众更愿意长期关注并参与媒体的内容生产与传播，为媒体奠定了稳定的受众基础。又如，在2023年全国消费促进月暨京津冀消费季河北分会场活动启动仪式上，长城新媒体集团启用了虚拟主播"冀小青"来担纲开场主持。通过与观众的实时互动和跨时段的融媒体直播衔接，"冀小青"显著增强了活动的科技视觉效果，使观众在互动中感受到了前所未有的参与感，进一步提升了他们对媒体品牌的忠诚度。此外，在《科创河北——科协进行时》节目中，虚拟主播"冀小科"以超写实职业版造型亮相，并借助虚拟演播室技术打造全新的转播"现场"。通过与观众的实时互动和问答环节，"冀小科"不仅提升了节目的趣味性，还让观众在互动中增长了知识，进一步增强了他们的观看体验和用户黏性。

（二）推动内容创新，拓宽传播渠道

虚拟主播的引入，为河北省主流媒体的内容创新提供了广阔空间。一方面，虚拟主播能够打破传统主持人的限制，以多样化的形象、风格和语言，满足不同受众群体的个性化需求，从而创作出更加丰富多元的内容产品。例如，河北广播电视台精心研发的3D数智人虚拟主播"冀小佳"，在新闻播报和视频播报中展现了强大的内容创新能力。她不仅能够在"跟着鸟儿游河北"等节目中以独特的视角带领观众领略河北的自然风光，还能在"台媒体推介会"等重要活动中出镜播报，以专业化的形象和流畅的表达，赢得了广泛好评。此外，"冀小佳"还参与了"荣国府里闹元宵——2024元宵游园会"的活动，这一创新尝试不仅让传统文化焕发出了新的生机与活力，还极大地丰富了媒体的内容形态。

另一方面，借助虚拟现实、增强现实等前沿技术，虚拟主播能够带领观众进入虚拟场景，实现新闻报道的沉浸式呈现，极大地提升了信息的传播效率和吸引力。此外，虚拟主播还能够轻松地跨越物理界限，既可以通过社交媒体、直播平台等多种渠道进行在线传播，也可以通过增强现实等全息影像技术，实现虚拟主播与真人主播的同台互动，有效扩大了媒体的覆盖范围，增强了信息传播的影响力和表现力。例如，长城新媒体集团"冀小蓝"利用大数据、AI、机器语音合成技术，展现了超强的学习能力和海量的知识储备，其形象化的表达和个性化的互动方式，也给观众带来了全新的体验。在2023年全国消费促进月暨京津冀消费季河北分会场活动的启动仪式上，"冀小青"担纲开场主持，显著增强了活动的科技视觉效果，并成功进行了跨时段的融媒体直播衔接，而"冀小蓝"与真人主播的同台播报，更是展现了虚拟主播与真人主播之间的默契配合和专业素养，给观众带来了不同的体验。

（三）引领媒体转型，建设全能型服务平台

从虚拟主播的创造与分发流程来分析，虚拟主播的影响力不再局限于台前展示的直接互动环节，而是深深植根于整个视听内容的创作与发布流程之中。这意味着，虚拟主播的角色远远超越了传统意义上的主播范畴，实质上是一个集成了内容创作与传播功能的综合技术平台。面对媒体融合发展的必然趋势，河北省主流媒体利用虚拟主播技术，正加速向智能化、服务化、平台化方向转型，通过整合各类资源，打造集新闻资讯、政务服务、生活服务等功能于一体的全能型服务平台。

虚拟主播可以协助政府发布政策解读、提供在线政务服务咨询，同时参与电商直播、文化旅游宣传等，实现媒体价值的多元化拓展。这种转型

不仅提升了媒体的服务能力和社会影响力，还为河北省乃至全国的媒体融合发展探索出了新的路径。长城新媒体集团的"冀小蓝"不仅在新闻播报领域大放异彩，还在政策科普和公众服务方面展现出了强大的实力。通过集成自然语言处理、语音识别与合成等先进技术，"冀小蓝"能够精准满足公众需求，以生动有趣的方式传递政策信息，极大地提升了政策传播的精准度和公众参与度。在2019年全国两会期间，"冀小蓝"作为河北省首位虚拟主播成功亮相，为大会报道宣传注入了科技动能，赢得了广泛好评。再如，石家庄广播电视台交通频率的虚拟主持人"小石榴"，它成功完成了部分路况信息的播报工作，这一创新举措不仅提升了信息的传播效率，还获得了广大听众的积极反馈与好评。同样地，石家庄新闻网在新冠疫情防控的关键时期上线了虚拟主播"小石"，为市民提供了及时、准确的疫情新闻播报服务，有效缓解了传统新闻报道中的人力资源紧张。这些案例都充分展示了虚拟主播在媒体转型和服务平台建设中的巨大潜力。

三 虚拟主播在河北省主流媒体中应用的"三道坎"

河北省虚拟主播凭借独特的外貌、生动的声音以及智能化的交互能力，给观众带来了全新的视听体验。然而，虚拟主播在河北省主流媒体中的应用并非一帆风顺，其技术局限、内容创新与传播场景的局限，以及市场发展与商业模式的"枷锁"，成为制约其应用的"三道坎"。下面将继续探讨虚拟主播在河北省主流媒体应用中所面临的挑战，以期为虚拟主播的未来发展提供参考与借鉴。

（一）"似人非真人"：技术局限与拟真不足的"壁垒"

瓦尔特·本雅明所提出的"灵韵"概念，强调了艺术品所具备的物性与事性两大核心特质，这两者的共同作用赋予了艺术品以本真性，进而使其充满了"灵韵"。然而，机器复制技术无法精准地再现艺术品的事性特征，导致艺术品的本真性丧失殆尽,这一现象被称为"灵韵危机"。[1] 而虚拟主播在河北省主流媒体中的应用同样面临着这样的挑战。

尽管虚拟主播技术结合了AI、计算机图形学、语音识别等前沿技术,具备了一定的智能化和拟真度,但仍存在灵活度、拟真度不高等问题,这就导致虚拟主播在即时响应现场变化及与观众实现真实互动交流方面存在局限性,这一缺陷显著削弱了新闻播报或节目演出的现场体验感与感染力。例如,虚拟主播的动态捕捉和语音合成与真人相比还有较大差别,特别是在处理多音字和数字时,需要人工干预才能准确读出,这既增加了时间成本,也影响了用户体验的自然性和流畅性。当前,河北省主流媒体同时拥有真人主播和虚拟主播时,虚拟主播通常会作为真人主播的补充出现,而并未形成鲜明的个性化风格。

此外,在现实情境中,杰出的播音员与主持人擅长利用语音、语调的微妙调整及肢体语言的细节变化,有效地向观众传达情感,从而极大地增强了视听作品的感染力。相比之下,虚拟主播在面部表情、动作等方面缺乏自然性和灵活性,在实现这一效果上显得力不从心,导致观众产生不适和排斥感。当前,河北省主流媒体众多的虚拟主播作为机器人角色,尚缺乏足够的人格魅力展现和媲美真人主播的声画艺术。当提及杰出的记者或主播时,通常会联想到他们卓越的业务技能、敏锐的观察力、深刻的分析能力以及深厚的内涵底蕴。相比之下,虚拟主播所留下的深刻印象似乎仅限于外貌特征、服装设计、声音特质等较为表面化的标签,而缺乏更深层次的个性化魅力。[2]

主持人的即兴言辞是大众媒介传播、人际互动与言语沟通三者融合的艺术,任何一方面的缺失都将削弱其即兴口头表达的效果。至于虚拟主持人,其固有的程序化运作机制所蕴含的不确定性,从根本上限制了其应对直播中突发情况的能力,如电力中断、代码错误、流程调整等意外,这些未来的瞬

---

[1] 李勇强、刘珺绯:《重读本雅明兼论视听作品创新路径》,《中国电视》2024年第2期。
[2] 《虚拟主播还需练哪些"功夫"》,《中国新闻出版广电报》2022年5月25日。

间变化既无法预测,也无法将应对方案预先编写给虚拟主持人。然而,杰出的主持人往往能够依据现场的实时状况,结合个人的认知与情感,迅速构思语言,传递新的信息,从而实现理想的传播效果。虚拟主持人的诞生,确实极大地激发了观众的好奇心。但随着时间的推移,当这股新鲜感逐渐消退,审美疲劳悄然而至,观众回归真人主持的"怀抱"似乎成为一种必然趋势。在虚拟主持人的言辞中,人们难以捕捉到温暖、关怀、情感共鸣这些鲜活的元素,导致虚拟主持人在公众认可度上持续低迷。

(二)"机械扬声器":内容创新与传播场景的"局限"

喻国明指出,虚拟人技术目前已迈入其发展的第一阶段——形似阶段,且该阶段的技术成熟度已相对较高,正处于大规模应用推广的阶段。然而,虚拟主播的内容创新能力与传播场景较为局限,当前的虚拟主播更多地扮演着"机械扬声器"的角色,仅仅作为后台内容的直接传递者,而在内容创新与传播场景的创新方面,尚存在明显的缺失与不足。[1] 从目前河北省虚拟主播的应用现状来看,虚拟主播的应用场景颇为有限,主要集中在以虚拟主持人代替真人主持人播报新闻上,该场景技术实现难度相对较小、商用成本相对较低,后期运营维护的负担相对较轻,但其信息内容的价值本身超越了数字人作为信息传递媒介的价值,数字人实质上扮演着"辅助工具"的角色。[2] 因此,如何降低研发成本,如何开发新的应用场景,推动虚拟主播的内容创新,成为河北省主流媒体和相关科技企业亟须解决的一大难题。

此外,大众化报道模式正逐步向满足用户小众化需求的方向转型,然而,在虚拟主播的范畴内,个性化内容播报与场景化服务的水平尚待提升,难以充分满足用户的多元化需求。鉴于此,构建个性化的场景对推动虚拟主播的未来发展具有举足轻重的意义。借助大数据算法技术,可以实现对用户需求的精准洞察,进而提供定制化的信息服务与沉浸式的场景体

---

[1] 徐凤兰、应中迪:《智媒时代虚拟新闻主播的传播实践与未来进路》,《新闻世界》2024年第4期。

[2] 徐铭昊:《智能化时代AI虚拟主播发展的挑战与出路》,《传媒》2023年第21期。

验，有效契合用户对个性化服务的期望，进而显著提高和增强用户的忠诚度与黏性。

（三）"被消费的玩具"：市场发展与商业模式的"枷锁"

根据保罗·莱文森的技术全面应用三阶段理论，即"玩具—镜子—艺术"，当前国内虚拟主播的发展尚处于"玩具"阶段，预计将持续较长时间。尽管虚拟主播已经具有模仿真人主持的大部分功能，但现阶段的虚拟主播仍然更多地被视为一种被观看、被消费的"物品"。在新闻和电商领域，虚拟主播主要扮演着信息传播工具的角色，是商业化流程中的一个组成部分。在诸多商业化交易环节，虚拟主播更多地作为中间纽带存在，主要负责人工信息的生产和传播任务。然而，对于广大消费者而言，虚拟主播更多的是满足人们好奇心和娱乐需求的寄托，仍被视为一种"玩具"。这种主导者将虚拟主播视为工具的心态与消费者将其视为"玩具"的心态存在较大差异，这种矛盾注定会让虚拟主播的商业化发展面临更多的挑战和阻碍。虚拟主播的商业化进程需要更加深入地探索，以应对这些挑战并实现更广泛的应用。[①]

从市场发展方面来看，虚拟主播市场正处于快速发展的初期阶段，市场竞争激烈但应用渗透率相对较低。《虚拟数字人深度产业报告》预测指出，至2030年，中国虚拟主播市场的规模预计将达到2703亿元。在政策红利的推动下，虚拟主播的商业化进程正逐步推进。然而，必须正视的是，虚拟主播的商业化之路仍需要经历漫长的等待期。虽然未来应用市场空间广阔，但当前市场仍面临诸多不确定性和风险。河北省主流媒体在尝试引入虚拟主播时，会因为市场接受度、用户习惯等因素而面临挑战。目前，虚拟主播的盈利方式主要依赖于广告收入、品牌代言等，但这些模式尚未形成稳定的盈利链条。同时，虚拟主播由于形象、风格等具有独特性，与品牌的合作需要双方进行深入沟通和创意碰撞，这在一定程度上增加了合作的难度和不确

[①] 徐铭昊：《智能化时代 AI 虚拟主播发展的挑战与出路》，《传媒》2023年第21期。

定性。

从政策与监管方面来看,国家对于AI技术的重视程度日益提升,出台了一系列政策措施与行业规范,旨在为该领域的快速发展提供坚实的政策保障与良好的市场环境。例如,国务院发布的《新一代人工智能发展规划》等文件明确将AI作为国家战略进行部署,为虚拟主播技术的研发与应用提供了强有力的支持。然而具体实施过程中,仍可能遭遇一些政策壁垒和监管空白。例如,关于虚拟主播的法律地位、内容审核标准等方面的规定尚不完善,这可能限制虚拟主播的广泛应用和商业化发展,使其在某些领域的应用受到限制或面临合规性挑战。

四 河北省主流媒体虚拟主播的发展建议

面对当前存在的问题,河北省主流媒体应从多个维度出发,探索虚拟主播的多元化应用与可持续发展新路径。

(一)从"画皮难画骨"到"独具匠心魂":打造虚拟主播人格化IP

美国学者唐纳德·诺曼在著作《情感化设计》中强调,情感与情绪在产品设计与传播过程中扮演着核心角色,并据此提出了情感化设计的三层次理论:本能层、行为层及反思层。河北省可以从这三个方面着手,打造虚拟主播人格化IP。

本能层涉及用户对产品的初步视觉感知及第一印象,这种反应是直觉性的,不需要经过深思熟虑或逻辑分析。在本能层,媒体应当注重打造"好看的皮囊",这不是要求虚拟主播实现100%"真人化",而是要求其具备一定的拟真性和辨识度,实现动作流畅、语言发声自然、互动有灵性,给用户以亲切感。"好看的皮囊"是由媒体的技术水平、经济投入力度等方面决定的,有关媒体需要通过外部技术合作等方式来优化。从外形来看,虚拟主播的形象应当打破受众对传统媒体主播"严肃""正经"的刻板印象,如上海广播电视台推出的"申䒕雅"最初以萌化形象亮相,参与节目主持、公益宣传、歌舞演绎。有些虚拟主播还展现出"超能"的一面，如人民日报社推出的"任小融"自称"不知疲倦"，全年无休播报新闻；南方都市报社推出的"岭梅香"，有着"穿越"的超能力，既是温婉的清代女子，也是活泼可爱的当代大学生，是穿越三世讲述湾区民间文化的传播者。

对于用户来说，"好看的皮囊千篇一律，有趣的灵魂万里挑一"，这就导致了媒体面临"画皮难画骨"的困境，因此需要注重虚拟主播人格化IP的打造，这也是当前流量时代的"生意经"。在喻国明等学者的研究中，个性化表达、情绪和态度被视为数字虚拟人脱离模式化和同质化的关键，这一理念同样适用于虚拟主播的发展。这也就是"行为层"的建设：关注用户与产品间基于操作的互动关系，这一层融入了理性思考与逻辑性。这意味着用户打开交互界面，可以与虚拟主播实现某些层面的互动，包括语音互动、动作捕捉等，而AI技术的赋能无疑为互动性的增强提供了帮助。主流媒体应当积极运用AI技术赋能现有的语音识别等交互技术，增强虚拟主播的互动性。

至于反思层，它关乎产品独特价值、品牌特性在用户心中形成的深刻印象，这种印象能引发用户的情感共鸣，提升他们对产品的忠诚度，这是虚拟主播人格化IP建设的关键所在。河北省主流媒体在打造虚拟主播时，应超越单纯的"仿真"形象，注重赋予其独特的"灵魂"，注重价值观导向和人格化IP建设。在价值取向的塑造层面，拥有独特个性与清晰价值取向，勇于表达立场，并具备鲜明且一贯的价值观与世界观，以及拥有独特的见解，是赋予数字虚拟人物以灵魂的核心要素。针对时事热点表明蕴含明确价值观与情绪的立场，能够有效为数字虚拟人"赋魂"。[1] 作为新时代新审美的引领者，主流媒体推出的虚拟主播都带着经典的"东方美"，不仅深刻地体现出地域特色，还助推"东方美"回归主流审美的正位。从不同人物特点来看，女性角色温婉可爱，浙江广播电视集团打造的宋韵文化推广人"谷小雨"，结合浙江丰富的两宋文化，体现江南柔情的人物特点；山东广播电视

---

[1] 杨名宜、喻国明：《赋能与"赋魂"：数字虚拟人的个性化建构》，《编辑之友》2022年第9期。

台打造的虚拟主播"岱青",在为数不多的男性角色中,其阳刚大气、豪迈爽朗的地域化人设鲜明;新华社的虚拟主播"新小浩"、"新小萌"和"新小微",不仅在外形上高度仿真,还通过丰富的表情、肢体动作和个性化的播报风格,赢得了观众的喜爱。河北省主流媒体可以借鉴这一做法,结合地域文化和媒体特色,为虚拟主播设计独特的性格特征、语言风格和播报习惯,使其在众多虚拟主播中脱颖而出,形成具有辨识度的人格化IP。

(二)从"千篇一律"到"量体裁衣":塑造虚拟主播个性化传播场景

在智媒时代背景下,河北省主流媒体面临着从大众化报道向个性化传播转型的迫切需求。与以获取新闻需求为主的大众化报道模式相比,个性化推送与场景传播在智媒时代显得尤为关键。针对这一趋势,河北省主流媒体在虚拟主播的建设上,可以从"千篇一律"向"量体裁衣"转变,精心塑造虚拟主播的个性化传播场景,以提升传播效果,满足多元化的受众需求。

首先,移动传播的本质是场景传播。移动互联时代,用户在不同场景下对新闻信息的需求和接收方式存在显著差异。主流媒体需要借助大数据对不同场景下的用户数据进行采集和分析,以精准把握用户的兴趣偏好、行为习惯等信息。在此基础上,选择合适的传播内容与传播入口,运用算法推荐技术,将新闻内容精准投放到用户所在的具体场景中。通过将信息流、服务流和情感流融入场景之中,可以有效提高虚拟主播的传播效果,增强用户的参与感和黏性。

其次,河北省主流媒体可根据不同人群的具体需求,定制专属的虚拟主播形象、声音、语速和播报方式。在虚拟主播的设计上,应注重个性化元素的融入,打造具有鲜明特色的虚拟主播形象。在主流媒体的虚拟主播发展实践中,一系列精心打造的虚拟主播正逐步成为新闻播报、专业内容生产及便民服务的重要力量。这些虚拟主播如同真人主播的"数字分身",不仅具备解说、评论、控场等多项能力,还被赋予了独特的角色设定与职能。例如,"AI王冠"与"时间小妮"等虚拟主播,作为财经评论员和民生问答专家,以专业的知识和亲切的风格,针对社会热点为用户答疑解惑,赢得了广大受

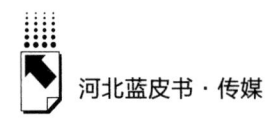

众的喜爱与信赖。

最后，可结合不同受众群体的实际需求，如年龄、性别、职业、兴趣爱好等，定制专属的播报场景和风格。针对年轻用户群体，可以设计时尚、活泼的虚拟主播形象和轻快的播报风格；针对老年用户群体或者特殊群体，则可以设计清晰、易懂的播报方式和贴心的服务流程。个性化定制可以逐步实现从大众化的报道到小众化的需求呈现，满足多元化受众的个性化需求。例如，央视频推出的"聆语"手语主播，其手语可懂度高达90%以上，为听障人士提供了无障碍的信息传播服务，展现了主流媒体的社会责任感与人文关怀。同时，虚拟主播在综艺娱乐领域的应用为节目增添了新的乐趣与互动性。河北省主流媒体可以借鉴其他地区的成功经验，如湖南广播电视台推出的"小漾"，作为《你好，星期六》的主持人，以其独特的魅力和互动性，给节目带来了全新的视觉体验与观众互动方式。

（三）从"单一盈利"到"多元共生"：优化和推动虚拟主播商业模式与市场发展

河北省主流媒体虚拟主播的盈利模式主要有政府补贴、广告收入、版权等，仍较为单一和传统，需要积极探索更为多元化的盈利途径。可以尝试开展虚拟主播的在线教育、电商直播、虚拟演唱会等新型业务，拓展盈利空间。广东广播电视台的虚拟主播"悦小满"在2023粤港澳台青年元宵晚会上，以"真人+虚拟人"的融合创新演绎形式，给观众带来沉浸式视觉体验，全网播放量突破1500万人次，整体融媒曝光量近4000万人次。同时，加强与品牌方的合作，通过创意沟通和深度合作，实现虚拟主播与品牌形象的深度融合，提升市场影响力和商业价值。在市场推广方面，可充分利用社交媒体、短视频平台等新媒体渠道，提高与扩大虚拟主播的知名度和影响力，吸引更多潜在用户和合作伙伴。广西文旅数字人"刘三姐"在学青会期间化身虚拟主播进行赛事现场联动直播，以虚拟人的视角带领观众了解赛事，累计曝光量超120万人次。宜昌跨境电商海购节吉祥物IP"Heygoo"在直播间与真人主播同屏互动，结合增强现实特效制作和二维特效动画串联，增强了直播的趣味性和互动性，国内外曝光流量达420万人次。总之，河北省主流媒体未来在推动虚拟主播的应用时，需要综合考虑政策环境、市场趋势、用户需求等多方面因素，制定科学合理的战略规划和实施方案。

结　语

在河北省主流媒体的积极探索下，虚拟主播不仅丰富了新闻报道的形态，还在深化互动体验、推动内容创新方面展现出巨大潜力。未来，虚拟主播的发展需要着重于IP打造与独特人设的塑造，以更好地迎合受众需求，形成鲜明的个性化风格，从而在众多虚拟形象中脱颖而出。这不仅是提升虚拟主播影响力的关键，还是主流媒体在新媒体竞争中占得先机的重要策略。另外，虚拟主播的应用价值远不止台前展示的直接互动环节，虚拟主播的影响力已深深融入整个视听内容的创作与发布流程之中。虚拟主播已超越传统意义上的主播范畴，成为一个集成了内容创作与传播功能的综合技术平台。面对媒体融合发展的必然趋势，河北省主流媒体应充分利用虚拟主播技术，加速向智能化、服务化、平台化方向转型；通过整合各类资源，构建集新闻资讯、政务服务、生活服务等功能于一体的全能型服务平台，实现媒体价值的多元化拓展，为河北省的媒体融合发展探索出新的路径。

虚拟主播不仅是新闻报道的"扬声器"，还是媒体智能化转型和服务平台建设的重要推手。河北省主流媒体应继续深化虚拟主播的应用实践，不断创新发展，以更加智能、便捷、全面的服务，满足受众日益多元化的需求，推动媒体行业向更高水平发展。

参考文献

李勇强、刘珺绯：《重读本雅明兼论视听作品创新路径》，《中国电视》2024年第

2期。

《习近平：加快推动媒体融合发展 构建全媒体传播格局》，中国政府网，2019年3月15日，https：//www.gov.cn/xinwen/2019-03/15/content_5374027.htm。

《虚拟主播还需练哪些"功夫"》，《中国新闻出版广电报》2022年5月25日。

徐凤兰、应中迪：《智媒时代虚拟新闻主播的传播实践与未来进路》，《新闻世界》2024年第4期。

徐铭昊：《智能化时代AI虚拟主播发展的挑战与出路》，《传媒》2023年第21期。

杨名宜、喻国明：《赋能与"赋魂"：数字虚拟人的个性化建构》，《编辑之友》2022年第9期。

张荻：《论虚拟主播的发展演进、行业影响与应用路径》，《中国电视》2024年第5期。

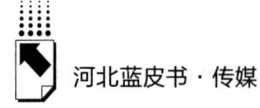

周勇、郝君怡：《建构与驯化：人工智能主播的技术路径与演化逻辑》，《国际新闻界》2022年第2期。

B.10
河北省主流媒体社交平台账号的运营及优化研究*

郭毓娴　夏倩玉　谷雨涵**

摘　要： 构建全媒体传播体系，推进主流媒体系统性变革是新时代主流媒体的重要使命。在深化媒体融合的实践中，河北省传统主流媒体立足移动优先战略，系统布局微博、微信、抖音、快手等社交平台，构建多维度传播矩阵，在扩大主流声量方面取得阶段性成效。然而，当前发展仍面临内容同质化倾向、用户黏性不足、矩阵账号协同效能不足及品牌辨识度较小等深层挑战。本文基于对中央级媒体及河南、广东、福建等省级媒体社交平台建设的分析，结合河北省媒体生态特征，系统性提出坚守内容价值创新、构建情感化用户连接、优化矩阵协同机制、强化品牌IP运营的四维优化策略，探索区域主流媒体社交化转型的实践范式，为省级主流媒体深度参与网络空间治理提供实践参考。

关键词： 主流媒体　社交媒体　媒体融合　河北省

党的二十届三中全会站在党和国家事业战略全局高度，深刻把握时代发展大势和现代传播规律，提出构建适应全媒体生产传播工作机制和评价体

---

* 本文为河北省社会科学院2025年度智库项目青年项目"基于用户参与的河北省主流媒体社交账号传播效果优化研究"（QN2025025）阶段性成果。
** 郭毓娴，河北省社会科学院新闻与传播学研究所助理研究员，主要研究方向为受众、新媒体传播；夏倩玉，邯郸职业技术学院党委宣传部干事，主要研究方向为新媒体传播、新闻业务；谷雨涵，长沙理工大学影视摄影与制作专业本科生，主要研究方向为影视制作。

系，推进主流媒体系统性变革的重大任务。2024年，是媒体融合战略向第二个十年迈进的开端，从融合发展到系统性变革，党中央顶层设计层层递进，媒体转型改革向纵深推进，主流思想舆论不断巩固壮大。

随着互联网技术的不断发展，社交媒体平台凭借内容多样、更新迅速、互动性强和传播形式丰富等优势，日益成为人们获取新闻信息的主要渠道。截至2025年1月，我国互联网普及率达78.6%，手机网民规模达11.05亿人，网民使用手机上网的比例为99.7%。[1] 互联网成为传统主流媒体提升影响力、占领舆论主阵地的必由之路。河北省各级主流媒体旗帜鲜明实施"移动优先"战略，不断创新传播方式，采用"借船出海"策略，与微信、微博、抖音、快手、哔哩哔哩等社交平台合作，开设新媒体账号，在舆论宣传方面开创了新的发展空间。

一 河北省主流媒体社交平台账号发展现状

（一）账号布局与平台覆盖

本研究聚焦河北省省级与地市级主流媒体，涵盖报纸、广播电视及新媒体平台。省级媒体以河北日报报业集团、河北广播电视台各频道频率等权威机构为代表，地市级媒体包括石家庄、邯郸等地市级主流媒体，如石家庄广播电视台、邯郸日报社等。长城新媒体集团作为省级重点新媒体集团，同样是本次关注的重点媒体。在新媒体时代，河北省主流媒体积极适应时代发展，加速推进媒体融合，广泛入驻微博、微信、抖音、快手等平台，以多元化内容和形式，适应受众阅听习惯变化，实现信息的全方位传播。此外，逐步搭建国际传播矩阵，在国外社交媒体平台开通账号，提升河北省国际传播力和影响力。

---

[1] 《第55次〈中国互联网络发展状况统计报告〉》，中国互联网信息中心网站，2025年1月17日，https://www.cnnic.cn/n4/2025/0117/c88-11229.html。

在账号布局方面，河北省主流媒体在社交媒体布局上已颇具规模。省级层面，仅对具有代表性的几家媒体进行统计，如河北日报报业集团旗下的新媒体账号共143个，河北广播电视台（集团）共开设第三方新媒体账号259个。各地市的主流媒体也纷纷跟进，如石家庄日报社在第三方平台开设官方媒体账号30余个，张家口日报社开设社交媒体平台账号23个，进一步扩大了全省主流媒体运营的社交平台账号规模。

在平台覆盖方面，河北省主流媒体呈现全面、多元的态势，如《河北日报》的官方微博账号、微信公众号、抖音账号均以"河北日报"为标识，《河北日报》在官方微博账号上发布权威新闻、政策解读等内容。河北广播电视台则拥有多个官方微博账号，如"河北广播电视台""知河北""河北新闻联播""河北卫视"等，其微信公众号也包括"河北广播电视台""知河北"等。长城新媒体集团的官方微博账号和微信公众号均为"长城新媒体"。石家庄广播电视台的官方微博账号为"石家庄广播电视台"，微信公众号则包括"无线石家庄""民生关注"等。邯郸日报社的微信公众号则有"邯郸日报"等。在国外社交媒体平台上，河北省主流媒体积极拓展海外传播渠道，长城新媒体集团成立了长城国际传播中心，以"全球视野、融媒特质、河北元素"为特色，在Facebook、Instagram、X（原推特）、YouTube等主流海外社交媒体平台设立机构账号，"iHebei"海外平台账号粉丝量已超60万人，共发布稿件2500余篇，总点击量超8000万次。河北广播电视台也成立了河北广电国际传播中心，制作推出的多部精品纪录片、宣传片在30多个国家播出，构建了包括Facebook、X（原推特）、YouTube、Instagram、TikTok等在内的海外社交媒体平台矩阵，面向世界有力宣传了河北好形象。

在内容设置方面，河北省主流媒体的社交平台账号涵盖了新闻资讯、政策解读、文化娱乐、民生服务等多个领域。以《河北日报》为例，其官方微博账号主要发布权威新闻、政策解读、时政热点等内容，同时会推送一些与民生相关的服务信息，如天气预报、交通路况等。而其微信公众号则侧重于深度报道和专题策划，内容涵盖河北的经济发展、文化建设、社会民生等多个方面。在短视频平台上，《河北日报》通过抖音号和快手号传播具有时效性和趣味性的内容，如河北的风土人情、旅游景点介绍、特色美食展示等，以吸引更多年轻用户的关注。石家庄广播电视台官方微博账号主要发布本地新闻资讯、政策解读、生活服务等信息，内容涵盖石家庄的城市建设、交通出行、教育医疗等方面的动态和政策变化，微信公众号则推送深度报道和专题文章，对石家庄经济社会发展的系列报道进行深入剖析，同时会提供一些与市民生活密切相关的服务信息，如天气预报、水电费缴纳等。在短视频平台上，石家庄广播电视台通过抖音号和快手号以短视频形式呈现石家庄的时事新闻、文化活动、美食美景等，通过生动有趣的视频内容吸引更多用户关注石家庄的发展和变化。

（二）粉丝规模与用户画像[①]

1. 粉丝规模庞大，倾向于短视频平台

从粉丝规模来看，河北省主流媒体的社交媒体平台账号聚集了大量用户，尤其是头部媒体，拥有庞大的用户规模。河北省主流媒体在抖音、快手等短视频平台的粉丝量较大，反映了向短视频倾斜的发展趋势。

截至2024年12月，河北日报报业集团旗下143个新媒体账号总粉丝量为1.01亿人，粉丝量最多的是"纵览新闻"抖音号，拥有2425.6万粉丝。截至2024年10月底，长城新媒体集团的微信公众号总粉丝量超220万人，官方微博账号粉丝量达600.4万人，官方视频号拥有活跃粉丝70余万人，官方抖音号拥有活跃粉丝857.6万人，官方快手号拥有活跃粉丝362.3万人，官方小红书号拥有活跃粉丝21万人。

截至2024年11月底，河北广播电视台（集团）259个第三方新媒体账号总粉丝量达1.3亿人，较上年的1.2亿人不降反增。台级第三方平台账号全部由原来的"河北广播电视台"更名为"冀时"，截至2024年12月，总粉丝量突破2100万人。其中，"冀时"微信公众号粉丝量74.5万人，官方

---

① 本文数据除特殊标注外，均由河北日报报业集团、河北广播电视台、长城新媒体集团提供。

微博账号粉丝量452.0万人,官方抖音号粉丝量850.6万人,官方快手号粉丝量473.7万人,官方头条号粉丝量265.0万人,官方百家号粉丝量77.2万人,官方哔哩哔哩账号粉丝量2.2万人(见图1)。

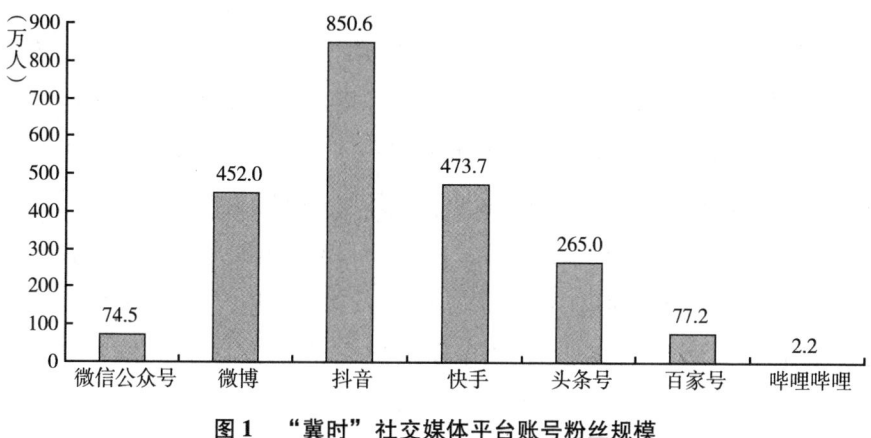

图1 "冀时"社交媒体平台账号粉丝规模

此外,地市级媒体社交媒体平台账号粉丝规模也不容小觑。如"石家庄日报"官方微博账号拥有粉丝量44.9万人,微信公众号拥有粉丝量28.3万人,官方抖音号拥有粉丝量47.4万人,官方快手号拥有粉丝量70万人,官方头条号拥有粉丝量5.2万人。

2. 不同社交媒体平台用户画像特征

(1)男性偏爱短视频平台,女性倾向图文阅读

从性别来看,河北省主流媒体社交媒体平台账号中,短视频平台,如抖音、快手等深受男性用户喜爱,女性用户更倾向于图文阅读平台,如微信公众号和微博。例如,"冀时"抖音号用户中男性占68%,女性占32%;"冀时"快手号用户中男性占61%,女性占39%;长城新媒体集团官方抖音号用户中男性与女性占比分别为58%和42%。"冀时"微信公众号用户中男性占39%,女性占61%;长城新媒体集团微信公众号用户中男性占36%,女性占64%,男女比例约为1:2;河北长城网官方微博账号35岁左右的用户中,女性多于男性。

（2）用户整体年龄偏成熟，短视频平台较明显

从年龄来看，河北省主流媒体社交媒体平台账号用户整体年龄偏大。例如，长城新媒体集团官方抖音号用户中，年龄分布比较广泛，其中31~40岁的用户占比最多，达到32.3%；其次为50岁以上的用户，占21.7%；41~50岁的用户，占19.2%；23岁以下的用户占比最小，为11.4%，整体用户年龄偏大。长城新媒体集团微信视频号用户中，50岁及以上的用户占比最多，约43.9%；其次为40~49岁的用户，占25.9%；30~39岁的用户，占20.8%；30岁以下的用户占比较小，整体用户年龄偏大。"冀时"抖音号用户中，31~40岁的用户占比最多，达到33.2%；其次为41~50岁的用户，占28.3%；50岁以上的用户占26%；30岁及以下的用户仅占12.5%。在河北日报报业集团新媒体平台的所有用户中，35岁以上的用户占比达67.86%，35岁及以下的用户仅占32.14%。

相较而言，微信公众号和微博的用户年龄段略微年轻化。例如，"冀时"微信公众号的用户集中在26~45岁，占64.8%；长城新媒体集团微信公众号的用户集中在18~45岁，占75.0%以上；河北长城网官方微博账号的用户年龄集中在18~44岁，占84.5%。

（3）以省内用户为主，省外用户分散分布

从地域分布来看，河北省主流媒体社交媒体平台账号用户主要集中在河北省内，同时辐射到周边省份及在外游子。例如，河北日报报业集团新媒体平台的所有用户中，河北省用户的占比达69.05%，其他省份用户占了30.95%。

然而，不同平台具有不同的用户特征。河北省主流媒体微信公众号的用户更为集中在省内。例如，"冀时"微信公众号的用户中，河北省内用户占73.49%，省外用户占26.51%；长城新媒体集团微信公众号的河北省内用户占比为83%，省外用户占17%。而微博、抖音、视频号等平台的用户则分布较广，各省份用户较为分散。如"冀时"抖音号的用户中，占比前三的地区分别为河北（16.66%）、河南（9.41%）、山东（7.66%）。河北长城网官方微博账号的用户中，河北、北京、山东、广东、江苏等地居多，前五地共占34%。长城新媒体集团官方视频号的用户中，河北省内用户最多，占16.71%；广东省用户排名第二，占12.52%；山东省用户排名第三，占6.52%；其余省份用户比较分散。长城新媒体集团官方抖音号的用户中，广东省用户超越河北省内用户排名第一，占9.95%；河北省用户排名第二，占8.97%；江苏省用户排名第三，占7.31%；其余省份用户分布比较分散。

（三）内容形式与传播效果

河北省主流媒体在社交媒体平台上发布了包括文字、图片、视频、直播等多种形式的内容，形式不断创新，以符合社交媒体平台的特点和满足用户需求。例如，长城新媒体集团联合河北广播电视台在抖音、快手和微信视频号上推出的竖屏短视频日播栏目"百姓看联播"，用"竖屏短视频+聚合应用程序"的方式，解读《河北新闻联播》，将"硬核"新闻通过社交媒体平台进行网络化、口语化"软"性表达，显著提高了传播效果，使得新闻资讯和政策解读等内容能够快速传播，扩大了媒体的影响力和覆盖面。再如，河北广播电视台重磅打造的《美丽河北》慢直播，以470路直播摄像头，覆盖河北全省300多个旅游景区，在"冀时"微信视频号和快手等社交媒体平台上每天进行直播，即时呈现当地、当时、当季的自然风光、生态美景，多视角、多点位、沉浸式展示，让用户仿佛身临其境。

河北省主流媒体社交媒体平台账号的传播效果显著，优质内容借助社交媒体平台引发更大热潮。河北广播电视台社交媒体平台账号"冀时"，2024年以来有240多篇稿件登上微博、百度、抖音、头条、快手热搜榜，110多个作品播放量超过1000万次。"国+社区"新媒体平台全网粉丝规模已经突破3000万人，其中抖音号粉丝量2100万+，平均单日浏览量超2亿人（次），跻身全国新闻头部官方新媒体账号。"农民频道"微博账号从包括央媒、报纸等在内的全国百家主流媒体154个微博账号中脱颖而出，在中宣部主流媒体所办新媒体生产传播效果9月份评价结果中，入选TOP10榜单，是河北省唯一入选的微博账号，2024年以来已揽获微博全国热搜355个，话题阅读量突破 150 亿次，其中河北文旅宣推成绩亮眼，7 天揽获 10 个全国热搜，在全国率先走出了一条用"小而美"暖新闻弘扬正能量、澎湃大流量的主流媒体账号发展之路。

2024 年以来，长城新媒体集团的官方微博账号 50 余个原创话题进入新浪微博全国热搜榜，500 余个话题进入同城热搜榜，单条话题点击总量超过 1.7 亿次，单条微博点击量达到近千万次；"长城新媒体"微信公众号 10 万+稿件达 40 余条，单条微信公众号稿件最高阅读量达 50 万+；"长城新媒体"微信视频号共发布视频作品 20000 余条，总点击量超过 20 亿次，单条视频点击量最高达到 5000 万+，单条视频点赞量最高达到 10 万+；"长城新媒体"抖音号总浏览量超 800 亿次，点赞量达到 9.7 亿次，单条视频点击量最高达到 3 亿次，单条视频点赞量最高达 300 万+。

河北日报报业集团"纵览新闻"抖音号进入 2024（第十一届）传媒中国百强指数年度融合传播全国报业新媒体抖音号 10 强。

二 河北省主流媒体社交平台账号发展面临的困境

（一）内容创新力不足，同质化传播制约发展

河北省主流媒体在媒体融合发展方面已取得了一定成效，各级媒体正积极深耕内容生产，力求在信息海洋中脱颖而出。然而，在社交媒体平台的投放力度及创新力度上，仍需要进一步加大。内容创新力的不足已成为制约其发展的重要因素。媒体在短视频平台推出的内容中，画面设计、排版布局以及内容选题均存在较为明显的同质化现象。不少内容采用黄色加粗标题，或者直接转发、剪切其他新闻视频，缺乏足够的创新性和原创性。这种同质化内容的过多，不仅无法有效激发用户的观看兴趣，还使发布的内容显得过于传统和保守，可能因审美疲劳导致用户流失。在信息爆炸的时代背景下，用户对于平淡无奇、缺乏亮点的内容往往缺乏持续关注的兴趣，这直接导致主流媒体的社交账号难以有效吸引和留住用户。

（二）用户黏性不足，互动反馈机制不完善

"社交媒体区别于传统媒体的重要特点在于它的'黏性'，即与网民的即时交互性。"[1] 用户黏性是衡量媒体社交平台账号影响力的重要指标，河北省主流媒体社交平台账号的用户黏性仍需要进一步提升。

河北省部分主流媒体的社交平台账号粉丝量虽然庞大，但真正活跃的却寥寥无几。用户对媒体发布的内容点赞、评论、转发等较少，甚至有些账号的互动量几乎为零，如"河北日报"抖音号的粉丝量达498.8万人，但其发布视频的点赞量、评论量、转发量大多为两位数。这种低活跃度的现象存在于很多主流媒体的社交平台账号中，一方面是因为内容缺乏吸引力，无法激发用户的兴趣和参与热情；另一方面也与用户对主流媒体社交平台账号的认知有关，部分用户认为主流媒体的社交平台账号主要是发布官方信息和政策宣传，与自己的生活关系不大，因此缺乏主动关注和互动的动力。

在互动反馈机制与用户互动的过程中，河北省主流媒体存在一些改进空间。一是响应速度有待提升，用户在社交平台上的留言或私信，有时未能得到及时的回复，这种时间延迟可能会影响用户体验的连贯性。二是互动方式的多样性有待提升，目前，主流媒体的互动方式往往局限于点赞和基本的评论回复，尚未充分发挥线上活动的潜力，或者深入展开话题讨论，以激发用户的参与热情。三是互动内容的深度与价值有待拓展和提升，在与用户的互动中，有时内容可能浮于表面，未能充分挖掘更深层次的用户需求，这对于追求高质量互动体验的用户来说，可能尚未完全满足其期待。

（三）子账号之间分工不明确，缺乏长期联动机制

在社交平台上，河北省主流媒体往往拥有多个子账号，如官方账号、新闻账号、服务账号等。以河北广播电视台为例，以频道、节目划分，在微博平台有"河北卫视""河北公共频道""河北生活广播"等账号；在抖音平台

---

[1] 何慧媛：《媒体如何有效利用境外社交媒体平台》，《对外传播》2015年第6期。

有"河北卫视""河北新闻广播""农民频道""知河北""河北文旅·公共频道"等账号。然而，这些子账号之间往往缺乏明确的分工和协作机制，导致资源浪费和传播效果不佳。一方面，不同子账号在内容发布上存在重叠和冲突，导致用户对主流媒体的社交平台账号产生困惑和不满；另一方面，子账号之间缺乏长期的联动机制，导致信息无法形成有效的传播链和影响力。为了提升社交平台账号的传播效果，主流媒体需要建立明确的子账号分工和协作机制。

（四）商业变现能力较弱，品牌影响力有限

在社交媒体运营的商业模式中，商业变现能力是评估媒体社交平台账号综合实力的重要维度。河北省主流媒体社交平台账号在市场表现方面尚有提升空间，尤其是在商业变现和品牌影响力方面。首先，广告收入有限。一些河北省主流媒体的广告位长期空缺，或者广告内容与账号内容不匹配，影响了用户的体验和广告的传播效果。主流媒体在广告业务的拓展和运营方面也缺乏经验和专业人才，无法有效吸引和维护广告客户。其次，品牌合作机会少。主流媒体在品牌合作方面也缺乏主动性和创新性，未能充分利用自身的资源优势和品牌价值，开发出具有吸引力的合作项目和模式。最后，内容付费潜力未充分挖掘。随着用户对优质内容的需求不断增加，内容付费成为媒体变现的重要途径之一。然而，河北省主流媒体在内容付费方面还处于起步阶段，缺乏成熟的运营模式和优质的内容产品。

三 国内主流媒体社交平台账号的运营经验与发展趋势

（一）人工智能驱动数智化转型，助力内容与形式创新

随着人工智能（AI）技术的日益成熟，它在主流媒体社交平台账号中的应用日益广泛且深入，推动媒体朝数据化、智能化发展。AI技术通过算

法分析大量数据源，快速生成融媒产品，如 AI 写作、AI 绘图、AI 生成短视频等，有效地帮助媒体提高内容生产效率。同时，AI 技术能通过分析用户的历史行为、兴趣爱好等信息，为用户提供个性化的内容推荐，尤其是在抖音、快手、视频号等视频类社交媒体平台上。这种方式不仅能满足用户的信息获取需求，还能帮助媒体提高用户黏性。[①]

例如，2024 年全国两会期间，"人民日报"微信公众号和视频号推出微视频《AI 共创大片丨江山如此多娇》，作品以"新的春天，新的起点，一起奔赴下一场山海"为主题，带领观众欣赏 AI 视角下的大美中国。"四川新闻网"微信公众号推出了创意 H5《川行两万里，履职 AI 图鉴》，作品利用 AI 技术模拟出不同的绘画风格和技巧，精确捕捉并再现四川的自然风光、历史遗迹和现代化建设场景，无论是巍峨的巴山蜀水还是繁华的城市景象，AI 绘画都能以独特的艺术手法加以呈现。此外，作品还运用 AI 技术实现了数据的可视化，展示了四川高速公路建设的里程数、政协委员的履职成果等数据，这些数据的可视化图像不仅具有艺术美感，还让观众更加直观地了解四川的发展和变化。

河北省主流媒体社交平台账号也积极运用 AI 技术进行探索与实践。河北广播电视台交通频率群探索由 AI 主持人播报路况信息，让 AI 主持人做好全天候尤其是恶劣天气下的路况信息收集、整合、播报，在保证路况最权威、最及时发布的同时，丰富播报样态，服务受众出行，"河北交通广播"微信公众号中高速路况信息日最高访问量超过 23 万人次；在河北雄安新区设立七周年重大节点，"河北日报"微信公众号推出《AI 连版长图丨雄安创新场景绘》；"河北日报"官方微博账号发布《AI 视频丨2024，致敬河北力量》，众多主流媒体、政务媒体在社交平台账号上转载；长城新媒体集团推出的《AI 视频丨解锁 2024 中国万千气象》等被中央主管部门以及人民日报社、新华社等央媒官网、官微表扬 27 次。

---

① 刘庆振：《媒介融合新业态：智能媒体时代的媒介产业重构》，《编辑之友》2017 年第 2 期。

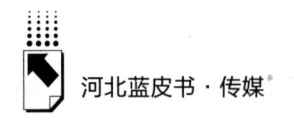

（二）账号运营精细化，关注用户需求

随着社交媒体的兴起，信息获取的方式和用户需求发生了巨大变化。为了满足用户需求，传统主流媒体推出多平台传播战略，进行跨平台整合传播，并开展精细化运营，深入洞察目标用户的需求与兴趣，依托不同平台用户画像与数据分析，打造更加精准、个性化的账号内容，吸引更多用户订阅与关注，提升传播效果。

以"只有河南"文旅IP营销为例，河南省文旅厅按照"内织一张网，外部全矩阵"原则，整合官方社交媒体平台账号，建成"一体策划、集中采集、多种生成、立体传播、同频共振"的社交媒体传播矩阵。微信公众号是深度耕耘内容的主力平台；微博、抖音、哔哩哔哩是不同风格的流量担当，负责吸引流量和客流转化；小红书是教育市场担当，专门面向喜欢"新、奇、美"的用户，通过达人攻略种草，依靠社交媒体矩阵，全年共举办10多项大型主题宣传推广活动，发起超120个热点话题，总传播量超过170亿人次。

再如齐鲁晚报·齐鲁壹点依托微信小程序开展社群运营，陆续打造了"壹点动心""壹起奔跑""壹点答题""齐鲁国际车展"等小程序，从用户更垂直、更刚需、更活跃的需求出发，以多元、特色和差异化构建新产品，充分利用社交平台的用户黏性，在平台化过程中培育私域流量，扩大用户规模，增强网络传播的自主性和可控性，形成独立的内容生态和用户生态。《体坛周报》已建起涵盖微信、QQ和微博三个渠道的十几个类别的社群，其中微信群有20个，覆盖人群达1万人。

（三）强化本地文化内涵，塑造媒体品牌形象

在媒体品牌塑造的过程中，注重内容品质是关键。南方报业传媒集团立足广东，面向全国，秉持"品牌媒体创新力量"的理念，深入强化本地文化内涵，以此为核心塑造独特的媒体品牌形象。集团实施"多品牌"战略，不仅以《南方日报》为旗舰，还广泛涵盖报纸、期刊、网站、客户端、社

交平台等多种媒体形态，形成了"报、刊、网、端、微、屏"全媒体传播体系。

为了与用户建立更紧密的联系，南方报业传媒集团综合运用户外大屏、第三方平台和社交平台账号等多种渠道，形成跨圈层传播态势。目前，集团已构建强大的传播矩阵，拥有超过 400 个境内外社交平台账号，其中《南方日报》、南方+、GD Today（今日广东国际传播中心）在第三方平台共开设了 40 多个账号，全网粉丝量超过 3000 万人，微信公众号、官方微博账号的影响力在全国主流媒体中名列前茅。

"南方+"客户端更是建立了平台号，打造了权威新媒体内容分发平台"南方号"，吸引了广东省超过 7000 个政务机构入驻，实现了省直、地市、区县政务机构的全覆盖，从而构建"新闻+政务"的融媒生态。在此过程中，南方报业传媒集团还非常注重品牌保护和管理，规范账号的运营行为和品牌形象展示，确保品牌形象的一致性和稳定性。

同样，福建省广播影视集团致力于通过强化本地文化内涵来塑造媒体品牌形象。集团以"Hola Fujian"为核心，打造新型国际传播平台，致力于推开世界看福建的"窗"，向世界讲述福建故事、展示福建形象。通过精心策划"Molimoli""国宝组合""崇高组合"等内容 IP，集团在 Facebook、Twitter 等海外社交媒体平台开设账号，发布高质量的内容，建立了覆盖海外多层次、立体式的自持账号平台矩阵，构建了多主体、多渠道的大外宣格局，吸引了大量海外用户的关注和互动，进一步提升了品牌的国际知名度和美誉度。

（四）紧跟国家政策导向，深化国际传播战略的实施

党的二十届三中全会通过的《中共中央关于进一步全面深化改革　推进中国式现代化的决定》做出"构建更有效力的国际传播体系"的重要战略部署。党的十八大以来，从"国际传播能力"到"国际传播效能"，再到"更有效力的国际传播体系"，国际传播工作的重要性日益提升。随着平台逻辑对社会各领域的全面渗透，社交平台正在重塑国际舆论场多元主体的互

动机制和舆论博弈的现实规则，成为推动国际传播格局转型的关键变量。主流媒体在社交平台上的国际传播能力建设成为重要课题。

由中央广播电视总台推出的《平"语"近人——习近平喜欢的典故》（国际版）①，《经典里的中国智慧——平"语"近人（国际版）》②等外宣新媒体产品，旨在通过海外社交媒体平台向国际社会传播中国声音，展示中国智慧和中国方案。这些外宣新媒体产品以习近平总书记的重要讲话和指示精神为核心，选取了中国古代经典著作中的智慧和思想，通过多语种字幕和配音，在海外社交媒体平台进行广泛传播，向国际社会展示中国传统文化的深厚底蕴和现代价值，用生动的故事和案例向国际社会展示了中国领导人的治国理念和政策实践。

四 河北省主流媒体社交平台账号发展的优化建议

（一）以优质内容为核心开展多样化议题设置

首先，内容选题方面，要深入挖掘与受众生活紧密相关、能引发共鸣的接触点，如关注民生热点、本地特色文化等，使内容更具吸引力和贴近性，让受众能从信息中找到与自身利益、情感的关联，从而主动关注和传播。以"城市更新"话题为例，从老旧小区改造、公园建设、环城绿道铺设等细节入手，展现城市变化对居民生活的积极影响，让居民产生"这就是我身边的事"的感觉，进而提高关注度。

其次，内容制作方面，要重视视觉表达，运用高质量的图片、视频、动画等多媒体元素，打造沉浸式的阅读体验。在报道旅游景点时，通过精美的图片和航拍视频，全方位展示景点风光，让受众仿佛身临其境，增强内容的

---

① 《〈平"语"近人——习近平喜欢的典故〉（国际版）在俄罗斯主流媒体播出》，央广网，2025年5月8日，https://news.cnr.cn/native/gd/sz/20250508/t20250508_527162566.shtml。
② 《〈经典里的中国智慧——平"语"近人（国际版）〉（第一季）上线》，《人民日报》2021年5月7日，第2版。

感染力和传播力。采用图文并茂、短视频等形式，对复杂信息进行可视化呈现。例如，在解读重要政策文件、省市经济数据时，用简洁明了的图表和生动的动画解说，使受众更容易理解数据背后的含义，提升信息的可读性和易懂性。

最后，议题设置方面，要打破传统单一议题模式，设置多样化议题，涵盖时政、经济、文化、民生、娱乐等多个领域，满足不同受众群体的多样化需求。定期开展专题策划，如"乡村振兴进行时""科技创新前沿"等系列报道，从不同角度深入探讨，形成话题热度，吸引受众持续关注，提升媒体在各个领域的影响力和话语权。

（二）以用户需求为依据深化用户连接

对于社交媒体平台来说，用户是关键，"平台流量、算法倒逼主流媒体调整心态，转变语态，创新形态，以用户视角专业化制作年轻用户愿意点击和主动分享的新媒体作品"[①]。河北省主流媒体的社交平台账号要从以下几个方面深化用户连接。

一是精准定位用户，收集用户的基本信息、浏览历史、兴趣爱好等数据，利用大数据分析技术构建精准的用户画像。通过分析各社交平台的用户画像，了解用户群体的特征和需求，为精准推送内容和提供个性化服务奠定基础。年轻用户群体对时尚、娱乐、科技等话题较为关注，且喜欢通过短视频和社交媒体获取信息，可以为他们推送相关领域的热门短视频、趣味文章等，提高内容的适配度和吸引力。

二是主动寻找潜在用户，通过线上线下多种渠道进行推广。在线上，利用搜索引擎优化（SEO）、社交媒体广告投放等方式，提高河北省主流社交平台账号在平台的曝光度，吸引用户关注；在线下，举办各类活动、与社区合作等，扩大用户群体。

---

① 邵晓晖、王永连：《主流媒体"账号化"发展现状、挑战与对策》，《新闻战线》2023年第24期。

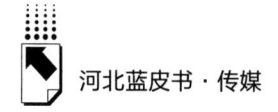

三是加强与用户的互动交流，建立用户反馈机制，及时回复用户的评论、私信等，解决用户的问题和疑虑，让用户感受到被重视。定期开展用户满意度调查，根据用户反馈不断优化内容和服务，提升用户对媒体的忠诚度。

（三）以媒体平台为基础优化矩阵协同机制

搭建统一平台。打造全新传媒旗舰"纵览传媒"，整合各类媒体资源，包括报纸、电视、广播、网站、新媒体等，实现资源共享、优势互补。通过建设统一的技术平台，打破媒体之间的壁垒，提高内容生产、传播和管理的效率。以"纵览传媒"为核心，构建全媒体传播矩阵，形成强大的传播合力。在重大新闻事件报道时，各级媒体平台协同作战，从不同角度、不同形式进行全方位报道，扩大新闻的影响力和覆盖面。

优化考核机制。构建以传播力为导向的新评价体系，将传播效果作为衡量媒体工作成效的重要指标。从内容的阅读量、点赞量、转发量、评论量等多个维度进行综合评估，激励媒体工作者创作更多优质、有影响力的内容。建立绩效考核机制，根据传播力指标对媒体部门和个人进行考核奖励，引导媒体资源向优质内容生产倾斜，提高媒体整体的传播力和竞争力。

扩大传播矩阵。在河北省主流媒体中，选择一家融媒体作为牵引，推动省市县媒体融合发展，加速汇聚成"一朵云"。通过建立统一的内容管理系统，实现省市县媒体内容的互联互通、共享共用，避免重复建设，提高资源利用效率。加强省市县媒体之间的协同联动，开展联合采访、联合策划等活动，形成上下联动、左右协同的传播格局。例如，在举办大型活动时，省市县媒体共同参与报道，从不同层面、不同视角展现活动盛况，提升活动的传播效果和影响力。

（四）以品牌建设为导向强化运营思维

以品牌提升传播力，继续打造"百姓看党报"品牌，将时政报道进行网络化、原生态化改造。采用通俗易懂的语言、生动活泼的形式，对时政新闻进行解读和呈现，让党报的时政报道更加接地气、贴近百姓生活，提高与增强受众的接受度和传播意愿。例如，在报道政府重大决策时，通过动画视频、漫画等形式，将政策内容转化为通俗易懂的故事，让受众在轻松愉快的氛围中了解政策，增强时政报道的传播力和影响力。

以品牌增强引导力，持续推出"冀言"文章品牌，打造特色IP。组织专业团队，围绕社会热点、民生话题等撰写深度评论文章，以独特的视角、犀利的观点、严谨的论证，引导社会舆论，形成品牌效应。通过持续推出高质量的"冀言"文章，树立媒体在舆论引导领域的权威性和公信力，吸引更多受众关注，使媒体在社会舆论场中发挥更加积极的引导作用。

以品牌释放影响力，深度打造《美丽河北》慢直播品牌，邀请受众"云游"河北自然风光，感受人文胜景。利用先进的直播技术和设备，对河北的名胜古迹、自然风光等进行长时间、全方位的直播，让受众身临其境地感受河北的魅力。在直播过程中，配备专业的讲解人员，对景点的历史文化、自然特色等进行详细讲解，增强直播的趣味性和知识性。通过慢直播的形式，持续吸引受众关注，提高河北的知名度和美誉度，扩大媒体品牌的影响力。

参考文献

《第55次〈中国互联网络发展状况统计报告〉》，中国互联网络信息中心网站，2025年1月17日，https：//www.cnnic.cn/n4/2025/0117/c88-11229.html。

何慧媛：《媒体如何有效利用境外社交媒体平台》，《对外传播》2015年第6期。

刘庆振：《媒介融合新业态：智能媒体时代的媒介产业重构》，《编辑之友》2017年第2期。

邵晓晖、王永连：《主流媒体"账号化"发展现状、挑战与对策》，《新闻战线》2023年第24期。

B.11 河北省公益广告传播现状与价值引领研究

宋维山 韩文举 王浩宇 李玉萌*

摘 要： 近年来，随着国家政策的持续实施和"十四五"规划的深入实施，公益广告作为社会主义核心价值观的重要传播方式，受到了社会各界的广泛关注和重视。河北省公益广告在政策支持、经济投入、社会公益意识增强和数字技术发展的共同推动下，形成了政产学研相结合的传播管理机制，确保了公益广告的政治正确性与社会引导功能。同时，广告内容紧扣绿色环保、历史文化传承、公共健康等主题，通过结合地方特色和时代需求，增强了社会认同感与文化归属感；5G、AI 和 VR/AR 等技术赋能，显著提升了传播的创意水平与互动效果。在价值引领方面，公益广告通过传播社会主义核心价值观、推动社会风尚的改善和文化的创新发展，展现了其在精神文明建设、文化传承、社会责任倡导和经济可持续发展中的重要作用。此外，河北省依托政府、企业、社会组织和高校的协同合作，构建了"全媒体矩阵"传播格局，显著扩大了公益广告的覆盖范围与社会影响力。经过分析总结，研究最终提出了关于优化传播内容、加强公众参与和探索数字化精准传播路径的未来建议。

关键词： 公益广告 数字技术 社会价值 文化传承

---

* 宋维山，河北师范大学新闻传播学院广告系教授，硕士研究生导师，河北省广告研究院院长，河北省广告协会学术委员会主任，中国高等教育学会广告教育专业委员会常务理事，主要研究方向为品牌营销传播；韩文举，河北地质大学艺术学院讲师、广告学教研室主任，河北省广告研究院助理院长，河北省广告协会学术委员会秘书长，主要研究方向为品牌营销传播；王浩宇，河北师范大学新闻与传播专业硕士研究生，主要研究方向为广告传播；李玉萌，河北师范大学新闻与传播专业硕士研究生，主要研究方向为广告传播。

公益广告作为传播社会正能量的重要载体，在现代社会中承担着引导舆论、弘扬社会主义核心价值观和促进社会文明进步的多重功能。狭义的公益广告是指为宣传公益理念或社会道德而制作的广告作品，通常由政府、社会组织或企业主导，主题明确、内容直接。随着社会和传播技术的迅猛发展，公益广告的内涵与外延也得到了拓展。广义的公益广告已不再局限于传统意义上的广告形式，而是指以公益传播为目的和主题，进行社会价值引导与宣传的多样化社会传播行为，涵盖了传统公益广告以及由社会各界、各组织开展的公益活动，体现了媒体传播、社会动员和技术赋能的有机结合。当前，河北省公益广告正处于创新发展的转型期，其在精神文明建设、文化传承、社会责任倡导及经济可持续发展中发挥着不可或缺的引领作用，也成为推动河北省精神文明建设不可或缺的重要力量。

一 河北省公益广告传播现状：顺应时代发展，展现公益担当

公益广告作为"社会文明的黏合器"与"社会进步的助推器"，无论是在经济社会发展中还是在精神文明建设中，都发挥着越来越重要的作用。近年来，从全国范围来看，公益广告事业取得了令人瞩目的进步，呈现蓬勃发展的良好态势，河北省公益广告在传播环境改善、传播管理机制优化等方面发展成效显著，为加快建设经济强省、美丽河北，奋力谱写中国式现代化建设河北篇章贡献出了公益力量。

（一）发展要素不断完善，整体传播环境持续优化

1.政策环境改善，多项举措并行

公益广告作为一种重要的传播载体，在经济社会发展与精神文明建设中承担着引导舆论、弘扬社会主义核心价值观的职责。为进一步推动公益广告事业的发展，河北省政府各相关部门积极推出多项举措。作为直接管理部门的公益广告事业主管机构及作为间接管理部门的传媒机构等，积极通过设立

专项经费、整合媒体资源、建立成果转化机制等多项措施，全力推动公益广告事业的发展，为公益广告在传播正能量、构建和谐社会方面提供有力支持，在推动社会文明进步的进程中发挥重要作用。

2. 经济恢复发展，资金投入增加

近年来，河北省各级广告主管机构、协会组织以及社会机构，特别是公益类的协会组织加大公益广告制作与传播的资金投入。例如，河北省红十字会启动了"2024年三献公益广告项目"，该公益广告项目得到了包括中国红十字会、网易、征集网、百家号等媒体在内的系统报道，触达人数超过百万人（次）。通过加大对公益广告事业的资金投入，扩大了公益广告的传播范围，增强了社会公众的公益意识，推动了社会公益事业的发展。

3. 公益意识增强，各界积极参与

在社会各界踊跃参与的大力支持下，河北省公益广告事业取得了显著成效，公益广告的题材更加丰富，传播手段更加多样，社会影响力不断提升。公益广告始终关注社会公共问题，如河北省社会公共问题中较突出的雾霾天气与汽车尾气排放问题。自2014年起，邯郸市环境文化交流促进会针对雾霾天气以及汽车尾气排放问题发起"五公里内不开车"绿色低碳出行公益行动，该公益行动通过组织各类活动和媒体宣传扩大了影响范围，并于2024年入选由生态环境部、中央社会工作部发布的2024年"美丽中国，我是行动者"先进典型名单，成为社会各界积极参与公益活动的典范。

4. 数字技术发展，赋能公益广告

近年来，数字技术的飞速发展助力了河北省公益广告产品与服务的创新。一是技术赋能公益广告作品的内容生产，如2024年河北省举办的各类公益广告大赛中出现了使用AI技术赋能内容生产的作品，这些通过算法创作的作品，既具有视觉冲击力又富含内容深意，打破了传统手绘和摄影的界限，以独特的视角和形式探讨了环保、教育、健康等多个社会议题，激发了公众对社会问题的深刻思考。二是技术赋能公益作品传播。河北在组织开展广告助企的"三助工程"时，借助技术赋能增强了公益广告的宣传效果。例如，"2024石家庄地理标志产品宣传活动晋州专场"通过各类形式对石家庄地理标志产品进行宣传推介，受众超万人次。同时，此次公益活动促成了多个产销合作意向，为后续相关产业的协同发展奠定坚实基础。

（二）构建规范与引导并重的公益广告管理模式

河北省在公益广告发展中，构建了规范与引导并重的管理模式。一方面，各级公益广告管理部门借助制定政策规范、审核内容导向、统筹资源配置等举措，全面把控公益广告的政治方向与思想内涵，确保其与社会主义核心价值观高度契合。另一方面，以全省主流媒体为公益传播主渠道，严格落实公益内容发布要求，并依托常态化刊播机制强化传播效能。例如，《河北日报》定期在第4版、第12版等版面发布公益广告，2024年12月19日第16版发布的"双争活动"主题公益广告，便是主流媒体通过常态化刊播机制实现公益信息深度传播的有力例证。这种管理模式有效保障了正确的公益广告传播导向，推动公益广告事业高质量发展。

（三）党政机关主管与引导，社会各界积极参与

河北省公益广告的参与主体呈现管理部门主管与引导，政产学研共同参与的特点。不同的参与主体从各自的职能、优势出发，全方位参与到公益广告的传播中，形成了党政主管、各方协同的良好局面，共同构建覆盖广泛、主题多样的公益广告传播网络，让公益理念在全省得以深入传播。

1. 管理部门积极引导，公共服务机构协同助力

管理部门和公共服务机构在河北省公益广告传播中扮演着重要角色，积极参与公益广告的制作与传播。管理部门作为公益广告事业的组织者和管理者，有责任和义务通过公益广告来宣传国家政策、法规，增强公众的社会意识，引导社会行为。公共服务机构如公立医院、公立学校等，也会根据自身的服务职能和社会责任，制作和传播与健康知识普及、教育理念推广等相关的公益广告。各级公益广告管理部门通常与对应的公共服务机构开展公益广告宣传合作，以扩大公益广告的宣传范围，增强公益广告的宣传效果与社会影响力。

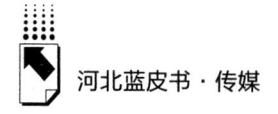

2. 企业整合社会资源，实现商业价值与社会价值的协同提升

企业是推动河北省公益广告传播的重要主体，其积极参与公益广告的制作与传播，不仅能构建企业与社会的良性互动关系，还能提升品牌美誉度与增强公众认同感。基于以上因素，企业普遍采取自主创作与媒体合作相结合的传播模式进行资源整合，优化传播效果，实现商业价值与社会价值的协同提升，如企业赞助方通过设置公益主题、植入公益广告等方式增强公益广告的传播效果，为推动公益广告事业的发展贡献力量。

3. 广告公司发挥专业优势，媒介机构调动资源禀赋

广告公司与媒介机构是河北省公益广告制作与传播的专业力量。广告公司凭借专业的创意策划与较强的制作能力为公益广告提供高质量内容生产服务；媒介机构依托多元化传播渠道实现公益信息的快速扩散与广泛覆盖。基于双方优势互补，河北省各级媒体普遍与专业广告公司进行合作以扩大公益广告的传播覆盖面与社会影响力。2024年，河北广播电视台文旅之声频率携手石家庄君悦广告股份有限公司开展了"文旅之声 地铁驰风"文旅流动风景线地铁主题战略合作，整合各类媒介资源，放大公益声量，构建京冀全媒体矩阵宣传模式，得到了包括河北新闻网、河北广播电视台在内的多家媒体的报道，进一步扩大了文旅信息的传播覆盖面，增强了公益广告宣传效果。

4. 教育机构引导公益育人，推动学术研究发展

公益广告作为一种传播载体，具有立德树人的作用，能够在潜移默化间对人的行为产生影响。因此，为充分发挥公益广告的作用并考虑到各教育单位与教育机构的差异性，河北省教育场域的公益广告实践呈现差异化发展路径。中小学主要是通过举办、参加各类公益广告大赛强化中小学生的公益意识，如河北省内各类公益广告大赛均设立了青少年组别，鼓励青少年群体参与公益广告宣传活动。高校则依托科研优势，构建产学研协同机制，推动公益广告事业发展，如河北省内高校教师主持完成"新媒体背景下河北省公益广告的创新及传播策略研究"等省级课题，产出80余篇相关学术论文，为公益广告事业的发展提供智力支撑。分众化实施策略既契合青少年成长规律，又激活高校创新动能，逐步构建覆盖全教育阶段的公益广告育人体系。

5. 公益组织秉持服务初心，助力放大传播效应

公益组织以推动社会公益事业为宗旨，其使命与公益广告的目标高度契合，是公益广告的重要传播主体之一，在河北省公益广告传播中发挥着独特的作用。截至2024年12月，河北省登记慈善组织达720余家。① 河北省的公益组织通过项目化运作等方式，深度参与公益广告的传播，如河北省红十字会三献工作事务中心主办的2024年京津冀高校"三献"宣传海报设计大赛，共征集作品1524件，吸引《燕赵晚报》、设计竞赛网等媒体追踪报道，覆盖受众超百万人次。此类活动既提高了公益广告创作主体的社会参与度，又通过媒体传播扩大了公益项目的社会影响力，印证了河北省公益组织在推动公益事业发展方面的重要作用。

（四）内容表现上聚焦主题，创新呈现方式

河北省公益广告在内容表现上既紧扣时代与地域主题，又注重创新呈现方式，通过多样化的创意手段让公益理念更易被受众接受，增强公益广告的吸引力和感染力，更好地实现传播价值。

1. 选题聚焦时代主题，彰显地域特色

河北省公益广告聚焦时代主题，从政策导向与政府规划、社会文化与社会发展需求、本土文化与历史传承三个方面彰显地域特色的特点。一是严格依据政策导向和政府规划确定主题，从内容制定、赛事打造等多个层面宣传贯彻党的二十大精神、省委十届历次全会精神，致力于经济强省、美丽河北建设，如截至2024年已连续举办五年的河北省公益广告大赛中均设置"美丽河北"公益征集关键词或征集方向。二是依据社会文化与社会发展需求确定选题和主题。随着社会对环保问题的日益重视，尤其是在2024年，河北省部分城市空气质量改善进入关键阶段，围绕绿色出行、垃圾分类等环保

---

① 河北省民政部门服务性社会组织注册登记信息。

主题的公益广告选题不断涌现。2024年5月，河北省机关事务管理局开展公共机构节能降碳系列宣传活动，在全省公共机构办公场所张贴节能降碳宣传海报，组织以"绿色转型，节能攻坚"为主题的网络答题及"冀云"热聊互动，引导市民参与低碳行动。线上专题页面访问量达数万人次，知识竞赛覆盖全省多数公共机构，累计张贴海报数千张、发放手册数万份，公益短视频各平台播放量超十万次，相关内容在社交媒体进行讨论分享，扩大节能降碳理念在公共机构及社会层面的影响力。三是与河北丰富的历史文化资源相结合。河北文化底蕴深厚，不仅拥有大量的物质文化遗产，还拥有众多珍贵的非物质文化遗产。2024年，为增强全民节水意识，蔚县水务局将节水理念与蔚县剪纸相结合，邀请市级非物质文化遗产传承人周淑花设计创作以"节约用水"为主题的公益广告作品，在"燕赵水利"微信公众号、"张家口税务"微信公众号等媒体推广，增强宣传效果，扩大节水理念的传播范围。

2.创新呈现形式，探索特色工程

河北省重视公益广告事业的发展，不断创新呈现形式，将抽象的社会公益理念以具象化、生动化的方式展现。比如，南皮县融媒体中心曾推出一则公益广告作品——《用心守护文明》，其中的"守护盲道，守护文明"篇章展现了盲人在日常行走中所遭遇的困境，特别是乱停车辆肆意侵占盲道的现象，引发了观众的共鸣，传递出深刻的公益内涵。

此外，河北省坚持创新理念，探索形成一系列具有河北特色的项目。以旅游领域为例，针对周末短途游发展趋势，河北省文化和旅游厅在2019年5月19日中国旅游日，联合相关部门启动"这么近，那么美，周末到河北"品牌宣传活动，并发挥传统媒体及新媒体的优势广泛开展宣传，在《河北日报》、河北广播电视台等传统媒体投放公益广告，同时在微博、微信公众号、百家号等新媒体平台开设"周末游河北"专栏，扩大活动传播覆盖面。该活动作为河北省公益广告在旅游领域的实践，通过多平台、多维度宣传策略，有效提升河北旅游品牌形象，为其他领域公益广告项目提供可复制的经验，对全省公益广告事业的发展具有积极的示范效应。

（五）打造全媒体矩阵，实施整合传播策略

推进媒体深度融合发展，构建全媒体矩阵是河北媒体战略布局的关键方向。在推动河北省公益广告事业发展的过程中，各级媒体积极打造全媒体矩阵，发挥全媒体矩阵的优势，为公益广告的传播注入新动力，实现资源优化整合与传播效能的最大化。

以河北新闻网为例，近年来，该平台持续推进媒体深度融合，建成"一网（河北新闻网）两微（微信、微博）一报（河北手机报）N号（今日头条、一点号、人民号、百家号、快手号、抖音号、微视）"的立体宣传矩阵，在公益广告传播实践中实施整合传播策略，统筹各平台资源以实现公益广告传播效果的最大化。

二 河北省公益广告传播的价值引领表现：三大价值协调并举，公益成效多维共生

在社会经济与文化转型的关键时期，河北省以公益广告为纽带，通过政策引导、技术赋能与多方协作的联动机制，构建兼具时代特征与地域特色的公益传播体系。在社会价值层面，以社会主义核心价值观为引领，通过具象化的公益叙事凝聚社会共识，激发公众参与社会治理的内生动力，在促进道德认同与行为规范的过程中推动社会和谐；在文化价值层面，通过举办公益广告大赛激发公益广告创新动能，借助媒体等渠道传播特色燕赵文化与非遗，实现了非遗技艺、民俗符号的现代化转译；在多维驱动价值层面，将公益广告作为创新驱动引擎，通过技术赋能与价值引领的双向作用，推动河北省广告业态实现系统性升级，同时以公益实践为育人载体，通过产、学、研协同机制重塑广告行业人才结构，并依托绿色传播理念引导产业低碳转型，形成公益生态与经济转型的良性互动。

（一）社会价值：凝聚思想共识，促进社会和谐

2024年，河北省依托《中华人民共和国广告法》和《公益广告促进和

管理暂行办法》等政策法规的引领，创新平台布局和媒介表达，形成了线上线下相结合的矩阵式传播模式，有效增强与扩大了公益广告的吸引力和覆盖面，显著提升了公益广告的传播效果。2024年长城新媒体集团等平台发布了包括"乡村振兴""文明家庭""移风易俗"等主题的公益广告视频，紧扣国家政策，极大提升了广告的传播效果。此外，河北省妇联与河北省文明办联合主办的《最美的家　最爱的国》"双争有我"——2024年河北省"最美家庭"发布仪式通过河北卫视播出，展示了100户"最美家庭"，进一步生动传递了社会主义核心价值观。

河北省市场监管部门及城管等综合执法部门持续研究和探索公益广告在市政设施、公共交通和商业区域提升覆盖比例的路径，以及对企业和机构设置公益广告的行为和要求进行的相关规范性引导举措，不仅扩大了公益广告的传播覆盖面，还调动了社会组织和企业履行公益责任的积极性，有效增强了公益广告的社会功能。例如，唐山市路南区充分发挥德育教育全过程实践经验，利用域内"新时代文明实践所（站）""初心家园"等资源禀赋，在线上线下宣传阵地设置公益广告500余处，为未成年人德育健康成长保驾护航。

（二）文化价值：以赛提质促发展，以传兴文塑品牌

1. 打造一系列赛事，产出优秀广告作品

2024年，河北省通过一系列公益广告赛事，有效推动了公益广告内容的创新和社会责任的广泛认同，特别是通过管理部门、媒体和社会各界的广泛合作，为赛事提供更优质的平台。截至2024年已连续举办五年的河北省公益广告大赛吸引了政府、企业、媒体等各类社会力量的积极参与，河北省广播电视局举办的河北省第十届广播电视公益广告优秀作品征集和展播活动，紧紧围绕河北省宣传思想工作主题，聚焦习近平新时代中国特色社会主义思想、党的二十大精神、乡村振兴等，推动和扩大了公益广告的广泛传播和社会影响。

2.传承优秀文化，塑造地方品牌

文化传播的本质在于传统文化的继承与现代文化的创新。2024年，河北省通过深度挖掘地方文化资源，将燕赵文化等传统文化转化为具有教育性和吸引力的公益广告内容。河北日报报业集团发布的《创意海报·非遗河北｜都让让，非遗"整活儿"了》，通过将传统非遗与现代设计手法相结合，创作出富有视觉冲击力的公益海报，不仅展示了河北的非遗项目，还通过社交平台和线上展览等现代传播渠道，吸引了大量年轻群体的参与和互动，增强了地方文化的认同感和传播力，使河北传统文化打破地域局限，扩大与拓展了传播的覆盖面和深度，引发了公众对非物质文化遗产保护和传承的关注。

（三）多维驱动价值：推动广告业创新与升级，加速可持续目标的实现

在推动经济发展绿色转型与高质量发展的背景下，河北省公益广告不断拓展传播内涵，不仅在绿色发展理念的引导上发挥作用，还在实现行业赋能、人才成长、绿色可持续等方面，推动广告业与社会实现双向共赢。各类公益广告围绕"生态文明建设""节水护水""绿色消费"等主题开展创作，推动环保理念深入人心。与此同时，广告业不断探索数字化传播方式，通过短视频、社交平台、沉浸式互动等形式，提升绿色议题的传播效能，推动传播生态的绿色转型。在引导公众关注环保技术、低碳产品等绿色产业过程中，提升社会对绿色生活方式的认知度和参与度，进一步增强绿色产业链上下游的协同效应。广告业以内容驱动形成绿色认知，以传播助力消费转型，成为绿色经济的重要参与力量。

三 河北省公益广告传播建议：多维举措齐发力，点亮公益传播之光

为深入贯彻习近平总书记"广告宣传也要讲导向"的重要指示精神，近年来，河北省大力发展公益广告事业，进一步激发了社会各界参与公益广

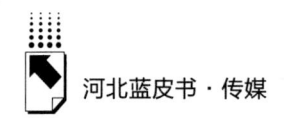

告创作的热情，公益广告创作生产能力也得到大幅提升。未来，河北省将继续从政策引领、产业赋能、学术教研、媒体担当、公众参与这五个方面入手，全方位推动河北省公益广告事业不断发展。

（一）政策引领：进一步强化和完善河北省公益广告政策扶持与规范体系

首先，省政府及相关部门应当出台针对性的扶持政策，以促进公益广告产业的发展，如设立公益广告专项基金，为优秀的公益广告作品提供创作和制作的资金支持，以此激励创意人才积极参与公益广告的创作。同时，对公益广告播出平台、刊播时段等方面给予政策优惠，鼓励媒体积极参与公益广告传播，扩大公益广告覆盖面。

其次，完善公益广告的规范化管理体系。明确公益广告的界定标准、审核流程，确保公益广告内容积极健康、导向正确，避免出现商业广告伪装成公益广告的现象。加强对公益广告制作、发布环节的监管，对违规行为依法依规进行处理，维护公益广告的公信力和良好形象。

最后，不断完善政府部门、媒体、企业、社会组织等多方合作机制，深入合作以推动公益广告事业的发展。通过政策引导，鼓励各方发挥自身优势，共同参与公益广告的策划、制作与传播，形成全社会协同推进公益广告发展的良好格局，使公益广告更好地服务于河北省社会文明建设、文化传播等多项目标，提升全省公益广告的整体影响力与传播效果。

（二）产业赋能：继续推动河北省公益广告产业多元协同发展

在区域协同方面，应加强省内各地市广告产业资源整合，以石家庄、唐山等核心城市为龙头，辐射带动周边地区，形成区域间优势互补、创意交流、资源共享的广告产业集群效应。鼓励各地市依据自身文化特色与产业优势，打造差异化公益广告创作基地，形成河北省公益广告创作与传播的地域合力。

不断加强媒体与企业之间的协同合作。媒体凭借广泛的传播渠道与坚实的受众基础，为公益广告提供展示平台；企业则可发挥资金、技术与市场敏感度的优势，参与公益广告的策划与制作。通过政策引导与项目对接，推动媒体与企业建立长期稳定的合作关系，如开展公益广告联合创作大赛、品牌公益广告定制活动等，既提升公益广告的专业度与创意性，又实现企业品牌形象与社会责任感的同步彰显。

（三）学术教研：夯实和构建河北省公益广告理论根基与人才智库

省内高校与科研机构应加大对公益广告领域的研究力度，设立专门的研究课题与项目，深入探究公益广告的传播规律、受众心理、创意策略以及社会影响力评估等多方面内容。通过举办学术研讨会、专题讲座等形式，汇聚国内外专家学者智慧，交流前沿学术成果，为河北省公益广告实践提供坚实的理论支撑，促进理论与实践的深度融合。

构建完善的公益广告人才培养体系至关重要。在高校广告专业及相关学科中，优化公益广告课程设置，提高实践教学比重，鼓励学生参与公益广告创作比赛与实际项目运作，培养学生的创新思维与实践能力。同时，加强校企合作，建立实习实训基地，让学生在企业中积累经验，了解行业需求。此外，积极开展面向广告从业人员的继续教育与培训课程，邀请业内资深人士分享成功案例与实战经验，提升广告从业人员的专业素养与业务水平，为河北省公益广告产业打造一支多层次、高素质的人才队伍。

（四）媒体担当：持续提升河北省媒体公益广告传播效能与创新实践能力

河北省各类媒体应充分挖掘自身传播潜力，优化公益广告播出时段与版面安排。电视台可在黄金时段增加公益广告播出频次，且避免冗长广告插播造成的观众流失；广播电台可利用交通广播、音乐广播等不同频率的听众特点，精准投放满足听众需求的公益广告；报纸则可开辟整版公益广告专栏，以深度报道、系列专题等形式呈现公益内容，增强感染力与影响力。

新媒体平台更是要发挥互动性与精准推送优势。社交媒体平台可发起公益广告话题挑战，鼓励用户参与创作与传播，借助用户的社交网络实现裂变

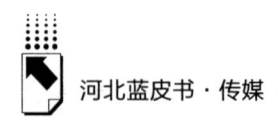

式扩散；新闻资讯类App运用算法推荐，将公益广告精准推送给目标受众，提高触达率。

（五）公众参与：不断激发社会公众公益广告共创与传播热情

搭建便捷的公众参与平台。建立专门的公益广告创作与投稿网站及手机应用，降低参与门槛，简化操作流程，让普通民众能够轻松上传自己构思的公益广告文案、设计草图或短视频作品。同时，在社区、学校、商场等公共场所设置线下投稿点，方便不同年龄段和群体参与。

开展丰富多样的公众参与活动。不断升级河北省公益广告大赛规模，发挥大赛引领作用，吸引专业人士与业余爱好者积极参与；开展公益广告主题征集活动，如"文明河北""绿色家园"等，引导公众围绕特定主题贡献智慧；组织公益广告进万家活动，鼓励公众以家庭为单位创作并分享公益广告，增强活动的趣味性与互动性。

结　语

党的二十届三中全会提出，完善培育和践行社会主义核心价值观制度机制，改进创新文明培育、文明实践、文明创建工作机制，这为公益广告的发展提供了方向和要求。2024年以来，河北省公益广告在推动社会文明、弘扬社会主义核心价值观、增强社会责任感等方面发挥了积极作用。随着数字化、智能化技术的迅猛发展，公益广告的传播形式发生了深刻变革。公益广告通过多平台传播能够更广泛地接触到不同的社会群体，发挥其正面精神引领作用和力量。数字平台和新媒体的传播，提高与拓展了公益广告的传播效率和传播深度，形成了线上线下相结合的传播矩阵。

然而，河北省公益广告在发展过程中仍面临一些亟待解决的困难。公益广告的创意和内容存在同质化现象，创新性不强、吸引力不足；公益广告的受众参与程度依然较低，尤其是线下活动和公众互动的形式单一，尚未充分吸引社会各界的积极参与。由于公益广告的传播对象广泛多样，如何根据不同群体需求定制精准传播策略，仍然是当前需要解决的问题。

河北省公益广告应进一步加大创新力度，特别是在内容创意、形式设计和传播渠道方面，结合当前社会发展趋势，提升广告的个性化和互动性。同时，要充分利用数字技术、数据分析与人工智能，优化广告传播路径，精准锁定目标受众，实现更高效、更深入的传播。未来，河北省公益广告实践不仅要在引领社会主义核心价值观和公共行为方面发挥示范作用，还要更好地增强公众对公益活动的参与感和归属感，推动公共社会事业的蓬勃发展，为推进文化自信、铸就社会主义文化新辉煌、增强实现中华民族伟大复兴的精神力量做出河北贡献。

参考文献

陈正辉：《公益广告的社会责任》，《现代传播（中国传媒大学学报）》2012年第1期。
刘林清、和群坡主编《公益广告学概论》，中国传媒大学出版社，2014。
宋玉书：《公益广告教程》，北京大学出版社，2017。
徐协：《广告中的中国元素研究述评》，《当代传播》2011年第1期。
闫研、张燕楠、霍楷主编《公益广告设计篇》，东北大学出版社，2021。
杨琳、李亦宁主编《公益广告概论》，西安交通大学出版社，2019。
张明新、余明阳：《我国公益广告探究》，《当代传播》2004年第1期。

B.12
2024年河北省文旅类网络微短剧发展报告

魏茹芳 石宏杰 顾燚 沈宁宁*

摘 要： 随着网络微短剧的发展，"微短剧+"积极赋能各行各业。2024年，河北省积极借助网络微短剧形式进行文旅宣发，打造了多部文旅类网络微短剧作品，传播河北文化，助力旅游经济发展。本文通过对2024年河北省文旅类网络微短剧发展概况的梳理，分析了河北省文旅类网络微短剧发展存在的问题，提出河北省文旅类网络微短剧未来发展将呈现产业化、数智化、精品化趋势，应从多渠道、多主体进行精准推广，提高用户触达率，深挖城市文化内核，打造爆款精品，加快健全旅游景区基础设施，优化用户文旅体验等方面推动河北省文旅类网络微短剧进行优化，助力河北省文旅产业与视听产业的双向繁荣。

关键词： 文旅融合 文旅类网络微短剧 河北省

根据《国家广播电视总局办公厅关于进一步加强网络微短剧管理 实施创作提升计划有关工作的通知》，单集时长从几十秒到15分钟左右、有着相对明确的主题和主线、较为连续和完整的故事情节的剧集作品即为网络微短剧。2024年1月12日，《国家广播电视总局办公厅关于开展"跟着微

---

* 魏茹芳，博士，河北经贸大学新闻与文化传播学院副教授，主要研究方向为新闻传播伦理、影视文化传播；石宏杰，河北传媒学院新闻传播学院，主要研究方向为编辑出版；顾燚，河北经贸大学新闻与文化传播学院硕士研究生，主要研究方向为视听新媒体传播；沈宁宁，河北经贸大学新闻与文化传播学院硕士研究生，主要研究方向为新闻实务。

短剧去旅行"创作计划的通知》发布，提出积极引导微短剧创作提升，促进微短剧与传统文化、旅游资源、线下经济交融交汇，并制定了2024年创作播出100部"跟着微短剧去旅行"主题优秀微短剧的目标任务，要求推动一批实体取景地跟随微短剧的热播"出圈"，塑造一批古今辉映、联通中外的文化标识和符号通过微短剧全球传播，形成一批可复制可推广的"微短剧+文旅"融合促进消费的新模式，营造跟着微短剧去全国各地"打卡"的新风尚，助力经济发展。

一 2024年河北省文旅类网络微短剧发展概况

河北省广播电视局积极响应政策要求，通过举办座谈会、开展相关活动等方式推进官方主流媒体与社会资本媒体企业进行文旅类网络微短剧的创作生产，确定重点创作项目和重点创作单位，产出了一系列作品，在文旅与网络微短剧的有效联动中提升了省内旅游目的地的知名度和曝光率。

（一）政策扶持下文旅类网络微短剧制播"出圈"

2024年1月12日，《国家广播电视总局办公厅关于开展"跟着微短剧去旅行"创作计划的通知》发布后，北京、上海、浙江等20余省市纷纷出台扶持政策，积极响应。为落实好这一通知，河北省广播电视局印发了《关于转发"跟着微短剧去旅行"创作计划的通知》。河北省广播电视局举办微短剧创作座谈会，就省内各地文旅资源优势进行推介，并对当地网络微短剧创作管理政策、产业发展情况等进行介绍与解读。2024年4月2日，河北省广播电视局与河北省文化和旅游厅、河北省邯郸市人民政府共同举办"跟着微短剧去旅行"创作计划河北征集活动启动仪式，公布了《回到崇礼》《等你三千年》[①]等第一批13个重点创作项目，将河北广电影视文化有

---

① 《"跟着微短剧去旅行"河北省文化和旅游厅重磅推出微短剧〈等你三千年〉》，"河北旅游"微信公众号，2024年4月7日，https://mp.weixin.qq.com/s/-RqoRutkcyimjsJiCrNB-w。

限公司等列入第一批13家重点创作单位，入选项目紧紧围绕八大创作方向和"这么近，那么美，周末到河北"的文旅资源，讲述"妙不可言""心向往之"的河北文旅场景故事，起到了"风向标"作用。

社会资本媒体企业也对各项政策积极响应，对文旅类网络微短剧进行流量扶持。快手发布关于微短剧反哺政策的公告，快手星芒短剧为合作机构和创作者提供平台运营资源及千万级流量支持，以文旅题材微短剧专项通道为例，最高可获得6000万的流量扶持。[1] 腾讯视频响应"跟着微短剧去旅行"的号召，将"火星计划"全面升级，推出"城市火星计划"，旨在为"微短剧+文旅"的新模式添砖加瓦。芒果TV"大芒计划"发布新战略，提出探索"微短剧+文旅"的新模式，深度挖掘故事和地域的连接。淘宝推出文旅短剧扶持计划。

在一系列政策的扶持下，政府部门与媒体机构及传媒公司合作，深入挖掘区域文旅资源，通过积极探索"微短剧+文旅"的新模式，推动文旅资源与传媒资源的融合共通，延伸微短剧产业生态链，推动取景地与旅游地随着微短剧热播升级成具有河北辨识度、全国能见度和行业美誉度的文旅网红"打卡地"，借助网络微短剧这一新形式推动文旅产业的新繁荣，实现"文旅+"的多向连接，达到优质微短剧和文旅的"双破圈"效应。

（二）2023~2024年文旅类网络微短剧主要成果

在国家及省级政策的支持下，网络微短剧行业蒸蒸日上，与文旅产业的融合进一步拓宽了网络微短剧的内容视野，其自身短小精悍的特点为文化旅游目的地注入了"有趣的灵魂"，通过具象化的资源呈现，增强文化旅游目的地的表现力和感染力。这一年来，河北省文旅类网络微短剧佳作频出，多部作品入选"跟着微短剧去旅行"创作计划推荐剧目，聚焦河北省文旅资源的深度挖掘，展现旅游目的地的风土人情、文化底蕴、精神内涵，为河北

---

[1] 《抖音快手微信发布微短剧反哺政策助力构建微短剧精品化支持体系》，"中国网络视听节目服务协会"微信公众号，2024年7月19日，https://mp.weixin.qq.com/s/CJf-00LtALFXjRft8DzfPg。

文旅发展注入新活力。

1. 上映作品评价较高，筹拍作品蓄势待发

截至2024年11月4日，经不完全统计河北省共完结上映文旅类网络微短剧13部，分别是《回到崇礼》《等你三千年》《小岛欢歌》《磁山长歌·梦回远古》《你好，苏东坡》《邯郸梦之AI在战国》《缘来在等你》《一块砖都不能少》《不想恋爱的千小姐》《河北48小时》《田园织梦》《驴火了》《我在正定》以及邯郸市各市区、县区拍摄报送的19部作品。在上述作品中，《等你三千年》入选"跟着微短剧去旅行"创作计划第二批推荐目录，该剧在9月23日的第十一届丝绸之路国际电影节——"丝路繁星"微短剧高质量发展大会中，入选"十大文旅微短剧"，《等你三千年》赋能河北邯郸回车巷等入选"十大文旅知名度提升案例"。[①]《你好，苏东坡》《回到崇礼》入选"跟着微短剧去旅行"创作计划第三批推荐目录。[②]《河北48小时》入选"跟着微短剧去旅行"创作计划第四批推荐目录。[③]"《城·故事》系列微短剧项目之《四时花开》"项目入选《2024年"千帆出海"重点活动（项目）清单》。[④]《田园织梦》作为河北省首部"非遗+文旅"类网络微短剧，上线以来得到了中央及省市媒体的广泛关注，《人民日报》、中国新闻网、中国经济网均进行了相关报道，并且与《我在正定》《驴火了》三部作品共同入选"跟着微短剧去旅行"创作计划第五批推荐剧目。[⑤]《磁山长歌·梦回远古》在第十六届中国旅游电视周中脱颖而出，一举斩获短视

---

① 《庄与蝴蝶〈等你三千年〉荣获第十一届丝绸之路国际电影节——"丝路繁星"微短剧高质量发展大会两项殊荣》，"石家庄市文化产业协会"微信公众号，2024年9月24日，https://mp.weixin.qq.com/s/A2w6PRGOEjob6Ngu9s1Vew。
② 《"跟着微短剧去旅行"创作计划第三批推荐剧目发布》，"河北旅游"微信公众号，2024年8月6日，https://mp.weixin.qq.com/s/wKbKFRp-_lCUAqizXdkwow。
③ 《国家广电总局发布"跟着微短剧去旅行"创作计划第四批推荐剧目》，"繁星指数"微信公众号，2024年10月12日，https://mp.weixin.qq.com/s/LKjTJrtZSNiDnAGUE1rdew。
④ 《庄与蝴蝶"〈城·故事〉系列微短剧项目之〈四时花开〉"项目，入选〈2024年"千帆出海"重点活动（项目）清单〉》，"石家庄市文化产业协会"微信公众号，2024年8月30日，https://mp.weixin.qq.com/s/QU5_6o1TlmrRuGFvqxYTYA。
⑤ 《"跟着微短剧去旅行"创作计划第五批推荐剧目发布》，"国家广播电视总局"微信公众号，2024年8月6日，https://mp.weixin.qq.com/s/_ncvY_KWWr76lnUG9SP81A。

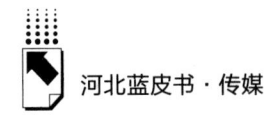

频（微电影）类最佳作品奖。①

2.市县积极响应，形成上下合力

各市县积极响应政策要求，依据当地文旅资源进行网络微短剧创作。截至2024年10月12日，邯郸各市区、县区共拍摄播出网络微短剧19部，分别是《来自赵国的你》《成语谣》《河伯娶妻》《胡服骑射》《跟着成语学礼记》《明星游涉县，壮美涉县欢迎您》《邺城萌娃》《生生不息绘乡村》《爱恋·磁州窑》《负荆请罪（戏曲版）》《磁山长歌·梦回远古》《王者归来》《曲周之雏凤凌空》《非遗少女之遇见四股弦》《冀南皮影戏〈完璧归赵〉》《邯郸道》《滏水溯梦》《三生三世荷韵悠长》《千年古县，魏征故里》。与其他市县相比，作为成语之都的邯郸市文旅类网络微短剧创作成效显著，积极对自身文旅资源优势进行挖掘，在主题故事演绎中将现代与历史相结合，在尊重历史的前提下呈现了负荆请罪、完璧归赵等脍炙人口的故事，不仅展现了邯郸的文化底蕴和成语魅力，还带动了辖区内县域、企业参与文旅类网络微短剧的创作，自上而下形成了由文旅类网络微短剧带动的文化产业繁荣。

此外，部分高校及企业单位也积极涉足网络微短剧赛道，通过开展网络微短剧相关竞赛活动提升自身知名度和社会影响力。2024年4月，"冀网育"微信公众号发布《关于开展"庆祝新中国成立75周年、纪念五四运动105周年——河北省高校'青春剧本'微短剧展演大赛"的通知》②。2024年7月，《第五届中国（沧州）中华优秀传统文化颂网络电影盛典作品征集启事》指出，沧州本地作品同样拥有网络电影单元、微电影单元和网络微短剧单元的优秀作品推荐资格。③ 省外的部分地区积极参与文旅类网络微短

---

① 《河北文旅微短剧〈磁山长歌·梦回远古〉获全国最佳》，"河北文旅发布"微信公众号，2024年11月19日，https：//mp.weixin.qq.com/s/WIJZI_sNu-5Gy-uki3TmHg。
② 《关于开展"庆祝新中国成立75周年、纪念五四运动105周年——河北省高校'青春剧本'微短剧展演大赛"的通知》，"冀网育"微信公众号，2024年4月29日，https：//mp.weixin.qq.com/s/_1-XMiTzs7FSqJuwACIerw。
③ 《第五届中国（沧州）中华优秀传统文化颂网络电影盛典作品征集启事》，"河北省文联"微信公众号，2024年7月2日，https：//mp.weixin.qq.com/s/lVPPft85nRQehWLN5Av02Q。

剧拍摄，如北京拍拍看看科技有限公司出品的《大话大话西游》便以河北张家口天漠自然风景区为取景地。①

3. 创作主题丰富多元

通过梳理河北省文旅类网络微短剧作品发现，在上映以及筹拍开机的作品中，出品方涉及多类型主体，包括河北省文化和旅游厅、河北广播电视台、邯郸市文化广电和旅游局等官方力量，同时涉及河北庄与蝴蝶文化传媒有限公司、河北守敬文化传媒有限公司、河北威影影视有限公司等社会资本。出品方式涉及联合出品与独立出品两种，其中联合出品10部，分别是《等你三千年》《小岛欢歌》《磁山长歌·梦回远古》《你好，苏东坡》《缘来在等你》《一块砖都不能少》《河北48小时》《我在正定》《衣锦还乡》《负荆请罪（戏曲版）》；独立出品29部，如《回到崇礼》《邯郸梦之AI在战国》《不想恋爱的千小姐》《田园织梦》《驴火了》《城·故事》等；系列微短剧之《四时花开》《闪耀吧！形意拳》《遇见白洋淀》《鲨鱼飞上天》《再入轮回》《吆喝哥勉网记》《文物们的故事》《千年运河千年韵》《邯郸梦之AI我别走》《戏台》《是爱别走开》《恋曲河北》《五千年后爱上你》《X杂货店》《正定龙胆亮银枪》《邢台故事》《来自赵国的你》《成语谣》《河伯娶妻》《胡服骑射》《跟着成语学礼记》《明星游涉县，壮美涉县欢迎您》《邺城萌娃》《生生不息绘多村》《爱恋·磁州窑》《负荆请罪（戏曲版）》。

已经完成拍摄和正在筹拍的文旅类网络微短剧主题丰富，涉及传统文化、生态保护、乡村振兴、自然风光、青春励志等多个题材。在众多题材中，传统文化题材居多，共28部，涵盖成语文化、非物质文化、文化遗产等多种类型。其中，成语文化类型居多，共9部，《等你三千年》《邯郸梦之AI在战国》《邯郸梦之AI我别走》等均采用网络微短剧的形式创新性地呈现了作为成语之都的邯郸的丰富成语典故；非物质文化类型4部，《不想

---

① 《国家广电总局发布"跟着微短剧去旅行"创作计划第四批推荐剧目》，"繁星指数"微信公众号，2024年10月12日，https://mp.weixin.qq.com/s/LKjTJrtZSNiDnAGUE1rdew。

恋爱的千小姐》展现了平乡县的梅花拳,《田园织梦》呈现了冀州的非遗手织粗布技艺,《爱恋·磁州窑》展示了磁州窑烧制技艺,《缘来在等你》展现了邯郸市永年区的太极拳文化;文化遗产类型2部,《一块砖都不能少》讲述了对长城的保护,《邺城萌娃》展现了对邺城佛造像的挖掘;综合呈现地方文化类型6部,《磁山长歌·梦回远古》《你好,苏东坡》《驴火了》等,在剧情演绎中分别展现了邯郸、定州、保定、邢台、涉县、安新县的美食美景及地方文化;戏曲文化类型2部,《正定龙胆亮银枪》展现了正定县的戏曲艺术,《戏台》则综合展现了我国丰富的戏曲文化;冰雪文化类型1部,《回到崇礼》展现了崇礼的冰雪文化和后奥运时代的城市文化。乡村振兴题材1部,《我在正定》以乡村振兴为背景讲述年轻人的创业故事。生态环保题材1部,《小岛欢歌》展现了衡水的生态环境保护。青春励志题材1部,《X杂货店》讲述了主人公在历经了人生困境和黑暗后的顿悟,通过帮助身边人来传递爱的故事。爱情题材1部,《河北48小时》讲述了一对年轻人和一位老人的爱情故事,诠释了"爱在山海间"的永恒主题。

4. 文旅类网络微短剧带动相关产业繁荣

"跟着微短剧去旅行"抓住了"取景地"这一微短剧创作的基础要素,以及"取景地"所蕴含的文化因子,通过网络微短剧这一新兴形式对其进行创新性的呈现,将"取景地"转化为"打卡地",让"一部剧带火一座城"成为可能。

根据秒针系统的数据,在出游意愿为计划最近出游和马上出发的观众中,受到微短剧旅游信息影响的观众分别占31%和15%,[①] 在相应的决策环节中占重要地位。微短剧中的旅游内容对促进受众产生较强出游意愿的作用显著。根据河北移动大数据监测,2024年清明假期,河北省接待游客数量较2019年同期增长超10%。其中,外省游客数量占比超25%,显示出河北

---

① 《产业融合,共创未来|〈"文旅微短剧"专题研究报告〉发布》,"秒针系统"微信公众号,2024年6月11日,https://mp.weixin.qq.com/s/vIP0lXoi2PLmCAZ8sakpRA。

的文化和自然资源对周边地区的强大吸引力，北京成为河北省最大的省外客源地，约占11%。① 2024年清明假期，全省重点监测的163家零售企业、餐饮企业共实现商品销售额和营业收入5.78亿元，同比增长33.61%。② 2024年"五一"假期，全省12处国家5A级旅游景区累计接待游客175.8万人次，同比增长32.4%。③ 2024年国庆假期，河北省共接待游客6519.7万人次，旅游总花费506亿元，同比分别增长13.8%和13.2%，其中接待京津游客1082.3万人次，占16.6%。据中国旅游研究院监测，国庆假期河北省接待游客数量居全国第5位。④

文旅类网络微短剧的产出和发展不仅带动了新业态的繁荣，还凭借文旅类网络微短剧投入成本低、生产周期短、传播效率高的特点，在短时间内提高了旅游景点的知名度和吸引力。文旅类网络微短剧不仅展现取景地的自然风光和人文景观，还借助故事情节进一步引发用户的情感共鸣，推动文旅深度融合，成功吸引大量游客前往体验，为文旅产业的发展注入活力。与此同时，带动了相关服务业如酒店、餐饮和交通等的发展，并创造了相应的就业机会和诸如旅拍、沉浸式剧场等新的经济增长点。被注入文旅基因的微短剧沿着"落地转化"的思路与现实旅游地不断产生联系，为文旅产业转型升级和业态创新持续提供新动能。

二 河北省文旅类网络微短剧发展存在的问题

河北省文旅类网络微短剧在展现地方文化、提升旅游目的地影响力方面

---

① 《看过来！河北清明假期旅游"数据单"出炉》，"冀事"微信公众号，2024年4月7日，https://mp.weixin.qq.com/s/ru62zLrfO63vFGoQGZaxkw。
② 《清明假期河北旅游餐饮消费呈现上涨势头》，"河北新闻联播"微信公众号，2024年4月7日，https://mp.weixin.qq.com/s/eI_xdRqWTq6LLDbz72CrfA。
③ 《文旅新时尚背后的河北之变——"这么近，那么美，周末到河北"观察》，"河北省人民政府"微信公众号，2024年5月23日，https://mp.weixin.qq.com/s/J_iSdsASniJchvUiT5MYqg。
④ 《接待游客人数、旅游总花费双增长！河北国庆假期接待游客数量全国第五》，"网信河北"微信公众号，2024年10月21日，https://mp.weixin.qq.com/s/6ZONoy-QEA-goltKzvSa7w。

发挥了一定作用，但市场反响还有很大的提升空间，在创作和市场方面受到部分因素的限制。在传播方面，河北省文旅类网络微短剧传播渠道匮乏，尚未形成多元传播体系；在内容创作方面，故事主题相对单一，对城市文化内核的挖掘有待深入，制作水准需要进一步提升；相关取景地基础设施不完善。

（一）传播：传播主体单一、传播渠道匮乏

优秀的作品通过合理、有效的传播方式不仅能够提升自身的知名度、扩大传播范围，还能够吸引用户的关注，促进文化的交流与互动。在流量至上的互联网发展环境下，选择有效且丰富多元的传播渠道对文化产品的传播和价值实现具有重要影响。但从河北省文旅类网络微短剧的宣发中可以看到，其传播主体较为单一、传播渠道相对匮乏，主要依靠官方账号在抖音及微信公众号中进行宣发，同时开展线下的推介活动，在一定程度上限制了其自身影响力和受众范围的扩大，从而导致即使作品的质量较高也难以有效触达目标受众，从而影响市场的拓展、品牌的建立，较少借助市场机会进行宣发可能会削弱自身应对市场变化的能力，限制产业的成长潜力。

（二）内容创作：文化内涵亟待深挖，演员素养有待提高

网络微短剧本身具有时长短、体量小的特点，这一特点虽然满足了用户碎片化的娱乐需求，但是给故事呈现、文化内涵挖掘带来了相应的难度。国家广播电视总局将网络微短剧定义为"单集时长从几十秒到15分钟左右、有着相对明确的主题和主线、较为连续和完整的故事情节的网络文艺样态"，时长的限制要求网络微短剧故事叙事紧凑，快速点明主题、传递观点。但与满足用户的普通娱乐需求不一样的是，文旅类网络微短剧的传播定位之一是展现旅游目的地的文化内涵和特色，通过沉浸式的视觉体验激发用户的消费欲望。因此，网络微短剧的短、浅与旅游目的地的深厚文化底蕴之间存在一定的矛盾，在故事呈现中往往忽视了对文化内涵的

深入挖掘，而流于对自然风光的展示。碎片化的故事呈现可能导致用户对旅游目的地的认知受限，部分作品由于时长限制在故事呈现的过程中出现了缺乏流畅性和连接性的问题，导致传播效果大打折扣。此外，根据目前呈现的文旅类网络微短剧作品，部分微短剧所选用的演员并非专业演员，在角色演绎中存在瑕疵，表演痕迹严重。同时，在服道化的呈现方面需要加强，如妆造方面不够精致、演员在角色演绎过程中出现穿帮镜头等。

（三）相关取景地基础设施不完善

文旅类网络微短剧生产和宣发的最终目的是，提升旅游目的地的知名度和影响力，通过呈现的自然风光和历史人文内容与用户产生情感的共鸣，吸引用户前往旅游目的地进行旅游消费。吸引消费者是第一步，如何让受众在旅游目的地获得满意的旅游体验并留得住受众才是后续需要深入发力的地方。

作品中呈现的旅游目的地景色优美，拥有深厚的文化底蕴，但从部分用户在社交平台上反映的问题来看，河北省各市在打造文旅产业时也存在问题，尤其是交通问题，部分地区的市区与景区之间交通不便。此外，文旅类网络微短剧使旅游目的地的人流剧增，部分旅游目的地出现安全隐患，并且可能对旅游目的地的设施造成破坏和造成环境污染，进而影响用户的消费体验。

文旅类网络微短剧所呈现的精美画面吸引了大量受众前往旅游目的地，而基础设施的匮乏极易导致受众出现心理落差，体验感较差，进而损害旅游目的地的口碑及文旅类网络微短剧的形象，这种连锁反应不利于当地文旅品牌的建设。

三 河北省文旅类网络微短剧未来发展的对策建议

作为新形式，网络微短剧近年来的发展日益转向精品化，网络微短剧赋能文旅产业不仅能够为受众提供更优质、多元的网络微短剧内容，还能够进

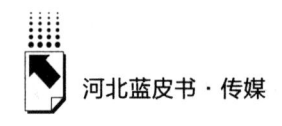

一步推进文旅产业的发展，提升旅游目的地的知名度。在利用网络微短剧推动文旅融合发展的过程中，需要以旅游目的地为基础进行文化挖掘，结合网络微短剧的特点进行内容创作，并通过多个渠道和主体进行内容分发，从而扩大传播范围。做好文旅产业发展的基础性工作，完善基础设施并进行规范化管理，提升用户体验感。

（一）多渠道、多主体进行精准推广，提高用户触达率

当前，河北文旅推出的网络微短剧基本上来自文旅部门的官方账号，主要利用微信公众号和抖音两个平台进行文旅类网络微短剧的宣发，较少使用快手、小红书、微博等社交平台。尽管微信公众号和抖音平台具有一定的群体稳定性，但其他平台用户存量大、活跃度高，对于扩大受众范围、提高作品知名度并进行商业价值转化同样具有重要作用，如小红书、微博等社交平台也是大量自媒体博主和潜在用户的聚集地，尤其是在吸引青年用户方面具有独特作用。

除了官方个人推介之外，积极选择与符合定位的博主进行合作也是一种推广方式，还可以选择与旅游公司、相关网站、App合作，提高作品曝光率。在推广中，要结合微短剧的内容主题与社交平台的受众特点进行精准投放，利用自媒体博主的粉丝影响力提升旅游目的地的知名度，从而达到"种草"的目的。

在官方的内容宣发中，不仅可以积极推介完整的文旅类网络微短剧作品，还可以将拍摄花絮、旅游目的地相关内容作为同期的宣传内容，形成以文旅类网络微短剧为核心的多内容宣发体系，以此吸引受众的注意力以及提高受众的关注度。

（二）深挖城市文化内核，打造爆款精品

文旅类网络微短剧究其本质在于"剧"，需要把握优质的内容。一部优秀的文旅类网络微短剧的创作，一定需要结合城市的独特内核进行深入挖掘，精准、精确地捕捉到这座城市的独特文化气质，让受众在短短的几分钟

内感受到这座城市的魅力。所谓的城市内核，是指城市在长期发展过程中形成的独特精神气质、价值观念等，既是城市的"名片"又是城市文化的"灵魂"。通过挖掘城市内核，结合现代视角和网络微短剧的特点进行内容创作生产，从而展现地方文化，吸引受众。要在展现地方文化的过程中形成自身的特点，提高河北省的辨识度。[①] 河北省文旅类网络微短剧的创作目标是提升河北形象，助力文旅产业，因此需要在内容讲述上下功夫，要将新时代的河北城市和乡村故事融入剧情内容中，讲述有温度、有广度、有深度的河北故事。

借鉴其他"叫好又叫座"的文旅类网络微短剧作品的经验，提高制作水准，也是河北省文旅类网络微短剧未来发展的方向。2023年以来，全国范围内已经不断涌现许多优秀的文旅类网络微短剧，如《我的归途有风》《桃花漫漫始盛开》等，这些剧集凭借贴近生活的视角、精良的制作吸引了大量受众的关注，引起了受众的强烈共鸣。河北省文旅类网络微短剧的创作可以学习其中的优秀理念和创作手法，聚焦日常，以小见大，设置多元化主题，如关注女性成长、职场等现代性话题，满足细分市场的需求，实现长尾效应；注重画面美感和视觉冲击力，在场景布置、服装道具等方面下足功夫，提升作品的视觉效果和听觉体验。

以官方主流媒体为首，充分调动资源，完善网络微短剧制播体系，同时为专业化生产提供相应的技术、人才和资金的支持。吸引社会资本，通过联合出品的形式展现多方优势，在整合中推动网络微短剧质量的提升。鼓励个人参与，为文旅类网络微短剧的创作提供更为独特新颖的视角，实现有效的上下联动和人际传播。加强演员素养培养，提高演员专业素质，在条件允许的情况下，积极与旅游目的地中的知名演员联系，争取其参与文旅类网络微短剧的拍摄，带来明星效应。

（三）加快健全旅游景区基础设施，优化用户文旅体验

文旅类网络微短剧的取景地多是当地的旅游目的地，在剧目的场景呈现

---

① 陆先高：《"微短剧+"赋能文旅融合，辨识度从哪儿来？》，《传媒》2024年第16期。

中充分展现了当地的特色和文化内涵。文旅类网络微短剧的宣发给当地带来了知名度和流量，为了更好地实现线上线下、流量与经济效益的转化，当地需要重视区域基础设施建设，做好基础设施建设，避免出现线上线下"两张皮"的情况。政府层面需要相关部门积极发挥引导作用，加大对旅游景区基础设施建设的投入力度，积极引入社会资本，鼓励社会资本积极参与旅游目的地的基础设施建设和开发，形成多元投资格局。

构建完善的服务体系，为消费者提供优质的旅游服务。加强对相关产业的从业人员的培训和管理工作，提升服务水平和专业素养，为受众提供更加优质的服务体验，从而实现线下的有效反哺，进而推动文旅产业与视听产业的双向繁荣。

借助完善的基础设施和旅游目的地打造优质取景地，吸引相应的影视投资和拍摄团队，提高旅游目的地的曝光度和知名度。延伸服务产业链，提升旅游目的地的软硬件服务，打造相应的配套服务设施并探索新的服务经济增长点。

四 河北省文旅类网络微短剧未来发展趋势预测

当前，网络微短剧市场规模不断扩大，在视听产业发展中占据独特优势，文旅融合发展得到各级政府部门的重视。文旅产业与网络微短剧的融合是一个双向扶持的过程，文旅产业为网络微短剧的创作提供了丰富的灵感，网络微短剧则为文旅产业的宣传推广提供了新颖的宣发方式，两者在相辅相成中实现优势互补、共同繁荣。

（一）市场规模持续扩大，带动产业体系、规范的完善

当前，微短剧的发展态势呈现积极向上的趋势，在市场层面展现出了强劲的增长潜力。《国家广播电视总局办公厅关于开展"跟着微短剧去旅行"创作计划的通知》的发布及河北省自身出台的一系列支持文旅类网络微短剧发展的政策所发出的向好信号，以及各地政府出台的资金扶持、人才引

进、基础设施保障等举措，为文旅类网络微短剧的发展提供了强有力的保障。同时，一系列企业机构等多元社会资本纷纷看好微短剧市场的广阔前景，积极投身其中，为网络微短剧的发展注入了强大的动力。

随着众多优秀视频作品的不断涌现，文旅类网络微短剧领域正迎来一个百花齐放、佳作频出的繁荣时期。用户规模不断扩大，截至2024年6月，我国微短剧用户规模已达到5.76亿人，占整体网民的52.4%，这一用户基础为文旅类网络微短剧提供了广阔的市场空间。据行业内部预估，2024年我国微短剧市场规模将达504.4亿元，同比增长34.90%，[①]为文旅类网络微短剧的发展与壮大提供了坚实的基础。此外，国家广播电视总局从规范监管、引导扶持和生态建设三大维度着力推动网络微短剧实现高质量发展，为行业健康成长保驾护航。

（二）技术的融入加速文旅类网络微短剧的生产传播

随着技术的精进，文旅类网络微短剧制播进一步提高。5G、AIGC等技术发展成熟并积极融入网络微短剧的创作和生产，进一步提升网络微短剧制作的技术水准，带给用户更新奇的视觉体验，先进的拍摄技术、高效的剪辑软件以及精细的后期制作工具，共同提升网络微短剧的制作效率与质量。AIGC技术应用于网络微短剧的生产、制作、传播等多个环节，使网络微短剧借助技术实现精准的用户触达和引发用户的情感共鸣。同时，技术的融入使玄幻、科幻特效的制作进一步降低了成本。目前，业界也存在虚拟数字人打造网络微短剧的现象，虚拟数字人相对于真人受到更少的束缚，能够在故事演绎中以近乎完美的形态展现在受众面前。基于文旅类网络微短剧的呈现需求，打造地方专属的虚拟数字人能够展现地方特色，吸引广泛受众。同时，技术的融入推动文旅类网络微短剧进行题材拓展，探寻科幻、悬疑等多种可能。

---

① 《〈中国微短剧行业发展白皮书（2024）〉发布八大主要发现》，"国家广电智库"微信公众号，2024年11月7日，https://mp.weixin.qq.com/s/SGnQu-CjB1XoNaIfA1fMfw。

另外，凭借大数据、算法等技术手段进一步精准把握用户偏好习惯，为文旅类网络微短剧的创作提供数据支持和方向指引。形成用户画像，通过个性化推荐等方式提高文旅类网络微短剧的传播触达率，满足受众日益增长的观看需求。探索针对不同受众群体进行个性化定制文旅类网络微短剧的发展模式，受众的满意度、忠诚度进一步提高。优化互动模式，借助VR、AR等技术与受众进行实时互动，增强与用户之间的情感联结，借助技术实现旅游目的地意象的有效建构,[1] 将文化符号转化为受众可听可感的认知符号，从而刺激受众的旅游消费欲望。

（三）产业联动推动产业链的繁荣

网络微短剧作为一种新兴的传播形式，以短小简练、节奏明快、方便传播的特点，在近两年迅速崛起并赢得了广大观众的喜爱。文旅产业致力于推广各地的不同文化、带动地方经济、提升旅游品质，两者在发展目标上具有一定的契合性，存在较强的内在联系。微短剧这一新业态与文旅这一热门的产业结合起来，在擦亮城乡文化名片、赋能文旅传播，调动各地文旅部门的积极性方面发挥了重要作用。[2] 同时，随着国家广播电视总局办公厅"跟着微短剧去旅行"创作计划的推出，为网络微短剧与文旅产业的联动发展提供了有力的政策支持。该模式通过线上播出与旅游目的地相关的网络微短剧，为受众展现当地的自然风光、历史人文，进而推动旅游目的地随着网络微短剧的热播而"出圈"，形成线上线下双向互动的旅游新思路。

网络微短剧与文旅产业的联动发展，不仅为网络微短剧的创作和发展提供了多样化的素材，还给文旅产业带来新的发展机遇。同时，辐射其他产业，带动服务业的发展，为旅游目的地增加就业机会，通过产业联动延伸产业链，为当地产业发展注入活力。

---

[1] 陈华、汪汉：《文旅微短剧的在地叙事与创新路径》，《电视研究》2024年第9期。
[2] 汪文斌：《"微短剧+文旅"创作计划效果探析——基于"繁星指数"的观察发现》，《传媒》2024年第16期。

结　语

在政府引导和政策支持下，"微短剧+"融合各行各业，陆续推出了"跟着微短剧去旅行""微短剧里看品牌""跟着微短剧来学法"等多个创作计划，展现出网络微短剧巨大的跨界赋能潜力。网络微短剧与文旅产业的深度融合，迎合了当下推进文旅深度融合发展的需要，为将文旅产业培育成支柱产业提供了强有力的支撑，同时为行业繁荣注入新动能。

参考文献

《产业融合，共创未来｜〈"文旅微短剧"专题研究报告〉发布》，"秒针系统"微信公众号，2024年6月11日，https：//mp.weixin.qq.com/s/vIP0lXoi2PLmCAZ8sakpRA。

陈华、汪汉：《文旅微短剧的在地叙事与创新路径》，《电视研究》2024年第9期。

《第五届中国（沧州）中华优秀传统文化颂网络电影盛典作品征集启事》，"河北省文联"微信公众号，2024年7月2日，https：//mp.weixin.qq.com/s/lVPPft85nRQehWLN5Av02Q。

《抖音快手微信发布微短剧反哺政策助力构建微短剧精品化支持体系》，"中国网络视听节目服务协会"微信公众号，2024年7月19日，https：//mp.weixin.qq.com/s/CJf-00LtALFXjRft8DzfPg。

《"跟着微短剧去旅行"创作计划第三批推荐剧目发布》，"河北旅游"微信公众号，2024年8月6日，https：//mp.weixin.qq.com/s/wKbKFRp-_lCUAqizXdkwow。

《"跟着微短剧去旅行"创作计划第五批推荐剧目发布》，"国家广播电视总局"微信公众号，2024年8月6日，https：//mp.weixin.qq.com/s/_ncvY_KWWr76lnUG9SP81A。

《"跟着微短剧去旅行"河北省文化和旅游厅重磅推出微短剧〈等你三千年〉》，"河北旅游"微信公众号，2024年4月7日，https：//mp.weixin.qq.com/s/-RqoRutkcyimjsJiCrNB-w。

《关于开展"庆祝新中国成立75周年、纪念五四运动105周年——河北省高校'青春剧本'微短剧展演大赛"的通知》，"冀网育"微信公众号，2024年4月29日，https：//mp.weixin.qq.com/s/_1-XMiTzs7FSqJuwACIerw。

《国家广电总局发布"跟着微短剧去旅行"创作计划第四批推荐剧目》，"繁星指数"微信公众号，2024年10月12日，https：//mp.weixin.qq.com/s/LKjTJrtZSNiDn

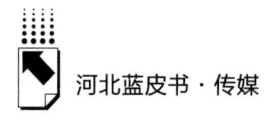

AGUE1rdew。

《河北文旅微短剧〈磁山长歌·梦回远古〉获全国最佳》,"河北文旅发布"微信公众号,2024年11月19日,https：//mp.weixin.qq.com/s/WIJZI_sNu-5Gy-uki3TmHg。

《接待游客人数、旅游总花费双增长！河北国庆假期接待游客数量全国第五》,"网信河北"微信公众号,2024年10月21日,https：//mp.weixin.qq.com/s/6Z0Noy-QEA-goltKzvSa7w。

《看过来！河北清明假期旅游"数据单"出炉》,"冀事"微信公众号,2024年4月7日,https：//mp.weixin.qq.com/s/ru62zLrfO63vFGoQGZaxkw。

陆先高：《"微短剧+"赋能文旅融合,辨识度从哪儿来?》,《传媒》2024年第16期。

《清明假期河北旅游餐饮消费呈现上涨势头》,"河北新闻联播"微信公众号,2024年4月7日,https：//mp.weixin.qq.com/s/eI_xdRqWTq6LLDbz72CrfA。

汪文斌：《"微短剧+文旅"创作计划效果探析——基于"繁星指数"的观察发现》,《传媒》2024年第16期。

《文旅新时尚背后的河北之变——"这么近,那么美,周末到河北"观察》,"河北省人民政府"微信公众号,2024年5月23日,https：//mp.weixin.qq.com/s/J_iSdsASniJchvUiT5MYqg。

《〈中国微短剧行业发展白皮书（2024）〉发布八大主要发现》,"国家广电智库"微信公众号,2024年11月7日,https：//mp.weixin.qq.com/s/SGnQu-CjB1XoNaIfA1fMfw。

《庄与蝴蝶"〈城·故事〉系列微短剧项目之〈四时花开〉"项目,入选〈2024年"千帆出海"重点活动（项目）清单〉》,"石家庄市文化产业协会"微信公众号,2024年8月30日,https：//mp.weixin.qq.com/s/QU5_6o1TlmrRuGFvqxYTYA。

《庄与蝴蝶〈等你三千年〉荣获第十一届丝绸之路国际电影节——"丝路繁星"微短剧高质量发展大会两项殊荣》,"石家庄市文化产业协会"微信公众号,2024年9月24日,https：//mp.weixin.qq.com/s/A2w6PRGOEjob6Ngu9s1Vew。

B.13 文化认同视域下燕赵文化的影像传播研究*

李骄阳 侯瑜 姚一诺**

摘 要： 近年来，燕赵文化积极借助数字化技术、影视化改编以及新媒体传播，探索出一条传承地域文化、凝聚民族精神的创新路径。作为中华文明的重要组成部分，燕赵文化运用非遗数字化手段，充分挖掘并激活传统技艺在当代的价值；依托红色文化的影视化改编，加深集体记忆；借助短视频、虚拟现实等技术手段，实现民俗艺术的跨代际传播，有力打破了地域文化传播的时空限制。然而，在影像传播赋能燕赵文化的实践过程中，面临创作主体集中所导致的同质化倾向、技术应用停留于形式创新、知识产权保护体系不完善等核心问题。针对上述问题，建议构建政府引导、市场驱动与民众参与的协同机制，深度挖掘文化符号背后的精神内核，推动人工智能与文化内容的有机融合，同时，完善数字版权确权与交易体系等，以期为地域文化融入国家文化战略提供方法论支持。

关键词： 燕赵文化 影像传播 文化认同

---

* 本文为2024年度河北省社会科学发展研究课题（青年课题）"文化认同视域下燕赵文创的影像传播研究"（202403164）阶段性成果。
** 李骄阳，河北省社会科学院新闻与传播学研究所研究实习员，主要研究方向短视频采编、新媒体；侯瑜，河北科技工程职业技术大学讲师，主要研究方向为大数据时代思想政治教育、党建工作数字化；姚一诺，河北师范大学文学院汉语言专业学生。

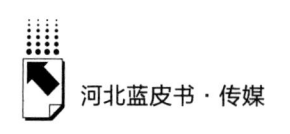

一 燕赵文化的影像传播现状

燕赵文化是以京津冀为核心，以慷慨悲歌、尚武重义、兼容并蓄为精神内核的地域文化，贯穿中华文明脉络并在现代持续焕发活力。作为中华文明的重要分支，燕赵文化承载着河北地区千年的历史积淀与艺术智慧。燕赵文化的影像传播，不仅是技术手段的创新，还是文化价值重构与地域认同强化的重要途径。近年来，燕赵文化不再局限于传统模式，而是大胆地与短视频、纪录片、数字动画等现代传播媒介碰撞交融。在这一过程中，它遵循创造性转化、创新性发展的理念，不断对自身进行重塑与升级。现代视觉媒介赋予了燕赵文化多样且新颖的呈现方式，使其成功打破地域的限制、代际的隔阂。古老的燕赵文化由此穿越时空，从尘封的过往中走来，以全新的姿态跃入大众眼帘，完成了从传统形态到现代风尚的华丽转身，在新时代的文化舞台上绽放出夺目光芒。

（一）传统艺术与现代媒介的初步融合

在数字技术与文化创意产业深度融合的背景下，燕赵文化的影像传播正通过传统艺术与现代媒介的初步融合，探索文化遗产的现代化表达路径。这一融合以非物质文化遗产为核心载体，借助短视频，虚拟现实（VR）、增强现实（AR）及5G技术等媒介工具，构建多维度、互动化的传播体系。

河北广播电视台依托抖音、快手等短视频平台，通过"碎片化叙事+情感共鸣"策略，发布杂技表演的精选片段，并穿插演员训练日常与口述史访谈，打破传统舞台表演的时空限制。截至2024年12月30日，话题标签"聚焦中国吴桥国际杂技艺术节"播放量达2050万次，其中"纵览新闻"抖音号发布的一条"十三岁杂技演员为完成高难度动作全身颤抖咬牙坚持"的视频点赞量高达4.1万次，引发社交媒体热议，话题标签"中国吴桥国际杂技艺术节"累计播放量超1.2亿次。由河北省群众艺术馆、河北省非物质文化遗产保护中心出品，石家庄广播电视台、河北省群众文化协会制作的纪录片《大河流传》通过4K超高清影像录制、多角度拍摄和后期特效制作等技术手段，生动细腻地展现了河北非遗项目如河北梆子、吴桥杂技、蔚县剪纸等的魅力，并采用多平台传播策略，将传统艺术与现代媒介技术相结合，给观众带来了全新的文化体验，有效推动了燕赵文化的传承与发展。[1]

技术赋能进一步拓展了传统艺术的表达维度。河北博物院通过数字珍宝游、数字创意书写台、数字虚拟修复等创新方式展示珍贵文物。在数字珍宝游文物互动体验区，通过AR小程序轻量化情景体验设计，拉近了观众和数字藏品的距离，观众可以通过手势控制数字屏幕，进入与文物互动的虚拟世界。2024年十一长假期间，河北博物院推出"光影河博·数字艺术沉浸体验"展览，利用沉浸式数字交互投影、艺术光雕、VR交互等科技手段，打造了光影沉浸交互剧场与PIM虚拟现实体验空间两大核心展区。该展览通过选取长信宫灯、错金铜博山炉等珍贵文物进行数字化展示，将文物的精湛技艺、审美意趣、文化特色等形象且具体地展现出来，从时间、空间、人文等多个维度让观众了解河北的鲜活故事和感受河北的人文底蕴，体现了燕赵文化的传承与创新。[2]

影视化改编成为传统艺术转型的另一个重要路径。近年来，河北影视创作深挖燕赵文化资源，推出了多部优秀作品，通过影视化的表达，将燕赵文化的精髓传递给更多观众，实现了传统艺术的创新性发展。电影《平原枪声》改编自同名小说，讲述了冀中平原上的抗日斗争，体现了燕赵儿女的英勇抗争精神；电视剧《打狗棍》以承德热河为背景，讲述了热河儿女为了保护家乡，与日本侵略者进行英勇斗争的故事，展现了燕赵儿女的侠肝义胆和民族气节；电视剧《我的故乡晋察冀》以晋察冀抗日根据地为背景，塑造了一个与众不同的抗日英雄形象，展现了当地人民的抗日热情和英雄气

---

[1] 《〈大河流传〉｜中国大运河燕赵非遗影像录——音韵声腔之河》，"河北省群众艺术馆"微信公众号，2024年2月5日，https：//mp.weixin.qq.com/s/uMF5_iOK64BUwDy7MyL-kA。

[2] 《"光影河博"亮相十一假期 开启数字艺术沉浸体验》，央广网，2024年10月3日，https：//www.cnr.cn/hebei/tpxw/20241003/t20241003_526927666.shtml。

概，体现了燕赵文化的"慷慨悲歌"精神。这些作品通过影视化的表达，将燕赵文化的精髓传递给更多受众，实现了传统艺术的创新性发展。

官方与民间协同的传播矩阵初具雏形。抖音、快手等短视频平台通过"碎片化叙事+情感共鸣"策略，为燕赵文化的传播提供了新的路径。官方与民间协同的传播矩阵能够有效整合资源，提升燕赵文化的影响力。"河北非遗"抖音号通过发布河北梆子、蔚县剪纸等非遗项目的精彩片段，吸引了大量用户关注。同时，快手平台上的民间艺人积极参与，通过直播和短视频展示传统技艺，如吹糖人、捏面人等，增强了观众的参与感。通过官方与民间的协同努力，燕赵文化在新媒体平台上得到了广泛传播，不仅增强了文化认同，还实现了从"文化遗产"到"文化资本"的有效转化。

（二）文旅宣传片的规模化生产

河北省文旅宣传片已实现规模化生产，并构建系统化、多维度的传播矩阵。依托丰富的文化遗产资源以及先进的现代数字技术，河北省打造出以"文化IP+技术赋能"为核心的影像传播体系。

河北省文化和旅游厅通过精准营销、全媒体宣传、省市联动等手段，成功打造了"这么近，那么美，周末到河北"品牌。《红色胜地 光耀河北》通过讲述河北的红色历史和文化，展现了河北作为革命圣地的独特魅力。《遇见河北》展现了河北的大好河山和万象更新，让受众能够从高空俯瞰河北的壮丽景色和人文风貌。该片不仅在视觉上给人以美的享受，还在内容上深入挖掘了河北的自然风光和历史文化，使受众能够全面领略河北的魅力。

河北省文旅宣传片借助现代影视技术与新媒体平台，完成了从传统模式向现代模式的转变，在河北广播电视台全频道播出后，相继在"冀时"客户端、河北IPTV、腾讯视频、bilibili等平台上线，实现了传统媒体与新媒体的融合传播。2024年发布的《Hello！河北》在2024河北文旅全球推广大会上通过沉浸式推介，让受众仿佛亲身游历了河北的大好河山，不仅展示了河北核心的文旅资源与深厚的历史文化积淀，还体现了河北拥抱未来、拥抱世界的开放态度。

河北省文旅宣传片依托电视、网络以及新媒体等多元平台展开广泛传播，实现了全方位、多角度的推广。《河北如此多娇》在第六届河北省旅游产业发展大会上亮相，得到了与会嘉宾一致点赞认可。①《云端游河北 牛牛来拜年》作为剪纸风格动画，被央视网、央视影音等各大网站转载报道，进一步扩大了河北文旅的影响力。此外，河北省文化和旅游厅在微信、微博、抖音等七大平台开通了官方账号，每天强势推出主题宣传，吸引了大量关注。河北省文化和旅游厅通过与拥有广泛用户基础的大型外卖、物流、电商平台及家政公司合作，将河北文旅形象标识展示给更多人，提高河北旅游的知晓度和认知度。

（三）影视剧中的地域文化符号嵌入

在影视剧中嵌入燕赵文化的地域文化符号，不仅丰富了影视创作的内容，还为燕赵文化的传承与发展开辟了新路径。通过再现历史事件与英雄人物、运用方言与民俗，以及呈现自然地貌与建筑景观，燕赵文化在影视剧中得以生动且深刻地展现。这不仅加深了受众对燕赵文化的了解，还进一步增强了他们对这一文化的认同感与自豪感。

燕赵文化的核心精神源于其历史积淀，影视剧通过再现历史事件与英雄人物、塑造典型人物形象将文化符号转化为叙事动力。电视剧《打狗棍》由中央电视台、中共河北省委宣传部等单位联合出品，于2013年在中央电视台电视剧频道首播。该剧以热河（今属河北）为背景，讲述了从清末到抗战胜利期间，热河戴家大少爷戴天理的传奇经历。剧中通过展现戴天理及其率领的"杆子帮"与日本侵略者的斗智斗勇，体现了燕赵文化中"豪爽侠义、疾恶如仇"的精神。电视剧《太行赤子》由中央电视台、河北省电影电视剧创作中心、河北广电影视文化有限公司等单位联合制作，于2018

---

① 《最新宣传片〈河北如此多娇〉亮相第六届省旅发大会》，网易网，2021年9月24日，https：//www.163.com/dy/article/GKM03CL40521TES6.html。

年在中央电视台综合频道首播，该剧以河北农业大学教授李保国的感人事迹为原型，体现了燕赵文化中"重信守义"的精神。此外，由河北省委宣传部、河北省广播电视局、河北电影制片厂等单位制作的电视剧《滹沱儿女》于2022年在中央电视台电视剧频道播出，该剧讲述了抗战时期，燕赵大地由无数滹沱儿女组成的平山团浴血奋战、屡立战功的故事。

燕赵地区的自然地貌与建筑景观，常被赋予文化象征意义，成为叙事的情感载体。电视剧《神话》由河北省委宣传部、陕西省委宣传部等单位联合制作，于2010年在湖南卫视播出，该剧以河北的自然景观和历史建筑为背景，如承德避暑山庄、秦皇岛山海关等，通过现代与古代的时空交错，表达了对燕赵文化的深情眷恋。电视剧《最美的乡村》由河北省委宣传部、河北省广播电视局等单位联合制作，于2020年在中央电视台综合频道黄金档首播，通过展现河北的山水风光和古村落建筑，传递了对家乡的热爱与眷恋之情。由河北广播电视台制作的大型纪录片《大河之北·文华燕赵》于2024年在河北卫视播出。该片运用航拍、特写等镜头语言，生动呈现了燕赵大地多样的自然地貌，让观众直观领略其壮丽与秀美。同时，通过聚焦历史建筑细节与整体风貌，展现了河北建筑景观的独特风格与深厚底蕴。在展现自然地貌时，该纪录片巧妙地结合了解说词，为受众阐释地貌特征背后的成因与意义，使受众不仅能欣赏到眼前的美景，还能深入理解其地质演变过程和生态价值。对于建筑景观的展示，该纪录片则通过不同角度的拍摄和光线的运用，突出建筑的艺术美感和历史沧桑感，让受众感受到古代工匠的智慧与技艺。

（四）新媒体平台的民间自发传播

燕赵文化在新媒体平台的民间自发传播中展现出蓬勃活力，普通网民、非遗传承人、自媒体创作者等多元主体依托短视频、直播、社交媒体等媒介形式，构建去中心化、交互性强的文化传播网络。这种自下而上的传播模式不仅打破了传统官方传播的局限性，还通过"用户生产内容（UGC）+文化消费"的闭环，推动燕赵文化实现从"地方性知识"到"大众化符号"的转化。

新媒体平台的民间自发传播已形成"技艺活态化、叙事乡土化、引流产业化、公益社群化、符号创意化"的多元实践路径。这种自发性、碎片化、高互动的传播模式，不仅弥补了官方传播的覆盖盲区，还通过用户参与和情感共鸣，推动燕赵文化在数字时代实现"破圈"与"共生"。

民间技艺通过短视频和直播平台得以活态化呈现，使传统工艺在数字时代焕发新生。"何姐聊收藏"抖音号由花丝镶嵌非遗传承人何青的儿子运营，通过短视频展示花丝镶嵌工艺，吸引了大量用户点赞，让这一传统工艺在抖音上获得了广泛关注。通过乡土化的叙事方式，民间创作者在新媒体平台上展现了燕赵地区的风土人情和生活场景，增强了受众的地域认同感。"井陉拉花张晓丹"抖音号通过网络发布井陉拉花表演短视频，将井陉拉花与现代健身操（舞）相结合，创编出多套大众易学的拉花健身操（舞），推动了井陉拉花在全民健身领域的应用与推广，让非遗在现代社会中焕发出新的活力，吸引了众多年轻人的关注和学习。此外，"自在正定"官方抖音号通过发布短视频展现正定的古城墙、夜景、广惠寺等著名景点，吸引了大量用户关注和互动，传播了正定的历史文化资源。民间创作者通过新媒体平台不仅传播了文化，还实现了引流和产业化发展。"陈尚（变脸·耍牙）"抖音号通过直播展示"耍牙"等拿手绝活，吸引了大量用户，为地方文化产业的发展提供了新的动力。

此外，新媒体平台上的民间自发传播还促进了公益活动和社群活动的开展。一些民间文化爱好者通过微博分享河北民间文化的内容，形成了一个个兴趣社群。沧州市工艺美术大师、葫芦烙画传承人陈晓飞的团队与沧州开放大学联合开展了一系列直播带学活动，宣传工艺美术和非遗，在社会上取得了较好的反响，"河北发布"微博号经常发布燕赵文化相关内容，吸引了大量用户的关注和转发。

二 燕赵文化的影像传播面临的困境

（一）主体单一难破局，民间整合待聚力

燕赵文化影像传播的主体性困境集中体现为传播生态的结构性失衡。当

前传播体系以政府主导为核心特征，文化行政部门、国有媒体机构及事业单位构成传播主力军，形成"政府立项—官方制作—体制内传播"的闭合链条。这种单中心化传播模式能保障文化安全与政策导向，却在实践中产生一些问题：其一，内容生产呈现"供给导向"特征，作品多侧重文化遗产的物质性展示（如古建筑、文物），对非物质文化遗产的精神内核挖掘不足，导致传播内容与当代受众的情感联结薄弱；其二，选题策划需要兼顾导向性要求和实际成效，在一定程度上限制了内容的多样性，以及创新空间；其三，资源配置在实践中呈现一定程度的集中化趋势，政策扶持、技术设备、传播渠道等核心资源向体制内主体倾斜，而民间力量在资源获取度和参与度上相对较低，在一定程度上限制了资源的多样性分配，也影响了不同主体间的协同发展。

民间传播力量虽呈现多元化发展趋势，但参与效能受制于系统性壁垒。非遗传承人、县域自媒体、独立创作者等民间主体在传播实践中面临三重困境：技术层面，民间主体普遍缺乏专业影像制作能力，作品多停留于技艺展演的表层记录，难以实现文化符号的现代化转译；机制层面，政社协同平台缺失导致资源对接不畅，民间优质内容难以纳入主流传播体系；认知层面，部分传承群体存在"重技艺保存、轻传播创新"的保守倾向，不适应新媒体传播规律。

结构性矛盾的深化导致了文化传播的"双重断裂"现象：在代际维度，青年群体对传统文化的认知多源于碎片化短视频，导致文化记忆的谱系化传承受阻；在地域维度，民间文化的地方性特质在标准化传播中被稀释，县域文化 IP 难以突破地域边界。破解此困局需要重构传播主体生态，通过制度创新打通"政府—市场—社会"的协同通道，构建多元主体共治的文化传播新格局。

（二）内容趋同少新意，叙事浅表缺深意

燕赵文化影像传播的内容生产呈现显著的路径依赖特征，具体表现为主题趋同、符号固化、叙事浅层化三重结构性矛盾。在主题选择层面，创作者普遍聚焦于物质文化遗产的景观化呈现及非物质文化遗产的程式化展演,形成"三多三少"现象——历史景观展示多、当代价值阐释少;传统技艺记录多、文化精神解码少;符号复现多、意义再生产少。

叙事范式的固化进一步加剧了内容同质化危机。主流作品多采用"历史溯源—技艺展示—价值定性"的线性叙事逻辑,叙事视角局限于文化客体的外部观察,缺乏对主体经验(如传承人的创作心理、受众的接受体验)的深度挖掘。在红色文化传播领域,这种缺陷尤为突出:多数作品采用"事件中心主义"的叙事逻辑,将复杂的历史进程简化为时间序列的机械拼接,人物塑造呈现"英雄化""符号化"倾向,情感表达停留于口号式宣教。

部分创作者对燕赵文化元素的运用多停留于表层移植,未能实现从"文化符号"到"传播符码"的创造性转化。作为新兴传播载体,微短剧的困境更具典型性。多数作品将燕赵文化简化为视觉奇观的堆砌,如通过航拍展示太行山地质风貌,或密集呈现古城建筑细节,却忽视了对地域文化特质的叙事化表达。部分创作者在文化传播中存在"形式革新—内核守旧"的问题,即过于依赖某些表层文化元素,如方言的使用和民俗展演,而忽视了文化精神的深度挖掘。这种策略在一定程度上可能导致文化传播的"能见度提升与认同度下降"的矛盾。

(三)技术流于浅水区,产业断链成孤岛

在燕赵文化的影像传播中,技术的应用往往停留在较为基础的层面,未能充分挖掘和利用新媒体技术的潜力来提升传播效果和产业价值。这种技术应用的浅层化主要表现在两个方面:一是技术与内容的融合不够深入,二是技术在影像产业链中的延伸和整合不足。

首先,技术与内容的融合不够深入。新媒体技术如AR、VR、三维建模等虽然已经在一些燕赵文化项目中得到应用,但往往只是作为辅助展示的工具,未能与文化内容进行深度融合。例如,在一些燕赵文化的旅游项目中,AR技术被用来展示历史建筑的信息,但这些信息大多是静态的、表面的,

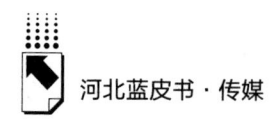

缺乏互动性和故事性，无法让游客深入理解文化内涵。这种技术应用的浅层化使得燕赵文化产品在吸引受众和传播文化方面的能力大打折扣。

其次，技术在影像产业链中的延伸和整合不足。燕赵文化影像产业的发展需要技术贯穿于从影像内容创作、制作、传播到消费的整个产业链，但目前技术在这方面的应用还不够完善。例如，在影像内容创作和制作环节，虽然一些团队开始利用数字化技术进行创意设计和拍摄制作，但在后续的平台分发与推广环节，技术的应用则相对滞后，这导致燕赵文化影像作品在市场推广和观众互动方面存在短板，难以形成完整的产业闭环。

这种技术应用的浅层化和产业断链问题不仅限制了燕赵文化影像产业的发展，还使得相关作品在市场上的竞争力不足。要想摆脱这一困境，需要从推动技术与内容的深度融合、加强技术在影像产业链中的延伸和整合两个方面入手。只有通过利用新媒体技术创造更具互动性和沉浸感的文化影像体验，以及构建完整的影像技术驱动型产业链，燕赵文化影像产业才能在数字化时代实现可持续发展。

三 未来发展趋势与对策建议

（一）共建多元主体，创新协同机制

1. 主体结构生态化，打破单极主导格局

燕赵文化影像传播需要重构"政府引导—市场激活—社会共创"的多元主体生态。政府扮演的角色从"主导者"转向"服务者"，建立民间创作主体的准入认证体系，鼓励非遗传承人、县域自媒体等社会力量平等地参与省级文化项目竞标。同步搭建省级文化数字资源库，适当开放国有媒体历史影像、文物三维数据等资源，构建"公有资源+民间创意"的共享机制，实现体制内外资源的网络化流动。

2. 协同机制创新化，催化深度耦合效应

为了实现多元主体的有效协同，需要创新协同机制。建立跨部门、跨领

域的协同平台，打破信息壁垒和避免资源分割，促进各方之间的沟通与合作。例如，可以成立燕赵文化影像传播联盟，整合政府、企业、高校、民间组织等各方资源，共同策划和实施文化影像项目。同时，探索多样化的合作模式，如产学研合作、公私合作等，充分发挥各方优势，实现资源共享、优势互补。此外，利用新媒体技术和平台，建立线上协同工作机制，提高协同效率和传播效果。

3. 资源网络流通化，打破资源互通壁垒

在共建多元主体和创新协同机制的基础上，应注重资源整合与共享。整合燕赵地区的文化资源，包括历史遗迹、民俗风情、文学艺术等，形成系统化的文化资源库，为影像传播提供丰富的素材。同时，加强与其他地区的文化交流与合作，引进先进的理念和技术，提升燕赵文化的传播水平。此外，推动文化资源的数字化转化和共享，通过建立数字文化平台，实现文化资源的在线共享和传播，扩大燕赵文化的影响力和覆盖面。

（二）深挖内容价值，重构叙事范式

1. 文化基因解码，重塑价值表达体系

在文化认同的视域下，燕赵文化的影像传播应避免简单的文化符号罗列，深入挖掘文化内涵并进行现代化诠释。以"慷慨悲歌"这一核心精神为引领，可以从历史、民俗与精神三个维度构建一个全面的解析框架。通过田野调查和口述历史研究，探寻文化符号的起源背景，揭示其深层的文化逻辑；运用比较文化学的视角，提炼燕赵文化的独特属性，凸显其在中华文明中的独特地位；将传统文化与当代议题相结合，重新定义其现代价值，使其在当代社会中展现新的活力。此外，建立燕赵文化基因数据库，对非物质文化遗产进行语义标注和关联研究，为内容创作提供系统的参考体系。这种系统化的方法不仅能拓展传播的深度，还能增强与引发受众对燕赵文化的认同感和情感共鸣。

2. 叙事范式革新，构建跨媒介话语体系

突破"历史溯源—技艺展演—价值定性"的线性叙事逻辑，探索"主体间性—情感共振—意义共创"的互动范式。在红色文化传播中，可引入多重视角叙事，如可通过VR技术复现李大钊《我的马克思主义观》创作场景，让受众以第一视角体验思想形成的过程；在民俗文化传播中，采用数据库叙事结构，将河北梆子唱腔、武强年画图案等元素模块化，允许用户自主组合生成个性化文化产品。同时，需要构建跨媒介叙事矩阵——以影视剧确立核心IP，通过短视频解构文化符号，依托元宇宙空间重建文化场景，形成"影—视—游—文"的立体话语网络。

3. 文化转译创新，畅通古今对话通道

通过"传统符号—现代语汇—全球表达"的三阶转译机制实现现代化与国际化。在微观层面，运用解构主义手法激活传统元素，如将邯郸成语典故转化为交互式动画，通过受众选择剧情分支影响故事结局，增强参与感与趣味性。在宏观层面，构建文化阐释的元叙事框架，可通过国际文化会议和影视论坛，将燕赵文化中的"诚义"精神与全球契约精神进行对话，推动核心价值的全球传播与认同。技术赋能是这一转译机制的关键路径。利用人工智能技术，可以实现河北梆子唱腔的跨文化适配，自动生成与目标地区音乐风格相匹配的戏曲变奏版本，提升文化产品的适应性与传播力。同时，通过建立文化符号溯源系统，确保在转译过程中保留文化本真性，避免文化内涵的流失。这种技术与文化的深度融合，不仅为燕赵文化的现代化表达提供了创新路径，还为其全球化传播奠定了坚实基础。

（三）融合技术生态，贯通产业闭环

1. 技术赋能文化内容创新

在文化认同视域下，燕赵文化的影像传播需要深度融合现代技术生态，以实现内容的创新与拓展。利用VR、AR、人工智能等前沿技术，能够为燕赵文化提供全新的影像表达方式。例如，通过VR技术，观众可以沉浸式体验燕赵地区的古代战场或历史事件，增强对燕赵文化精神内涵的理解和认同。同时，人工智能技术可以用于文化内容的创作和编辑，如自动生成具有燕赵文化特色的动画或短视频，提升内容的多样性和吸引力。这种技术与文

化内容的深度融合，不仅能够丰富燕赵文化的传播形式，还能有效扩大其传播范围和影响力。

2. 构建协同创新的产业生态

为了构建燕赵文化影像传播的产业闭环，需要构建一个协同创新的产业生态系统。这包括文化机构、科技企业、媒体平台和教育机构等多方主体的参与和合作。文化机构负责挖掘和整理燕赵文化的内涵和素材，科技企业提供技术支持和创新解决方案，媒体平台负责内容的传播和推广，而教育机构则培养相关领域的专业人才。例如，可以建立燕赵文化影像传播的产学研合作平台，促进各方资源的共享和整合，推动文化内容的创作、传播和商业化运作。这种协同创新的模式能够有效提升燕赵文化影像传播的效率和质量，实现文化产业的可持续发展。

3. 打造可持续发展的闭环模式

燕赵文化的影像传播需要打造一个可持续发展的闭环模式，以确保文化价值和商业价值的共同实现。在内容创作方面，要注重挖掘燕赵文化的独特性和深度，结合现代观众的需求和审美趣味，创作出具有吸引力和感染力的影像作品。在传播推广方面，要充分利用多种媒体渠道和平台，如社交媒体、视频网站、电视媒体等，实现内容的广泛传播和覆盖。在商业化运作方面，可以通过内容付费、广告植入、文化产品衍生等多种方式实现盈利，为文化产业的发展提供资金支持。同时，要注重反馈机制的建立，通过观众的反馈和数据分析，不断优化内容创作和传播策略，实现文化产业的良性循环和可持续发展。

结　语

燕赵文化影像传播的当代实践，既是传统文化赓续的守正创新，也是中华文明现代化表达的重要探索。在文化强国战略的指引下，通过探索"慷慨悲歌"的精神密码与"重信守义"的价值基因，揭示了影像媒介对地域文化认同的建构效能。面对数字化与全球化的双重挑战，只有以社会主义核

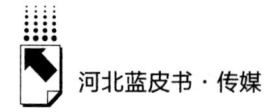

心价值观为灵魂、以技术创新为引擎、以叙事重构为路径，方能使燕赵文化突破地域边界，成为展现中华文化生命力的时代注脚。未来，应进一步推动"在地化深耕"与"国际化表达"的有机统一，让燕赵文化影像既体现燕赵大地的历史厚度，又传递人类命运共同体的价值温度，在文明互鉴中书写中华文化传承创新的河北篇章，为增强国家文化软实力、铸牢中华民族共同体意识贡献智慧与力量。

参考文献

《〈大河流传〉 | 中国大运河燕赵非遗影像录——音韵声腔之河》，"河北省群众艺术馆"微信公众号，2024年2月5日，https：//mp.weixin.qq.com/s/uMF5_iOK64BUwDy7MyL-kA。

《"光影河博"亮相十一假期 开启数字艺术沉浸体验》，央广网，2024年10月3日，https：//www.cnr.cn/hebei/tpxw/20241003/t20241003_526927666.shtml。

《最新宣传片〈河北如此多娇〉亮相第六届省旅发大会》，网易网，2021年9月24日，https：//www.163.com/dy/article/GKM03CL40521TES6.html。

B.14
河北主流媒体热点事件报道的公共价值偏好与舆论引导效果研究

窦玉英 张璠 张卉馨*

摘 要： 媒体舆论引导是公共价值传播的核心机制，直接影响社会治理效能。本文以公共价值理论为基础，结合框架分析，聚焦2024年河北主流媒体的热点事件报道，分析公共价值偏好的表达特征及其与媒体舆论引导效果的互动关系。研究选取河北日报报业集团纵览新闻、长城网、河北青年报青豆新闻三家主流媒体在抖音、微博、微信等平台发布的17篇热点事件报道及255条公众评论，采用内容分析法对公共价值偏好（如事实真相、效率、透明、合乎情理、公正法治、安全、问责、同情弱者）进行编码，并通过一致性分析揭示两者的共识程度。研究发现，主流媒体与公众的公共价值偏好呈现对事实真相的价值追求最高且一致的特征，公众对合乎情理（45%）和透明（22%）的诉求显著高于效率（3%）。主流媒体需要通过深化公正法治议题报道、强化安全议题的问责视角等措施提升舆论引导能力。

关键词： 公共价值偏好 舆论引导效果 主流媒体 一致性分析

引 言

舆论引导能力的提升是巩固主流媒体公信力与影响力的重要保障。以公

---

* 窦玉英，河北传媒学院人工智能学院副教授，硕士研究生导师，中国传媒大学新闻学院博士研究生，主要研究方向为党报党刊、网络舆情、智能传播；张璠，河北政法职业学院讲师，主要研究方向为视听新闻；张卉馨，河北传媒学院新闻传播学院硕士研究生，主要研究方向为网络舆情。

共价值为基础的主流媒体舆论引导效果是一种社会价值建构，是主流媒体在历史文化变迁基础上对公众基本诉求的回应。以往主流媒体舆论引导的研究，学者侧重于主流媒体舆论引导机制[1]、网络舆论引导有效性的影响因素[2]、舆论引导路径[3]三个面向。随着人工智能（AI）技术的发展，有学者开始关注舆论引导效果，建立了基于 AI 的舆论引导效果分析系统[4]。但是，鲜有研究把舆论引导效果与公共价值相联系。主流媒体的公共性[5]赋予了它在行动中所必然蕴含的公共价值属性。但更多时候主流媒体的公共价值被人们长期默认为不言自明、不需要解释的一个微观概念。这种概念的模糊性不利于与其相关问题的深入研究，如果不对这一抽象概念进行操作化处理，相关研究很难用于指导具体实践。因此，本研究尝试把公共管理领域中已经比较成熟的公共价值理论引入新闻传播学科，通过实证分析揭示主流媒体的公共价值偏好与舆论引导效果的关系。

把公共价值理论应用于新闻传播学科具有契合性和可行性。以往研究中，公共价值理论广泛应用于政府、医院等公共管理机构的绩效研究，近年来随着政务媒体的兴起，这一理论正向传媒领域迁移，先后有学者研究了网络舆情事件中的公共价值偏好与政府回应绩效[6]，基于北上广政务微博的实证分析来展示政民互动、公共价值与政府绩效改进[7]等。已有研究对

---

[1] 沈正赋：《全媒体时代舆论引导机制与舆情应对协同机制构建研究》，《学术界》2025 年第 1 期；周笑、罗敬达：《智媒时代主题新闻报道与社会舆论的共振引导机制研究》，《电视研究》2022 年第 10 期。
[2] 侯劭勋、田文强：《青年群体内部网络舆论引导：网络评议的舆论引导有效性影响因素探究》，《广东开放大学学报》2021 年第 2 期。
[3] 卢剑锋：《浅析县级融媒体中心提升基层舆论引导力的路径》，《传媒》2019 年第 23 期；敖然：《企业舆论引导的路径探析》，《新闻前哨》2018 年第 7 期。
[4] 周必勇、王戬华：《智媒时代主流媒体舆论引导效果研究——基于 AI 模型的定量分析》，《新闻前哨》2024 年第 22 期。
[5] 虞鑫、刘钊宁：《从公共性到人民性：媒体的两种不同公意形成之路》，《当代传播》2023 年第 1 期。
[6] 马翔、包国宪：《网络舆情事件中的公共价值偏好与政府回应绩效》，《公共管理学报》2020 年第 2 期。
[7] 王学军、王子琦：《政民互动、公共价值与政府绩效改进——基于北上广政务微博的实证分析》，《公共管理学报》2017 年第 3 期。

本研究具有可借鉴性。首先，主流媒体作为党和人民的喉舌，其本质属性是党性与人民性的统一。一方面，主流媒体鲜明的党性特征决定必须与党中央保持高度一致，准确宣传党的理论和路线方针政策；另一方面，党性寓于人民性之中，媒体必须始终坚持以人民为中心的工作导向，践行群众路线，反映公众诉求。因此，坚持人民至上价值立场，将实现好、维护好、发展好最广大人民根本利益作为出发点和落脚点，是新闻媒体与党和政府共同遵循的公共价值核心要义。再次，媒体的公共性，一种是作为某种涉及公众事务的"公共"，是可见性的公共性，体现代表性；另一种则是作为公众参与的公共性，体现过程性。这就从本质上反映了公众之于公共意志的主体性，而新闻媒体正是这种公共意志的重要组织途径，[①] 公共价值蕴含于公众意志之中。最后，主流媒体担负着引领社会主流意识形态的职责使命，只有在创造公共价值时，才能形成最大的社会共识，构建主流意识形态。因此，公共价值是判定主流媒体舆论引导效果达成的重要依据，也是主流媒体舆论引导效果改进的逻辑起点。本研究通过实证分析媒体的热点事件报道中着重体现了哪些公共价值偏好、公众在对热点事件的评论中体现了哪些公共价值偏好、媒体报道与公众关注的公共价值是否具有一致性，揭示媒体报道的公共价值偏好与舆论引导效果的复杂互动，以及由此所带来的启发。

一 理论框架与研究设计

（一）公共价值的本土化维度

目前，学界对公共价值的内涵还缺少较为统一的共识性界定。现有文献主要有三种代表性观点：第一种认为公共价值是指一个组织贡献给社会并造福公共利益的价值；第二种认为公共价值体现为通过集体参与形成的规范和

---

① 虞鑫、刘钊宁：《从公共性到人民性：媒体的两种不同公意形成之路》，《当代传播》2023年第1期。

价值观，是公众对组织期望的集中反映第三种融合前两种视角主张公共价值是描述人与社会关系并决定这种关系的一系列价值。本研究采用第一种观点核心要义，把公共价值界定为公共服务生产者和使用者偏好的集合，主要通过公共服务生产者与公众等核心利益相关者的互动来实现，并最终以公众的评判作为价值实现标准。①

要想对媒体的公共价值偏好进行评估，需要将这一抽象的定义操作化为具体的维度和指标。联合国非政府组织"世界广播电视理事会"2000年曾确定了四个维度作为公共价值绩效评估的原则，即独特、品质、效率和普及，其中效率主要与收视率等一系列指标有关，品质包含了节目品质、公众服务、社会价值、示范效应等多个方面，是以公平为重，兼顾效率的原则。② 英国BBC将公共价值的衡量途径划分为触达率、质量、影响力、投资效益四个方面。③ 有媒体机构围绕公共电视的价值评估，推出了包含"触达""质量""影响力""公共服务""财务与事业营运效率"等五大维度25个指标的评测体系。综合已有媒体的实践经验，结合政务媒体公共价值的测量方法，本研究从事实真相、公正法治、效率、安全、透明、问责、合乎情理、同情弱者8个指标解构主流媒体和公众的公共价值。事实真相是指内容真实可靠符合客观实际。公正法治是指秉持公正立场，尊重法律原则，维护社会公平正义。效率是指执行速度与效果，既指媒体发布报道的时效性，也指媒体报道的内容中体现的对速度与效果的关注。透明是指信息公开与决策参与，如媒体报道中披露事件的发展过程或人物的成长经历。问责是指对相关责任人进行责任追究或惩戒。合乎情理是指符合公众感知，提供科学、合理的解释和预测，如媒体报道中所提供的必要的新闻背景。同情弱者是指对弱势群体的声音和诉求的关注，促进社会公正和正义。

---

① 孙斐：《公共价值实现：一个动态循环模型的诠释》，《江苏社会科学》2022年第3期。
② 刘燕南：《电视评估：公共电视vs商业电视——英美及中国台湾的经验与思考》，《中国地质大学学报》（社会科学版）2011年第2期。
③ 刘燕南：《电视评估：公共电视vs商业电视——英美及中国台湾的经验与思考》，《中国地质大学学报》（社会科学版）2011年第2期。

（二）舆论引导策略的三重路径

舆论引导是引导主体（媒体、组织、个人）基于自己的立场，通过某种特定的方法或手段干预舆论演进动态，意图促进引导对象（公众）的主观规范、主体态度、知觉行为控制发生改变。[①] 本研究采用框架分析方法界定舆论引导策略的维度。学者臧国仁将分析框架划分为高、中、低三个层次：高层次框架是通过剖析新闻文本议题建构以及宏观层次的内涵来了解新闻报道主旨；中层次框架主要由新闻背景、新闻事件产生原因、新闻事件影响等构件组成；低层次框架是通过语言、词句等排列组合下新闻报道文本所展现出来的修辞、隐喻等表现形式。[②] 本文根据媒体通过新闻报道进行舆论引导实践中的具体特点，建构舆论引导策略的高、中、低三个维度，分别是议题框架、情感倾向、互动形式。议题框架是新闻报道在宏观层面上所呈现的报道主旨，根据报道目的可细分为政策宣导、文旅推介、科技成就、道德倡导和地方认同五个方面。情感倾向是结合具体语境从中观层面上对媒体和公众情感的倾向性进行判定，分为积极动员（如"圆满完成"）、中性陈述、消极警示（如"需要改进"）。互动形式是从微观层面观察媒体的新闻报道是单向发布还是双向互动（如回复评论、征集意见）。

（三）数据来源与研究方法

本研究选取了抖音、微博、微信三个平台上的河北日报报业集团纵览新闻、长城网、河北青年报青豆新闻的热点事件报道作为观察和分析对象。选择这三个样本的主要原因在于，三家媒体均为河北主流媒体，在2024年三家媒体均推出了热点事件报道，且这些报道获得了公众的积极

[①] 计永超、刘莲莲：《新闻舆论引导力：理论渊源、现实依据与提升路径》，《新闻与传播研究》2016年第9期。

[②] 计永超、刘莲莲：《新闻舆论引导力：理论渊源、现实依据与提升路径》，《新闻与传播研究》2016年第9期。

反馈，评论数量相对较多。有的主流媒体虽然在2024年也有重点报道，但并未形成热点事件报道，且由于设置了评论限制等，难以找到公众评论的数据，因此这类媒体因不能满足本研究的需要而被剔除。关于热点事件的界定，本文主要采纳两种观点，第一种观点把热点事件界定为"持续在同一网站报道或者在不同网站多次报道的新闻事件"[1]，第二种观点认为热点事件就是"较多民众参与讨论并产生一定社会影响的事件"[2]。本文采取第二种观点，收集了2024年上述三家主流媒体分别在抖音、微博和微信发布的17篇热点事件报道（见表1），同时对于每起热点事件报道后的公众评论，在剔除无效数据后按照由高到低的顺序选取前15条纳入数据库，共收集到255条评论。

表1 本研究选取的2024年河北省主流媒体发布的17篇热点事件报道

序号	热点事件报道	议题框架	情感倾向	报道来源
1	河北省住房公积金从季取变月取	政策宣导	中性叙事	微博@河北长城网
2	神十九发射任务圆满完成合集	科技成就	中性叙事	抖音@纵览新闻
3	正定爆火	文旅推介	积极动员	腾讯网-北青Qnews
4	石家庄草莓音乐节合集	文旅推介	积极动员	抖音@青豆新闻
5	第八届河北省旅游产业发展大会合集	文旅推介	积极动员	抖音@青豆新闻
6	面包车失控撞树,大哥救人	道德倡导	积极动员	抖音@青豆新闻
7	公交女车长救火	道德倡导	积极动员	抖音@青豆新闻
8	大学生乘坐网约车变"代驾"	道德倡导	积极动员	抖音@青豆新闻
9	专访解清帅:解克锋称会坚持把三套房子过户给解清帅,房本上还会写上解清帅女友的名字	道德倡导	积极动员	抖音@纵览新闻
10	河北卖菜老人剐蹭汽车事件	道德倡导	积极动员	今日头条转青豆新闻
11	下一代高铁的标准和速度会更高	科技成就	中性叙事	抖音@青豆新闻

---

[1] 孔春伟、吕学强、张乐:《HRTNSC:基于混合表示的藏文新闻主客观句子分类模型》,《中文信息学报》2022年第12期。

[2] Wan, L. X., "Book Review: The Discourse of News Values: How News Organizations Create Newsworthiness," Language in Society 2 (2018): 320-321.

续表

序号	热点事件报道	议题框架	情感倾向	报道来源
12	奥运冠军常园做客河北日报、纵览新闻	地方认同	中性叙事	抖音@纵览新闻
13	河北文化牌打出王炸合集	文旅推介	积极动员	抖音@青豆新闻
14	跟着宇辉游河北	文旅推介	积极动员	抖音@青豆新闻
15	当开学季遇上音乐节	文旅推介	积极动员	抖音@青豆新闻
16	河北这波上大分：第1集收到河北文旅和网友喊话，赵丽颖空降评论区	文旅推介	积极动员	抖音@青豆新闻
17	河北这波上大分：第15集山河四省文旅局集体卷上热搜	文旅推介	积极动员	抖音@青豆新闻

本研究采用内容分析法对所报道的热点事件和公众评论进行分析。首先，制定了编码簿。一是从事实真相、公正法治、效率、安全、透明、问责、合乎情理、同情弱者八个指标解构主流媒体和公众的公共价值偏好。二是从议题框架、情感倾向和互动形式三个指标分析舆论引导策略。其次，预编码和信度检验。根据编码簿对纳入数据库的内容进行编码，由2名编码员对每个指标采用二分变量方法进行预编码，直到信度检验达到0.88再进行正式编码。最后，采用SPSS软件进行一致性分析。

二 研究发现

本部分通过描述性统计分析，得出了公共价值偏好的分布与结构，并对比主流媒体的公共价值偏好与公众评论的公共价值偏好，研究了二者对公共价值的共识程度，进而分析舆论引导效果与舆论引导策略的适配性，提出优化建议。

（一）主流媒体与公众评论的价值偏好对比

研究发现，主流媒体发布的17篇热点事件报道中，关注事实真相的篇数为17篇，占100%；关注效率和透明的均为15篇，均占88%；关注合乎情理的为13篇，占76%；关注同情弱者的为8篇，占47%；关注安全的为6篇，占35%；关注公正法治的为4篇，占24%；关注问责的为0篇。对255条公众评论进行统计发现，公众偏好事实真相的为192条，占75%；其次是偏好合乎情理的为115条，占45%；偏好透明的为56条，占22%；其他偏好较少的分别是安全为16条（6%）、问责为12条（5%）、公正法治为11条（4%）、效率为7条（3%）、同情弱者为3条（1%）（见表2）。

表2 主流媒体与公众评论的公共价值偏好分布

		事实真相	效率	透明	合乎情理	安全	公正法治	问责	同情弱者
主流媒体	数量（篇）	17	15	15	13	6	4	0	8
	占比（%）	100	88	88	76	35	24	0	47
公众评论	数量（条）	192	7	56	115	16	11	12	3
	占比（%）	75	3	22	45	6	4	5	1

总体而言，主流媒体与公众评论除了对事实真相的偏好一致性较高外，其他的偏好存在较大偏差。进一步计算主流媒体和公众评论在除事实真相外的七个指标上的相关性，因七个指标都是"是"与"否"的二分变量，因此使用斯皮尔曼等级相关系数，得到$p \approx 0.554$（$p > 0.05$，不显著），表明二者排名一致性较弱。以上数据均显示在公共价值引导方面，主流媒体的舆论引导效果有较大提升空间。

（二）主流媒体舆论引导效果分析

主流媒体报道的17个热点事件在舆论引导效果上有成功之处，也有不足之处。

成功之处体现在四个方面。一是真实报道增强权威性。主流媒体严格遵守真实是新闻的生命这一职业理念，恪守职业道德，把传递客观事实作为自己的首要任务。对"神十九发射任务""解清帅房产过户"等17个热点事件的核心信息均如实报道。而公众对主流媒体报道的关注，也是相信其信息的真实性和权威性，因此二者对事实真相的偏好都高居首位。二是高效传递政策与社会正能量。效率在主流媒体的公共价值追求中仅次于事实真相，居第二位。河北主流媒体通过"住房公积金改革""文旅活动推广"等报道，强化政府服务形象和区域文化品牌，如"石家庄草莓音乐节""文旅大会上赵丽颖与网友互动"等，提升河北社会凝聚力。三是透明化传播提升公信力。媒体在如实报道客观事实时，为了体现真实性，常用的操作技巧就是在新闻叙事中通过交代新闻背景、披露事件发展过程或人物的成长经历等信息，进行多角度报道，保障公众对公共事务的知情权，使事件发展或人物行为符合逻辑。因此，透明与效率都是主流媒体居于第二位的公共价值追求。具体表现在文旅推介类新闻报道中，从治安管理、交通维护等方面对推动河北文旅事业发展的相关部门进行报道，增强信息透明性，如"正定爆火"的多篇报道中，非常注重数据的使用，如"'正定夜市'的搜索热度环比前两周增长13倍，20~35岁的消费人群占比超六成"，这种数据的公开既提高了透明度，也增强了报道的说服力，潜移默化地引导舆论。四是情感化叙事增强认同。如"航天员家属落泪""救人英雄"等故事引发共情共鸣，塑造积极的社会价值观，使新闻报道合乎情理，增强公众认同。

主流媒体热点事件报道中的不足之处表现在三个方面。一是公正法治议题弱化。在本研究所选取的17篇热点事件报道中，有8篇是文旅推介方面的内容，占总量的47%，接近一半。这一方面体现了2024年河北省的重点工作，另一方面也反映出时政、经济、社会等关系国计民生的硬新闻不足，涉及反映法治与公正公平的报道相对较少。较少涉及法律公平的报道多停留在表面，缺乏对制度漏洞或执行标准的探讨，导致公众对公正法治的需求未被满足。例如，"河北省住房公积金从季取变月取"报道中，媒体在报道这一惠民新政的同时，缺少对同类省份的横向比较和全国相关政策的宏观介绍，导致其他省份的公众评论"吐槽"是"难道不一直是一月一取吗"。二是安全与问责关注不多。例如，"面包车失控撞树""网约车变'代驾'"等热点事件中，公众在为好人好事点赞的同时，更关注保障安全的预防措施或一旦好事变坏事的情况下的责任划分，但媒体侧重事件本身的描述，未延伸至更广泛的公共安全预防与治理层面。三是用户深层诉求响应滞后。公众对"合乎情理"（115条）的高需求反映了对社会道德规范的期待，但媒体对争议事件，如"房产写女友名字"的伦理讨论不足，舆论引导流于浅层。

（三）媒体舆论引导策略与公共价值偏好的适配性

主流媒体的公共价值追求与公众期待存在一定差异，在舆论引导策略上主要有三种表现。

一是议题视角差异。媒体侧重宏观政策导向和发展成就，但公众更关注对个体的实际影响。例如，《河北省住房公积金从季取变月取》报道中，媒体多强调政策优化便民利民（合乎情理），而公众更关注资金管理透明度与自主权（公正法治）；"下一代高铁的标准和速度会更高"报道中，媒体强调"科技进步"（效率），而公众关心新技术带来成本变化（合乎情理）。

二是情感倾向的共识困境。在主流媒体中，积极动员13篇，占76%，中性陈述4篇，占24%，消极警示为0篇。在公众评论中，积极动员、中性陈述、消极警示的数量分别是132条、87条和41条，占比分别是52%、34%和16%。主流媒体与公众评论的积极情感共识度为52%，中性框架的共识度为24%。媒体以积极或中性情感报道的事件可能适得其反，被公众看出了其中存在的问题，如"正定爆火"中的"垃圾食品""缺少地方特色"等问题在公众评论中出现。

三是互动形式的影响。在所选的17篇报道中，均是单向发布，没有采取双向互动，即媒体未对公众评论做出回复和响应，这将削弱舆论引导的力度和效果。

（四）舆论引导效果优化建议

针对上述实证数据所反映的主流媒体与公众对公共价值的共识程度不同，主流媒体可从以下方面提升舆论引导效果。

一是深化公正法治议题报道：构建权威话语体系。与法律学者、法官、律师建立常态化合作，打造相关专栏，如建立案例对比库。可针对热点事件，如整理类似"解清帅房产过户"的报道，制作可视化对比图表，说明我国法律变迁。可通过专家答疑直播，邀请法律专家通过直播回应网民高频疑问，如从《物权法》到《民法典》的法制进程及相关条文变化，同步弹幕互动，增强参与感。此外，模拟法庭H5：开发互动式普法游戏，用户可扮演法官对虚拟案件进行判决，系统即时反馈法律依据，拓展理解深度。

二是强化安全议题的问责视角：从事件报道到治理推动。对于交通事故、公共安全事件，不仅要报道结果，还要挖掘监管责任和技术改进空间，如下一代高铁标准的配套安全措施等，可通过VR沉浸式体验，使用户模拟违规行为导致的后果或危险来临时需要采取的具体措施，强化风险认知。

三是将平衡情感叙事与理性分析相结合：构建"温度+制度"的叙事框架。重视情感议题的制度化转译。在正能量故事，如"救人事件"中，加入对制度保障，如见义勇为奖励机制的探讨、危险情况下救人者与被救者如何在自保的情况下救助他人、一旦救人者受到伤害在法律上有哪些救济性规定等，以此拓展舆论引导深度，彰显主流媒体的社会责任。可通过新闻切条的方式增加报道条数，拓展报道的深度和广度，让人们在感受温情的同时能够理性思考。

四是增强用户互动与议题设置：从流量运营到共识生产。本研究所涉及的17个热点事件中，名人效应显著，如"跟着宇辉游河北"中的董宇辉、第八届河北省旅游产业发展大会中的孙颖莎、奥运冠军常园、影视明星赵丽颖等。这些名人的显著性特征给媒体带来了巨大流量，满足了公众的好奇心，但在媒体报道中，对这些名人的独家深入采访在相关平台的流量并不高，如"河北日报"客户端的独家报道《常园：只有热爱才能坚守》，转发平台较多，但阅读量和评论量并不是太多，其中的原因值得深思。一是智媒时代的媒体不能一味固守传统媒体语言叙事，需要调整叙事方式；二是新闻样态要多元化，图文报道必不可少，如把同一主题新闻制作成动漫新闻、游戏新闻、数据新闻等多形式多模态，适应不同平台的传播特点。这需要针对一个主题，要早策划、早做相关素材准备以及增强预判能力，使热点事件新闻报道有新意，产生最大的影响力和良好的舆论引导效果。另外，主流媒体需要增加普通个体的视角展开叙事，如利用"山河四省文旅局内卷"等热搜话题，吸引公众参与的讨论，如"你心中的河北文化王牌"等，将流量转化为对区域发展的理性建言。

结　语

本文通过聚焦2024年河北主流媒体的热点事件报道，分析公共价值偏好的表达特征及其与媒体舆论引导效果的互动关系。研究发现，主流媒体与公众的公共价值偏好呈现对事实真相的价值追求最高且一致的特征，除此之外，主流媒体对效率（88%）、透明（88%）、合乎情理（76%）的公共价值追求高于同情弱者（47%）、安全（35%）、公正法治（24%）和问责（0%）。公众则对合乎情理（45%）和透明（22%）的诉求显著高于效率（3%）和同情弱者（1%）。主流媒体需要树立智媒时代的新闻传播理念，与商业媒体错位、协同发展，发挥自身权威度高、可信性强的优势，运用技术手段优化新闻内容制作、创新产品形态、改进传播叙事，通过深化公正法治议题报道、强化安全议题的问责视角、将平衡情感叙事与理性分析相结合、增强用户互动与议题设置等措施增进社会共识，推动主流意识形态的塑造，提升舆论引导效果。

参考文献

马翔、包国宪：《网络舆情事件中的公共价值偏好与政府回应绩效》，《公共管理学报》2020年第2期。

王学军、王子琦：《政民互动、公共价值与政府绩效改进——基于北上广政务微博的实证分析》，《公共管理学报》2017年第3期。

虞鑫、刘钊宁：《从公共性到人民性：媒体的两种不同公意形成之路》，《当代传播》2023年第1期。

B.15
河北省"清朗"行动促进网络舆论治理的实践创新与成效分析

王全领*

摘　要： 互联网已深度融入人们的日常生活，成为信息传播、社交互动、舆论形成的关键阵地。当前，网络生态日趋复杂化与极端化，构建多维协同的治理范式迫在眉睫。河北省"清朗·燕赵净网"行动在国家网络安全和信息化政策的指导下，通过建立省、市、县三级网络综合治理体系与部门协作机制，不断创新技术应用和治理模式，助力公众参与和社会共治。"清朗·燕赵净网"行动，解决了一批突出问题，从多维度重塑了网络舆论格局，提升了网络安全保障能力，同时面临长期复杂的挑战。河北省需要通过完善法规制度、优化网络空间协同治理体系、追踪网络技术发展前沿并及时跟进采用先进技术、进一步提升公众网络素养、促进全社会参与河北省"清朗·燕赵净网"行动等，进一步健全网络治理长效机制。

关键词： "清朗·燕赵净网"　网络舆论格局　网络素养

河北省作为人口大省和经济活跃区域，网络空间的健康发展与良性生态至关重要。随着网络的普及与发展，网络生态问题诸如谣言肆虐、低俗信息泛滥、隐私泄露、恶意营销、网络暴力等不断滋生，对网络舆论生态造成了严重破坏，给社会稳定、民众生活、公众权益带来诸多负面影响，网络治理迫在眉睫。河北省为净化网络空间、营造健康网络环境，积极响应国家号

---

* 王全领，河北省社会科学院新闻与传播研究所副研究员，主要研究方向为新闻理论。

召,大力开展"清朗·燕赵净网"行动。这一行动旨在全面整治网络乱象,优化网络舆论格局,为广大网民营造一个风清气正的网络空间。该行动通过打击各类违法违规网络行为,引导网络舆论朝着积极健康的方向发展,提升民众的网络使用体验,保障民众免受不良信息的侵害,维护社会的和谐稳定,为河北省的经济社会发展营造良好的网络环境,促进网络文化的发展,推动网络文明建设迈上新台阶。

一 网络生态治理伴随网络生态持续向好成为必然需求

(一)网络生态存在的问题

伴随网络在社会的普及和网络生态持续向好,网络乱象日益凸显。河北省网络生态存在的主要问题包括网络谣言、虚假信息、网络暴力和网络犯罪等。这些问题不仅严重影响了网络环境的健康和秩序,还对社会稳定和经济发展构成了威胁。

网络谣言涉及政治、经济、社会等多个领域,严重扰乱了网络秩序和社会稳定。信息传播渠道广泛、速度快、监管力度不足等以及互联网传播特性使得谣言能够在短时间内大面积传播。部分公众缺乏辨别谣言的能力,容易被误导和煽动。网络谣言频发,对社会秩序造成极大干扰,社会正常生活节奏被打乱。

虚假信息是河北省网络生态存在的又一难题。不实信息包括既误导公众,又可能对经济社会造成严重损害的虚假广告、恶意营销、假新闻等。利益驱动、监管不到位、信息不对称是造成虚假信息的主要原因。一些不良商家为追求利益,通过虚假宣传、刷单炒信等方式,故意发布虚假信息,以次充好,损害消费者权益。而监管机构在信息审核、监督方面的监管力度较小,也让虚假信息泛滥。

网络暴力、网络犯罪时有发生。网络暴力包括给当事人带来身心创伤、严重侵害他人合法权益的网络欺凌、人身攻击等行为。网络犯罪则包括对社会安全稳定构成威胁的网络欺诈、黑客攻击等。造成网络暴力和网络犯罪的原因主要有网络的匿名性、网络法律体系不完善和监管力度不够等。网络的匿名性让一些网民在缺乏约束的情况下，在网络上肆意妄为。此外，网络暴力、网络犯罪屡禁不止，也是网络法律体系不完善、监管力度不够造成的。

低俗庸俗色情信息泛滥，侵蚀网络环境，部分网站充斥着大量低俗图片、视频，严重影响青少年身心健康。在低俗庸俗色情信息泛滥的背后是利益的驱动。为了追逐巨额利润，部分网站不惜践踏法律与道德底线，运用各种手段，将网络空间搅得乌烟瘴气。

（二）网络生态治理的迫切性与重要性

当前的网络生态状况表明，网络谣言、虚假信息、网络暴力、网络犯罪等问题频发，严重影响了网络环境的健康和秩序。社会突发事件和网络谣言的泛滥，将影响社会稳定和经济发展，并引发公众对政府和企业的信任危机。信息以讹传讹可能会对社会公众产生误导，引起不必要的经济损失，引发社会的不安定。而网络暴力、网络犯罪，则是对他人合法权益的直接侵害，是对社会和谐安宁的破坏。这些问题不仅对社会稳定、经济发展造成威胁，而且对市民生活、工作产生了直接的影响。提升网络生态健康度的迫切性和重要性越来越凸显。净化网络环境，维护网络秩序，迫切需要采取切实有效的措施。一个健康有序的网络环境，对每一位网民的切身利益都有着直接的影响，关系到社会稳定与经济发展。

加强河北网络生态治理，有助于促进信息有效传播，为社会和谐与经济发展提供健康有序的网络环境。首先，网络环境健康可以推动信息有效传播。作为现代社会重要的信息传播渠道，互联网信息的真实可靠与公众知情权、决策权有着直接的联系。通过对网络谣言、不实信息的严厉打击，确保公众知情权、决策权，提高信息的真实性、可靠性。其次，网络环境健康对社会和谐发展具有促进作用。网络暴力、网络犯罪不仅侵害他人的正当权益，还破坏社会的和谐安宁。严厉打击网络暴力和网络犯罪，是维护社会和谐安宁、确保社会稳定发展的重要前提。最后，互联网环境的健康直接关系到经济的发展。通过打击网络虚假广告和网络欺诈，提高网络经济透明度和安全性，促进经济健康发展。通过采取有效措施净化网络环境、维护网络秩序，依靠持续开展的"清朗·燕赵净网"网络生态治理专项行动，既维护了社会公众的合法权益，又推动了社会经济、政治、民生等领域的健康和谐。

（三）河北省"清朗·燕赵净网"行动具有清晰的目标

国家对网络生态治理高度重视，出台了一系列政策法规，如《网络信息内容生态治理规定》等，要求各地加强网络空间治理，营造清朗网络环境。在此背景下，河北省"清朗·燕赵净网"行动在国家网络安全和信息化政策的指导下，针对网络生态中存在的违法违规信息、不良内容传播等问题，开展了一系列重要整治行动。整治内容涵盖多个领域：一是网络谣言，涉及民生、时政、健康养生等；二是网络诈骗，包括虚假投资、兼职刷单、网络博彩诈骗信息、诈骗分子设陷阱诱骗网民钱财等；三是低俗色情内容，直播打擦边球、文学作品露骨描写、图片视频低俗画面；四是侵犯知识产权，未经授权搬运影视、文学作品、抄袭创意文案；五是不良的网络社交行为，如网络暴力、谩骂攻击、恶意人肉搜索。

河北省"清朗·燕赵净网"行动的目标是营造清朗网络空间，全面清除各类违法违规信息，使网络成为传播正能量、弘扬主旋律的主阵地，在网民打开网页、浏览资讯时，映入眼帘的皆是积极向上、真实可靠的内容。规范信息传播秩序，整治信息发布源头，打击虚假信息编造与传播，强化平台审核责任，确保信息传播真实、客观、公正，如新闻资讯类平台发布的内容需要精准核实，杜绝不实信息误导公众。保护网民合法权益，遏制网络侵权、隐私泄露等行为，为网民营造安全、放心的网络环境，在电商购物、社交互动等场景中，网民个人信息得到严密保护，免受不法侵害。促进网络行业健康发展，引导互联网企业合规经营，通过整治恶意竞争、不正当营销等行为，推动行业自律，激发创新活力，促使网络经济持续繁荣。

二 河北省"清朗·燕赵净网"行动的实践举措

（一）河北省"清朗·燕赵净网"行动的实施与协作机制

"清朗·燕赵净网"行动由河北省网信部门牵头与公安、市场监管、文化、通信管理等各部门紧密协作，互联网企业、社会组织、广大网民积极参与，建立了省、市、县三级网络综合治理体系。网信部门凭借专业技术手段与监管职能，负责统筹协调各方资源，制定行动方案，监测网络动态，对网络平台、自媒体等进行监督管理。公安部门发挥执法优势，依法打击网络犯罪，对网络谣言、网络诈骗、网络暴力等违法犯罪行为立案侦查，严惩不法分子。市场监管部门聚焦网络经营行为，查处虚假广告、侵权假冒等问题，规范网络市场秩序，维护公平竞争环境。文化部门着眼于网络文化的内容审核，清理低俗、有害文化产品，推动网络文化精品创作。通信管理部门从技术层面管控网络接入，关停违法违规网站，阻断有害信息的传播渠道。

在保障措施方面，建立了由通信管理、公安、网信等多部门联合的治理机制，确保信息共享和行动协调。在信息共享方面，搭建统一的信息平台，网信部门将监测到的违法线索及时推送至公安、市场监管等部门，公安部门侦查案件过程中的相关信息也同步反馈，如网络传销线索共享助力精准打击。在联合执法方面，针对重大网络违法案件，多部门成立联合专案组，统一行动，如打击网络跨境赌博，网信、公安、金融监管等部门协同作战，捣毁犯罪窝点。在协同监管层面，定期召开联席会议，交流工作进展，商讨解决难点问题，共同制定监管政策，对新兴网络业态进行联合调研，提前出台监管措施，确保行动高效推进。

互联网企业作为网络生态的重要建设者和参与者，积极履行社会责任，加强自律管理，共同维护网络空间的清朗。社会组织发挥自身优势，积极参与网络治理工作，为行动的实施提供了有力支持。广大网民作为网络生态的建设者以及受益者,通过提升网络素养积极参与网络治理,共同打造健康向上的网络文化。

(二)创新技术在治理行动中的应用

在河北省"清朗·燕赵净网"行动中,创新技术的应用和创新治理模式的探索成为关键因素。有关部门可以通过引进先进的大数据分析以及云计算等技术,对网络内容进行更加有效的监控与管理。利用人工智能技术对内容进行复核,能大幅提高人工复审的准确性及降低人工复审的误区率。智能监控系统被大量应用,可以利用图像识别、文本分析等技术,对涉黄、暴、谣言等违法信息进行全天候不间断地检查、识别。当网络不良信息被识别出来以后,系统可以比对权威数据库、历史信息数据库迅速地捕获热点信息、筛选有价值的数据、有历史信息的数据,一旦发现有可疑的链接就会立刻预警推送到人工审核小组,从而对信息的真伪进行识别。大数据分析通过挖掘海量的网络数据,绘制出网络信息传播图谱,并对违法信息源头、传播途径、蔓延区间等进行准确定位,提供导航精准打击。例如,以大型数据分析锁定某网络水军操纵团伙,该团伙通过批量注册账号、发布虚假好评等手段欺骗消费者,监管部门能够依循线索进行精准打击。

(三)拓展公众参与和社会共治网络空间的路径

"清朗·燕赵净网"是河北社会治理工作中的一项重要内容,公众参与和社会共治是不可缺少的一环。通过各种渠道和途径,河北省、市、县三级网信部门积极引导公众参与网络治理,社会共治工作取得了较好的成绩。一方面,通过网络宣传活动,公众的网络素养、文明意识得到了提高与增强。通过电视、报纸、网络媒体等各种渠道,广泛开展网络安全知识宣传教育活动和法律法规的宣传教育活动。探索更多丰富多彩的宣传方式,引导广大公众共同构建清朗、文明的网络生态环境,在营造健康有序的网络空间方面做出积极贡献。深入推动开展《河北省网络生态文明公约》"进农村""入社区""进校园""出企业""到公共场所"等活动。另一方面，建立鼓励公众主动举报网络违法违规行为的平台。公众举报平台上线以来，为有关部门提供了重要的线索和支持，以及大量有效的举报。此外，河北省还注重发挥社会组织的作用，促进社会各方面参与网络治理。通过与行业协会、公益组织等合作，形成了网络生态多元参与的社会共治路径，不仅增强了公众的参与感和责任感，而且提升了网络治理的效果与层次。

三 河北省"清朗·燕赵净网"行动成效显著

（一）靶向整治网络生态沉疴

2024年，河北省"清朗·燕赵净网"行动依据不同阶段网络乱象的突出问题，分类实施了多项专项整治行动。重点打击黑客攻击破坏、侵犯公民个人信息、网络赌博、网络传播淫秽色情、网络诈骗、网络水军、助考等网络违法犯罪行为。在侵犯公民个人信息专项治理中，对非法收集、贩卖个人信息的网站运营企业严惩不贷，切实保障民众隐私安全。坚决清理针对涉未成年人散布暴力血腥、暗黑恐怖、教唆犯罪等内容的"邪典"不良信息，对存在问题的动漫、视频等责令下架整改，从源头阻断不良文化对未成年人的侵蚀。"饭圈"乱象整治专项行动直击娱乐圈不良生态。严厉打击诱导未成年人在社交平台、音视频平台的热搜榜、排行榜、推荐位等重点区域应援打榜、刷量控评、大额消费等行为，对违规"饭圈"账号予以封禁，对背后操控的经纪公司、"粉头"依法惩处，引导青少年树立正确的追星观念，让"饭圈"回归理性。

通过深入开展"清朗·燕赵净网"网络生态治理专项行动，集中整治了人民群众反映强烈的网络生态突出问题。2024年1~8月，全省网信系统查处违法违规网站750家；查处违规互联网用户账号166个；处置违法和不良信息145691条，其中网络谣言类16559条，赌博诈骗类1648条，涉未成年人类7801条，色情低俗庸俗类3640条，"自媒体"无底线博流量类721

条，未经许可开展新闻信息服务类115条，侵权假冒类232条，黑公关、网络水军类302条，其他违法和不良信息114673条。①

（二）多维度重塑网络舆论格局

在打击网络谣言、低俗信息、恶意营销等违法违规行为，清理海量有害信息方面持续深入，从源头遏制不良信息传播，网络环境显著净化，网络舆论环境"由浊转清"，为民众营造安心用网环境。在优化舆论生态方面，随着正面引导加强、问题解决跟进，正面舆论占比稳步上升，正能量信息传播力与引导力不断提升，舆论导向积极正向。网民参与愈加理性文明，网络舆论场正能量充沛，成为凝聚社会共识的新阵地。引导民众学习楷模、崇德向善，在社会树立精神标杆，引导舆论追求高尚道德风尚，以正能量"爆款"点亮网络舆论"星空"，带动网络空间风气持续向好。

（三）网络平台法治意识和责任意识增强

各个网络平台积极响应行动号召，在自身管理机制、内容审核制度等方面加以改进。许多平台主动开展自查自纠工作，对存在的问题进行全面排查

---

① 数据来源为河北网信网相关月份统计资料：《来了！1月份河北省"清朗·燕赵净网"网络生态治理成果公布》，河北网信网，2024年3月6日，http：//www.caheb.gov.cn/system/2024/03/06/030279262.shtml；《来了！2月份河北省"清朗·燕赵净网"网络生态治理成果公布》，河北网信网，2024年3月6日，http：//www.caheb.gov.cn/system/2024/03/06/030279266.shtml；《查处网站95家！3月份河北省网络生态治理成果公布！》，河北网信网，2024年4月8日，http：//www.caheb.gov.cn/system/2024/04/08/030283512.shtml；《来了！4月份河北省"清朗·燕赵净网"网络生态治理成果公布》，河北网信网，2024年5月8日，http：//www.caheb.gov.cn/system/2024/05/08/030287733.shtml；《来了！5月份河北省"清朗·燕赵净网"网络生态治理成果公布》，河北网信网，2024年6月7日，http：//www.caheb.gov.cn/system/2024/06/07/030292650.shtml；《来了！6月份河北省"清朗·燕赵净网"网络生态治理成果公布》，河北网信网，2024年7月11日，http：//www.caheb.gov.cn/system/2024/07/10/030297169.shtml；《来了！7月份河北省"清朗·燕赵净网"网络生态治理成果公布》，河北网信网，2024年8月1日，http：//www.caheb.gov.cn/system/2024/08/01/030300208.shtml；《来了！8月份河北省"清朗·燕赵净网"网络生态治理成果公布》，河北网信网，2024年9月6日，http：//www.caheb.gov.cn/system/2024/09/05/030304596.shtml。

与整改。

比如，某短视频平台在自查过程中发现，有的用户发布的视频存在低俗、恶搞等问题，平台随即对这些视频进行了下架处理，并对相关用户进行了警示和处罚。同时，加大了审核新发布内容的力度，制定了更加严格的审核标准，增加了审核人员的数量，平台确保自身内容符合法律规定与社会道德规范。通过这些举措，网络平台的责任意识和自律能力有了明显的增强，为网络空间的良性发展奠定了坚实的网络环境基础。很多平台积极参与公益活动及网络空间治理，通过发布公益广告、开展网络文明宣传、引导网民树立正确的网络价值观等举措，共同营造良好的网络环境。为推动经济高质量发展注入网络动力，实现网络生态与产业发展的良性互动，各相关方积极行动。在促进产业发展方面，助力网络产业合规转型，减少企业的潜在风险，激发新业态活力，拉动行业营收增长。

（四）公众参与度显著提高

通过广泛的宣传教育活动，河北省公众对网络安全、网络空间治理的重视程度和参与程度明显提高。越来越多的公众已经意识到网络空间治理的重要性，并主动参与其中。他们不仅能自觉抵制不良信息，还能积极举报网络违法违规行为。公众举报的网上违法违规线索对有关部门的执法工作具有重要作用，全社会形成了共同参与网上治理的良好风气。不少网民通过宣传引导等方式，自发组织成立了一支积极参与网络空间治理的网络文明志愿者队伍。他们把正能量传播到网络上，把不良信息剔除出去，对营造清朗的网络空间贡献自己的力量。

（五）网络安全保障能力提升

河北省有关部门在行动过程中，对网络安全技术手段的开发给予了高度重视，并在研发网络安全技术方面加大了投入。与各大专院校、科研单位、网络安全企业等进行深度合作，共同进行网络安全先进技术的研发与应用。实时监控、预警和快速处置网络安全事件，通过建立智能化的网络安全监控系统，相关部门能够迅速采取应对措施，对网络流量进行实时分析，及时发现网络攻击、数据泄露等安全事件，并发出预警信息，有效减少网络安全事件带来的损失。同时，与网络安全企业加强了应急联动机制，为网络空间的安全稳定提供了强有力的保障。河北还建立了网络安全应急演练机制，针对网络安全突发事件，定期组织有关部门和企业进行演练，提高应对能力。

四 河北省网络治理面临的新问题与新挑战

随着互联网技术的飞速发展与全球化进程的加速，河北省网络舆论治理在"清朗·燕赵净网"行动中取得显著成效的同时，面临一系列不可控的新问题与新挑战。

（一）网络生态的国际性与监管主体的地域性

跨境网络违法犯罪活动日益猖獗，部分不法分子利用境外服务器，通过虚拟专用网络（VPN）等技术手段绕过监管，在境外设立网络赌博、网络诈骗网站，专门针对国内网民实施犯罪。这些网站频繁更换域名、IP地址，隐蔽性极强，追踪打击难度极大。同时，跨境网络水军操纵舆论的现象愈加突出，他们受雇于特定的利益集团，在境外社交平台、论坛散布虚假信息，煽动负面情绪，试图影响国内舆论走向，如在一些国际热点事件上、在经贸摩擦期间，恶意编造不实信息误导公众认知。

（二）网络技术的跨越式发展与监管的滞后性

新技术的广泛应用催生了新型不良信息传播形式。人工智能技术被滥用，深度伪造的视频、音频充斥网络，一些虚假的名人发言、新闻报道视频混淆视听，引发公众信任危机；虚拟现实、增强现实技术为低俗内容提供了新"温床"，部分不法分子制作沉浸式低俗体验内容，隐蔽传播色情、暴力信息，侵蚀网民精神世界。

（三）网络空间的无限性与监管手段的局限性

小众网络平台、新兴应用程序的监管难度不断攀升。一些小众社交平台、直播平台为追求流量，放松内容审核，成为网络谣言、低俗信息的"避风港"；部分小众在线教育、知识付费平台打着知识分享的旗号，实则传播伪科学、有害思想，误导用户，且这些平台运营模式灵活、更迭迅速，监管部门难以及时全面掌握其运营动态，监管规则也存在一定滞后性，给治理工作带来重重困难。

（四）网络信息的海量增长与监管力量的不足

从数量来讲，网络信息量每天的增长都是一个天文数字。各大新闻媒体传播机构和"巨无霸"的信息平台、自媒体与社交网络等在信息采集、制作、加工以及多次传播以人工智能为重要手段，促使涵盖各个领域的信息量都在爆炸式增长。从理论来讲，便捷的网络通道将信息瞬间传播到世界上任何一个终端并进行下一轮信息传播。与此对应的是，各个层面的包括政府监管部门、平台监管审核部门受限于经济、政治等方面因素，监管人员必然存在一定的缺口，理论上不可能做到全面实时监管，而只能对网络信息做有选择、有重点的审查。

五 河北省完善网络治理长效机制的思路与建议

河北省在"清朗·燕赵净网"行动中，应进一步探索构建网络治理长效机制，以实现网络生态环境的持续改善。

（一）完善法规制度为网络生态治理提供坚实的法律保障

一是进一步完善法律法规和政策，为网络生态治理提供坚实的法律保障。应该紧跟网络生态发展新趋势，加速制定针对性强的地方性法规，如跨境网络监管、新兴技术应用规范等，细化法律责任，填补法规空白，为依法治网筑牢根基。二是在监管规则细化层面，聚焦小众平台与新兴应用的监管短板。分类制定详细的监管规则，依据不同类型平台的业务特点，明确内容审核标准、用户管理规范，如针对小众知识付费平台，提出专业内容审核资质要求，确保知识准确性；建立快速响应备案机制，针对新上线的应用程序、平台，要求运营方提前备案，监管部门在规定时间内完成审查，确保监管及时性。三是强化平台主体责任落实，对违规平台加大处罚力度，采取高额罚款、暂停运营、吊销执照等措施，督促其规范运营，全方位筑牢网络舆论治理防线，保障"清朗·燕赵净网"行动持续推进。

（二）优化国内与国际网络空间协同治理体系

首先，构建更紧密的跨区域、跨部门协作网络，打破信息壁垒，使联合执法、协同监管常态化，尤其是针对跨境网络犯罪、跨领域网络乱象，"攥指成拳"精准打击。其次，推进国际合作，积极拓展跨境网络治理协作渠道。与周边国家及网络犯罪高发地区建立常态化信息共享与执法协作机制，定期交流网络犯罪情报，联合开展跨境执法行动，如在打击跨境网络赌博上，协同周边国家警方统一收网，捣毁犯罪链条。最后，加强国际舆论引导合作，通过参与国际网络治理论坛、发布联合声明等形式，向世界传递中国治理网络乱象、维护网络秩序的决心与举措，塑造良好的国际形象，减少外部恶意舆论干扰。

（三）追踪网络技术发展前沿，及时跟进采用先进技术

加强新兴科学技术手段的应用，升级网络监测与管控技术体系，技术赋能网络监管与治理效率和处置精准度。一是加大对人工智能、区块链等前沿技术的研发投入，打造智能化、精准化监测预警与处置系统，以技术创新提升治理效率，应对复杂多变的网络乱象。深度应用现代人工智能和区块链等技术，构建信息溯源机制，对网络信息从源头到传播各节点进行精准记录，让虚假信息无处遁形。针对深度伪造内容，通过区块链追溯其制作源头与传播路径，快速锁定责任主体。利用人工智能深度学习算法，实时智能识别新

型不良信息，动态更新识别模型，适应不断变化的信息形态。二是加强与网络运营商、互联网企业的技术合作，共建联合技术实验室，攻克跨境网络追踪、新兴技术监管难题，提升技术应对能力。

（四）进一步提升公众网络素养

把增强河北民众网络素养作为常抓常新的重要课题。根据网民的年龄、职业等特点，有针对性地设计不同的网络素养课程。

首先，对于青少年群体而言，把网络素养教育纳入常规课程体系，学校要发挥主阵地作用。课程内容要与青少年兴趣、认知水平相适应，以培养文明上网习惯为目的，引导青少年树立正确的网络价值观。其次，社区、企业可联合中青年上班族共同发力。社区举办网络素养讲座，邀请网络安全专家对职场网络陷阱、知识等进行讲解，中青年上班族可利用业余时间参加。企业则将网络素养培训融入员工职业发展规划，针对行业相关网络法规、数据隐私保护要点，定期组织网上学习，提高与增强员工专业素养和职场使用网络合规意识，促进员工在职场中的学习。最后，对于高龄群体而言，老年大学和社区养老服务中心是其主要的受教育渠道。开设"老年网络课堂"，采用通俗易懂、放慢语速的授课方式，手把手地教老年人如何使用智能手机安全上网、辨别健康保健类的网络谣言，避免陷入虚假投资骗局，通过"老年网络课堂"的形式，帮助老年人跨越数字鸿沟，享受安全、健康的网络生活。

（五）促进全社会参与河北省"清朗·燕赵净网"行动

通过建立以多方协作为主体、政府主导、企业履责、社会监督的网络治理格局，积极探索多元化的治理模式，促使企业、社会团体及个人积极主动地参与网络生态治理。

第一，通过提升公众对网络生态治理的认知，积极主动参与网络治理，越来越多的公众意识到网络空间治理的重要性，不仅自觉抵制不良信息，而且主动举报网络违法违规行为。同时，完善举报激励机制，调动网民参与网

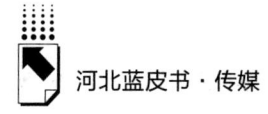

络治理的积极性，形成全社会共同参与的良好网络文化建设氛围。通过宣传引导，引导和强化各级网民组织成立网络文明志愿者队伍，积极参与网络空间治理，让公众自觉在网络上传播正能量，举报不良信息，为营造清朗的网络空间贡献自己的力量。第二，为了激发公众、企业与社会组织的活力，充分调动其在"清朗·燕赵净网"行动中的积极性，可以探索设立网络治理奖励基金，由政府财政拨款、网络平台企业捐赠等多渠道筹集资金。对于在网络内容审核、技术创新助力治理、积极配合执法等方面表现突出的给予奖励。对研发出高效智能内容审核系统的科技企业，依据其技术应用成效、推广范围给予资金扶持与荣誉表彰，提升自主治理能力。第三，通过创新治理模式提高网络管理的效率，增强公众对网络环境的信任感。倡导文明上网，凝聚社会共识，形成全民参与网络治理的良好氛围，推动"清朗·燕赵净网"行动向纵深发展，为实现网络环境的持续优化提供有力支撑。

参考文献

《燕赵净网共享清朗——〈河北省网络生态文明公约〉主题宣传活动走进石家庄》，河北网信网，2024年11月5日，http：//www.caheb.gov.cn/system/2024/11/05/030314364.shtml。

《张家口蔚县：开展〈河北省网络生态文明公约〉进校园活动》，河北网信网，2024年10月11日，http：//www.caheb.gov.cn/system/2024/10/11/030308847.shtml。

《"清朗·燕赵净网2024"网络生态治理专项行动主题宣传进企业》，新浪网，2024年10月26日，https：//cj.sina.com.cn/articles/view/3236242114/c0e522c2027018rqm。

B.16 河北文旅传播的多维呈现及实践路径研究*

安钰盟 韩幸婵**

摘 要： 在文旅深度融合与"十四五"规划战略机遇叠加的背景下，河北省积极探索文旅传播的创新实践路径。通过历史名城推广、非遗传承、传统文化活化等举措，结合"文旅+体育""文旅+科技"等跨界融合模式，实现传播技术与内容的创新突破，有效推广了文旅资源，提升了文旅品牌影响力。然而，内容同质化、传播渠道整合不足及品牌辨识度不高仍制约文旅传播的"出圈扩容"。应进一步构建差异化叙事体系、全媒体协同传播矩阵，以特色定位塑造燕赵文化标识，携手京津打造区域文旅品牌。未来，随着文旅深度融合、信息技术不断发展，河北文旅传播将迎来更广阔的发展空间，通过文旅传播效能的提升助力建设经济强省、美丽河北，为区域文旅高质量发展提供范式参考。

关键词： 文旅融合 品牌建设 河北省

2024年10月18日，习近平总书记在安徽考察时强调，要进一步推动文化和旅游融合发展，发展全域旅游，把文化旅游业打造成支柱产业。① 这

---

* 本文为河北省社会科学院2025年度智库项目"文化强省目标下河北文旅类视听节目品牌创建与传播研究"（QN2025024）阶段性成果。
** 安钰盟，河北省社会科学院新闻与传播学研究所研究实习员，主要研究方向为新媒体、文化传播；韩幸婵，河北衡水中学高级教师，主要研究方向为文化与传播。
① 《习近平在安徽考察时强调 发挥多重国家发展战略叠加优势 奋力谱写中国式现代化安徽篇章》，新华网，2024年10月18日，https://www.news.cn/20241018/eb16f0656c894b6291ac3339cdc523dc/c.html。

一重要论述，为文旅产业高质量发展指明了方向、提供了遵循。2024年是实现"十四五"规划目标任务的关键一年，也是推进河北文化强省、旅游强省建设的重要一年。河北省委、省政府高度重视文旅产业的发展，河北省委十届六次全会提出，完善文旅深度融合发展机制，激发建设文化强省的创新创造活力。这使"这么近，那么美，周末到河北"品牌影响力不断扩大。河北省内各级媒体机构充分运用传播资源禀赋，优化配置传播矩阵，致力于构筑多层次、广覆盖的传播渠道体系，显著提升河北文旅传播的多维呈现效能。

一 河北省文旅传播的多维呈现

通过对2024年河北省丰富实践的系统性梳理与深入剖析，可以清晰地观察到河北文旅传播所呈现的鲜明特征：它不仅是多维度的立体呈现，还是体系化的战略布局与协同联动的生态构建，其间积累的宝贵经验，为区域文旅品牌的塑造与传播影响力的提升提供了重要启示。

（一）深耕文化肌理：文旅传播的价值萃取

媒体在文化遗产保护、非遗传承、地方文化品牌塑造及传统文化传播方面扮演着关键角色。河北省各级媒体深挖燕赵文化精髓并进行系统性、创造性的时代活化，通过构建多元化、分众化的叙事体系，精准满足不同群体的精神文化需求，借助纪录片等更符合当代审美与接受习惯的形式进行宣传推广，使燕赵文化焕发生机，推动河北省文旅产业的发展，塑造独特的地域文化形象。

1. 解码燕赵基因，彰显厚重的历史底蕴

河北省内各级媒体机构充分发挥专业优势，挖掘燕赵文化的独特精髓。2024年8月，河北广播电视台制作文化纪录片《长城 长城（第一季）》，该纪录片系统解读了长城这一世界文化遗产的起源、建造、防御功能及文化交融价值，被"学习强国"总平台首页推荐，获得优酷、B站等网络平台的重点推介，入选国家广播电视总局 2024 年第三季度优秀国产纪录片推荐目录。[①] 除此之外，《大河之北·文华燕赵》聚焦正定隆兴寺摩尼殿"十字抱厦"建筑孤例、赵州桥千年营造技艺等地标性文化符号，深入探寻燕赵文脉。该纪录片在河北卫视黄金时段播出，并在腾讯视频等平台同步上线，入选国家广播电视总局 2024 年第一季度优秀国产纪录片推荐目录。[②]

河北日报报业集团的"非遗河北"系列报道成效显著，记者深入一线记录邢窑白瓷、定窑刻花等非物质文化遗产在当代的传承实践与创新应用。该系列报道深入挖掘燕赵非物质文化遗产，通过文字与影像传递手工技艺的温度、民俗文化的独特韵味，全方位展现河北特色非物质文化遗产的当代价值。

2. 活化传统文化，创新现代表达方式

河北省积极探索传统文化与现代媒介的融合路径，创新传播模式，提升传播效能。2024 年 7 月，由河北省文化和旅游厅联合河北广电影视文化有限公司出品的微短剧《你好，苏东坡》正式上线。该剧以"文旅+微短剧"为创意理念，充分展现定州作为"中华诗词之市"的历史底蕴、文化魅力以及风土人情。剧中将历史文化资源转化为视听故事，极大地增强了年轻受众的认知兴趣与情感连接。该剧入选国家广播电视总局"跟着微短剧去旅行"创作计划第三批推荐剧目，在第五届中国（沧州）中华优秀传统文化颂网络电影盛典上荣获"优秀网络微短剧"。

传统文化的传播方式由静态展示向互动体验转变，使非遗技艺、历史民俗等文化元素融入现代生活。受众在沉浸式体验中对燕赵文化的认知和情感联系得到增强，提高了传播效率。

3. 赋能红色文化，引领文旅实践转型

媒体在挖掘与传播红色文化资源方面扮演着关键角色，其作为传承红色基因、弘扬革命精神的重要载体的作用受到高度重视。河北日报报业集团推

---

① 《国家广播电视总局办公厅关于推荐 2024 年第三季度优秀国产纪录片的通知》，国家广播电视总局网站，2015 年 1 月 7 日，https://www.nrta.gov.cn/art/2025/1/7/art_113_69958.html。
② 《国家广播电视总局办公厅关于推荐 2024 年第一季度优秀国产纪录片的通知》，国家广播电视总局网站，2024 年 11 月 28 日，https://www.nrta.gov.cn/art/2024/11/28/art_113_69719.html。

出的《这么近，那么美，周末到河北·旅游在"县"｜平山：以红带绿，"打卡游"变"深度游"》介绍了平山县深入挖掘红色资源，推动文旅深度融合，致力于打造红色旅游首选地和休闲康养目的地，不仅推出沉浸式实景演出《梦回西柏坡》，持续擦亮西柏坡红色旅游名片，还深入开发光禄山革命历史文化，将光禄山建设成为集红色教育与乡村旅游于一体的综合性景区，成功实现从"打卡游"向"深度体验游"的转型。

4. 聚焦主流价值，温情讲述河北故事

在传播实践中，许多媒体善于运用"小切口"展现"大主题"。河北日报报业集团文化新闻部聚焦"小人物"，通过微视频、图片、文字等形式，展现文旅产业中的奋斗精神。《从金牌讲解员到汉服妆造师，彭博文——带你体验正定古城"国潮风"》关注文旅融合催生的新职业，展现河北文旅的亲和力与吸引力。"河北日报"客户端推出的微纪录片《雄安夫妻》通过真实故事展现雄安建设者的奉献与奋斗精神。长城新媒体集团推出"我与长城"系列报道，《长城老张的朋友圈》展示了河北在长城保护领域先行先试的实践，《他们，和长城一样美》聚焦普通百姓成为长城文化传承者的故事，弘扬时代精神。

媒体通过深入挖掘河北省丰富的文旅资源，深耕地方特色，讲好河北故事，生动展现河北城市的活力与潜力，进而满足受众对真善美的期待。这增强了公众对河北的认同感，凝聚主流价值共识，壮大主流舆论力量，提升了河北省城市的知名度和美誉度。

（二）创新传播维度：文旅传播的场景化叙事

河北省媒体深刻把握文旅融合发展的新趋势，积极突破传统宣传范式，致力于创新传播维度与叙事方式。通过前瞻性地布局"文旅+"跨界融合战略，将文化旅游元素与体育竞技、前沿科技、时尚潮流、生态文明等多元领域深度结合，打造一系列富有吸引力的场景化叙事空间。这不仅有效拓展了河北文旅的传播边界，丰富了受众的体验维度，还为产业注入了新活力，精准对接了细分市场的多元化需求。

1. "文旅+体育"：塑造运动休闲品牌

河北省主流媒体通过创新传播体系与资源整合，深度赋能"文旅+体育"发展，以崇礼冬奥遗产为核心，探索冰雪运动与文旅产业协同发展的新模式。河北广播电视台推出第五届冰雪运动会专题宣传片，跟进报道"2024~2025赛季雪耀中国"系列赛事，河北日报报业集团持续推出《打开河北冰雪经济的流量密码》《冬奥会后，精彩从未落幕》等新闻报道，全方位展现河北冰雪经济新亮点。

依托京津冀协同发展战略及冬奥遗产优势，河北省将冰雪运动融入全域旅游体系，打破传统旅游的季节性限制，打造差异化运动休闲品牌，不仅激活冰雪经济产业链，还以体育精神塑造地域文化符号，实现"冷资源"向"热经济"转化。各大主流媒体聚焦"雪国崇礼·户外天堂"城市名片，通过专题报道与四季运营策略解读，推动河北冰雪品牌全球化传播，构建可复制的"河北样本"。

2. "文旅+科技"：拓展沉浸式体验

河北省媒体通过文旅宣传，利用科技手段打造"文旅+科技"品牌。沉浸式文旅体验方面，依托VR、AR等技术，让游客在虚拟与现实相结合的环境中深度感受河北文化。正定古城景区推出"数字化光影秀"，游客可通过VR设备体验历史场景。河北博物院开发了"沉浸式数字展厅"，通过3D投影和互动触屏，让受众在虚拟空间中深度了解文物背后的故事。数字文旅应用方面，打造元宇宙景区、AI智能导览和文旅游戏化互动体验。承德避暑山庄依托元宇宙技术推出数字景区，游客可在线上虚拟游览并参与互动。此外，河北多个景区引入AI智能导览，如白洋淀风景区推出的智能语音讲解系统，能够根据游客所在位置提供实时解说，增强游览体验。

通过文旅宣传，结合沉浸式体验、数字文旅技术与智能传播方式，河北省不断打磨"文旅+科技"品牌，推动河北文旅产业朝智能化、数字化、沉浸式发展，提高对受众的吸引力。

3. "文旅+时尚文化"：提升年轻群体的关注度

石家庄凭借深厚的摇滚文化底蕴，成功打造"摇滚之城"城市名片。

《通俗歌曲》《我爱摇滚乐》等摇滚杂志在石家庄诞生，为中国摇滚乐发展奠定基础，万能青年旅店等知名摇滚乐队也从这里走出。为打造"摇滚之城"，石家庄举办了一系列大型摇滚音乐演出活动，如"Rock Home Town"摇滚音乐演出季，涵盖"激情夏夜""周末草坪""山水之间"等常态化公益性演出，以及原创音乐节、草莓音乐节等大型商业演出。同时，石家庄利用新媒体平台进行广泛宣传，通过短视频、直播等形式，展示摇滚演出的精彩瞬间，引发网友关注与讨论，相关话题在网络上的热度持续攀升。"摇滚之城"的打造，不仅丰富了城市文化内涵，还带动了旅游、餐饮、住宿等相关产业发展，为城市文旅传播提供了新的思路与模式。

4. "文旅+生态"：记录宜居绿水青山

河北广播电视台播出的慢直播节目《美丽河北》在"冀时"客户端全天候直播，聚焦生态与文旅两大核心领域。通过与多部门、多景区协同合作，河北广播电视台在300家景区布设502路直播摄像头[1]，实现5A级旅游景区以及滹沱河流域的全景式覆盖。《白洋淀：水清如许》专题宣传片呈现白洋淀从生态困境到生态修复的雄安奇迹。除此之外，还策划推出精品力作《壮美山河·冀》，深入唐山、沧州等地市基层一线，展现唐山从传统钢铁产业向绿色高端制造业的转型，沧州沿海经济崛起、海洋生态保护协同发展的创新实践。河北日报报业集团推出的"'冀'情山水"系列全媒体报道则捕捉河北自然奇观与人文风貌，解读河北生态美学，引发人们对"绿水青山就是金山银山"的共鸣，树立河北生态旅游品牌形象。

（三）激活传播动能：文旅传播的多主体协同

面对日益复杂的传播环境，河北省媒体不再局限于单向输出，而是着力于激活传播动能，构建一个开放、互动、高效的多主体协同传播生态系

---

[1] 刘晓梅、丁奕宁、刘梁：《省级广播电视台推进新质生产力发展的实践路径——以河北广播电视台为例》，《电视研究》2025年第1期。

统。通过积极引导和整合用户力量，实现内容的共创共享与传播的裂变效应。同时，主动向上对接，有效借力中央媒体平台与国家级项目资源，显著放大和增强区域文旅品牌的声量与权威性，并系统化地拓展国际传播渠道，搭建全球沟通网络，讲述河北故事，提升国际影响力。这种由内向外、由下向上的多向度协同联动，极大地增强和拓展了河北文旅传播的整体势能、覆盖广度与渗透深度。

1. 用户共创优质传播内容

2024年1月，河北文旅抖音账号在网友的建议下将账号名称从"河北省文化和旅游厅"改为"河北文旅"，并完成视觉系统升级。新账号"河北文旅"上线首周，粉丝量和互动量都显著提升，此次基于用户参与的品牌形象升级实践，不仅实现了政务新媒体账号的年轻化转型，还提供了用户需求驱动下的文旅传播创新范式。

支付宝蚂蚁森林推出"春种挑战赛——春天种下大美河北"活动，构建"数字植树+文旅赋能"双向激励机制。用户通过参与蚂蚁森林植树活动，可兑换涵盖多家优质景区的"河北文旅畅游卡"。该模式将蚂蚁森林海量用户的绿色能量转化为文旅传播动能，显著提升河北景区关注度。

正定县依托智慧文旅平台，在荣国府景区构建"数字导览+沉浸体验"系统。游客通过扫描点位二维码，即可获取1987版《红楼梦》影视片段、专家解说及3D场景还原。该系统覆盖全景区主要游览动线，日均使用频率极高。通过数字技术活化文化遗产，荣国府游客停留时间显著延长，二次传播效应明显提升。

2. 对上报道扩大传播声量

中央广播电视总台"成语文化带·探源第一站"在邯郸揭牌，开启了中央广播电视总台以"成语文化带"为线索，与历史文化名城在文旅领域的全新合作模式。这不仅提升了邯郸的文化影响力，还为河北省的历史文化传播注入了新的活力，展示了河北作为历史文化大省的独特魅力。

河北广播电视台参与中共中央对外联络部、中共河北省委、雄安新区党工委联合举办的"中国共产党的故事——习近平新时代中国特色社会主义思想在雄安的实践"专题宣介会，负责主题宣传片《中国雄安，未来已来》的全流程创作，同时承担宣介会"雄安 我们来了"等5个主题的稿件撰写，为来自近40个国家的230余名政党领导人或代表呈现雄安故事，赢得高度赞誉。

在五洲传播中心与新华网联合推出的《嗨·中国》节目中，唐山市通过系统性城市形象塑造工程，以温暖榜样、"英雄城市"等精神内核为核心，融合多元叙事策略，较为成功地塑造了城市形象，展现了城市的韧性，探索出公共危机后形象修复的创新路径。节目上线仅仅一周，就有了241.26万条评论和转发，跃居新华网凝聚力排行榜十强首位。[1]

3. 积极拓展国际传播渠道

2024年初，河北广电国际传播中心在海外社交媒体平台推出英文版雄安日历"CALENDAR XIONG AN"、短视频《四季白洋淀》（英文版），展现雄安发展和白洋淀四季风光。纪录片《大河之北·山川地理篇》《京津冀·瓣瓣同心》，微纪录片《遇见白洋淀》《海客谈：白洋淀新生记与回归之旅》等在CGTN播出。《河北HEBEI》宣传片亮相西非加纳黄金数字电视台，覆盖西非20个国家。纪录片《美丽的高岭塞罕坝》在2024年"中国联合展台"里约热内卢创意大会展映，引发热烈反响。

2024中国·廊坊国际经济贸易洽谈会期间，河北广电国际传播中心制作播出总宣传片《2024中国·廊坊国际经济贸易洽谈会》及成效专题片《让实体经济的"筋络"更加强劲》，展示河北实体经济发展的成就，获省领导及商务厅领导肯定。推出的3集系列双语报道短视频"'鑫鑫'念念"[2]以国际化视野为底色，借助新媒体传播优势，提高全球受众的接受度，在海外账号推送效果显著，总传播量近万次，获省委宣传部、省外办等部门肯定。在2024河北文旅全球推广大会上，宣传片《Hello! 河北》展示了河北文旅资源，得到中外嘉宾认可。

---

[1] 周斐斐、任小梦：《城市形象的媒介化形塑——基于新华网〈嗨·中国〉的媒介逻辑分析》，《新闻爱好者》2024年第10期。

[2] 武鸿儒：《以全面深化改革赋能河北广电高质量发展》，《中国广播电视学刊》2025年第1期。

2024年1月，长城新媒体集团成立长城国际传播中心，秉持"全球视野、融媒特质、河北元素"理念，在海外社交媒体平台设立机构账号，并拓展海外布局，在意大利落地首个海外联络站，在全球32个国家和地区组建涵盖百余人的海外报道员、传播官队伍，借"外眼"视角展现河北魅力。围绕地方文化特色，打造"一县一品知河北""印象河北"等文化品牌，推动"这么近，那么美，周末到河北"文旅品牌的全球推广，让河北故事广泛流传。

（四）构建全媒体生态：文旅传播的效能提升

为实现传播效能的最大化，河北省媒体聚焦内部机制的优化与先进生产力的应用，致力于构建一个融合共生、高效运转的全媒体传播生态。一方面，通过深度整合报、台、网、端、微等各类媒介资源，打破平台壁垒，聚力打造形态多样、互为支撑的优质内容矩阵与立体化传播网络，实现传播资源的集约利用与协同放大。另一方面，积极拥抱技术革新浪潮，将5G、AI、VR、大数据等前沿媒体技术深度融入内容生产、分发、互动各环节，显著优化用户体验，提升传播的精准度与智能化水平。加之对社会热点与市场需求的敏锐捕捉和快速响应能力，共同驱动了河北文旅传播引擎的持续优化，全面提升了信息传播的效率、效果与影响力。

1. 以全媒体矩阵聚力打造优质内容

河北省级主流媒体发挥文旅传播的主阵地作用，整合各媒体的平台资源，通过技术创新与内容重构，构建覆盖传统媒体与新媒体的立体传播网络，形成"专题节目+慢直播+创意海报+短视频"的多元内容矩阵，有效提升河北文旅传播效能。

河北广播电视台在第八届河北省旅游产业发展大会的"云观摩"融媒直播活动，双演播室联动，打破地域限制。16组拍摄团队深入大会各个场景，记者沉浸式打卡，全网观看量突破2300万次。河北广播电视台携手省文化和旅游厅、省农业农村厅推出的《一天零一夜》河北民宿专辑，全方位宣传将民宿与当地文化、自然风光相结合，成功推广"这么近，那么美，周末到河北"文旅品牌。河北广播电视台"冀时"客户端开设"美丽京津冀"专题推介文旅内容。这些内容不仅涵盖了热门景区的实时美景、非遗传承人的技艺展示，还融入了游客的互动体验、专家的深度解读。自2024年9月1日起，河北广播电视台原公共频道更名为"文旅·公共频道"，锚定文旅融合航道，坚持"专精文化旅游，热心公共服务"的理念。作为深度融合策略的生动实践，整合台内采编、制作资源，打造专业团队，以专题节目、纪录片等形式，将河北的历史古迹、民俗风情、自然风光呈现给观众，形成视觉化旅游攻略体系。

各媒体融合实践成功构建一个覆盖广泛、互补联动、形态多样的全媒体传播矩阵，有效实现了传统媒体与新媒体的优势互补，打破了大屏与小屏的界限，促进了线上宣传推广与线下旅游体验的无缝衔接与深度融合。

2. 以技术创新优化文旅传播体验

河北广播电视台在技术革新方面不断突破，以创新技术为文旅内容创作和传播赋能，全力塑造良好的河北形象。首先，推出"冀时"Harmony OS版本，为文旅传播注入新活力。"冀时"Harmony OS版本入驻华为鸿蒙原生应用市场[1]不仅填补了河北广播电视台在该领域的空白，还展现了独立研发的技术实力。基于Harmony OS NEXT系统架构，该版本深度整合新闻资讯、直播、短视频、电视观看等多元功能，确保用户拥有流畅的视听体验。其次，构建"美丽河北"5G频道平台，推动文旅传播迈向智能化、个性化。河北广播电视台秉持"移动优先"的理念，对"冀时"客户端进行模块化升级，打造了涵盖用户管理、内容汇聚、协同播发及内容安全审核的一体化5G生态。同时，"一屏多画"功能使用户可自由选择直播内容和分屏样式，享受个性化的沉浸式文旅体验，进一步拓宽了河北文化传播的渠道。最后，虚拟主播助力文旅内容创意升级。河北广播电视台自主研发的虚拟主播"冀小佳"整合了虚拟人建模、动态捕捉、AI声音克隆等多项前沿技术，在

---

[1] 《河北首家！长城新媒体冀云客户端上架华为鸿蒙原生应用市场》，"长城网"百家号，2024年4月5日，https：//baijiahao.baidu.com/s? id＝1795503429074021913&wfr＝spider&for＝pc。

元宵晚会实现实时直播、真人互动，革新了传统传播形式。

长城网结合用户需求推出了神笔马良 AI 绘画系统、京津冀文旅一体化数字平台等数字产品，深度服务文旅内容创作与推广。这些数字化工具给河北文旅内容赋予了科技驱动的全新传播力。通过技术革新与多平台融合，文旅内容创作与传播被推向了智能化、创新化的新高度。

3. 以热点话题驱动传播

《河北日报》自 2024 年 9 月起发布《一场旅游盛宴 一张闪亮名片 第八届河北省旅游产业发展大会亮点纷呈》《"廊坊有戏"，跟着戏剧来旅行》等报道为第八届河北省旅游产业发展大会预热，展现大会筹备亮点。大会举办期间，多版面联动解读大会战略意义，挖掘文旅产业亮点，《"Hello! 河北"，让世界发现你的美》《向世界发出浪漫邀约——第八届省旅发大会开幕侧记》等报道还原现场精彩瞬间，《一步一景，赴一场千年之约》《真"带感"！"爆款"文旅产品任你选》则通过小切口展现大亮点，以宏观综述与微观叙事相结合的报道方式，全面展现大会盛况。

《河北日报》还推出丰富多彩的系列报道，涵盖夜间游、研学游、乡村游、古镇游、避暑游等多元业态。《"灯火里的河北"，有别样的美》彰显河北的夜间魅力，《来古镇，赴一场寻古访幽之旅》《21℃的夏天！坝上草原等你来》都将河北旅游优势广而告之，以吸引八方游客。《"这么近，那么美，周末到河北"何以成为新时尚》用数据说话，深度挖掘背后成因，探讨河北文旅创新路径，彰显河北文旅品牌影响力。这种强大的议题设置能力、快速的内容生产能力和精准的市场响应速度，使河北文旅传播保持活力与时效性。

综上所述，河北省的文旅传播实践鲜明地呈现，内容挖掘的深度化、传播场景的多元化、传播主体的协同化、传播渠道的立体化、技术应用的前沿化以及市场响应的敏捷化等六大核心特征。这并非单一策略的成功，而是通过系统性规划、创造性实践以及多要素的有机组合与高效联动，共同作用的结果。这一系列富有成效的探索，不仅显著提升了河北省文旅的品牌影响力、市场吸引力与核心竞争力，还为我国区域性文旅产业如何在新时代背景下实现高质量发展、提升传播效能,提供了具有实践价值和借鉴意义的"河北经验"。

二 河北省文旅传播面临的现实问题

(一)内容同质化,缺乏特色文化IP

文化IP开发同质化,差异化竞争不足。河北多个城市在文旅传播中普遍依赖"燕赵文化""红色文化"等共性资源,缺乏对本地独特文化要素的深入挖掘和创新,导致内容相似,缺乏独特吸引力。城市间同质化竞争加剧,多个城市同时推出"夜经济""古城旅游"概念,业态布局高度重叠,容易导致资源分流。除此之外,文旅产品开发创新不足,非遗文创产品开发以冰箱贴、印章本等简单形态为主,并且与赵州桥、山海关等超级符号结合的潮流衍生品较少,导致文化IP商业转化率偏低。

传播叙事雷同。许多文旅宣传片、短视频内容在讲述方式上过于传统,往往采用宏大叙事、历史回顾等模式,缺少生活化、故事化的表达,缺乏差异化定位与深度内容挖掘,对用户行为数据的深度挖掘与动态调整不足,导致受众难以产生情感共鸣。此外,很多景区的宣传文案和图片相似,不易给受众留下深刻印象,使受众难以形成与城市品牌的差异化认知,削弱河北城市形象传播的效果。

(二)传播渠道整合不足,协同传播机制不完善

当前,虽然河北省文旅传播渠道覆盖传统媒体、短视频平台、社交媒体及线下活动,但各渠道间缺乏统一的主题策划与内容联动机制。例如,河北文旅虽然在短视频领域通过"这么近,那么美,周末到河北"的文旅品牌塑造了部分燕赵文化意象,但不同平台的传播内容呈现割裂状态,如抖音侧重景观展示、微博聚焦节庆活动,导致受众对河北文旅形象的认知局限于单一维度。

线上线下一体化不足，场景化体验断裂。文旅融合的本质在于通过场景建构实现文化价值的沉浸式传递，而河北省在此过程中存在线上虚拟传播与线下实体空间衔接不畅的问题。以廊坊"只有红楼梦·戏剧幻城"项目为例，其线上宣传以剧场建筑与演出片段为主，但线下游客实际体验的研学课程、文化互动等深度内容未在数字平台形成二次传播闭环，导致"流量"向"留量"的转化率不足。

区域联动与层级传播网络尚未健全。河北省内各地市文旅资源禀赋差异显著，但缺乏跨区域的品牌联动与传播资源共享机制。张家口依托冬奥遗产主打冰雪旅游、廊坊聚焦戏剧IP、承德突出皇家文化，但各城市形象传播多局限于本地化叙事，未能通过省级统筹形成主题互补的传播网络。2024年，京张体育文化旅游带虽然通过上百项体文旅活动实现部分区域协同，但传播仍以单点事件报道为主，未构建贯穿京津冀的文化旅游故事线。

（三）文旅品牌的核心价值提炼不足，辨识度不高

近两年，"这么近，那么美，周末到河北"的旅游宣传语传播范围广，日渐深入人心，成功为河北文旅形象代言。但这一品牌定位过度依赖地理区位优势，而对燕赵文化、红色精神、非遗传承等深层文化基因的挖掘不足，导致品牌形象呈现"功能性"强而"精神性"弱的特点，一些独特的文旅资源易被压缩为"距离近""景观美"等表层标签，需要持续挖掘其内在价值，深化公众对河北文旅内涵的认识。

跨区域品牌协同机制不完善，资源整合碎片化。跨区域品牌联动局限于活动层面，缺乏统一的市场定位与利益共享机制。2024年"京张体育文化旅游带"主题下开展的活动中，少数实现品牌标识、营销渠道与收益分配机制的统一，反映出张家口冰雪IP与北京冬奥遗产难以形成协同效应，品牌维护长效机制不完善。

传播内容结构性失衡，文化叙事深度不足。新媒体传播虽然通过短视频、直播等形式扩大了覆盖面，但内容生产呈现"重流量、轻内涵"的倾向。2024年1月12日，河北文旅政务新媒体账号修改了账号昵称登上各平

台热搜榜,并开启频繁更新模式,虽然内容数量多,但短视频内容中景观展示占比高。此外,文化解读类内容较少且多依赖名人效应,缺乏对地方文化脉络的系统性阐释,传播热度难以转化为文化认同。

三 全国媒体的文旅实践优秀案例与启示

在审视河北省文旅传播实践的同时,放眼全国,各省份都在积极探索创新路径,通过媒体传播与技术赋能,打造一批具有示范意义的文旅实践案例,媒体在激发文旅市场活力、塑造地域品牌形象方面扮演着日益关键且多元的角色。众多媒体机构与平台,凭借创新的内容策略、先进的技术应用和高效的联动机制,成功策划并开展了一系列引人瞩目的文旅传播活动,不仅展现了地方文化的独特魅力,还在传播方式创新、体验升级和跨界融合等方面提供了宝贵经验。

(一)"现象级"城市IP引爆与媒体矩阵的协同放大

2024年初,哈尔滨凭借独特的冰雪资源和"掏心掏肺"式的待客之道,在各大媒体平台上迅速走红,成为现象级"网红城市"。从中央级媒体如新华社、央视新闻的深度报道、权威解读,到地方媒体黑龙江广播电视台等的全方位跟进、服务信息发布,再到海量自媒体、网民的UGC内容病毒式传播,形成了强大的舆论声浪。冰雪季期间,哈尔滨累计接待游客超千万人次,旅游总收入突破历史纪录,达到数百亿元规模。在此过程中,媒体不仅是信息的传递者,还是议题的设置者、情绪的共鸣者和服务的引导者,其高效协同的传播矩阵,极大地放大了城市魅力,加速了游客决策转化。紧随其后,甘肃天水凭借一碗"麻辣烫"火爆"出圈",同样展现了社交媒体引爆、官方媒体跟进、地方政府积极互动的传播路径,短时间内吸引了百万计游客涌入,验证了"微小切口"撬动"巨大流量"的媒体传播力量。

（二）"微短剧+文旅"模式的纵深发展与精准触达

国家广播电视总局持续推进的"跟着微短剧去旅行"创作计划在2024年向纵深发展，成果显著。除了河北的《你好，苏东坡》，全国范围内也涌现了更多优秀案例。例如，部分微短剧在浙江、福建、四川等地取景拍摄，通过引人入胜的剧情巧妙植入地方风光、特色美食、非遗等元素。这些剧集在腾讯视频、抖音等平台播出后，往往能迅速吸引年轻观众的目光，相关取景地搜索量、旅游攻略查询量在剧集热播期间显著上升。媒体平台不仅提供了播出渠道，还通过算法推荐、话题营销、达人探访等方式，将线上流量有效转化为线下实地体验，实现了"内容种草"到"旅游拔草"的精准转化，证明了"短平快"的微短剧是触达年轻消费群体、推广小众或新兴目的地的有效媒介。

（三）前沿技术深度融合下的沉浸式体验升级

国家级媒体和头部商业平台在2024年继续探索前沿技术在文旅传播中的应用。中央广播电视总台在"文化和自然遗产日特别节目"等重大文化活动中，广泛运用"5G+8K/4K+AI+XR"等技术，制作超高清、沉浸式的视听产品，让观众仿佛身临其境般感受文化魅力与山河壮丽。一些领先的在线旅游平台与媒体合作，利用VR、AR技术推出"云游"景区、数字博物馆导览等功能，用户足不出户即可预先游览目的地。此外，AI技术被更广泛地应用于内容创作、个性化推荐和智能客服，提升了传播效率与用户服务体验。这些实践表明，技术不再仅仅是辅助手段，而是正在成为重塑文旅内容生产、传播方式和消费体验的核心驱动力。

（四）主流媒体权威引领与品牌活动的长效构建

2024年，以中央广播电视总台、人民日报社、新华社等为代表的主流媒体，继续发挥权威性和公信力优势，策划推出了一系列具有广泛影响力的文旅品牌活动和深度报道栏目。中央电视台持续深耕《山水间的家》等节目，系统性地介绍中国各地的自然风光与人文历史，积累了庞大的忠实观众，对观众的旅游目的地选择产生潜移默化的长效影响。部分主流媒体还联合地方政府、文旅企业共同发起如"美丽中国行""乡村旅游发展论坛"等品牌活动，通过线上线下相结合的方式，搭建交流平台，推广优质资源，发布行业报告，引导文旅产业健康发展。这些由主流媒体主导的实践，强调内容的深度、品质与社会价值，有助于构建更稳定、更具公信力的文旅品牌形象。

2024年，全国媒体的文旅传播实践呈现爆发力强劲、精准触达年轻群体、技术驱动体验升级、注重长效品牌建设以及强调资源整合等多元化趋势。各省份通过媒体创新与资源整合，将文化资源转化为可感知、可参与的体验，既提升了传播效能，又打造了文旅消费新场景。这些优秀案例共同揭示了，在当前的媒介环境下，成功的文旅传播越来越依赖于对用户需求的深刻洞察、对新兴媒介形态的敏锐把握、对技术创新的积极拥抱以及对多方资源的有效整合。这些全国性的经验，无疑为河北省乃至其他地区的文旅传播工作提供了丰富的思路与可资借鉴的策略方向。

四 推动河北省文旅"出圈"传播的优化策略

（一）内容创新：深挖文化基因，构建差异化叙事体系

内容创新是河北城市形象传播的核心驱动力，要依托"燕赵文化"内核，提炼具有地域标识性的精神符号。深入挖掘河北各地独特的历史文化、民俗风情、自然景观等资源，打造具有差异化的文旅内容。邯郸作为"成语之乡"，可围绕成语典故开发一系列文化产品，如制作成语主题的动画短片、举办成语文化知识竞赛等，让游客在趣味互动中深入了解邯郸的历史文化。鼓励文化创意与文旅内容相结合，打造具有河北特色的文旅IP。承德避暑山庄可以设计以避暑山庄古建筑、皇家文化为元素的文创产品，如文具、饰品、玩具等，通过线上线下渠道进行销售，提升承德避暑山庄的品牌

影响力。除此之外，系统梳理省内世界文化遗产和国家级非遗资源，建立"文化基因谱系数据库"，形成分众化内容生产矩阵，避免同质化传播。

结合当下热点与受众需求，打造具有时代特色的文旅内容。例如，围绕冬奥会在张家口举办，创作与开发以冰雪运动为主题的短视频、互动游戏等，利用冬奥会的国际影响力，吸引全球目光，传播河北"冰雪运动胜地"的城市形象。此外，还可以开发以河北省历史文化资源为背景的沉浸式剧本杀，让游客扮演历史角色，在游玩中感受燕赵文化的魅力；可借鉴山西"古建守庙人"叙事模式，开发"我在河北修长城"系列纪实内容，以匠人视角展现金山岭长城修缮技艺，强化文化认同。针对Z世代偏好，推动非遗技艺的年轻化转译。

（二）渠道整合：构建全媒体协同传播矩阵

加强传统媒体与新媒体的协同合作，形成传播合力。河北广播电视台、《河北日报》等传统媒体可与抖音、小红书等新媒体平台合作，共同策划推出河北文旅相关的专题报道、短视频等内容。传统媒体发挥专业采编优势以及权威媒体的公信力，开设文旅专题栏目，深度报道河北文旅融合成果，提供高质量的内容；新媒体平台则利用传播速度快、覆盖面广的特点，扩大内容的传播范围。可联合推出"河北文旅打卡挑战"活动，在传统媒体上进行活动宣传和报道，在新媒体平台上鼓励用户参与打卡、分享自己的旅游经历，形成线上线下的互动传播。充分利用社交媒体平台、短视频平台、在线旅游平台等新媒体渠道，进行精准传播。根据不同平台的用户特点和喜好，制定相应的传播策略，利用平台的算法推荐功能，将河北文旅相关内容精准推送给目标受众。此外，还可利用线上旅游平台如携程、马蜂窝等，整合河北旅游产品信息，为游客提供便捷的旅游攻略与预订服务，实现线上线下传播渠道的无缝对接。

（三）品牌建设：以特色定位塑造燕赵文化标识

明确"这么近，那么美，周末到河北"的品牌定位，围绕这一定位打造统一的品牌视觉形象与宣传口号，突出河北独特的文化魅力和旅游特色，打造具有辨识度和影响力的城市形象品牌。通过举办大型文旅活动、参加国际旅游展会等方式，提升河北城市形象品牌的知名度和美誉度。在推广方面，运用多种营销手段，如举办文旅推介会，邀请国内外旅行商、媒体记者等参加，展示河北丰富的文旅资源；开展事件营销，利用国际杂技艺术节、长城徒步大会等大型活动，吸引媒体报道与社会关注，提升河北城市品牌的影响力。举办"河北国际文化旅游节"，邀请国内外游客、旅游企业、媒体等参与，展示河北丰富的文旅资源和独特的文化魅力。参加国际旅游展会，如世界旅游交易会等，设置具有河北特色的展位，通过现场展示、文化表演等方式，吸引国际游客的关注，推动河北文旅走向国际市场。

（四）跨区域合作：携手京津打造区域文旅品牌

加强与京津及周边地区的文旅合作，共同打造区域文旅品牌，实现资源共享、优势互补。京津冀地区可联合推出"京津冀文化旅游精品线路"，将北京的故宫、天津的五大道、河北的承德避暑山庄等景点串联起来进行整体宣传推广，吸引更多游客前来旅游。推动区域内文旅资源的整合与联动发展，开展跨区域的文旅活动，如举办京津冀文化艺术交流活动、京津冀民俗文化节等，促进区域间的文化交流与合作，提升区域文旅的整体竞争力。加强与周边省份的合作，共同开发跨区域的旅游产品和线路，拓展旅游市场。河北可与山西、内蒙古等周边省份合作，推出"晋冀蒙草原文化旅游线路"，将河北的坝上草原、山西的平遥古城、内蒙古的呼伦贝尔大草原等景点整合起来，打造具有特色的跨区域旅游产品，吸引更多游客。

未来，随着文旅融合的不断深入和信息技术的持续发展，河北城市形象传播有望迎来更广阔的发展空间。在内容创作上，将更加注重深度挖掘和创新，打造更多具有河北特色、能够引发共鸣的优质内容。利用VR、AR等新兴技术，给受众带来更加沉浸式、个性化的体验，提升传播效果。在传播渠道上，新媒体的作用将愈加凸显，社交媒体、短视频平台等将成为传播的主阵地，同时传统媒体与新媒体的融合将更加紧密，形成全方位、多层次的传播格局。在品牌建设上，河北将进一步明确城市形象品牌定位，加大品牌推广力度，提升品牌的知名度和美誉度，打造具有国际影响力的城市品牌。跨区域合作也将不断加强，通过与京津及周边地区的深度合作，实现资源共享、优势互补，共同推动区域文旅发展，提升河北城市在全国乃至全球的影响力，助力河北实现从文化大省、旅游大省向文化强省、旅游强省的跨越。

参考文献

谷君峰：《全媒体时代广播电视精品内容创作实践与思考——以河北广播电视台为例》，《中国广播电视学刊》2025年第2期。

《河北首家！长城新媒体冀云客户端上架华为鸿蒙原生应用市场》，"长城网"百家号，2024年4月5日，https://baijiahao.baidu.com/s?id=1795503429074021913&wfr=spider&for=pc。

刘晓梅、丁奕宁、刘梁：《省级广播电视台推进新质生产力发展的实践路径——以河北广播电视台为例》，《电视研究》2025年第1期。

《这么近，那么美，周末到河北·旅游在"县"｜平山：以红带绿，"打卡游"变"深度游"》，河北省人民政府网站，2024年10月6日，https://www.hebei.gov.cn/columns/580d0301-2e0b-4152-9dd1-7d7f4e0f4980/202410/06/b189f81e-5761-4f93-b001-d456bb157cf3.html。

武鸿儒：《以全面深化改革赋能河北广电高质量发展》，《中国广播电视学刊》2025年第1期。

周斐斐、任小梦：《城市形象的媒介化形塑——基于新华网〈嗨·中国〉的媒介逻辑分析》，《新闻爱好者》2024年第10期。

B.17 河北省地市级媒体深度融合的实践探索与发展策略

李丽 廖雪婷 孙佳旭*

摘　要： 媒体融合十载，从最初的"相加"逐步走向"相融"，再到"深融"，现在已经迈入了一个全面发力、构建体系的新阶段，河北省地市级媒体在探索和实践媒体融合方面已经取得了一定的成绩，也面临诸多挑战和问题。本研究深入探讨了河北省地市级媒体在深度融合进程中的实践探索，通过分析河北省地市级媒体的发展现状，包括技术赋能、内容创新、平台拓展等方面取得的成效，以及面临的机构合而不融、媒体缺乏活力、内容平庸不求变等挑战，提出了找准角色定位、加强资源统筹、优化人才结构、注重内容创新等策略，以期推动河北省地市级媒体在媒体融合的新阶段实现跨越式发展，为构建全媒体传播体系贡献力量。

关键词： 媒体深度融合　地市级媒体　河北省

地市级媒体不仅是连接上级媒体与基层群众的桥梁，还是媒体生态系统的中间枢纽，在整个媒体生态系统中占据了一个至关重要的位置，扮演着"中间地带"和"腰部支撑"的核心角色。本文通过对河北省地市级媒体深度融合实践进行深入分析和总结，挖掘成功经验、梳理存在的问题以及指出未来发展的趋势，为地市级媒体进一步有效传递信息、

---

* 李丽，博士，河北经贸大学文化与传播学院讲师，主要研究方向为广播电视与新媒体；廖雪婷，河北经贸大学文化与传播学院硕士研究生，主要研究方向为视听新媒体；孙佳旭，河北经贸大学文化与传播学院硕士研究生，主要研究方向为视听新媒体。

正确引导舆论以及传承发展文化，推动整个媒体生态系统的健康发展提供有益的借鉴。

一 河北省地市级媒体深度融合的实践探索

（一）技术：技术赋能全过程，加快媒体升级迭代

河北省各地市级媒体一方面利用人工智能（AI）、大数据、区块链、互联网和移动互联网等技术，另一方面积极与各企业签订合作协议，赋能自身的媒体融合建设。在技术的加持下，它们不断提升新闻编辑能力，增强媒体与受众之间的互动以及信息的精准推送能力，推进媒体融合不断向更深层发展。

1. AI技术赋能新闻采编

河北省地市级媒体深度融合注重AI技术的应用，显著提升内容生产效率与质量。石家庄广播电视台在"5·19中国旅游日"利用AI技术生成视频作品《AI石家庄的母亲河——诗意滹沱河》；在《河北省平安建设条例》推出之时，发布AI海报解读其重点内容。张家口日报社与新华智云科技有限公司签署共建"河山"智能创新实验室战略合作协议，成为新华智云签约的全国首个地市级AIGC智能实验室媒体，技术升级新闻采编体系、AI赋能采编全流程，形成以"河山"新闻客户端为核心的"河山系"平台，全力推进智慧化新型主流媒体建设。[1]

2. 数字化技术赋能信息安全

数字技术带来采编便利的同时，带来了问题和挑战，如何保持信息的真实性和准确性、如何保护用户隐私和数据安全等问题不断浮现。针对这些问题，河北省地市级媒体同样从数字化技术本身入手，为信息安全保驾护航。

---

[1] 《正式签约！全国首个！就在张家口！》，"张家口日报"微信公众号，2024年4月26日，https://mp.weixin.qq.com/s/RO5lIA-4pjy-RBWbPnRqjg。

各市采取相应措施，致力于建设一体化的数字中心，并加强了数据安全和隐私保护技术的研发与应用，以保障用户隐私和媒体数据安全，适应数字化技术的发展趋势和变革要求。例如，石家庄广播电视台基于中国电子云分布式存储产品，建设全媒体智能媒资系统，并面向全台使用。该系统作为石家庄广播电视台的核心存储系统，满足了石家庄广播电视台未来10年的在线媒资存储需求，还可对原有媒资系统进行智能化能力提升，实现对音视频、图片等资料的统一存储，保障节目素材安全。[1]保定新闻传媒中心（集团）与北京航天紫光公司签署战略合作协议，共同建设"智慧媒体数字化与安全联合实验室"[2]；与中国移动通信集团河北有限公司保定分公司签署5G战略合作协议，在数字化基础设施建设、大数据风险防控等数字化应用领域开展务实合作[3]。通过与科技企业的深度合作，保定新闻传媒中心（集团）引入先进的数字化技术和安全防控体系，在全面提升自身数字化水平的同时，提高信息安全能力。

3. 算法技术赋能用户体验

算法技术的应用能够帮助地市级媒体进行用户画像，根据不同的用户媒体需求，采取不同的投放策略。廊坊广播电视台将受众数据化，对用户进行标签化定义。同时，将技术与内容相结合，将文章、音视频智能标签化，由此做到根据不同的用户需求与偏好，提供精准化的内容推送。通过引入先进的数字化技术，廊坊广播电视台能够为用户提供更加个性化、便捷、高效的信息服务，从不同层面把握用户评价，进一步准确作用于传播和宣传效果，提高用户的满意度和忠诚度。

保定新闻传媒中心（集团）上线"数字主持人平台"，利用AI算法和

---

[1] 《云数争先｜石家庄广播电视台媒资系统扩容，中国电子云核心支撑！》，"中国电子云"微信公众号，2024年10月30日，https://mp.weixin.qq.com/s/cpYDbD13D9-Zjp-y8TRsPw。
[2] 《保定新闻传媒中心（集团）与北京航天紫光公司签署战略合作》，"保定日报"微信公众号，2024年5月9日，https://mp.weixin.qq.com/s/z40W6W0q_PXWwBKohkHgPA。
[3] 《保定新闻传媒中心（集团）与中国移动通信集团河北有限公司保定分公司签署5G战略合作协议》，"保定日报"微信公众号，2024年6月28日，https://mp.weixin.qq.com/s/dX-jCsH1C3WdiWXTGWXU4Q。

图像渲染技术,基于真人素材生成的拟真人物形象进行信息播报。与真人相比,数字主持人可以 24 小时不间断地进行活动宣传、政策解读、新闻发布等多种场景播报,显著提高新闻生产效率,实现内容的快速传播和共享,对推动技术创新与升级、加速媒体融合进程、提升媒体影响力和公信力具有重要意义。[①]

(二)内容:坚持内容为王,扩大传播效能

习近平总书记在"2·19"重要讲话中强调:"内容永远是根本,融合发展必须坚持内容为王,以内容优势赢得发展优势。"[②] 媒体融合从"相加"到"相融",再到"深融",内容一直是核心资产。河北省地市级媒体始终坚持内容为王,强调内容在地性的同时,创新传播形式,争取最优的传播效果。此外,各地市级媒体积极打造自有文旅 IP,为当地文旅产业的繁荣注入新活力。

1. 讲好本地故事,强调内容在地性

地市级媒体对在地性内容的深度挖掘和精准服务是连接媒体与用户的关键所在,不仅能够满足本地居民信息需求,还能凸显媒体地域特色,获得文化认同。河北省地市级媒体在媒体深度融合的进程中,普遍将本地内容作为核心竞争力,通过深度报道、专题策划、系列报道等的形式,对地方政治、文化、社会、经济等方面的独特资源进行全面、深入的挖掘与呈现,选题紧贴各地市实际,使媒体内容更加贴近群众生活,增强新闻的吸引力和可读性。例如,石家庄新闻网对"6+2+2"城市更新重点项目建设、五大千亿级产业发展、"6+1"专项行动等的主题报道;保定新闻传媒中心(集团)成立全媒体重大题材报道组,推出"每月一主题",策划"高端媒体看保定"系列采访,集中展示城市建设、京津冀协同发展等重点工作成果,增强地方特色与亲和力,提升传播力与影响力。

---

① 《正式亮相!保定新闻传媒中心(集团)数字主持人平台上线》,"保定晚报"微信公众号,2024 年 11 月 8 日,https://mp.weixin.qq.com/s/CuWQNykf6plrykvEfijhTg。

② 《习近平关于社会主义文化建设论述摘编》,中央文献出版社,2017。

2. 响应时代精神，创新传播形式

河北省地市级媒体融合 AI、大数据等前沿技术，尝试创新内容表现形式，满足用户对高质量新闻体验的追求，策划一系列语言鲜活、形式新颖的佳作新品。在短视频方面，石家庄广播电视台与石家庄文旅创造了《央视主播王宁回家！是重逢，也是初见》《我姓石》等众多反映城市变化的精品短视频；面对直播技术的强势扩张，保定新闻传媒中心（集团）积极参与央视财经大型融媒体活动《寻百强　看中国》，先后参与并完成涞源县、定兴县的直播采访拍摄任务，以全新形式为展示保定县域特色产业和经济社会高质量发展做出积极贡献；基于"沉浸式体验"技术手段，石家庄广播电视台主办了大型融媒体文化体验节目《遇见石家庄》，以"文化+揭秘+互动+纪实"的手法，在城市发展的重大事件、重点地标、重要场景中访过往、品细节、看新貌、说发展，呈现石家庄风貌，讲好石家庄故事，打造全新的石家庄文化名片。

3. 发掘 IP 效应，打造文旅品牌

随着文旅产业的快速发展，地方特色 IP 已成为提升区域竞争力、促进经济转型升级的重要抓手。地市级媒体作为地方文化的传播者，作为当地对外界的形象代言人，在打造文旅品牌的过程中作用不容小觑。河北省地市级媒体在深度融合的实践过程中，积极发掘 IP 效应，成功参与打造了诸多地方文旅特色品牌。

一方面，河北省地市级媒体全平台接入文旅内容，搭建文旅融合载体，充分发挥融媒优势，矩阵式传播助推文旅市场振兴，共塑文旅 IP。例如，针对石家庄"摇滚之城"这一政府大力推动、民众点赞认可的 IP，石家庄广播电视台实施多渠道的矩阵式传播策略，推出了《青春激荡活力之城》等石家庄文旅融合高质量发展系列文字报道；在抖音短视频平台，通过"无线石家庄"这一拥有百万粉丝的官方账号，对"2024 年石家庄摇滚音乐演出季"进行持续跟踪报道，从发布时间、地点到演出进行中，再到演出结束，全过程展现石家庄的摇滚气氛；具有广泛受众的电视新闻平台，也对"2024 年石家庄摇滚音乐演出季"进行了长时间、连续性的新闻播报；在石

家庄广播电视台主办的"无线石家庄"新闻客户端上，更是汇集了主流媒体、自媒体等多元主体对石家庄"摇滚之城"IP 的优秀报道，全媒体、全平台、全天候、全覆盖的生动宣传塑造了石家庄摇滚大 IP。

另一方面，文旅要素全部链入 IP，打造融合品牌，不仅提升了品牌的影响力，还推动了全文旅产业链的繁荣与蓬勃发展。例如，保定新闻传媒中心（集团）持续传递不一样的"保定 IP"，联动餐饮龙头企业，打造美食新 IP——"保定味道之直隶官府菜"、联动长城汽车龙头企业，打造民宿新 IP——"探寻心之向往的保定小院"、联动食品类龙头企业，打造古动物馆新 IP——"古动物魔幻系列科普卡片徽章"。① IP 化宣传赋能保定文旅全产业链，实现文旅要素的全方位覆盖，精准解锁并全面掌握保定文旅的流量密码。

（三）平台：多平台创新表达，构建全媒体矩阵

全媒体时代，河北省地市级媒体在深度融合的进程中，以平台建设为主要抓手，在巩固并扩大原有报纸、广播、电视平台影响力的坚实基础上，在微信公众号、客户端和短视频平台上开辟并拓展多元传播渠道，形成了立体化的传播格局。通过平台建设，建立以内容建设为根本、以先进技术为支撑、以创新管理为保障的全媒体传播体系，牢牢占据舆论引导、思想引领、文化传承、服务人民的传播制高点。

1. 打造报纸、电视、广播舆论主阵地

河北省各地市级媒体在深度融合的进程中，高度重视报纸、广播以及电视的基础性作用。作为传统信息传播的重要载体，报纸的权威性和深度报道能力仍不容小觑，2024 年 4 月 24 日，邯郸人李聪被选为神舟十八号载人飞船航天员的消息一经发布，邯郸晚报记者立刻奔赴英雄家乡开展实地走访，连夜写稿编辑，使得"邯郸晚报记者走进航天员李聪家乡"系列报道迅速

---

① 《让"保定文旅"持续"热潮奔涌"》，腾讯网，2024 年 5 月 24 日，https：//news.qq.com/rain/a/20240524A018PC00。

见报，受到读者广泛赞誉。作为视听传播的主导力量，电视直观的展现形式与丰富的内容呈现持续吸引广大受众的关注。由中共石家庄市委宣传部和石家庄广播电视台主办的大型融媒体文化体验节目《穿越诗文遇见你》以石家庄本土历史遗迹、文人及诗文作品为切入点，创新采用3D动画、国潮手绘、微缩场景、AI视频生成等技术，大量还原诗文作品中的场景，带领观众穿越千年时空，走进历史中的文化石家庄。作为即时信息传播的快捷平台，广播的广泛覆盖与即时更新能力在紧急信息传播中尤为突出，邯郸广播电视台交通广播针对邯郸市的暴雨情况启动24小时应急广播机制，根据邯郸市气象台发布的天气和雨情变化情况，滚动播出预警信息、安全常识，及时告知驾车者、出行群众道路情况、积水情况，为市民出行保驾护航。

2. 微信公众号、客户端、短视频联动发力

河北省各地市级媒体持续开拓多元传播渠道，创新传播形态，推动地市级媒体深度融合转型。微信公众号、客户端及短视频平台在定位与侧重上各展所长，策划重大主题报道时协同联动，实现资源共享与优势互补，提升整体传播效果。例如，石家庄广播电视台为庆祝新中国成立75周年创制的"看变化 说发展"系列短视频，在"无线石家庄"客户端的"推荐""石家庄""首页热点""精彩视界"等多个栏目同步呈现，更快速地传播给受众；微信公众号推出同主题H5作品，简洁生动呈现石家庄城市新画卷；在抖音短视频平台上，利用评论功能增强与受众的互动，有不少本地居民留言表达对内容的赞扬和对石家庄未来发展的期待。微信公众号、客户端、短视频平台联动发力，12期视频持续推送，在各大新媒体平台的播放量累计达10万+[①]，形成规模集聚传播效应，收获良好宣传声势。

（四）体制机制：体制机制不断创新，媒体建设合理布局

2022年印发的《"十四五"文化发展规划》针对地市级媒体融合提出

---

① 《石家庄广电："庆祝新中国成立75周年"融合创新报道实践》，"大众电视"微信公众号，2024年10月21日，https://mp.weixin.qq.com/s/B6J-Hyi18BN90C0GP_iXWA。

了具体意见，即地市级媒体要因地制宜，加快探索形成适合自身的融合发展模式，可以各自建设融媒体中心和传播平台，也可以加强资源统筹和机构整合，共同打造地市级融媒体中心。在政策主导和市场倒逼下，河北省地市级媒体不断加大体制创新力度，力求突破传统体制机制束缚，推动媒体深度融合发展。

1. 组织机制：整合资源，统一调度

地市级媒体组建市级融媒体中心进行媒体资源统一管理，是提升信息传播效率与媒体资源利用率的有效途径。河北省各地市级媒体纷纷组建融媒体中心以实现资源整合与优势互补。2021年11月19日，邯郸市正式整合邯郸日报社、邯郸广播电视台，组建成立邯郸新闻传媒中心（集团），集中统一管理2张报纸，3个电视频道，4套广播频率，3个客户端和《新闻丛林》《赵都文化》2个期刊。① 沧州市开拓合作，与新华网共同谋划了沧州市国际传播"一中心两平台"（即沧州市国际传播中心、沧州市产业出海平台、沧州市智慧融媒体平台）项目，以国际化视野加强对外宣介，讲好沧州故事、展示沧州形象，助力加快沿海经济强市建设步伐。② 廊坊市形成融媒体中心统一指挥调度机制，涵盖传统广播电视、报纸、"学习强国"廊坊学习平台、"人民日报"客户端、央视频、网上廊坊官网、环京津新闻网站及微博、"廊坊市民通"客户端、"环京津"客户端、微信公众号以及百家号等组成的"新闻+政务+服务"综合移动平台和主流媒体矩阵。③

2. 人才机制：人员精减，素养提升

在深度融合过程中，人才队伍建设对推动媒体转型和提升综合竞争力具

---

① 《邯郸新闻传媒中心（集团）正式揭牌 张维亮董福印王离湘等出席揭牌仪式》，邯郸新闻网，2022年7月1日，http://www.handannews.com.cn/zhengwu/content/2022 - 07/01/content_20002404.html。

② 《沧州市国际传播中心揭牌成立》，沧州新闻网，2022年8月25日，https://www.cznews.gov.cn/newweb/news/shizheng/2022-08-25/70823.html。

③ 《中共廊坊市委宣传部：点燃数字化引擎，赋能媒体融合新发展》，"新闻战线"微信公众号，2024年2月7日，https://mp.weixin.qq.com/s?__biz=MjM5NjEwMjMwNw==&mid=2649871394&idx=1&sn=3765233c547910e6e09b9ba4ada68031&chksm=beeb1dee899c94f8898dc4c60ac5ee3e289c0628571d3ef4b8e42db72ba3f3a4620df6d5bea&scene=27。

有至关重要的意义。河北省地市级媒体出于优化资源配置、减少人员冗余、提升工作效率的需要，纷纷采取人员精减的措施以应对市场竞争。2022年，邯郸新闻传媒中心和邯郸新闻传媒集团有限责任公司将领导职数由22名精减至10名，中层干部由199名精减至154名，内设机构由88个精简至49个，编制职数和内部机构实现大幅"瘦身"。[1]

精减人员的同时，地市级媒体人员的素养提升是深度融合过程中不可或缺的一环。校媒合作是河北省众多市级媒体提升人才队伍素养的重要举措。石家庄广播电视台与石家庄职业技术学院举行战略合作签约仪式，打造校媒融合发展典范[2]；承德市双桥区融媒体中心和河北民族师范学院文学与传媒学院共同搭建人才培养新平台，推动媒体融合向纵深发展[3]；衡水日报社与衡水学院举行的校媒深度融合座谈会指出，双方将进一步深度合作，共同打造人才互用、资源互通、成果共享的新样板[4]。由此可以看出，校媒合作的方式不仅为市级媒体提供了人才支持和资源保障，还进一步促进了产教融合，推动教育链、人才链与产业链、创新链的有机衔接。

3. 运营机制：融合模式成为新道路

在地市级媒体融合进程中，突破传统运营模式对适应市场变化、提升传播效能及拓展多元化盈利渠道极其关键。河北省地市级媒体实施"媒体+政务""媒体+服务""媒体+商务"的创新实践，有效整合资源，提升公共服务效能，促进地方经济发展。目前，石家庄广播电视台大力拓展创新业务，加快构建新的融合运营体制，"媒体+商业活动"成为创收重要途径。石家庄广播电视台新闻广播通过精心策划的沉浸式商业活动，结合"长安十二

---

[1] 《地市级媒体融合新进展》，江苏省广播电视局网站，2023年2月24日，http：//jsgd.jiangsu.gov.cn/art/2023/2/24/art_69985_10766897.html。

[2] 《我院与石家庄广播电视台举行战略合作签约仪式》，石家庄职业技术学院网站，2024年6月26日，https：//www.sjzpt.edu.cn/info/1049/9001.htm。

[3] 《承德双桥区：深化校企合作　引领媒体融合创新发展》，人民网，2024年6月29日，http：//he.people.com.cn/n2/2024/0629/c192235-40895864.html。

[4] 《衡水日报社与衡水学院举行校媒深度融合座谈会》，"衡水日报"微信公众号，2024年6月26日，https：//mp.weixin.qq.com/s/sRStSHudZdvbIAeVscWZNA。

时辰"与"唐宫夜宴"等热门媒体资源，连续两年持续强化其唐风韵味与电音特色，成功创造300万+的收益，并确保了活动的持续盈利。[①]邯郸新闻传媒中心作为全国市级融媒体中心建设试点之一，积极构建"新闻+政务服务商务"融合发展新模式，并且着力推进"党媒+"多元业态模式，下大力气开展少儿艺培、老年康养等综合业务，持续在节庆活动、电子商务等领域拓展产业链条，重构媒体经营新格局。[②]沧州广播电视台尝试在抖音平台挂靠商品橱窗拓宽盈利渠道，建立"新闻+商务"的融合运营模式。

（五）服务：完善服务功能，提升服务质量

河北省地市级媒体在新时代背景下，积极适应媒体融合发展的大趋势，不断创新服务模式，提升服务效能，成为连接政府与民众、促进社会和谐发展的重要力量。它们以信息传播的速度、广度、深度为基石，确保全面覆盖各类贴近民生、关乎民众日常生活的服务性议题；致力于"民有所呼，我有所应"的服务导向，及时收集并反馈民众的意见；坚持"线上线下齐发力，多方联动谋福祉"的发展策略，线下活动链接线上平台，推动民生服务事业的"双向循环"。

1. 信息传播"快深广"，报道议题覆盖全

河北省地市级媒体通过紧密联动各级政府部门，深入报道民生工程，确保政策信息的快速流通，让民众第一时间了解政策动向，提高政策的知晓率和参与度。在服务类信息的提供上，以报道广度和传播速度为基础要求，它们积极关注并报道教育、就业、医疗、社保、住房等众多与百姓生活息息相关的政策信息，及时发布政策解读、公共服务等权威内容，为受众提供准

[①] 《第七届广播超级碗案例展丨石家庄广电新闻广播沉浸式商业活动轻松突破百万电台工厂》，"电台工厂"微信公众号，2024年5月15日，https：//mp.weixin.qq.com/s？__biz=MzA5MjM2OTYxMQ==&mid=2652516343&idx=1&sn=ddff3099ec7c292646e9f1d67a202de2&chksm=8aa6bc269d78ef83e1b46517e926ebb1ed81ed60286e8fe8c73f2690e2fe592103d889d4fc92&scene=27。

[②] 《试点+亮点·改革进行时丨融出"1+1>2"的新气象》，邯郸新闻网，2024年1月20日，http：//www.handannews.com.cn/news/content/2024-01/20/content_20162674.html。

确、可靠的信息，加快了受众了解政策信息的速度，增强了媒体的公信力和影响力。例如，邯郸新闻网对异地就医直接结算工作、基层"三保"工作开展情况及时跟进报道；秦皇岛日报社在《秦皇岛市2024年民生实事项目实施方案》的公布和执行过程中，通过多种渠道及时发布项目进展、成效等信息，提高与增强了工作的透明度和公信力。另外，在确保信息提供的速度与广度的同时，强调将媒体服务功能落在实处，石家庄广播电视台率先垂范，2024年8月，石家庄广电大健康融媒中心与尚至然（河北）网络科技有限公司达成战略合作，共同开展健康服务推广、健康产品研发等，为社区居民提供更加便捷、高效、优质的健康服务。

2. 网上民声有回声，媒体服务渠道宽

河北省地市级媒体还通过开设互动平台、开展问政活动等方式，搭建政府与民众之间的沟通桥梁，鼓励民众参与民生建设，积极反映问题、提出建议。通过众多媒体渠道及时收集受众意见与建议，为政府决策提供了重要的参考，推动民生政策的不断完善和落实。

河北省地市级媒体利用新媒体平台，如政务微博、微信、App等，不仅发布政务信息，还搭建政府与民众之间的桥梁，积极回应网民关切，解答民众疑问，形成了良好的互动机制。唐山劳动日报社主办的"问政唐山"客户端，开设"我的问政"专栏，打造唐山市民问政"快捷键"。秦皇岛市推行"融媒体+政务服务"模式，由秦皇岛市广播电视台新闻综合广播和交通广播并机播出"直播12345"栏目，将12345热线电话、直播栏目、微信小程序、"政府信箱"、"网络问政"等渠道统筹联动，打造一体化民声受理矩阵。该模式通过"诉求人—主持人—政府部门"三方实时通话的方式，实现与政府单位的紧密合作、与受众的互动交流以及对民生服务的深度关注，不仅提升了媒体内容的准确性与权威性，还显著增强了媒体的公信力与影响力。

另外，政府决策方面，各地市级媒体充分利用媒体资源进行深度分析和研判，形成具有参考价值的舆情报告和决策建议，为政府提供宝贵的决策信息发挥着重要作用。例如，廊坊市将廊坊广播电视台FM95.1新闻交通广播确定为"廊坊应急广播频率"，发挥广播电台覆盖面广、通信能力强等优势，加强突发事件预警，为政府应对各种突发事件提供决策参考和信息支持。

同时，河北省地市级媒体在提供专业性和垂直化的特色服务方面取得了显著成效。这些媒体根据自身的定位和特点，聚焦特定领域和受众群体，提供具有针对性和专业性的信息服务。张家口广播电视台与张家口市教育局强强联手，以"乘数字广播东风 办人民满意教育"为主题，在FM107.4新闻综合广播共同搭建"张家口教育融媒体宣传平台"，开启"教育+广播+新媒体"全面战略合作。

3. 线上线下齐发力，多方联动谋福祉

河北省地市级媒体积极承担社会责任，不仅致力于提升线上服务的质量和效率，还将触角延伸至线下，通过举办各类公益活动，进一步增强与公众的互动和联系，提升媒体的社会服务效能和影响力，为构建和谐社会、增进民生福祉做出了积极贡献。2024年10月25日，邢台市文明办、邢台广播电视台在达活泉公园北门广场举办《行风热线》便民服务面对面活动，26家单位现场为群众排忧解难。自2024年3月起，《行风热线》专栏就发挥媒体优势，积极组织各参与单位通过走进社区、广场，实地了解群众的所需所盼，把服务真正送到群众身边，7个月内连续举办9场，解决实际问题120多个。[①] 唐山市则发挥广播电视台人才、专业和资源优势，创办了每周开讲的"守护朝夕美好"公益大讲堂，由唐山广播电视台优秀播音员、主持人、记者或相关专业人士，免费为群众提供经典诵读、实用常识、养生保健、生活艺术、智能应用等授课服务。承德广播电视台发挥多方联动效应，联合承德市体育局、976承德交通文艺广播等举办"2024承德健康公益行"系列主题活动，带动全民关注健康。

---

① 《"厚植城市精神·共建温暖之城"〈行风热线〉开展走基层面对面服务活动》，"邢台综合广播"微信公众号，2024年10月25日，https://mp.weixin.qq.com/s?__biz=MzA3MzMzMDUzMQ==&mid=2651373106&idx=1&sn=18b09b1f2fc8ba00cc4bcb4292f7153&chksm=85af099d276b2943bc2e7e6bc7291739467ff064d33f3f9793e4f82e7515172cc6cbb85bac35&scene=27。

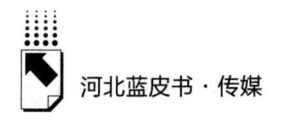

二 河北省地市级媒体深度融合的制约因素

在河北省地市级媒体深度融合的过程中，诸多挑战与问题逐渐浮现。首先，机构合而不融，导致资源离散与区域失衡。其次，人才流失与经营困境使得媒体缺乏活力。同时，在经营模式上，收入来源单一，经营压力巨大。最后，内容平庸不求变也是制约河北省地市级媒体深度融合的重要因素，深度融合之路并非坦途。

（一）机构合而不融：资源离散与区域失衡

2022年中共中央办公厅、国务院办公厅印发的《"十四五"文化发展规划》提出："市地级媒体因地制宜加快探索形成适合自身的融合发展模式，可以各自建设融媒体中心和传播平台，也可以加强资源统筹和机构整合，共同打造市级融媒体中心。"通过统筹和整合媒体资源，能够实现资源的优化配置，避免重复建设和资源浪费，促进媒体之间的协作与创新。对于河北省而言，邯郸作为全国市级融媒体中心的试点城市，组建邯郸新闻传媒中心，对市内各类媒体资源进行了统筹规划，为媒体深度融合树立了典范。其他地市级媒体在资源统筹方面显得步伐缓慢，市内媒体资源仍处于分散状态，未能实现有效的集中与规划，不仅影响了媒体融合的整体效果，还制约了河北省地市级媒体体系的协同发展。

缺乏统一的资源调度，导致媒体资源离散、组织架构冗余和同级部门职能重叠、无序发展等问题的出现，报社、广播、电视台各自为政，分别搭建自己的新媒体矩阵，平台数量虽多但力量薄弱。例如，邢台广播电视台和邢台日报社分别拥有"邢台广电"与"我看邢"两个独立客户端，内容重复度高，用户群体难以聚合，资源未能实现有效的整合与共享。此外，邢台广播电视台下的新闻综合频道、城市生活频道等众多频道均在短视频平台拥有独立蓝V认证账号，削弱了地市级媒体整体的传播力。在新媒体环境下，用户体验成为媒体竞争的关键因素之一，传播平台的重复建设不仅会导致平台用户的体验感不佳,粉丝流失,还会削弱媒体的权威性和公信力。

(二)媒体缺乏活力:人才流失与经营困境

媒体深度融合,人才是核心驱动力。习近平总书记强调,"要树立强烈的人才意识,寻觅人才求贤若渴,发现人才如获至宝,举荐人才不拘一格,使用人才各尽其能"①。然而,部分地市级媒体在人才储备方面却显得活力不足,人才结构不合理,年龄偏大、技能单一等问题突出。首先,媒体内部系统培训的缺失,使得员工难以跟上科技发展的迅猛步伐,专业技能和知识储备相对滞后。其次,用人机制僵化,职称、学历等传统因素成为员工晋升和待遇的"硬杠杠",导致专业人才的流失,创新型人才难以吸纳和存留。这种人才结构的不合理,不仅削弱了媒体的创新能力,还影响了媒体融合的深度和广度。

同时,媒体在探索新的经营模式方面存在明显问题。互联网背景下,传统的广告收入等盈利模式受到冲击,导致媒体收入下滑,媒体业务多元化成为趋势,但部分地市级媒体却未能充分利用这一机遇,有效拓展直播电商、自建MCN等新兴业务领域,以及培育持续经营能力,新的盈利模式尚未发展成熟。收入来源单一,经营压力巨大,使得媒体的融合过程并非一帆风顺。

(三)内容平庸不求变:质量欠佳与特色缺失

内容是媒体的生命之源,是吸引和留住用户的关键。然而,河北省地市级媒体在内容生产上却显得创新不足。高质量、具有影响力的内容不够丰富,使得媒体在激烈的市场竞争中难以脱颖而出。地市级媒体未能将技术和内容资源向有发展潜力的垂直矩阵倾斜,形成效果突出的融媒品牌,导致媒体品牌影响力不足。以目前的文旅品牌为例,河北省主打"这么近,那么

---

① 《十八大以来重要文献选编(上)》,中央文献出版社,2014。

美，周末到河北"的品牌，但众多的地市级媒体只是依靠这一品牌，并未推出独具当地特色的品牌。

此外，内容同质化严重，缺乏创新和深度，未能打造具有平台特色的内容。报纸、电视、微信、短视频和客户端等不同平台，仍然存在直接搬运的情况，削弱了媒体的生产力、吸引力和影响力。例如，"承德日报"微信公众号内容缺乏特色，直接搬运《承德日报》电子版内容，不能进行适应平台特性的改写编辑。另外，承德市媒体抖音平台账号分散，虽然拥有"承德融媒""承德新闻网""承德日报"等众多抖音账号，但信息发布散乱，脱离本地生活，既不能满足本地居民的信息需求，也不能对外塑造良好的承德形象。这种内容违背传播规律，不仅削弱了媒体的传播力，还制约了媒体融合的深入发展。

综上所述，河北省地市级媒体在深度融合的过程中，需要直面资源离散难聚、媒体缺乏活力、内容平庸不求变等难题。只有积极破解这些难题，才能在激烈的市场竞争中立于不败之地，实现河北省地市级媒体的突破性高质量发展。

三 河北省地市级媒体深度融合的发展策略

2022年4月，中宣部、财政部、国家广播电视总局联合下发《关于推进地市级媒体加快深度融合发展实施方案的通知》，共同推进地市级媒体机构整合和媒体融合发展。地市级媒体作为媒体融合发展过程中承上启下的关键环节，要想实现深度融合转型，需要制定理念革新、体制机制完善、内容创新与人才培养等多维度策略。

（一）理念革新：找准角色定位，拓展思维

在地市级媒体深度融合发展的进程中，理念革新无疑扮演着至关重要的角色。这一革新关乎公众对信息的接收与反馈，以及信息传播的效率与质量，更直接影响媒体自身的生存与发展。

首先,地市级媒体要扮演引领本地居民的角色,树立引领当地文明风尚的意识。作为本地居民的信息与生活向导,地市级媒体的重要任务是引领市域文明风气。2023年是浙江省实施"八八战略"二十周年,嘉兴市新闻传媒中心(传媒集团)开展大型融媒体新闻行动"风从海上来——20年看浙北海岸巨变",聚焦海洋经济,生动展示了浙北海岸线的巨变,引导更多资源向海洋经济的高质量发展领域汇聚,助力浙北海岸线在海洋经济赛道上加速迈进,体现了主流媒体以新闻的力量服务地区经济发展的责任担当。[1] 这样深度挖掘区域资源,发挥在本地用户覆盖上的优势,既增强了本地市民的区域自豪感,又实现了积极的传播效应,为地市级媒体发展提供了良好示范。媒体可以在重大节庆日期间通过深度报道、专题策划等形式,引导公众关注社会热点,参与公共事务,共同营造和谐、文明的社会氛围。

其次,地市级媒体需要不断优化本地服务功能,成为居民生活的得力助手。这包括提供精准、高效的公共服务信息,以及利用数字技术提升服务便捷性。可以在客户端开设AI频道,通过集成先进的自然语言处理技术和大数据分析开发智能问答系统,及时、准确地解答用户关于生活、工作、学习等各类问题,打破只能提供新闻信息的局限,让居民在接收信息的同时,感受到科技带来的便利与舒适。开设市民监督频道,充分利用数据驱动和基层网格化管理的优势,实现网络急事的快速响应与处理。用户可以通过该频道提交身边的紧急问题或建议,系统自动分类并转交给相关部门处理,形成从问题提交到解决反馈的闭环机制,以监督方式的便捷性调动市民监督的积极性。此外,该频道还可定期发布处理进度和结果,接受公众监督,确保问题得到有效解决,构建全媒体形态的监督体系。

最后,地市级媒体作为连接外地游客与本地文化的桥梁,应注重深挖文化资源,讲好文化故事,促进文化交流。对于外地游客而言,河北省地市级

---

[1]《新闻的力量 | 这,是你我的故事!》,"嗨嘉兴"微信公众号,2024年12月27日,https://mp.weixin.qq.com/s?__biz=MzA4NzExODU3Mw==&mid=2649645612&idx=1&sn=ec0ea602574c4b3f5a00ebd399379492&chksm=8931d1874cf2ecfcebee6f8a73ad358d1656c925ab37f084940d43314ef3c63c3ab858b2235f&scene=27。

媒体是了解河北各地方文化的重要窗口。河北省这片历史悠久、文化底蕴深厚的土地，蕴藏着丰富的文化资源。从承德避暑山庄的皇家风范到保定直隶总督署的历史沧桑，从邯郸赵王城的千年遗迹到唐山南湖生态城的现代转型，每一处都承载着厚重的历史记忆并彰显着独特的文化魅力。河北的地市级媒体应当深入挖掘这些宝贵的文化资源，利用新媒体平台生动展现河北的文化风采。例如，可以通过直播探访古迹遗址，让观众身临其境般感受历史的厚重；制作系列纪录片，讲述河北非物质文化遗产的传承故事；利用AI技术，让古老文物在新媒体平台上"活"起来，吸引更多外地游客的目光，促进文化交流与传播。

（二）体制机制完善：整合融媒资源，聚合融媒优势

在地市级媒体深度融合浪潮中，构建科学合理的体制机制，高效整合融媒资源，充分发挥融媒优势，无疑是推动媒体转型升级、实现高质量发展的关键所在。

首先，推行项目制或个人工作室工作机制，是打破传统壁垒、促进资源高效整合的有效手段。在项目制下，地市级媒体可以紧密围绕重大新闻事件、社会热点话题或特色内容，灵活设立专项项目组，从策划、采编、制作到发布各环节由跨部门、跨领域的精英团队共同负责，形成一条紧密相连、高效协同的一体化工作流程，打破部门沟通限制；可以成立个人工作室，由具有丰富经验和创新能力的制作人或导演引领，根据市场需求和自己的创意，自主策划、制作和推出各类产品，使得内容创作者能够更加自由地发挥创意、更好地适应市场需求的变化，为优秀内容创作者提供一个相对独立的工作平台。

其次，为了避免传播渠道的重复建设和资源浪费，河北省各地市需要对现有传播渠道进行全面且深入的梳理。在明确各渠道独特优势和精准定位的基础上，统筹规划媒体资源，避免盲目扩张和重复建设。2022年4月，攀枝花市被中宣部确定为市级融媒体中心建设试点城市；2023年3月，攀枝花市正式整合攀枝花日报社、攀枝花市广播电视台两家市级媒体，成立攀枝

花市融媒体中心。该中心以"一套班子、三个打破、三个重塑、三个保障"为主要内容的"一三三三"体制机制改革为抓手，破除传统媒体壁垒，重构融媒传播体系，打造以客户端为核心，以微博、微信、抖音、小红书等为支撑的"1+N"全媒体传播矩阵。截至2024年5月17日，全媒体账号关注总量超450万人，较改革前增长20%；"攀枝花开"App下载人数突破100万人，占市域常住人口的82%，排名四川省市州第2。[1] 攀枝花市媒体摆脱了无效的"跑马圈地"式扩张，为其他地市级媒体的资源统筹工作提供了良好示范。

最后，加强不同地市级媒体之间、地市级媒体与省级媒体和县级媒体的内部交流，构建紧密的合作网络，对推动媒体行业的整体转型升级具有重要意义。第一，地市级媒体之间应建立常态化的交流机制，通过举办论坛、研讨会、培训班等多种形式的活动，加强信息共享、经验交流和人才培养。第二，横跨不同地市的媒体联盟是促进媒体深度融合的重要渠道，可以以各地客户端为载体，建立跨地区媒体资源共享、宣传互换、活动联办的长效合作机制，采取内容制作、联合采访、节目共享等合作方式，打破地域限制，实现资源的优化配置和共享，共同推动媒体行业的繁荣发展。

（三）内容创新：发挥IP效应，丰富融媒产品

在地市级媒体深度融合的浪潮中，内容创新成为增强用户黏性、提升媒体影响力的关键。通过发挥IP效应，丰富融媒产品，地市级媒体不仅能够更好地满足用户需求，还能够推动媒体产业的高质量发展。

首先，打造特色IP，提升内容品质。地市级媒体应充分利用自身对地方文化的了解，挖掘具有地方特色的历史故事、民俗风情、自然景观等文化资源，提炼出具有独特性和吸引力的文化元素，打造具有地域标识的融媒产

---

[1] 《「案例」四川攀枝花融媒：破茧重生 一路繁花》，"国家广电智库"百家号，2024年5月17日，https://baijiahao.baidu.com/s?id=1799240764471188590&wfr=spider&for=pc。

品IP，产出如"地方历史文化"系列、特色美食探访、地方人物访谈等优质内容，通过高质量的内容输出，展现地方魅力，增强受众的文化认同感和归属感。这些优质内容不仅能够吸引受众关注，还能够有效带动社会正能量的传播。

其次，探索智能化服务工具的研发与应用。随着AI技术的不断发展，地市级媒体可以积极探索智能化服务工具的研发与应用，如智能语音助手、智能推荐系统、智能数据分析等。通过数据分析，精准定位受众需求，提供定制化服务，或者利用虚拟现实、增强现实，依托实景建模、云计算支持、虚拟机器人AI导览等技术手段，打造沉浸式内容体验，提升参与感和互动性。

最后，地市级媒体可以依托自身的文化IP，打造"文化+"模式。石家庄市作为河北省省会，有"石门"之称，是京津冀城市群中的重要成员；唐山市被誉为"北方瓷都"，其瓷器制造技艺源远流长；承德市以"避暑之都"闻名，拥有著名的避暑山庄；邯郸市是历史文化名城，拥有丰富的历史文化遗产；保定市曾是直隶省省会，文化底蕴深厚；秦皇岛市以北戴河海滨风光著称，是著名的旅游胜地……河北各地市级媒体应着眼于自身品牌的塑造和IP矩阵的构建，拓展业务领域，开发具有地方特色的文化衍生品和文创产品，如纪念品、手工艺品、文化衫等，通过线上线下相结合的方式进行宣传和推广，将各行各业的特色元素融入文化产业链，实现跨界合作共通，通过跨界融合，拓展融媒产品的应用领域和市场空间，为媒体经济发展注入新的活力。

（四）人才培养：提升队伍素质，拓宽人才渠道

党的十八大以来，习近平总书记多次强调要着力解决"本领恐慌"、能力不足的问题，在媒体深度融合的进程中，具备专业技能、实践经验与创新思维的高素质人才不仅是驱动媒体转型升级的核心动力，还是确保媒体机构在激烈竞争中保持领先地位、实现可持续发展与影响力提升的关键所在。

一是建立系统化的培训体系。在线上可以搭建内部学习平台，定制培训课程，分为新闻采编、新媒体技术、数据分析、市场营销等多个部分，提供丰富的学习资源和灵活的学习时间。在线下可参考敦煌市融媒体中心开展的AI生图与视频制作技术专题培训，[1] 定期举办内部培训、讲座、研讨会和外出考察等活动，提供报道选题策划、内容生产创作、短视频创作、实战演练等课程。

二是拓宽招聘渠道，构建多元化的人才招聘体系。优化招聘流程、提高招聘效率，确保优秀人才能够迅速加入团队。除了传统的招聘网站和校园招聘外，积极利用社交媒体、行业论坛等渠道发布招聘信息，或者考虑与高校、行业协会等建立合作关系，拓宽招聘渠道，精准招聘。同时，建立人才储备库，对具有潜力的年轻人进行长期跟踪和培养。开展定期考察，打破传统人员管理模式的制约，设置独立的晋升途径，为媒体的长远发展提供人才保障。

三是建立科学的绩效考核体系，激发创造力。根据岗位职责和工作目标制定具体的绩效考核指标，新闻采编岗位可以依据报道数量、新闻质量、点击率或收视率、时效性等指标进行考核，经营创收岗位则可以侧重于广告销售额、新客户开发数量、客户满意度、合同执行效率及回款率等关键绩效指标，确保每位员工都能明确自己的工作重点，并有效衡量其工作成效。另外，创新能力、团队协作等维度也可以纳入评估体系。同时，强化考核结果的应用是重中之重，将考核结果与薪酬调整、晋升晋级、奖励惩罚等紧密挂钩，坚持"奖优惩劣"的原则。薪酬体系以基本工资加绩效工资为架构，适当降低基本工资比重，提高绩效工资在总薪酬中的比重，确保绩效工资在工资收入中占主导地位，通过合理的劳动回报率激励措施，提高员工在内容生产上的高度热情。

---

[1] 《敦煌市融媒体中心开展AI知识和技能培训》，"敦煌发布"微信公众号，2025年2月20日，https：//mp.weixin.qq.com/s?__biz=MzAwOTAwNjA0Mg==&mid=2649731185&idx=2&sn=9c89728b81d55cd12a78dad8071ac0ad&chksm=82d1fc2e97ee1028cc42cfe0578275ac4fa6f2caa1a311d33b9a471665d51e4f7dfd7e8ff441&scene=27。

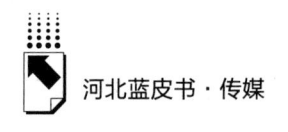

结　语

不难发现，面对新媒体时代的浪潮，河北省各地市级媒体正以前所未有的决心和勇气，积极探索融合转型之路。通过技术革新、内容创新、平台重构等多维度的努力，媒体融合不仅提升和拓展了信息传播的效率与广度，还在引导社会舆论、服务地方发展等方面展现出新的活力与价值。实践探索的每一步都凝聚着智慧与汗水，从单一传播向多元互动的转变、从内容为王到技术与内容并重，无一不彰显出地市级媒体在深度融合中的坚定步伐。然而，前路仍漫长且充满挑战，如何在保持媒体公信力的基础上，进一步拓宽传播渠道，增强用户黏性，实现可持续发展，仍是摆在地市级媒体面前的重要课题。

未来，地市级媒体的深度融合策略需要更加注重创新驱动，深化与新兴技术的融合，强化人才队伍建设。同时，积极构建开放合作的生态体系，促进媒体与政务、商务等领域的深度合作，以更加开放的姿态拥抱市场、服务社会。只有这样，河北省地市级媒体才能在融合转型的道路上走得更远、更稳，为构建全媒体传播体系、推动社会治理现代化贡献力量，书写媒体融合发展的新篇章。

参考文献

《「案例」四川攀枝花融媒：破茧重生　一路繁花》，"国家广电智库"百家号，2024年5月17日，https：//baijiahao.baidu.com/s？id＝1799240764471188590&wfr＝spider&for＝pc。

《保定新闻传媒中心（集团）与北京航天紫光公司签署战略合作》，"保定日报"微信公众号，2024年5月9日，https：//mp.weixin.qq.com/s/z40W6W0q_PXWwBKohkHgPA。

《保定新闻传媒中心（集团）与中国移动通信集团河北有限公司保定分公司签署5G战略合作协议》，"保定日报"微信公众号，2024年6月28日，https：//

mp. weixin. qq. com/s/dX-jCsH1C3WdiWXTGWXU4Q。

《沧州市国际传播中心揭牌成立》，沧州新闻网，2022年8月25日，https：//www. cznews. gov. cn/newweb/news/shizheng/2022-08-25/70823. html。

《承德双桥区：深化校企合作 引领媒体融合创新发展》，人民网，2024年6月29日，http：//he. people. com. cn/n2/2024/0629/c192235-40895864. html。

《地市级媒体融合新进展》，江苏省广播电视局网站，2023年2月24日，http：//jsgd. jiangsu. gov. cn/art/2023/2/24/art_69985_10766897. html。

《第七届广播超级碗案例展｜石家庄广电新闻广播沉浸式商业活动轻松突破百万电台工厂》，"电台工厂"微信公众号，2024年5月15日，https：//mp. weixin. qq. com/s?__biz=MzA5MjM2OTYxMQ==&mid=2652516343&idx=1&sn=ddff3099ec7c292646e9f1d67a202de2&chksm=8aa6bc269d78ef83e1b46517e926ebb1ed81ed60286e8fe8c73f2690e2fe592103d889d4fc92&scene=27。

《敦煌市融媒体中心开展AI知识和技能培训》，"敦煌发布"微信公众号，2025年2月20日，https：//mp. weixin. qq. com/s?__biz=MzAwOTAwNjA0Mg==&mid=2649731185&idx=2&sn=9e89728b81d55cd12a78dad8071ac0ad&chksm=82d1fc2e97ee1028cc42cfe0578275ac4fa6f2caa1a311d33b9a471665d51e4f7dfd7e8ff441&scene=27。

《邯郸新闻传媒中心（集团）正式揭牌 张维亮董福印王离湘等出席揭牌仪式》，邯郸新闻网，2022年7月1日，http：//www. handannews. com. cn/zhengwu/content/2022-07/01/content_20002404. html。

《衡水日报社与衡水学院举行校媒深度融合座谈会》，"衡水日报"微信公众号，2024年6月26日，https：//mp. weixin. qq. com/s/sRStSHudZdvbIAeVscWZNA。

《"厚植城市精神·共建温暖之城"〈行风热线〉开展走基层面对面服务活动》，"邢台综合广播"微信公众号，2024年10月25日，https：//mp. weixin. qq. com/s?__biz=MzA3MzMzMDUzMQ==&mid=2651373106&idx=1&sn=18b09b1f2fc8ba00cc4beb4292f77153&chksm=85af099d276b2943bc2e7e6bc7291739467ff064d33f3f9793e4f82e7515172cc6cbb85bac35&scene=27。

《让"保定文旅"持续"热潮奔涌"》，腾讯网，2024年5月24日，https：//news. qq. com/rain/a/20240524A018PC00。

《石家庄广电："庆祝新中国成立75周年"融合创新报道实践》，"大众电视"微信公众号，2024年10月21日，https：//mp. weixin. qq. com/s/B6J-Hyi18B N90C0GP_iXWA。

《试点+亮点·改革进行时｜融出"1+1>2"的新气象》，邯郸新闻网，2024年1月20日，http：//www. handannews. com. cn/news/content/2024-01/20/con tent_20162674. html。

《我院与石家庄广播电视台举行战略合作签约仪式》，石家庄职业技术学院网站，2024年6月26日，https：//www. sjzpt. edu. cn/info/1049/9001. htm。

《新闻的力量｜这，是你我的故事！》，"嗨嘉兴"微信公众号，2024年12月27日，

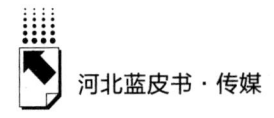

https：//mp. weixin. qq. com/s?＿＿biz＝MzA4NzExODU3Mw＝＝&mid＝2649645612&idx＝1&sn＝ec0ea602574c4b3f5a00ebd399379492&chksm＝8931d1874cf2ecfcebee6f8a73ad358d1656c925ab37f084940d43314ef3c63c3ab858b2235f&scene＝27。

《云数争先丨石家庄广播电视台媒资系统扩容，中国电子云核心支撑!》，"中国电子云"微信公众号，2024年10月30日，https：//mp. weixin. qq. com/s/cpYDbD13D9-Zjp-y8TRsPw。

《正式亮相！保定新闻传媒中心（集团）数字主持人平台上线》，"保定晚报"微信公众号，2024年11月8日，https：//mp. weixin. qq. com/s/CuWQNykf6plrykvEfijhTg。

《正式签约！全国首个！就在张家口!》，"张家口日报"微信公众号，2024年4月26日，https：//mp. weixin. qq. com/s/RO5lIA-4pjy-RBWbPnRqjg。

《中共廊坊市委宣传部：点燃数字化引擎，赋能媒体融合新发展》，"新闻战线"微信公众号，2024年4月7日，https：//mp. weixin. qq. com/s?＿＿biz＝MjM5NjFwMjMwNw＝＝&mid＝2649871394&idx＝1&sn＝3765233c547910e6e09d9 ba4ada68031&chksm＝beeb1dee899c94f8898dc4c60ac5ee3e289c0628571d3ef4b8e42db72ba23f3a4620df6d5bea&scene＝27。

B.18 河北省地市级媒体参与社会治理的创新路径研究*

许可 丁立捷**

摘 要： 在国家治理现代化的战略背景下、伴随社会深度媒介化的发展趋势，地市级媒体深度融合逐渐融入社会治理体系。本文关注河北省11个设区市的地市级媒体在参与社会治理中的创新做法，媒体以新闻资讯、主题宣传和舆论监督增强社会治理的建设性，通过技术赋能在数字平台建设、数据要素整合方面突出社会治理的智能化，利用传统电视问政与新型网络问政的融合发展实现社会治理的平台化，通过"新闻+政务服务商务"模式创新社会治理的多元性。参与社会治理已经成为新形势下地市级主流媒体系统性变革的一个新的面向。未来，需要加快数字化转型，以数字治理推动社会治理方式变革，探索平台化路径，以综合超级平台的搭建服务社会与民众，逐渐推动建设辐射市域社会发展的媒介化数字治理体系。

关键词： 地市级媒体 社会治理 深度媒介化 "新闻+政务服务商务"

在国家治理体系不断完善的过程中，"共建共治共享"与"社会治理共同体"等政策导向不断驱动治理主体向多元化方向发展。媒介系统不仅处

---

* 本文为2024年度河北省社会科学发展研究课题"深度媒介化背景下河北地市级媒体参与社会治理的路径研究"（202403163）的成果。
** 许可，博士，河北大学新闻传播学院副教授，主要研究方向为媒介治理、媒体融合；丁立捷，河北师范大学新闻传播学院教授，硕士研究生导师，主要研究方向为媒体融合传播、广播电视新闻。

在国家治理体系中，还是基于政治逻辑中党委领导、政府负责发挥社会协同作用的重要主体之一，主流媒体凭借信息资讯、主流舆论、数字平台、公共服务等优势，嵌入社会治理过程中，推动社会治理的媒介化转向。在媒介与治理互动中，媒体参与社会治理是国家治理现代化内核的一种有益补充。当前，我国媒体深度融合、全媒体传播体系建设的关键就是以传媒现代化推动国家治理现代化。自2022年开始，伴随中宣部、国家广播电视总局发布的《推进地市级媒体加快深度融合发展实施方案》，中共中央办公厅、国务院办公厅印发的《"十四五"文化发展规划》陆续提出推动地市级媒体融合发展，我国地市级媒体融合已经从政策导向的先导期转向全面推进的迭代期。地市级媒体更好地适应深度媒介化的社会特征，融入社会系统，最显著的特征就是以价值、信息、服务等多元模式嵌入社会治理。在此过程中，河北省11个设区市的地市级媒体逐渐适应数字化、智能化、平台化的发展趋势，充分将自身建设融入社会建构，以社会沟通、关系搭建为核心，不断探索符合自身参与社会治理的方式或路径，以社会治理为职责所在，又通过自身建设赋能治理方式革新。

一 主流价值引导：社会治理建设性步伐加快

基于国家治理现代化与社会深度媒介化的双重逻辑，要想考察河北省地市级媒体深度参与社会治理的特征或路径，需要找到媒介与治理逐渐契合的切入口，或者说可行性强、适配度高的发展模式。媒体参与社会治理，本质上就是媒体实践对社会发展的集中反映，从这个角度看，媒体的新闻报道、内容生产、舆论引导则处在治理的首要环节。河北省11个设区市的地市级媒体主要从新闻报道拓展到信息资讯、从主题宣传拓展到主流舆论引导、从传统舆论监督拓展到建设性舆论监督三个方面进行探索尝试，以内容生产嵌入治理过程。

（一）新闻资讯服务：立足主业，关注民生

从关注社会发展、参与社会建构、融入社会治理的多维度分析，目前河

北省地市级媒体参与社会治理最基本的路径依然是通过立足内容主业,即新闻报道、信息资讯来反映社会问题,包括党委、政府工作,社会民生诉求等基本面向。

最具代表性的是邯郸新闻传媒中心开办的广播栏目《清晨热线》,该栏目开办30余年,以民生监督服务为特征,主要模式就是受理群众反映的问题,每天在直播间邀请相关职能部门及时回应与解决问题,每年该栏目都会有150余家市直部门和县区政府负责同志进入直播间。随着媒体深度融合、媒介渠道的拓展,该栏目也从早期单一的广播热线解答拓展到了广播、电视、互联网平台、移动新闻客户端和社交媒体"五位一体"的全媒体融合热线模式。该栏目每年通过线上线下多渠道累计受理问题5000余个,解决率93%以上,回复率100%,在抖音、快手、视频号等短视频平台的粉丝总量达到230余万人,形成了良好的舆论氛围和广泛的社会影响,成为当地百姓政治参与、治理融入的重要渠道和平台。① 与此同时,邯郸新闻传媒中心突出以人为本,从群众急难愁盼出发,民生类新闻数量约占新闻总数的39%,开设《您的事我来办》《有事您说话》等与百姓生活休戚相关的民生专栏或栏目,并适应融媒体传播趋势,以《直播邯郸》《小编说大事》《百姓看联播》等短视频、新媒体专栏,打造短视频竖屏形态的民生服务类精品内容。

河北省其他地市级媒体中,报业与广电机构分别以专版专栏、节目栏目等形式聚焦新闻资讯服务,注重将新闻报道与信息资讯有效结合。廊坊日报社在报纸端《廊坊日报》以专题板块形式设置"市民议事厅",聚焦群众急难愁盼问题,重点报道百姓关切的热点问题。衡水日报社以报纸专栏和热线电话相结合的形式,常设"12345""我为群众办实事"等民生栏目,集中反映社会民生诉求,帮助解决实际问题。秦皇岛市广播电视台在《今日报道》栏目开设"记者帮忙"板块,"爱秦皇岛"微信公众号设置"爱帮忙"

---

① 《邯郸新闻传媒中心〈清晨热线〉栏目荣获"中国广播电视大奖·广播电视节目奖"》,邯郸新闻网,2023年11月7日,https://www.handannews.com.cn/news/content/2023-11/07/content_20146941.html。

栏目，《视听之友》设立"为您解答"版面，为群众所关注的热点问题提供解答、帮助。邢台广播电视台开办广播直播节目《生活大家帮》，突出有态度有温度的节目服务，聚焦普通百姓在教育、情感、生活等方面的具体问题，邀请律师、相关专家、热心人士等共同推动问题的解决。

当前，地市级媒体已经不再局限于以新闻线索提供、新闻报道呈现的方式开展社会受众或政府部门的内容提供，而是将新闻、信息、资讯与服务等多元要素有效结合，实现社会整体系统下"泛内容"的服务模式，如张家口日报社将新闻资讯与政务信息整合，构建四类政务服务产品体系，[1] 围绕国内外重要政策信息，本地经济社会发展经验，服务当地党委、政府工作等方向提供信息决策服务。

（二）主题宣传引导：服务大局，营造氛围

围绕国家战略、结合本地区位优势做好主题宣传，一直是地市级媒体内容创新的重要方向。社会治理视角下，将主题宣传与国家治理相结合的契合点主要表现在国家宏观战略在地方落实推进、地方重点工作的有效推广。在有力有效推进乡村全面振兴的进程中，秦皇岛市广播电视台推出《金扁担》栏目，通过深入采访报道乡村新风貌，以乡村全面振兴反映乡村治理、基层治理新特点。

结合本地区域政策和具体发展，保定新闻传媒中心（集团）以保定市"建设现代化品质生活之城"为主题，在"掌握保定"App中设置"筑梦现代化　共绘新图景"专题，总计发稿186篇，同时在《保定日报》和《保定晚报》报纸端设置"聚焦城市管理'新颜值'行动周观摩"专题、"创城周刊"版面，重点报道保定城市管理动态、城市治理相关资讯，以城市建设的主题宣传营造良好的社会舆论氛围。衡水市广播电视台围绕当地党委、政府中心工作，推出《直播衡水》《美丽衡水》等栏目，《直播衡水》2023年以"我为群众办实事"为主题开展相关报道，为群众解决急难愁盼问题100多

---

[1] 《领航媒体融合　塑造主流舆论新格局》，《张家口日报》2024年11月8日，第4版。

个，同时参与助农销售等公益活动；《美丽衡水》以生态文明保护为宗旨，同样围绕中心工作开展报道，讲好衡水生态环境保护的典型故事。

石家庄日报社围绕当地市委、市政府中心工作，在报纸端及旗下各新媒体平台推出一系列"强信心、聚民心、暖人心、筑同心"的精品力作，为加快建设现代化、国际化美丽省会城市提供强有力的舆论支持。一方面，报纸端深耕内容精品策划。石家庄日报社每月推出一个主题鲜明、亮点突出的月策划，各部门再结合月策划进行周策划或日策划，形成主题宣传的有序开展。2024年，《石家庄日报》共推出与社会治理相关的专题近20个，包括"锚定现代化　改革再深化""向新求质·一线探访""记者走基层——来自一线的改革故事""城市更新一线行""大力优化营商环境""向美而行　解读美丽省会"等重点选题。另一方面，移动端突出优势协同发力。客户端、视频号、互联网平台账号等基于报纸端的精品策划，生产适配移动互联网的新闻短视频、微纪录片、视频评论、现场探访、海报、长图、H5等融媒产品，如"瞰·城"系列短视频回顾城市代表性变化、《必须city！——2024石家庄人的年中独白》落实党的二十届三中全会精神、《牢记嘱托　感恩奋进｜实干为笔　奋力书写石家庄答卷》开展积极正向引导，通过一系列有深度、有温度、有影响力的正能量融媒体产品增强了主流媒体的传播力、引导力、影响力、公信力。

此外，以典型个案进行宣传报道，通过个体的正向宣传逐渐引导社会向善。承德日报社、张家口日报社、沧州日报社等，均通过集中宣传当地群众身边助人为乐、见义勇为的社会正能量事件，营造良好的社会舆论氛围。对于社会治理中的主题宣传，地市级媒体重点从国家治理现代化的战略导向、地方社会治理现代化的具体措施两个维度展开报道，通过内容优势营造社会"善治"的舆论氛围。

（三）舆论监督报道：围绕重点推动工作

传媒功能中与社会发展、社会治理密切相关的就是舆论监督，舆论监督报道历来也是媒体新闻报道的重要内容。当前，河北省11个设区市的地市级媒体均已经从寻找问题、推动问题解决的角度，开展建设性舆论监督，聚焦社会热议问题、民生热点问题，通过调查性报道督促相关部门及时解决现实问题。

承德广播电视台舆论监督栏目《百姓热线》已经创办24年，每天清晨播出，坚持"件件有着落、事事有回音"，立足用媒体力量推动政府工作，搭建政府与百姓沟通的"连心桥"。秦皇岛市广播电视台充分发挥新闻舆论监督的职能，在民生栏目中制作播出《油品争议 事实查明》《水泵"歇业"家里停水 居民叫苦不迭》等多篇具有深度的批评性报道和调查性报道，帮助公众解决生活中的实际问题。唐山广播电视台以建设性舆论监督为基本方式，通过《阳光热线》《回响》《有事您说话》等节目持续推出深度调查报道，打造领导、全媒监督、公众参与的立体式舆论监督新格局。邢台广播电视台在《新闻快报》节目中设置"记者调查"板块，以监督报道的形式曝光民生问题，督促问题解决，履行社会责任。

在地市级报业机构中，舆论监督报道更多采用新闻热线、新闻专题等形式。衡水日报社立足本地特色的衡水湖生态保护议题，推出《在衡水湖观鸟要文明 不要打扰这些"湿地精灵"》，对不良行为进行公开披露。张家口日报社于2023年上线"新闻110"民生品牌热线，市民可以通过拨打热线或登录移动客户端两种形式反映相关新闻线索，重点关注当地群众急难愁盼的重点问题，包括城市管理、市场环境、饮食安全、小区物业、教育医疗等内容。舆论监督报道凭借揭露性、批判性的特征，从区域经济社会发展的重要措施、基层群众急难愁盼的关注热点等内容进行报道，更加突出建设性与协同性，其目的在于社会多元主体就问题的协同共治。

二 数字平台建设：社会治理智能化趋势增强

目前，河北省地市级媒体积极实施深度融合举措，包括体制机制层面的机构整合、传播渠道的拓展、技术赋能的平台建设，特别是在国家数字化转型战略的驱动下，地市级媒体逐渐通过引进技术团队或自主技术研发等形式，打造自主可控平台。而随着社会深度媒介化与治理现代化不断融合，地市级媒体参与社会治理最显著的方式就是利用自主可控的数字平台搭建政民互动平台、民生服务平台，通过自身功能的转型，地市级媒体不再局限于作为政府发布信息、服务民众的窗口，更进一步成为民众表达意见、参与社会治理的重要渠道。

（一）移动优先：探索政民互动新形态

当前，地市级媒体融合的又一个显著特征就是打造自主可控平台，大部分地市级媒体将移动新闻客户端作为自主可控平台，通过客户端的板块设计、功能配置、资源聚合和业务供给实现对移动互联网用户的吸引。从社会治理结构和服务功能设置的角度看，河北省11个设区市的地市级媒体均开设了自己的移动新闻客户端，其中与社会治理相关的板块或专题也较为突出（见表1）。

表1 河北省地市级媒体移动新闻客户端中与社会治理相关的板块或专题

地市级媒体	移动客户端名称	具体设置
石家庄日报社	石家庄日报	问政（问政石家庄）、话题
石家庄广播电视台	无线石家庄	运动场馆预约、广电小管家、新奥燃气网厅爆料（采集、留言板、我要爆料）
保定新闻传媒中心(集团)	掌握保定	政务服务、行政审批、保定人社、市场监管、消费维权、供水、公交、气象、电信运营商等
唐山劳动日报社	唐山Plus	健康唐山（专家在线、健康热点、优质健康资源）、问政唐山、服务
邯郸新闻传媒中心	新邯郸	在线服务直通车（邯郸企服、冀时办）、电信运营商充值缴费、实用工具（电话查询、天气查询等）
张家口广播电视台	河山云	百姓生活（订餐、旅游、交通）、汽车房产、百姓服务（医疗健康、法律在线、社区服务、寻人寻物）、实用信息（天气、公交、公厕等）、河山商城、百姓帮办、家有老幼、宠物之家、美食中心、场馆预约
张家口日报社	河山新闻	百姓呼声频道：生活帮（问题投诉、新闻报料、记者帮办、生活问答）

续表

地市级媒体	移动客户端名称	具体设置
承德日报社	指尖承德	活动、话题、问答、问政
廊坊日报社	新廊坊	活动、话题、问答、问政
廊坊广播电视台	廊坊市民通	城市态势、政务旗舰店、市民服务、营商环境、数字文旅、网络问政、教育在线、廊坊地产、医院医疗、生活家
秦皇岛日报社	秦皇岛 Plus	服务(315、公积金、查路况、智慧城管、12345)、生活(公交、客运、家政、房源、违章、天气、缴费)、活动(本地媒体开展的专题活动)
沧州日报社	今日沧州	爆料、问政、活动等
衡水市广播电视台	掌上衡水	@国务院、12315举报、欠薪投诉、学信查询、天气、房贷计算器、垃圾分类、外卖、服务预约、社区(社群功能属性：同城、街拍、热点等)
邢台新闻传媒中心	我看邢	邢台12345、优化营商环境、我要办事(冀时办、婚姻登记、电子证明、营业执照、补贴申领)、政务服务(社保、税务、医疗、教育、养老保险、公积金)、问政邢台、生活(购物、招聘、场馆、文旅、出行等)
	行动新闻	问政邢台(我要问政、网民关注、记者追踪、最新办结)

由此可知，河北省地市级媒体移动新闻客户端中与社会治理相关的功能板块或专题设置基本包含两个重点方向：一是问政，二是服务。问政主要是结合媒体报纸端、电视端、广播端的问政节目，实现其他端与移动端的结合，实现"传统问政+移动问政"；服务主要面向的是地市级媒体所在区域的社会民众或社会企业，从民众的生产、生活、娱乐，企业的营商、发展和收入等角度设置功能模块。当然，除了问政和服务之外，部分移动新闻客户端也设置问答、爆料、话题、活动等具有明显用户互动属性的功能模块。普遍上看，目前移动新闻客户端中的问政和服务属于整合党政媒体资源，基本实现社会各单位数据信息共享，通过不同产品的开发和端口的链接，实现市民服务的"指尖"即办，使地市级媒体移动新闻客户端朝着城市超级综合服务平台的方向发展。

（二）数据赋能：打造社会整合新方式

对于主流媒体而言，以技术驱动打造的数字平台不仅拓展与丰富了用户群体的网络与社交生活，还对现实社会发挥多方面、多层次的建构作用。[1]从深度媒介化的视角看，媒体发挥作用的方式不再局限于信息资讯服务提供、主流舆论引导、问政方式提供，更具价值的应该是契合国家数字化战略、适应社会数字化转型，以数据赋能推进媒体数字化发展，媒体应该将自身各渠道的内容生产数据进行整合，并打通与社会多元主体之间的数据壁垒，广泛开展以数据为基础的跨领域合作及项目建设，共同服务社会治理，实现治理的数字化。[2]

地市级媒体开展数据服务的基础是传统舆情信息的智库服务。河北各地市级媒体均从当地网络舆情发展的视角为社会提供多维的信息监测和应急预案。邯郸新闻传媒中心以舆情监测、数据整理加工为基本手段，在区域研究、行业分析、公共事务、城市管理等方面累计推出400余篇报告。[3]在此基础上，成立以数据分析为核心的中原天工大数据研究院，面向社会提供综合性的数据化服务，从舆情事件处置逐渐拓展到数据产业、版权服务、行风评议、行业监测、评估报告等多维的传媒智库，并探索多元化的发展路径，以信息数据化、数据产业化为路径，以媒体资源的数字化工程为基础，为当地政府职能部门、企事业单位、社会团体等提供数据服务，广泛开展产业合作。

此外，廊坊广播电视台也探索了类似的社会治理数智模式，以智慧管理服务平台的形式，系统整合媒体系统外部的社会数据，与当地统战部门合作建立"智慧统战"大数据平台，不仅实现了系统外部数据的汇聚，还提升

---

[1] 高贵武、欧阳睿嚣：《深度媒介化视域下的传播权力的重构与共治》，《中国新闻传播研究》2024年第3期。

[2] 黄楚新、许可：《融合十年：从新闻传播现代化到国家治理现代化》，《新闻与写作》2023年第11期。

[3] 韩雪：《在推动媒体深度融合中做强地方主流媒体——邯郸新闻传媒中心稳步推进媒体深度融合实践》，《中国广播电视学刊》2022年第9期。

了系统内部数据的价值。在此背景下，数据赋能不仅帮助了地市级媒体摆脱资源整合的困境，还从社会整合的角度推动了社会治理共同体的形成，并以媒体为主导，通过媒体数据库建设、媒体数据产业拓展、媒体数据服务应用，更新了媒体的盈利模式，在媒介化的过程中探索数字治理新路径。

三 问政模式创新：社会治理平台化转向明显

问政作为一种沟通方式，是以一定的中介载体协调政府与民众之间的关系，而随着社会从媒介化到深度媒介化的转变，由媒介参与的问政也逐渐发生了方式和手段上的创新。从深度媒介化到媒介化治理，媒介与治理的互动加深，由地市级媒体参与的问政模式也逐渐从传统单一的电视问政、广播问政拓展到网络问政、平台问政。从河北省11个设区市的地市级媒体问政实践看，目前河北省地市级媒体的问政方式处在从传统到新型、从被动观看到主动参与、从简单问询到互动反馈的阶段。在数字技术、移动优先等趋势的影响下，地市级媒体的问政模式不断创新，并成为社会治理媒介化的新型渠道。

（一）传统电视问政：政媒联动突出及时客观

目前，河北省11个设区市中，开展电视问政较早的是秦皇岛市。2015年，秦皇岛市广播电视台就以"抓行风、转作风、优环境、促发展"为主题开始了省内电视问政的尝试，当时直播现场分为问政和测评两个环节，设置观看调查短片、问政质询、现场解答、打分测评等一系列流程，后续由纪检监察机关及时跟踪督办，媒体从前期主题策划、现场全程参与到后续跟踪报道，实现了全方位介入问政过程与效果评价。与此类似，唐山广播电视台《问政面对面》以政论性访谈节目的形式开展电视问政，聚焦政府职能部门工作作风转变，同时与本地纪委、宣传、督查等党委部门联合主办《热点问政》等主题节目录制。邯郸广播电视台《邯郸问政》通过专题形式进行问题呈现、问题解决、跟踪督办等，推动有关营商环境的营造、群众急难愁盼等具体问题的解决。在问题解决的基础上，以媒体视角打造"建设性内参""智库型内参"，为当地党委、政府工作提供相关数据与决策支持。

在电视问政模式不断完善的基础上，随着媒体融合的推进，传统主流媒体更加注重以新兴互联网平台、社交媒体等为渠道，扩大问政影响力。2018年，石家庄广播电视台联合当地市委及政府相关部门联合推出《民生热点面对面——电视问政》节目，形成以电视，网易河北，"无线石家庄"App，"民生关注"微信公众号、微博账号全网同步直播的形式，问政的媒介化、数字化程度逐渐提升，节目自2018年成立至2024年12月，累计解决问题6437个。同时，节目的问政模式不断更新，目前已经形成"部门问政""专题问政""问政进社区""问政追着报"四位一体的问政模式，突出问政内容的纵深化、问政形式的贴近化、问政渠道的立体化，以电视问政为核心，形成"阳光问政+专项服务+建设性监督+全网互动"的综合性问政平台与服务平台。

（二）新型网络问政：渠道拓展突出多元互动

所谓新型网络问政，是相对于传统电视问政而言，问政方式、问政手段、问政媒介的创新发展。目前来看，河北省11个设区市的地市级媒体在探索新型网络问政的过程中，主要的模式是通过数字平台探索移动问政、融媒问政，即通过媒体新闻客户端或互联网平台，开展民众参与度提升的治理实践。

唐山劳动日报社于2020年在自有客户端"唐山Plus"上专门开设"问政唐山"网络问政平台，共组织200余家市直单位进驻，聚焦网络留言、关注民生热点，目前问政留言回复处理的群众满意度达到87.89%。在这种"移动问政"的基础上，唐山劳动日报社联动报、网等多元渠道，开设"问政唐山"专版或专栏，与移动端进行连通、整合。移动端"问政唐山"平台的问政功能逐步完善，形成了网络问政、文件收发、查询搜索和统计分析四大功能，[1]

---

[1] 魏春梅：《全媒体时代地市报业如何践行网上群众路线——以"问政唐山"为例》，《中国报业》2023年第13期。

在功能整合的基础上，新型网络问政打破了传统电视问政中群众只关注自身问题解决的局限，在移动端中，群众可以对自己的问政和其他人的问政进行搜索和查询，统计分析功能能够将问政、回复、满意度、问题分类、整改成效等以数据的形式进行呈现，为媒介问政、媒介化治理的改善提供借鉴。

邢台市在2022年实现地市级媒体融合的机构整合，以"广电+报业"的形式成立了邢台新闻传媒中心，传统报社问政栏目和电视问政节目也进一步整合，推出基于网络生态环境和网民诉求解答的网络问政平台"问政邢台"，民众可以随时通过移动新闻客户端进行"指尖问政""移动问政"。网络问政平台重点关注网民关注度较高的社区管理、城市环境、城市治理等方面的问题，完善了问题征集、整改反馈"晾晒"等功能。通过平台升级与功能完善，"问政邢台"2023年共收到网友有效问政留言5882条，已办结5865条，办结率99.71%。

张家口广播电视台于2022年协同市纠风办开办网络问政节目《问政张垣》，该节目由市委、市政府主办，采用"电台音频+网络视频"同步直播的形式，突出导向性，内容主题在坚持传统问政中围绕市委、市政府中心工作，对各县区和市直部门问政的基础上，增加了营商环境政策解读、民生关注问题解决等社会热议内容。截至2024年，节目播出数量已经超过100期，2024年累计与市民互动超过5450次，解决问题346个，问题解决率达100%，群众满意度高达98%。

总之，从传统电视问政到新型网络问政，问政模式不变的是问政的宗旨，即媒体如何协调政府与公众之间的关系，改变的是问政的形式，从"大屏"到"指端"、从"电视"到"融媒"，问政模式创新的背后是主流媒体探索社会治理方式的新尝试。

四　公共服务拓展：社会治理多元性理念提升

地市级媒体融合向纵深推进，带来的是媒体自身属性和功能结构的不断变化，对于地市级媒体而言，其重要功能定位是主流舆论阵地、综合服务平台和社区信息枢纽。因此,在社会治理协同转向的背景下,地市级媒体是以协同治理主体的身份主动参与到城市治理体系和基层治理体系。在社会治理效能提升的驱动下,地市级媒体需要通过多元服务模式参与治理,使其成为城市数字化、媒介化、综合化的治理枢纽。① 在多元服务模式中,地市级媒体需要以"新闻+政务服务商务"模式为基础,探索新型社会治理场景,完善政民互动的新模式。

(一)服务模式:"新闻+政务服务"关注问题的解决

在国家治理现代化背景下探索媒体深度融合,特别是对于地市级媒体而言,"新闻+政务服务商务"模式是重要方向。2023年,中宣部、国家广播电视总局发布的《市级融媒体中心总体技术规范》中明确提出,市级融媒体中心要开展媒体业务及相关服务,其中就包括区域服务,而这里提到的"区域服务"不只包括内容生产和技术服务,更为重要的是面向市域的媒体运营服务业务。② 地市级媒体通过"新闻+"的形式聚合社会政务服务、民生服务,介入服务资源,通过资源配置吸引用户资源与商务服务资源,成为所在市域的综合服务平台。

从河北省11个设区市的地市级媒体的治理实践看,"新闻+"的首要模式就是政务服务商务,最典型的代表就是与政务服务热线的打通,通过热线服务、数据整合的形式参与社会治理。石家庄广播电视台《问政·12345马上办》特别节目是"新闻+政务服务商务"模式的有效体现,该节目由石家庄广播电视台与12345政务服务便民热线实现有效连通,通过"现场接听电话+解决问题的过程+针对类似问题的长效机制+市民反馈"的形式全方位展现问题解决的全过程,相关政府官员走进演播室、走进田间地头、走到百姓家门口,点对点解答与解决问题。通过媒体参与,"12345政务服务便民热线+广电媒体+网络新媒体"的政媒联合模式形成,并通过数据分析,以网

---

① 《地市级媒体融合的模式创新》,《中国社会科学报》2023年9月28日,第3版。
② 《市级融媒体中心系列技术标准规范发布实施》,国家广播电视总局网站,2023年2月1日,https://www.nrta.gov.cn/art/2023/2/1/art_113_63326.html。

络媒体中百姓关注的高频问题为导向进行趋势研判，预先分析解决哪些方面存在投诉倾向或者需要解决的问题，为社会治理开辟"未诉先办"模式。另外，在政媒联合的基础上实现了问题的二次媒介化呈现，节目衍生的短视频等通过"无线石家庄"App、快手、抖音等平台的传播，得到市民的广泛关注，2024年12月全网点击量近5000万人次。这种合作模式不仅是政府与媒体的节目合作样态，还是媒体以主体的形式深度嵌入社会治理过程，为基层治理提供新路径。

与此类似的还有保定新闻传媒中心（集团）开办的广播节目《12345民生直播室》，由保定新闻传媒中心（集团）与市行政审批局联合创办，于2023年改版运行，节目以热线平台数据、节目微信公众号留言、现场投诉三个信息渠道为内容来源，主要强化12345政务服务便民热线服务民生、优化营商环境、助推社会治理的重要作用。该节目重点关注热线中反映的问题未及时解决或满意度偏低的代表性问题、百姓关注度较高的广谱性问题、节目直播中现场投诉问题这三类问题。目前，"广播直播+视频控流直播+短视频平台发布"的融合传播模式已经形成，媒体将12345政务服务便民热线的数据作为衡量标准，将数据整合、数据运营、数据治理的方式作为媒体参与社会治理的晴雨表，实现政府、媒体、民众等多元主体共同参与、理性分析、科学解决的治理模式。

（二）场景搭建："新闻+民生服务"聚焦垂直领域

民生服务涉及社会民众生产生活的诸多方面，伴随互联网平台的垂直化策略不断发展，主流媒体也纷纷通过专业化视角聚焦不同行业，提供多元化的社会民生服务。比如，唐山劳动日报社聚焦垂直健康领域，推出"健康唐山"网络频道，吸引当地40余家医疗健康机构和200余名专家入驻，通过政策信息解读、视听内容传播、在线诊疗服务等形式，打造"网上健康社区"。与此类似的，邢台新闻传媒中心立足医疗领域，通过《名医热线》《对话名医》节目，邀请300多名医院专家做客节目，通过活动的形式普及医疗健康知识。同时，邢台新闻传媒中心在移动新闻客户端中增设"生活"

频道、开设便民服务专区、与各部门和各商家开设专区，涉及教育、金融、医疗、交通出行等特色服务，由此提升平台的用户关注度。衡水日报社则以专业政策信息服务为切入口，在报纸端开设《金融专刊》《政法周刊》等做好法律法规、金融信息的解读与宣传，及时满足民众对专业知识的需求。廊坊广播电视台在线下商场中搭建"廊坊市民数智生活体验馆"融媒直播间，为市民打造短视频沉浸式体验空间。

通过多元化的民生服务，地市级媒体将民众需求与行业发展充分对接，逐渐探索"新闻+政务服务商务"模式的发展，邯郸新闻传媒中心在提供民生服务的基础上，通过服务实现产业拓展，以"党媒+"的模式打造文化旅游、影视制作、老年医疗康养、少儿艺术培训、电子商务等多元业态，实现了参与社会治理与自我发展转型的双向突围。对于地市级媒体而言，场景搭建不仅包括用户虚拟空间体验场景的搭建，还包括社会细分生活场景的搭建，地市级媒体应该主动探索"新闻+政务服务+民生服务"模式，[1] 有效提升地市级媒体的公共性和主体性，推动社会治理的多元协同。

结　语

伴随社会的数字化转型和深度媒介化，城市治理、基层治理面对政策、技术、数字、平台与用户的多重逻辑驱动，河北省11个设区市的地市级媒体在参与社会治理、创新问政模式、打造服务模式的过程中表现出了新的特征和趋势，但同时面临一定的发展困境。首先，在平台建设方面，部分地市级媒体的移动新闻客户端问政和服务功能只是嵌入程序中的链接，点击后跳转到第三方平台，用户的使用并未真正从媒体数字平台中进行，服务功能设置相对单一且更新运维速度较慢，不能适应社会民众生活的快速变化。同时，部分地市级媒体有与省级媒体"冀云"App合作的模式，如何实现省级数字平台与自有平台的互补和整合将成为未来发展需要权衡的问题。其

---

[1] 杨明品：《大力推进地市级媒体融合发展战略突破》，《新闻战线》2024年第4期。

次，在问政方式方面，传统电视问政、广播问政依然存在但并未形成连续性、固定性节目，部分地市级媒体的电视问政节目只录制不到10期，并未持续关注城市社会发展和群众急难愁盼，缺少以问政促改革的常态化模式，这在一定程度上影响了地市级媒体的公信力和影响力。最后，在用户互动方面，地市级媒体的新媒体渠道依然缺乏有效的互动机制，并未了解受众的多元需求，未来需要更加深入地利用数据赋能的优势，将用户行为进行数据化处理，通过智能化、标签化的方式进行信息内容的有效推送和功能服务的有效定制。因此，未来地市级媒体在深度融合和系统性变革的过程中，一方面要加快数字化转型，有效对接政务服务、民生服务、商务服务资源，拓展和提高媒体的服务边界与商业价值，实现跨域数据流动与信息多元集成，以数字治理推动社会治理方式变革；另一方面要探索平台化路径，以政务服务为基础，探索建设社区服务平台、数字乡村平台、智慧城市平台等社会治理的综合超级平台，通过"平台+服务"的融合模式推进社会治理的媒介化进程，真正以平台建设为支撑，实现"新闻+政务服务商务"模式由战略定位转向实践操作，将地市级媒体变革的媒介逻辑与国家治理的政治逻辑充分融合，探索媒介化治理的创新路径，推动地市级媒体建设面向市域社会发展的媒介化数字治理体系。

参考文献

《地市级媒体融合的模式创新》，《中国社会科学报》2023年9月28日，第3版。

高贵武、欧阳睿豁：《深度媒介化视域下的传播权力的重构与共治》，《中国新闻传播研究》2024年第3期。

黄楚新、许可：《融合十年：从新闻传播现代化到国家治理现代化》，《新闻与写作》2023年第11期。

李京：《深度媒介化视域下基层社会治理实践逻辑与效能审视》，《中国出版》2024年第2期。

杨明品：《大力推进地市级媒体融合发展战略突破》，《新闻战线》2024年第4期。

B.19 县级融媒体中心创新基层舆论引导路径研究

都海虹 安一丹 靳琳璇*

摘 要： 加强县级融媒体中心的舆论引导能力，有利于巩固扩大主流思想舆论传播，构建完善的基层舆论引导体系。但当前县级融媒体中心在发展过程中仍面临诸多挑战与问题，影响了其舆论引导功能的发挥。为此，本文采用问卷调查法，研究河北省各县域内居民在县级融媒体中心中的媒介使用行为，同时对河北省县级融媒体中心从业人员进行职业评估。研究发现，目前河北省县级融媒体中心在创新意识、用户黏性、信息时效及人力资源等方面存在不足，并提出可从增强内容生产、强化服务功能、加强人才队伍建设等方面提升其基层舆论引导能力。

关键词： 县级融媒体中心 基层舆论引导 服务功能 内容生产 人才建设

基层群众的主流舆论引导工作在宣传思想工作中占据关键地位，是强化基层意识形态建设的有效途径。县级融媒体中心因与民众联系紧密，能够迅速将国家的方针政策传递给广大民众，在引导舆论走向、营造正向舆论氛围、引领基层民众思想、凝聚社会共识等方面，扮演着至关重要的角色。探究如何提升县级融媒体中心的基层舆论引导能力，拓展基层舆论引导路径具有深远的现实意义。

---

* 都海虹，河北大学新闻传播学院副教授，主要研究方向为新媒体传播、新闻史论；安一丹，河北大学新闻传播学院硕士研究生，主要研究方向为网络与新媒体；靳琳璇，河北大学新闻传播学院硕士研究生，主要研究方向为网络与新媒体。

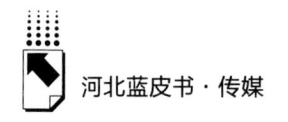

一 县级融媒体中心在基层舆论引导中的价值指向

作为连接上级媒体与基层民众的桥梁，县级融媒体中心不仅履行信息传播的基本职能，还在引导公众意见、提供多元服务、促进社会和谐等方面发挥着不可替代的作用，其在基层舆论引导中的价值意义主要体现在以下两个方面。

（一）正面舆论的引导与传播

作为基层主流媒体，县级融媒体中心通过合理的议程设置，能够有效传达党和政府的方针政策，广泛传播县域内的热点资讯及民生动态。其在正向舆论引导与传播方面的效能，主要体现在以下几个层面。一是传递党和政府的声音，弘扬主流价值观。县级融媒体中心是融媒体时代信息传播的重要平台，是党和政府声音在地化的重要传播媒介。县级融媒体中心通过融合新旧媒体资源，充分利用互联网优势，将中央及地方的方针政策以更加贴近群众的方式传递给广大群众，便于群众更深层次的理解，有效提升了新闻的传播效果。同时，积极宣传社会主义核心价值观，引导社会风气向善向上，为构建和谐社会营造了良好的舆论氛围。二是及时发布与本县域居民日常生活紧密相关的信息，主动回应公众关切话题。运用大数据等新兴技术，对县域内社交媒体平台的数据进行深度剖析，精准捕捉群众的兴趣点与关注点，实现对舆论及时、有效的引导。三是传播县域本土故事，强化本区域的群众认同，提升群众向心力。县级媒体之所以能够持续繁荣、蓬勃发展，关键在于它始终紧密围绕群众生活，从群众中来，到群众中去。县级融媒体中心通过报道县域内的典型人物事迹，挖掘分享历史文化，激发群众强烈的自豪感与归属感，用文化的力量将群众紧紧团结在一起，形成强大的文化共鸣和向心力。这种文化认同不仅能够紧密黏合受众，还能够在媒体与受众之间搭建一座畅通无阻的沟通桥梁，进一步提升信息的传递效率和正面舆论引导的效果。

（二）负面舆论的疏导与抑制

县级融媒体中心不仅能对县域舆论进行正面引导，还可以有效抑制负面舆论的传播，具体体现在以下几个方面。第一，县级融媒体中心能够及时发布权威信息，遏制虚假新闻的传播。当前，信息来源更加多元化，但信息质量参差不齐，真伪难辨，甚至有时党和政府的决策也会遭到误读或曲解，给群众带来思想困惑和价值疑虑，影响社会的和谐稳定。作为基层主流媒体，县级融媒体中心在信息发布的权威性和公信力上更具优势，通过援引官方文件、政府公告等多种方式，提高信息的可信度，并及时邀请政府相关部门负责人、行业专家或学者，通过专家访谈、政策问答等形式对政策进行深度解读和分析，减少群众疑虑，抑制虚假信息的扩散。第二，县级融媒体中心能够实时跟进县域内负面新闻的发展程度，迅速介入新闻调查，获取更为真实且全面的信息，还原事件真相，以此疏导并稳定舆情。与央媒、省媒相比，县级融媒体中心的优势在于地域性特征，其能够及时发布与县域居民息息相关的本地化信息，面对县域内所发生的社会新闻事件，县级融媒体中心能够快速反应并及时进行舆论引导，维护县域地区社会的和谐稳定。第三，县级融媒体中心能通过接收群众反馈调解矛盾纠纷。县级融媒体中心不仅是党和国家政策的"传声筒"，还是民众表达心声的重要平台。对于群众关心和反映的问题及时回应，细致了解，进一步提升了舆论引导的针对性。

二 县级融媒体中心基层舆论引导现状

为了解现阶段县级融媒体中心基层舆论引导过程中的不足之处，为媒体更好地发挥舆论引导功能提供切实可行的意见与建议，本文通过调查问卷的方式对河北省县级融媒体中心用户的媒介使用行为进行调研，并对其从业人员进行了职业评估。首先是针对县域居民的调查。县域居民在居住地或工作地居住具有长期性和稳定性，对本县融媒体中心各平台的使用具有长期感知。问卷采取在河北省各县内进行广泛投放的方式，力求收集广泛、全面、可靠的数据。其次是针对县级融媒体中心从业人员的调查。在前期调研的基础上筛选出河北省内传播力较好的县级融媒体中心，并对其从业人员进行调查，以深入了解他们在县级融媒体中心工作时对于舆论引导的看法。这两项调查旨在通过对传受双方进行充分调研，既倾听广大基层群众的声音，又体察舆论引导主力人员的感受，期望此次调查能够成为沟通双方的桥梁，发现县级融媒体中心在基层舆论引导过程中的不足并提出创新发展的进路。

（一）县域居民的群体特征与媒介使用

媒体的发展与当地的社会经济文化水平密切相关，不同地区的经济发展水平、城市化以及受教育程度对居民的媒介使用行为有不同的影响，这种在媒介使用上的差异也影响了用户的认知、态度和行为。[①] 舆论引导的最终目的是推动舆论主体的认知与态度发生转变，壮大主流思想舆论，从而使公共意见实现自我修正和社会促进的最大化。因此，深入剖析县域居民的群体特征和媒介使用行为，能够有效提高县级融媒体中心舆论引导能力。

1. 县域居民的群体特征

本次县域居民调研共收集到183份问卷，其中剔除无效问卷3份，共回收有效问卷180份，有效问卷占样本总数的比重为98.4%。问卷主要调研了县域居民的性别、年龄、学历以及职业四个方面，其中女性占据主体地位，18~30岁的青年是主力军，学历在大学本科、专科的占比较高（见表1）。

[①] 谢新洲、杜燕：《县级融媒体中心舆论引导的三个核心问题：对象、内容与方式》，《现代传播（中国传媒大学学报）》2021年第10期。

表 1 县域居民的样本特征

	属性	频率	占比(%)
性别	男	60	33.3
	女	120	66.7
年龄	18 岁以下	33	18.3
	18~30 岁	105	58.3
	31~45 岁	30	16.7
	46~65 岁	9	5.0
	66 岁及以上	3	1.7
学历	初中及以下	6	3.3
	高中/中专	18	10.0
	大学专科	69	38.3
	大学本科	78	43.3
	硕士及以上	9	5.0
职业	在校学生	63	35.0
	政府机关工作人员	6	3.3
	企事业职工	21	11.7
	农业劳动者	18	10.0
	个体经营者	9	5.0
	专业技术人员	15	8.3
	自由职业者	33	18.3
	退休	9	5.0
	其他	6	3.3

2. 县域居民的新媒体使用行为

通过问卷分析可以得知，使用过县级融媒体中心微信公众号的居民占比为68.33%，占比最高；其次是抖音，占46.67%；使用微信视频号以及手机App的人数占比相当，分别为31.67%和28.33%；使用微博和快手的人数占比均为13.33%，其他分别为11.67%、8.33%、6.67%、5.00%，都没有使用过的居民占比为8.33%（见图1）。针对受访县域居民对县级融媒体中心各平台账号的使用情况进一步开展内容质量满意度调查显示，大部分用户对县级融媒体中心各平台账号的满意度为"一般"（见图2）。此外，在对使用人数较多的平台包括微信视频号以及抖音上的河北省县级融媒体中心账号进行观察发现，大部分账号的内容不垂直，存在同质化现象。对内容质量的满意度影响受众的使用度。使用度较低的几大平台上的县级融媒体中心账号应提升内容质量，否则将有可能造成现有用户的流失，加剧马太效应。

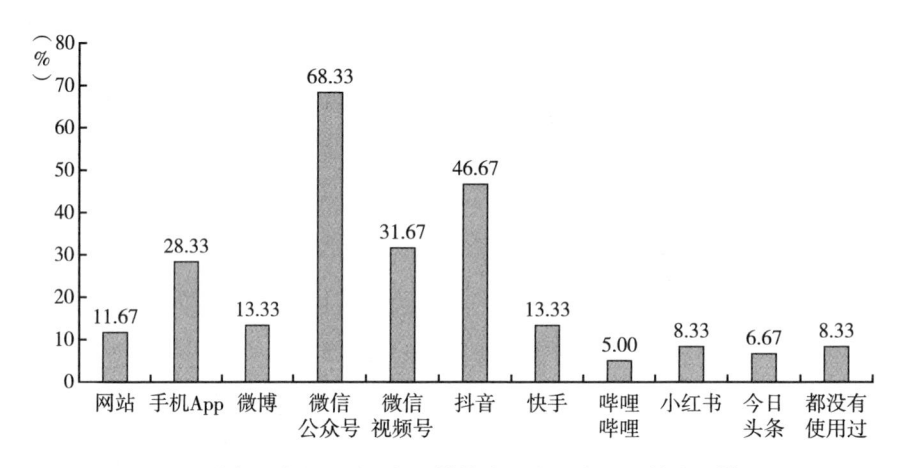

图1 受访县域居民对县级融媒体中心各平台账号的使用情况

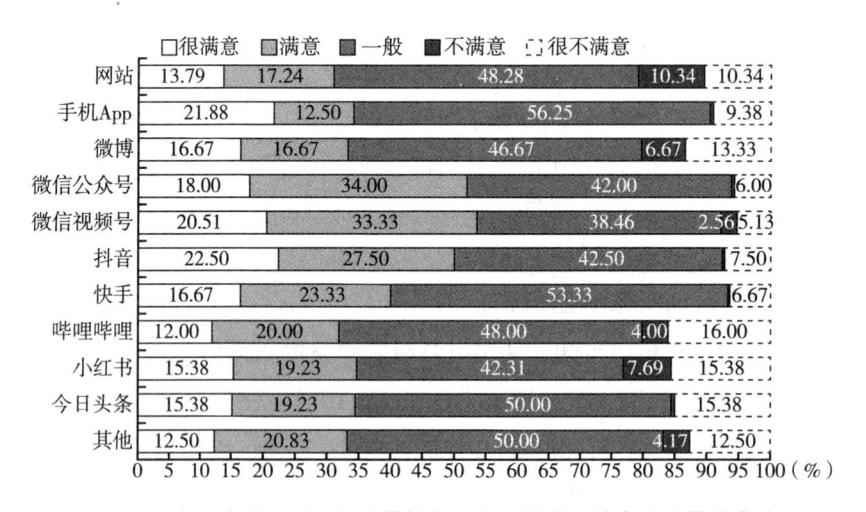

图2 受访县域居民对县级融媒体中心各平台账号的内容质量满意度

针对县域居民对县级融媒体中心各平台账号的使用频率进行调查，有81.67%的居民表示"偶尔"使用，16.67%的居民表示"经常"使用，仅有 1.67%的居民表示"总是"使用（见图 3）。在使用县级融媒体中心各平台账号的县域居民中，有 83.33%的居民是为了"浏览新闻"，选择"办理相关业务"以及"娱乐"的居民分别占 41.67%、31.67%，仅有 5.00%的居民选择"反映问题"（见图 4）。对于"浏览新闻""办理相关业务""娱乐""反映问题"的满足度，选择"能满足"的频率依次递减，分别为

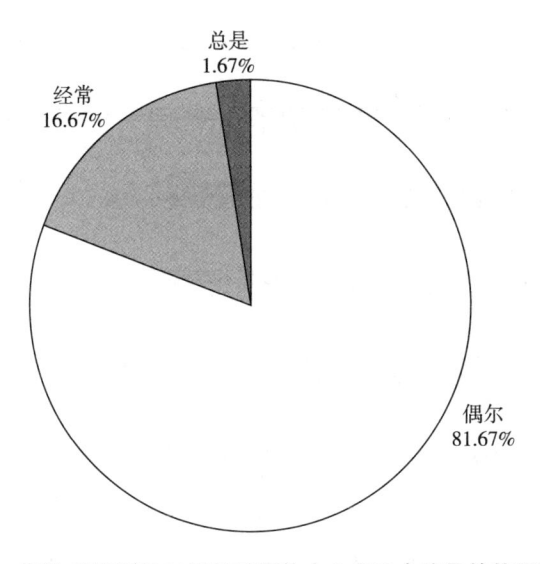

图 3　受访县域居民对县级融媒体中心各平台账号的使用频率

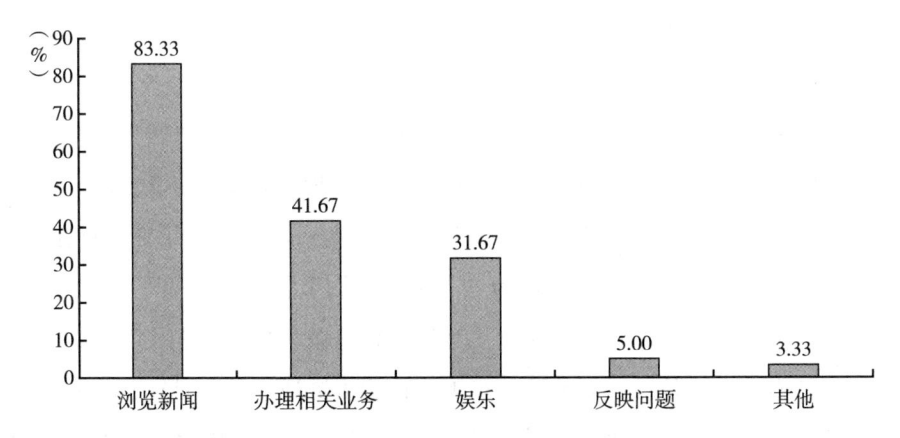

图 4　受访县域居民对县级融媒体中心各平台账号的使用动机

48.28%、34.88%、25.58%、20.59%。除了要关注居民的满足度,"不能满足"的数据表现反而更加值得关注。"反映问题"的"不能满足""很不能满足"均为8.82%,"娱乐"的"不能满足"和"很不能满足"分别为11.63%和6.98%,"办理相关业务"的"不能满足"为9.30%(见图5),远远高于"浏览新闻"。

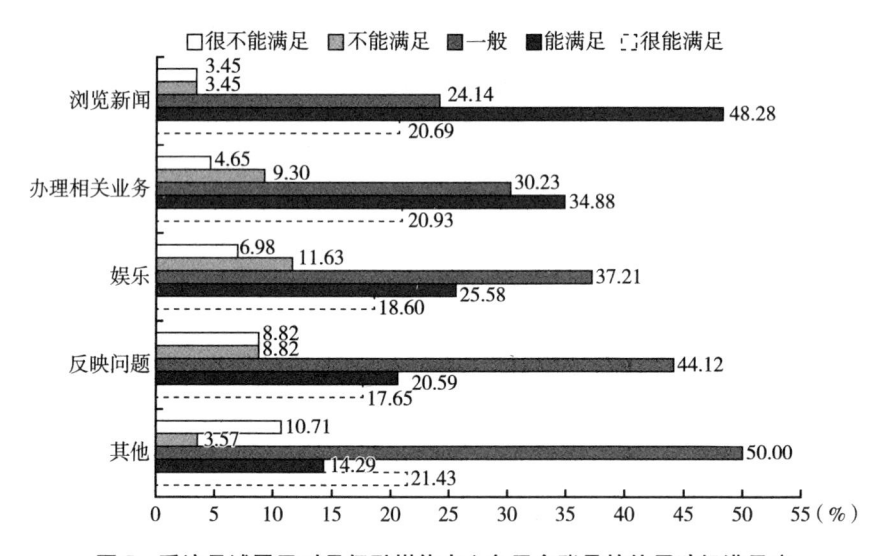

图5 受访县域居民对县级融媒体中心各平台账号的使用动机满足度

互动是公众对平台账号内容情况表示认同的一项重要指标。互动越频繁,舆论引导的效果就越好。针对县域居民与县级融媒体中心各平台账号的互动行为进行调查,有"点赞"行为的居民占53.33%,有"转发分享"行为的居民占41.67%,有接近一半(46.67%)的居民选择"不互动"(见图6)。关于与县级融媒体中心各平台账号的互动情况,认为"几乎没有互动"的占比最高,达到41.67%,认为"会有互动但是效果不好"的占比为40.00%,仅有18.33%的居民认为"互动密切且效果好"(见图7)。这说明县级融媒体中心与基层群众的互动较少。使用人数较多的包括微信视频号以及抖音平台上河北省县级融媒体中心大部分账号的粉丝数为几千人至上万人,只有极少数账号能达到几十万人、几百万人,但点赞量只有几百个,千个点赞量的作品较少，爆款作品更是寥寥无几。大多数账号存在流量少、点赞量少的情况，媒体与用户互动行为较少，用户活跃度低。

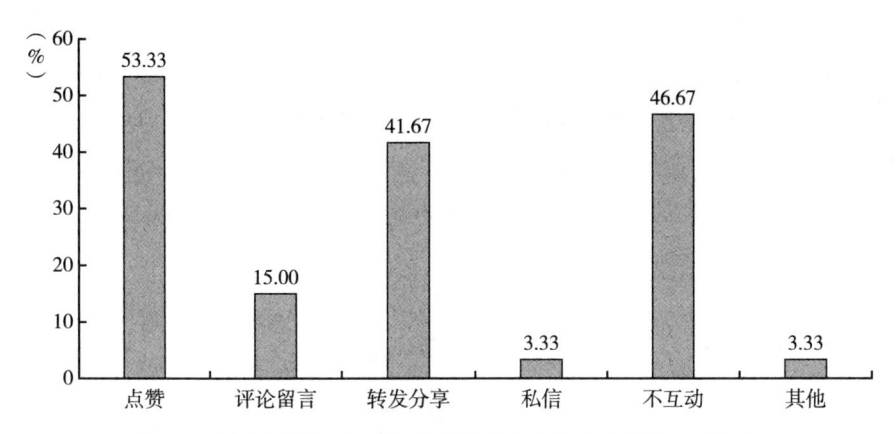

图6　受访县域居民与县级融媒体中心各平台账号的互动行为

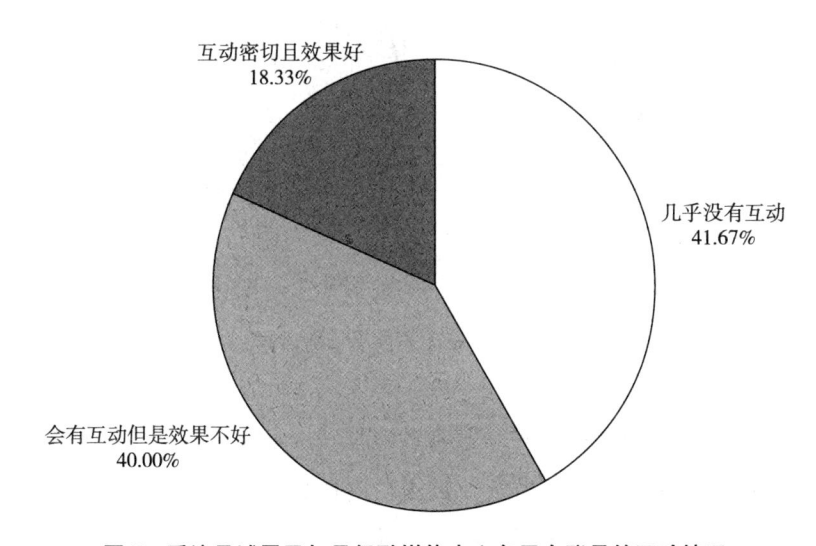

图7　受访县域居民与县级融媒体中心各平台账号的互动情况

（二）从业人员的群体特征与职业评估

从业人员作为县级融媒体中心运转的基本力量，关乎舆论引导的走向和质量。因此，充分了解基层从业人员的基本情况及其对目前舆论引导现状的

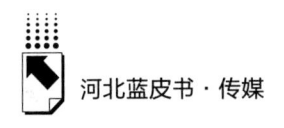

看法是探索和创新基层舆论引导方式的前提。

1. 受访从业人员的群体特征与自我认知

本次县级融媒体中心从业人员问卷投放至石家庄、保定、衡水、沧州、张家口等地的县级融媒体中心，共收集到93份问卷，其中剔除无效问卷1份，共回收有效问卷92份，有效问卷占样本总数的比重为98.9%。调查结果显示，县级融媒体中心长期工作人员占比较高且稳定，新人占比较低（见图8）。职务构成方面，技术人员占比较低，采编发人员仍是主力（见图9）。

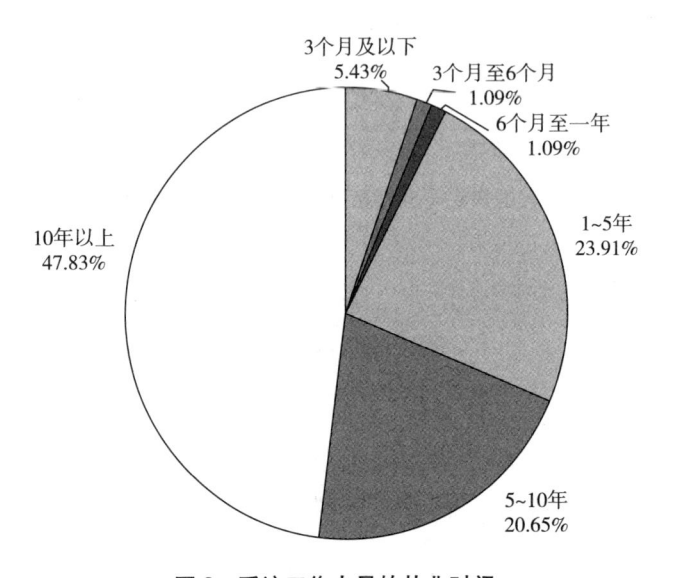

图8 受访工作人员的从业时间

针对从业人员的薪资水平与当地平均收入水平相比进行自我认知调查，认为自身收入水平在"中等位置"的人员占比最高，为47.83%，其次是认为自身收入水平在"中等偏下的位置"的，占全部受访者的39.13%；认为自身收入水平"非常低"的占9.78%，认为自身收入水平在"中等偏上的位置"的仅有3.26%（见图10）。对受访从业人员的工资满意度进行调查发现，多数从业人员认为"基本满意"，占65.22%，"基本不满意"的占25.00%（见图11）。另外，还对从业人员的薪资水平与工作积极性的关系进行了调查，认为"基本成正比，我的工作积极性很高"的占40.22%，占

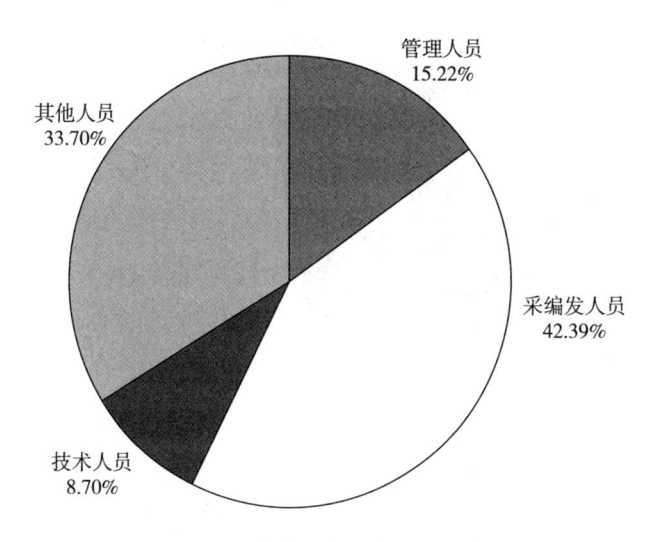

图 9 受访从业人员的职务构成

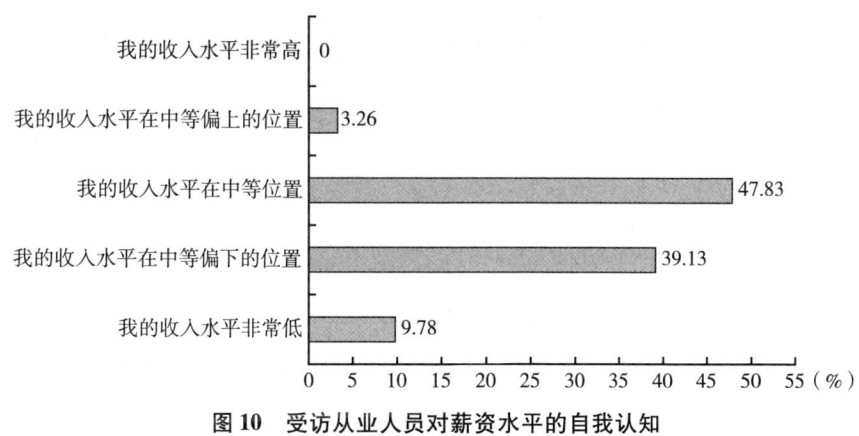

图 10 受访从业人员对薪资水平的自我认知

比最高,其次是认为"薪资一般,如果薪资更高我的积极性会更高"的占39.13%,两者占比接近;认为"薪资可以,但我的积极性还是不高"以及"完全不成正比,有离职打算"的占比一致,均占2.17%(见图12)。由以上可知,超半数的县级融媒体中心从业人员认为薪资水平中等及偏下,对工资基本满意。

针对从业人员的自我能力认知进行调查,其中对"在实际工作开展阶

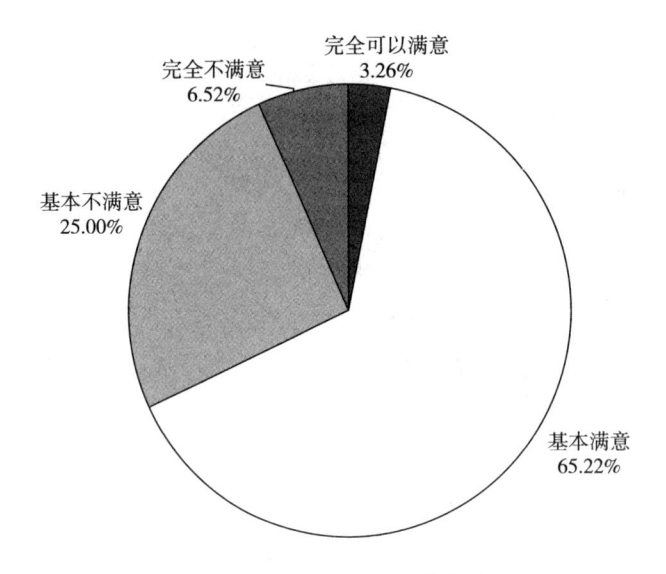

图 11　受访从业人员的工资满意度

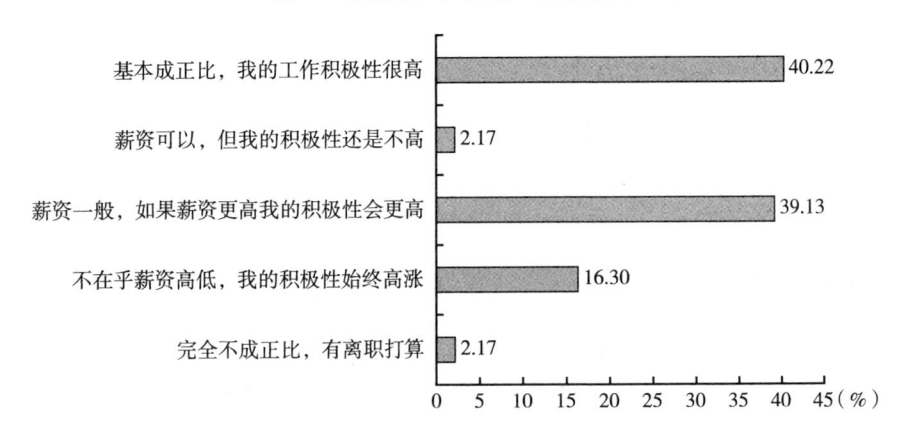

图 12　受访从业人员的薪资水平与工作积极性的关系

段,产生完全应付不了工作的感觉的频率"的调查显示,认为"偶尔"产生的占42.39%,占比最高,"暂时未出现"的占27.17%,"很少"产生的占21.74%,"经常"产生的占比为8.7%(见图13)。对产生这种感觉的原因进行进一步调查时,有46.27%的从业者认为"人力资源匮乏",占比最高,认为"任务太多,处理不完"的占37.31%,认为"资金支持能力不足"的占29.85%,认为"技术部门能力不足"的占11.94%,认为"与上级沟通存在问题"的占 13.43%,认为"同事沟通、能力存在问题"的占 23.88%(见图 14)。

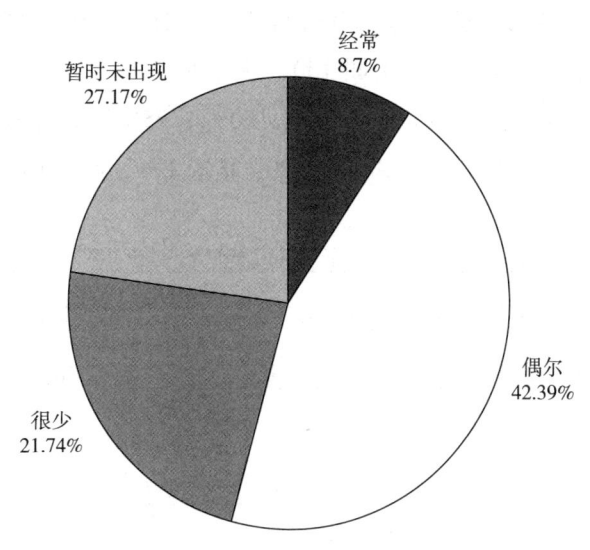

图 13 在实际工作开展阶段,产生完全应付不了工作的感觉的频率

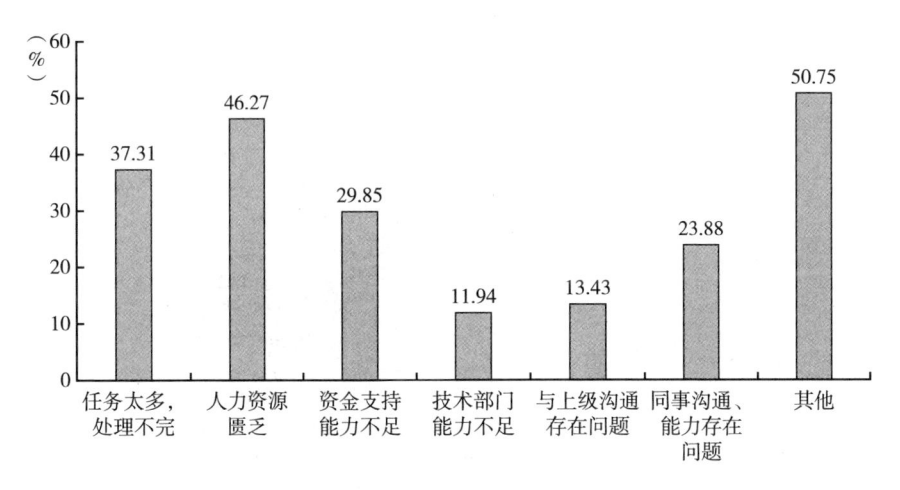

图 14 受访从业人员产生完全应付不了工作的感觉的原因

2. 受访从业人员对县级融媒体中心基层舆论引导现状的评估

对县级融媒体中心的信息获取方式进行调查,具体来看,采编人员提供

的信息占比最高，达到了81.52%，此项是县级融媒体中心信息获取的主要方式。其次是网络信息汇总，占比为70.65%，群众提供（包括投稿）的信息、转载其他媒体的信息和政府文件转载的占比分别为67.39%、61.96%和63.04%，贡献率较为接近（见图15）。关于原创信息占比情况，认为占"75%至100%"的占40.22%，认为占"50%至75%"的占38.04%，原创占比较高，占"50%以下"的占21.74%，接近1/4（见图16）。

图15 县级融媒体中心的信息获取方式

- 采编人员提供 81.52
- 网络信息汇总 70.65
- 政府文件转载 63.04
- 转载其他媒体 61.96
- 群众提供（包括投稿）67.39
- 其他 36.96

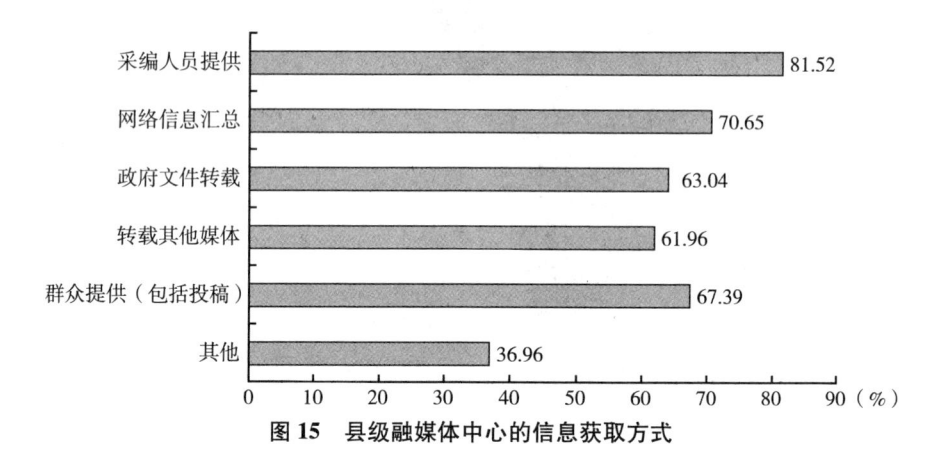

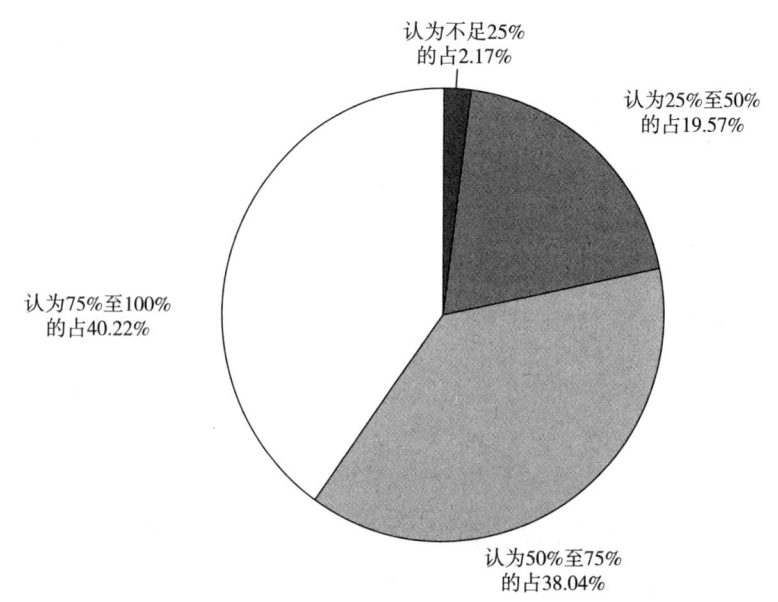

图16 县级融媒体中心发布原创信息的占比情况

- 认为不足25%的占2.17%
- 认为25%至50%的占19.57%
- 认为50%至75%的占38.04%
- 认为75%至100%的占40.22%

县级融媒体中心创新基层舆论引导路径研究

针对从业人员关于县级融媒体中心在基层舆论引导方面的表现，有56.52%的从业人员表示"很满意"，有23.91%的从业人员表示"满意"，有17.39%的从业人员表示"一般"（见图17）。关于县级融媒体中心在舆论引导方面面临的主要挑战，认为"人才短缺，专业水平有限"的占比最高，为70.65%，其次是"资金支持不足，运营困难""关注度不高，信息到达率和覆盖率难以保证"，分别占58.70%、47.83%，认为"技术手段落后，内容质量不高"的占31.52%，认为"平台整合不达标"的占14.13%（见图18）。

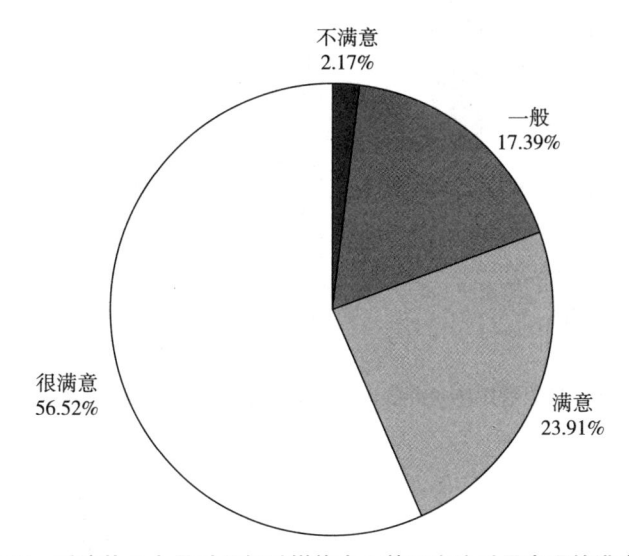

图17 受访从业人员对县级融媒体中心基层舆论引导表现的满意度

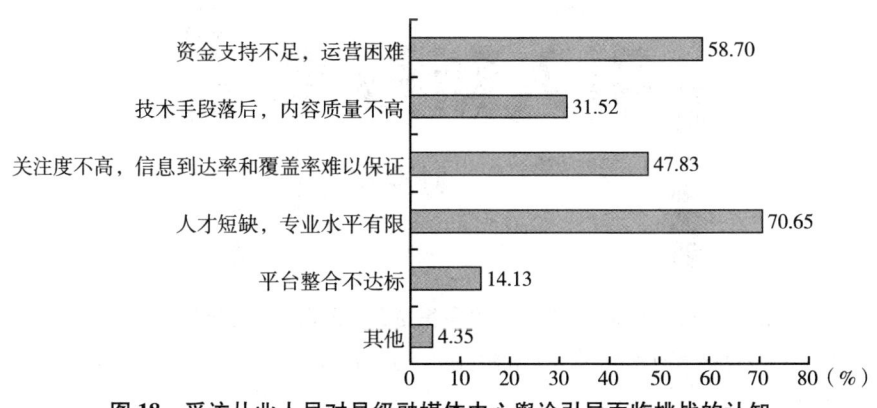

图18 受访从业人员对县级融媒体中心舆论引导面临挑战的认知

305

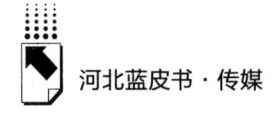

县级融媒体中心尝试过的加强基层舆论引导的创新方式，包括"利用社交媒体平台，增强互动性""开展线上线下相结合的活动""建立与群众的直接沟通机制""引入新技术，如人工智能、大数据分析等"等（见图19）。大部分受访从业人员认为，"引入新技术""利用社交媒体平台，增加互动性""建立与群众的直接沟通机制"等舆论引导方式效果更为显著（见图20）。

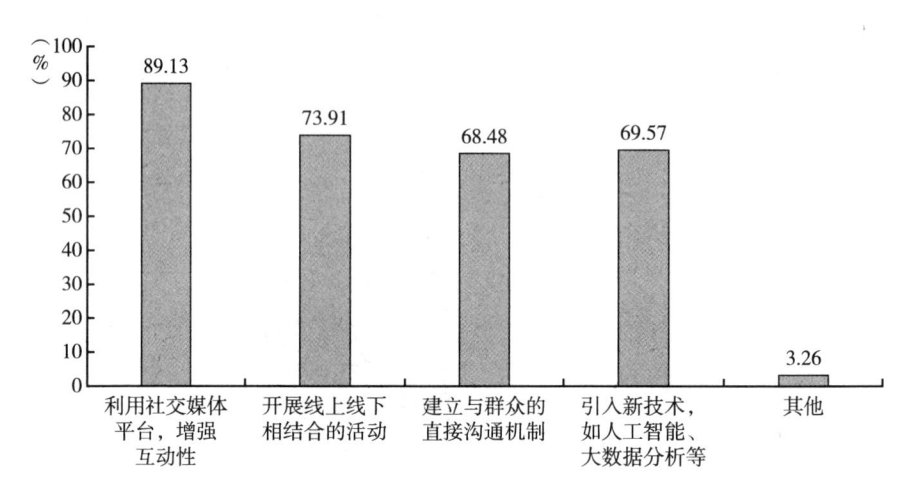

图19 县级融媒体中心尝试过的加强基层舆论引导的创新方式

图20 受访从业人员对以上几种舆论引导方式效果的显著度评估

注：由于此题设置为开放性问题，不能保证正文分析内容与该图完全一致，但未对研究结果产生影响。

县级融媒体中心创新基层舆论引导路径研究

在开放性问题中，关于从业人员在工作中遇到的最大的困惑或挑战以及希望获得的支持与帮助，除了"资金""技术""人才"问题外，有受访从业人员表达了"希望杂事少一点""工作多项繁重""身体透支""生活疲惫"，希望专心做好一项工作、在做出成绩的同时能照顾好家庭等诉求，还有从业人员指出了"出精品难"、"技术运用不到位"、需要"审美提升"、"设备应用不深入"等工作中遇到的最大的困惑或挑战，也就是说即使技术到位但能掌握的人较少，"人才"问题亟待解决。此外，还有从业人员认为"专业人员占比较少"，希望更多的专业人员加入，"提高工作效率"，表达了目前县级融媒体中心人才短缺的现状（见图21）。对所有关键词进行频率分析后，"资金""技术""人才"仍然是县级融媒体中心在基层舆论引导中面临的三大难题。关于未来县级融媒体中心应如何进一步优化基层舆论引导路径，从业人员给出了"优化配置""整合资源""深入基层"等积极的建议（见图22）。

图21 从业人员在工作中遇到的最大的困惑或挑战以及希望获得的支持与帮助

注：此题为开放性问题，词云只能显示部分高频词汇。

（三）调研结果总结与分析

通过以上调查数据分析可以发现，目前河北省县域居民对当地县级融媒

河北蓝皮书·传媒

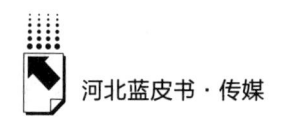

多平台建设
更为强劲传播平台
深入基层
开拓创新
优化配置
资源聚集到一端

图 22　从业人员对未来县级融媒体中心优化基层舆论引导路径的建议

注：此题为开放性问题，词云只能显示部分高频词汇。

体中心各平台账号的使用兴趣不高，大部分居民的使用动机为"浏览新闻"和"办理相关业务"，动机较为单一，且居民对使用的满意度较低。这也印证了对县级融媒体中心各平台账号进行参与式观察发现的问题：账号定位模糊、内容同质化、服务类型单一。调查发现，仅有 5.00% 的居民在县级融媒体中心各平台账号上"反映问题"，可以看出目前河北省县级融媒体中心各平台账号的民意反馈机制不够完善，媒体与用户间的互动较少。目前，河北省县级融媒体中心各平台账号的互动机制不完善仍是影响县级融媒体中心提升基层舆论引导力的关键因素。

在媒体从业人员的构成中，技术人员稀缺成为基层舆论引导过程中的另一短板。在互联网短视频和 VR、AR、MR 等智能技术迅速发展的时代，仅靠文字和音频传递信息的传统传播形式已然不能满足用户的需求，只有依托新媒体技术拓展信息呈现形式，提升新闻产品的吸引力，才能进一步提升媒体的舆论引导力。有超三成的从业人员对目前工资的满意度不高。行业的薪资水平较低可能导致员工工作积极性和创造性不高，甚至增强员工离职的可能性，造成人才流失。对从业人员进行进一步的调查发现，县级融媒体中心存在人力资源匮乏、任务太多、处理不完、资金支持能力不足等问题，县级融媒体中心需要根据实际情况对内部的体制机制进行相应的调整。

三 县级融媒体中心基层舆论引导面临的困境

受内容建设、反馈机制以及执行者能力素质等因素影响，县级融媒体中心引导基层群众主流舆论工作面临诸多现实困境。

（一）创新意识不强，引导方式单调

在诸多影响主流媒体舆论引导成效的因素之中，内容品质占据核心位置。随着网络媒体的蓬勃发展，"流量至上"的思维甚嚣尘上，传播内容日益趋向娱乐化与碎片化，致使受众在面对层出不穷的新闻反转与舆论风波时，价值评判能力逐渐被削弱。身处这一传播生态，主流媒体更应致力于生产高质量内容，在瞬息万变的新媒体格局中扮演"导向标"的角色。

高质量内容源于创新。当前，县级融媒体中心的创新意识与能力尚存不足，主要体现在两个方面。

一是在内容生产上创新意识薄弱，缺乏鲜明的地域特色。县级融媒体中心在内容生产上较多模仿上级媒体，甚至直接转发上级媒体的报道，缺乏地域的独特性，报道宏观内容多。受教育程度等多种因素影响，县域受众关注点更加偏向微观且具体的事物，因此，媒体用户关注度不高，缺乏竞争力。滦南县融媒体中心的微信公众号除每日的"滦南新闻"栏目以外，其余文章全部直接转载自长城网，几乎没有县域内的相关内容，文章阅读量较少，用户关注度偏低。大多数县级融媒体中心的微信公众号聚焦于本土的新闻报道，主要分为时政要闻和社会资讯两类。时政新闻往往直接呈现会议内容或政策通知，缺乏深度剖析。而社会资讯在采编时常常未能实现有效整合，难以满足群众的实际需求。例如，固安县融媒体中心旗下的"固安融媒"微信公众号，虽然时效性强，但多数推文直接以会议记录的形式呈现，没有对

内容的深度解读，陷于模式化；井陉县融媒体中心的"井陉融媒"微信公众号，文章内容多聚焦于农业经济、文化旅游等宏观视角下县城的发展，较少报道群众生活日常。总体来看，县级融媒体中心在内容生产上缺乏深度，新闻价值挖掘不足，难以吸引用户关注。

二是在内容呈现方式和运营策划上缺乏创新性。一方面，县级融媒体中心的新闻产品主要局限于图文与短视频，难以满足多元化的受众需求。随着互联网技术与智能科技的迅猛发展，受众对新闻内容呈现方式的期待值不断提升，传统的内容创作模式显然已难以适应这一技术变革的浪潮。另一方面，对于全平台媒体矩阵的构建和运营，县级融媒体中心缺乏有针对性的创新策划。在"移动优先"的趋势下，基层民众的媒体注意力已大幅转向手机、平板电脑等移动智能终端，"竖屏时代"已然来临。但部分县级融媒体中心尚未跟上这一趋势，未能符合时代发展的要求，在抖音、快手等"竖屏主导"的新媒体平台上仍然发布横屏视频，尤其是视频产品及直播依然是传统电视的报道形式，与"小屏思维"脱节，导致传播效果不佳，削弱了媒体自身和传播内容的影响力与引导力。

县级融媒体中心缺乏前瞻性和敏锐性，制约了在内容生产和传播手段上的创新和发展，难以形成独特的品牌特色。

（二）用户黏性不强，引导效力较弱

用户黏性是指用户对平台的依赖程度和使用频率，反映用户对平台的忠诚度和依赖性。[①] 信息传播渠道多元化是主流媒体用户被分流的原因之一。调研结果显示，当前县级融媒体中心正面临用户黏性不强的挑战。深入分析原因可以发现，反馈机制不畅与服务模式单一成为其拓展用户的两大障碍。

一方面，尽管县级融媒体中心通过技术升级实现了媒介融合互通，但在建设过程中，许多地区仅将其视为政策传达的工具，直接转发上级政策通知，而

[①] 吴海霞：《新媒体如何提升受众黏合度——以疫情时期的"鄞响"客户端为例》，《传媒评论》2020年第10期。

对民众意见与需求回应迟缓，致使平台用户活跃度低。例如，保定市阜平县融媒体中心、石家庄市正定县融媒体中心、沧州市盐山县融媒体中心等仍然存在咨询留言回复不及时、回复内容质量不高、办理结果透明度不够等一系列问题。此外，很多县级融媒体中心在新媒体平台和客户端中的受众反馈入口设置得不够醒目，导致虽然一些媒体回应及时，但民众反馈量依然很少。长此以往，势必会降低群众对媒体的忠诚度，削弱县级融媒体中心的引导效力。

另一方面，县级融媒体中心作为基层治理的关键一环，其核心职能之一在于提供公共服务，这种服务不仅包括传统的信息传播，还涵盖政务、生活、文化等多元化领域。然而，根据调研与观察可以发现，当前大部分县级融媒体中心在一定程度上存在服务平台分散、服务类型单调的问题，难以满足群众多样化的实际需求。以青龙满族自治县融媒体中心为例，该中心虽已入驻抖音、快手、微信公众号及"冀云"客户端等多个平台，其中，"青龙报道"微信公众号为民众提供民生服务、"青龙融媒"微信公众号供民众阅读新闻、"冀云青龙"客户端则通过链接接入国家政务服务平台，供用户获取信息，但群众必须打开不同窗口才能获取相应的服务，诸如快递查询、医疗、外卖等与民众生活紧密相关的服务尚未实现后台整合。县级融媒体中心在服务上的局限性在一定程度上导致了自身的平台使用率低，致使用户黏性不强，自然就难以有效扩大自身的影响力和引导力。

（三）信息发布滞后，引导时效不强

作为主流媒体，县级融媒体中心在发展过程中受传统体制、既有规则和惯性思维的束缚，不仅竞争意识相对薄弱，新闻报道的时效性有所欠缺，而且危机预警与应对机制缺失。在新闻事件的萌芽阶段，县级融媒体中心常常未能迅速介入，或者即便能够即时发布信息，但内容缺乏明确指向性与精确性，造成回应滞后、舆论引导效能欠佳。这种现象削弱了县级融媒体中心在应对突发社会新闻事件时有效引导公众意见的能力。

数字化时代，作为主流媒体的县级融媒体中心在应对突发舆论时，常面临快速响应与有效处置的双重挑战。具体而言，县级融媒体中心相较于

自媒体，在获取和传播信息的渠道和速度上处于劣势。受限于信息审核、编辑流程与发布规范，县级融媒体中心可能错失信息传播的最佳时机。例如，一条时长仅十几秒的短视频，能在极短时间内迅速成为网络热点，甚至升级为公共危机事件。此时，公众不再局限于单一的信息源，而是借助互联网积极参与讨论与信息传播，快速汇聚成舆论浪潮。然而，县级融媒体中心往往是在舆论已经显著发酵后才跟进，进一步加大了舆论引导的难度。加上互联网时代舆情情绪化和多次反转的特点，这种滞后性会加大舆论失控的风险。

（四）人力资源匮乏，引导质量有限

好的内容是舆论引导的核心，而内容的背后是人才。作为县域媒体，县级融媒体中心的建设资金多源自政府与单位拨款，不需要承担资金的压力。在此背景下，许多县级融媒体中心的工作人员缺乏市场竞争的压力，对先进知识与技能的学习意识不强、学习动力不足。同时，县级融媒体中心地处县域，与央媒、省媒相比竞争处于劣势，晋升空间狭窄，薪酬福利较少，在招聘过程中难以吸引高素质、能力强的人才。

四 县级融媒体中心创新基层舆论引导的策略

作为舆论引导"最后一公里"的县级融媒体中心应充分发挥自己的优势，积极主动寻求突破路径，加强党和国家的声音在基层的传达，将党和国家的意识形态下沉到地方，筑牢基层主流舆论阵地。

（一）实现基础：固好内容与技术根基，强化自身舆论引导硬本领

内容质量是影响基层舆论引导效果的决定性因素，技术支撑是实现基层舆论引导效果的关键性要素，要想提升县级融媒体中心的基层舆论引导能力，首先要固好内容与技术两大根基，强化自身的硬本领，具体可从以下两个方面入手。

1. 突出地域特色,把握本地舆论场的主动权

主流媒体能否引导舆论最终要体现在群众对内容的认可度上。县级融媒体中心拥有制度层面的强大资源支撑,在完成物理意义上的媒体布局之后,如何真正成为县域民众"自己的媒体",是其传播力建设的关键所在。[①] 作为基层主流媒体,县级融媒体中心在地域性和亲民性上拥有无可比拟的优势,因此,在以"围绕中心工作,服务发展大局"为工作主线的同时,要密切关注受众对内容的实际需求,第一时间为县域群众提供舆情信息,在内容中融入"家乡"情感元素,灵活运用"地域"符号传播,用家乡情怀和文化认同将群众凝聚起来,这样才能把握本地舆论场的主动权,从而积极、正面地引导本地舆情走向。

在具体实践中,县级融媒体中心需要凸显其地域特色,打造本地化原创精品。首先,在选题上,遵循"本地人写,写本地事,写给本地人看"的原则,采访群众、倾听群众、服务群众,群众在哪里,话题就在哪里。例如,深泽县融媒体中心依托当地深厚的人文底蕴,推出富含地方特色的文化专栏"探寻深泽",栏目分"名胜古迹""民俗文化""特色美食""民间手艺"等板块,运用生动有趣的文字与视觉语言,向基层群众展现本地的自然风光、历史古迹和民俗节日,激发他们的家乡情怀与文化认同,用文化的力量将他们凝聚在一起。其次,在表述上,需要妥善平衡生活化内容表达与严肃政务信息传递的关系,常态化传播党的声音。对于本地的城镇化建设、发展政策等严肃信息,可采用生活化的表达方式重新包装。例如,赞皇县融媒体中心在表达上创新语言风格,运用网络流行语打造亲民化语态,从而更好地赢得广泛的群众,为舆论引导工作奠定基础。最后,社交媒体时代启发我们,可以学习借鉴营销学中的社群运营模式,建立和维护一个良性的用户社群循环,以此发现县域内的优质内容生产者,培育核心用户,发挥他们的舆论领袖作用,帮助实现社群的稳定和拓展。媒体报道联动社会,让信息主体以社交媒

[①] 单文盛、彭丽娜:《县级融媒体中心舆论引导力提升的行动框架》,《中国传媒科技》2023年第2期。

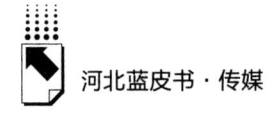

体平台为载体直接对接。县级融媒体中心不仅要明确舆论引导方向、改变舆论引导风格，还要不断创新运营模式，以巩固主流舆论阵地。

2. 融合新兴技术，创新信息载体

"工欲善其事，必先利其器。"新兴技术能为舆论引导提供强大且有效的支撑。县级融媒体中心要想追赶当下社会舆情信息瞬息万变的脚步，就必须将媒体与新兴技术进行深度化、实质性的结合，为基层主流舆论引导注入全新活力。

县级融媒体中心要依托新媒体技术拓展信息呈现形式，提升媒体自身和新闻产品的吸引力和关注度。可运用H5、数字动画、网络直播、虚拟现实技术、航拍技术等多种新兴媒介手段，生产形态多样、贴合分众传播需求的内容产品，实现从平面到立体、从静态到动态的转型升级，以实现传播效果最大化。例如，新冠疫情期间，武强县融媒体中心以微视频、H5、直播连线、原创MV、动漫、创意海报等多种群众喜闻乐见的形式，推送疫情资讯报道6900余条；香河县融媒体中心开展了"爱香河""香河好人"等一系列内容丰富的直播活动，创作并集纳了丰富的融媒内容，用户规模十分突出；磁县融媒体中心利用网络直播技术，实时报道当地新闻事件，全方位还原新闻现场，增强了新闻的时效性和观众的参与感。通过多种新媒体技术赋能政策发布、民意征集、事件报道等一系列舆论引导工作，县级融媒体中心可以实现与群众更近距离的交流，获取受众更真实的反馈，从而进一步提升舆论引导的针对性和影响力。

（二）基本方针：走群众路线，拓展群众基础

"做好党的新闻舆论工作，必须坚持以人民为中心的工作导向，坚持以民为本、以人为本，解决好'为了谁、依靠谁、我是谁'这个根本问题，把实现好、维护好、发展好最广大人民根本利益作为全部工作的出发点和落脚点。"[1] 舆论引导本质上就是做群众工作，必须坚持走群众路线，坚持以

---

[1] 新华通讯社课题组编《习近平新闻舆论思想要论》，新华出版社，2017，第61页。

人民为中心的工作导向。落实到具体实践中，就是要积极、及时地回应群众关切，并通过服务群众提升基层舆论引导的效果。

1. 完善反馈渠道，加强与群众的联系

县级融媒体中心要充分利用"与人民群众距离最近"的优势，重视群众的反馈，拓展并完善各种民意反馈渠道，加强有效的互动，提高群众对媒体的信任度和忠诚度。为此，县级融媒体中心需要构建一个全方位、高效、使用友好的民众意见搜集与反馈体系。

首先，县级融媒体中心应当提升线上互动效率，如设立专门的民意征集板块、在线问答专区以及开展实时直播交流互动等，为群众提供一个能够及时反映心声与诉求的渠道。在此需要注意的是，在设计这些功能时，应高度重视用户体验，确保反馈入口醒目易见、界面设计简洁直观、操作流程清晰便捷，从而使各个年龄层、不同文化背景的群众都能轻松参与。

其次，建立线下的反馈机制同样不可或缺。县级融媒体中心可定期策划组织线下活动，如社区座谈、意见征集会议等，邀请群众亲临现场，进行直接的沟通交流，更直观地倾听民众心声。此类面对面的交流方式有助于加深彼此的理解与信任，确保所收集到的反馈内容更加真实、详尽。

最后，县级融媒体中心需要建立健全反馈处理机制，保证每一条群众意见都能得到迅速且有效的处理。可以利用大数据和人工智能技术对收集到的反馈信息进行细致分类、系统整理与科学评估，将整理后的资料上报给政府的有关部门，辅助相关部门制定切实可行的解决方案。同时，平台应定期公布反馈处理进展与结果，让群众看到他们的意见被重视与落实，进而激发和提高群众参与公共事业的积极性与信任度。

2. 拓展多元化民生服务，为舆论引导奠定群众基础

舆论引导和公共服务是县级融媒体中心的两大核心功能，这两大核心功能互为依托、相互促进。[1] 因此，为了更好地实现基层舆论引导，县级融媒

---

[1] 丁和根：《县级融媒体中心核心功能的实践、路径与保障条件探析》，《南京师大学报》（社会科学版）2020年第4期。

体中心必须增强服务意识，为群众提供多元化的民生服务，优化用户体验，增强用户黏性，从而聚拢群众，提升自身基层舆论引导的效能。

2004年，克里斯·安德森首次提出了长尾理论。此理论认为，如果把足够多的非热门产品组合到一起，实际上就可以形成一个可以与热门市场相匹敌的大市场。将该理论移植到传媒领域仍然成立，虽然大众需求占据头部区域，但是个性化的小众需求聚合起来的总量仍然可观。当前，受众需求细分化已成为互联网时代的大趋势，媒体融合促使新旧媒体优势互补，更好地满足受众的细分化需求，为长尾需求的满足开辟了更多途径。县级融媒体中心应当把握长尾需求所带来的广阔机遇，更稳固地占据舆论引导的主要阵地。为此，县级融媒体中心需要深入理解并捕捉用户的多样化需求，借助大数据分析、用户调研等工具，精准描绘用户画像，并依据用户的实际需求，打造综合服务聚合平台，提供多元化的服务。可以借鉴甘肃酒泉玉门市广播电视台"爱玉门App"的做法，它不仅能提供电视台节目的点播服务，还每日发布各类政务信息，支持政务预约办理，并进一步拓展至生活缴费、在线购物、订餐、订票等功能，总计为用户提供超过200项服务。县级融媒体中心通过提供多层次、差异化的服务既满足了大众化的普遍需求，也精准捕捉并满足了小众化的个性化需求，从而"黏住"尽可能多的用户，构建一个全面且多维度的舆论引导体系。

（三）激发潜能：迅速响应，建立舆情预警机制

在融媒体时代下，对于网络上的负面社会新闻事件，只有主动承担主流媒体的社会责任，及时快速反应，积极处理负面新闻舆论，并建立完善的舆情预警机制，防患于未然，才可能将负面舆论产生的影响降到最小。

1. 迅速反应，抢占舆论阵地

在负面新闻舆论产生初期，县级融媒体中心不能沿袭传统媒体时代的引导节奏，更不能采取忽视的态度，任由舆论自由扩散，需要立刻辨别事件性质，理性评估新闻舆论可能产生的深远影响，并立即向上级机构汇报，紧急制定应对策略。面对突发舆论事件，遮掩事实只会加剧事件偏离

真相的态势。当新闻舆论事件爆发时，应主动发布信息，积极调控新闻舆论的导向，这不仅能有效减缓舆论的扩散速度，还能遏制虚假信息的传播，减少不必要的误解。另外，县级融媒体中心要"主动设置议题，掌握舆论第一解释权"。在新闻事件初露端倪时，"沉默的螺旋"效应发挥作用，群众急需一位能将舆论和事实互相验证的"意见领袖"。县级融媒体中心要牢牢把握住这一舆论场的关键时机，主动设置议程，第一时间对新闻事件做出合理的解释，稳定民心，占据舆论主导地位，防止其他非理性甚至哗众取宠的声音抢占先机。

2. 依托技术资源，建立舆情监控预警机制

新兴技术既带来了前所未有的挑战，也孕育了诸多机遇。县级融媒体中心应借助前沿技术，建立媒体迅速反应和舆情监测机制，充分发挥科技信息技术在新闻舆论引导领域的作用。其一，县级融媒体中心要深度融合大数据技术实现对舆情信息的广泛采集与深入分析，并据此对重大突发事件的舆情进行"分级"预警与评估。其二，要充分利用人工智能技术，最大限度地规避舆情倾向的误判，提高社会舆情监测的精确度。其三，还可以利用HTML5等技术，对重大突发事件新闻进行多元化信息的线性呈现与交互，同时结合多维度的新闻背景解析，构建清晰的内容传播逻辑，以深化公众对重大突发事件新闻的理解，提升基层舆论引导的效率和质量。

（四）内生动力：引才聚才赋能媒体发展，为舆论引导提供人才保障

无论是内容生产、技术操作还是互动反馈、服务提供，最终都要落脚到基层舆论引导的实际执行者——从业人员。从业人员的新闻素养和专业能力直接决定县级融媒体中心基层舆论引导的成效。面对人力资源匮乏、员工能力不足等现实困境，县级融媒体中心应创新晋升、薪酬等方面的体制机制，提升自身的人才吸引力，同时要重视培养现有从业人员的新媒体素养，激发他们的创新潜能，打造一支能力素质过硬的基层主流舆论引导的工作者队伍。

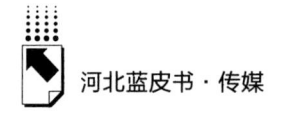

1. 优化体制机制，强化舆论引导的人力支撑

县级融媒体中心可以利用当地政策的有利条件，与高等院校及科研机构建立合作关系，设立实习基地，以此吸引优秀毕业生加入。同时，通过人事调动、顾问、兼职等形式吸纳成熟的专业人才，弥补当前人才结构的短板。此外，还可以采用特聘教授、特约编辑等形式，进一步增强团队的专业实力。

构建有效的人才激励机制和培训制度，提升现有人才的活力和能力是关键。县级融媒体中心要制定合理的薪酬体系，创新绩效考核方式，激发人才的工作热情与创造力。例如，正定县融媒体中心采用"科室目标考核+产品质量考核+日常工作考核"的三级综合考评体系，以及"基础工资+基础绩效+奖励性绩效"的薪酬分配模式。[1] 此外，还有一些县级融媒体中心建立了编内编外同岗同酬、绩效优先的考核制度，将按劳分配和按效分配有机融合，充分调动了职工的积极性和主动性。

2. 增强员工素质能力，提升舆论引导的效率与质量

县级融媒体中心应建立内训机制，开展常态化采编业务专项培训，组织入职培训，建立技能骨干"传帮带"制度，定期组织内部经验交流活动，营造全员互学互助的风气，团队持续更新理论知识，适应新媒体技术的快速更迭，切实提升业务能力，增强媒体在基层舆论引导方面的内在驱动力。此外，还可以鼓励从业人员参加外部的行业论坛及专业培训，学习业界前沿知识和理念，开拓视野，扩大格局，培养持续的创新能力。

结　语

自2019年4月河北省建立首个县级融媒体中心至今，省内各地县级融媒体中心相继建成、运行并健康发展，在基层治理中发挥的新闻宣传和舆论

---

[1] 王伟燕：《县级融媒体中心舆论引导力提升途径——基于河北三县实地调查的分析与研究》，《传媒》2022年第19期。

引导作用越发凸显。但同时制约县级融媒体中心发展壮大的因素已显现，迫切需要媒体破除固有壁垒，创新发展模式。当前，舆论引导格局对县级融媒体中心来说，挑战与机遇并存。从功能定位以及相对优势来看，县级融媒体中心应整合并盘活县级区域内的所有资源，因地制宜，打造本地特色。积极探索人才培养与引进的机制体制，抓紧解决人才结构不合理、专业技能偏弱、人才引进困难等问题，增强自身造血的内生动力。以内容吸引用户，以服务沉淀用户，努力成为当地新闻传播和舆论引导的核心与主导力量。

参考文献

丁和根：《县级融媒体中心核心功能的实践、路径与保障条件探析》，《南京师大学报》（社会科学版）2020年第4期。

单文盛、彭丽娜：《县级融媒体中心舆论引导力提升的行动框架》，《中国传媒科技》2023年第2期。

王伟燕：《县级融媒体中心舆论引导力提升途径——基于河北三县实地调查的分析与研究》，《传媒》2022年第19期。

新华通讯社课题组编《习近平新闻舆论思想要论》，新华出版社，2017。

调研篇

B.20
社交新媒体对Z世代河北大学生婚恋观的影响与塑造研究

陈默 商倩 蔡杭宇[*]

摘　要： 随着社交新媒体的迅猛发展，Z世代大学生作为数字原住民，深受影响，尤其是婚恋观的形成与发展受到新媒体环境的显著影响。通过对相关文献的梳理和对河北省高校大学生的问卷调查与访谈，本文考察了社交新媒体对Z世代大学生婚恋观产生影响的现状。本研究发现，利用社交新媒体的传播优势，积极引导Z世代大学生培养正确的恋爱观和婚姻观非常必要，能够为高校开展婚恋教育提供理论依据，有助于积极构建新型婚育文化，营造生育友好的社会氛围。

关键词： 社交新媒体　婚恋观　Z世代　大学生

---

[*] 陈默，华北科技学院副教授，河北大学博士研究生，主要研究方向为智能传播、新媒体技术；商倩，华北科技学院讲师，主要研究方向为新媒体与社会、融合新闻实务；蔡杭宇，华北科技学院新闻学专业本科生，主要研究方向为新闻学。

社交新媒体对 Z 世代河北大学生婚恋观的影响与塑造研究

一 研究缘起

Z 世代，是指 1995~2009 年出生的一代人，通常被称为"数字原住民"。这一代人是在互联网和数字技术迅速发展的背景下成长起来的，他们自幼接触智能手机、社交媒体和各种在线学习平台，具备较强的信息获取和处理能力，更倾向于通过社交媒体进行交流，偏好即时和非正式的沟通形式，表达方式更加多样化。

中国互联网络信息中心（CNNIC）第 54 次《中国互联网络发展状况统计报告》显示，截至 2024 年 6 月，我国网民规模近 11 亿人，互联网普及率达 78.0%，网民中使用手机上网的比例为 99.7%；10~29 岁的青少年占网民总数的 27.1%；新增网民 742 万人，其中青少年占新增网民的 49.0%。2024 年中国青年报·中青校媒对大学生使用社交媒体情况的调查结果显示，在 7114 名受访大学生中，有 86.60% 的大学生会使用社交媒体分享多元生活。

大学生作为信息传播的核心受众，社交新媒体对他们的生活方式、学习习惯和价值观都产生了深远影响，极大地影响了大学生的恋爱和婚姻观念。在互联网背景下，他们表达情感更加自由、信息交流更加通畅、人际交往更加便捷，大学生通过新媒体平台获取了更多有利信息，也会用所学知识对媒体中的现象进一步思考。社交媒体平台上关于婚恋的话题讨论、经验分享，潜移默化地形塑了 Z 世代大学生的婚恋观。

近年来，结婚年龄的推迟、青年的低婚恋意愿（不想恋爱/结婚，不确定会不会恋爱/结婚）已成为全社会的隐忧。2021 年，共青团中央中国特色社会主义理论体系研究中心课题组针对 2905 名 18~26 岁的未婚青年婚恋意愿的调查发现，作为未来 10 年结婚的主力军，Z 世代青年的结婚意愿呈现下降趋势，对于"你将来会谈恋爱吗"，12.8% 的青年选择"不谈恋爱"，26.3% 的青年表示不确定。对于"你将来会结婚吗"，25.1% 的青年选择"不确定"，8.9% 的青年选择"不会结婚"，即有 34% 的青年不再认为结婚是一件理所当然的事。随着经济发展水平的提高，低婚恋意愿的青年人还可

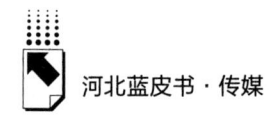

能继续增加。

社交媒体上的各种不良信息导致了婚恋焦虑的加剧，如微博、抖音、小红书等社交媒体上的不文明、不理性的新婚恋现象，不积极向上的新婚恋行为，强调婚恋的物质基础等内容的传播与扩散，使得大学生对婚恋的认知模糊和期待降低，影响了大学生积极的婚恋态度。

利用社交媒体的传播优势，积极引导大学生培养正确的恋爱观和婚姻观，既关乎青年个人的成长与成才，也关乎社会的和谐稳定。因此，本研究围绕他们如何看待恋爱与婚姻，婚恋意愿的背后存在哪些担忧等进行了深入调查，通过探讨Z世代河北大学生婚恋观的社交新媒体呈现，以期更深入地理解婚恋观在社交媒体环境下的表征、成因，并就如何帮助他们正确认识和对待婚恋提出对策建议。这不仅有助于丰富和拓展当前大学生婚恋观与社交新媒体的相关研究，还能为缓解大学生的婚恋焦虑与促进这一群体的心理健康提供有价值的参考。

二 研究过程与方法

（一）研究对象

根据研究目的，本文的研究对象设定为华北科技学院、防灾科技学院、河北传媒学院等河北省高校在校大学生，学生年级分布在大一至大四，专业领域涵盖了高校的文、法、理、工、管理、艺术等学科门类。

（二）研究过程

2024年5月进行问卷设计与访谈提纲的制定，2024年6~8月同步进行问卷发放、回收、数据分析与深度访谈，2024年9~11月进行数据分析和撰写调研报告。本研究采用问卷星制作线上调查问卷，在华北科技学院、防灾科技学院、河北传媒学院等河北省高校在校大学生范围内进行发放，最终回收样本803份，经过问卷星系统筛选及人工筛选之后，最终确定有效问卷为792份。深度访谈通过线上线下寻找志愿者的方式，以获取的问卷数据为依据，考虑到年龄、地区、性别等不同指标，围绕访谈对象的择偶观、婚姻观、社交媒体使用习惯、社交媒体信任度等内容进行访谈。由研究者与受访者围绕着婚姻观念与生活体验的主题进行开放性的交谈，每次访谈时长为30分钟左右。

（三）调查内容

自制《社交新媒体对Z世代大学生婚恋观的影响与塑造》问卷，采用匿名填写的方式，由大学生独立完成，个人隐私信息均严格保密。问卷内容涵盖新媒体使用习惯、新媒体中的婚恋内容接触、新媒体使用对婚恋观的塑造、新媒体使用与婚恋相关行为等主题，共计27个问题。

深度访谈提纲主要包括：社交新媒体使用情况；你通常从哪些渠道获取婚恋相关的信息；社交新媒体上是否有某些事件或内容改变了你对婚恋的看法；在社交新媒体上，你会如何展示自己的情感状态或婚恋观；你是否感受到来自社交新媒体婚恋观带来的压力；你认为社交新媒体对Z世代大学生的婚恋观有哪些积极和消极的影响；除社交新媒体外，你的婚恋观还受哪些因素影响。

三 研究结果与分析

（一）Z世代大学生的媒体使用习惯

数据显示，社交类（如微博、微信、QQ等）（97.73%）和视频类（如抖音、快手、哔哩哔哩等）（85.23%）是Z世代大学生最常使用的新媒体平台（见图1）。这主要是因为这些平台满足了他们的社交需求，为他们提供了与朋友和家人保持联系的即时通信功能，并允许他们分享生活动态和自我表达。视频类平台则通过多样化的内容满足了他们对娱乐和信息获取的需求，同时，个性化的内容推荐和高度互动性让Z世代大学生享受到更加定制化的体验。此外，这些平台的便捷性和移动性符合Z世代大学生快节奏的生活方式，使他们能够随时随地进行社交和内容消费。流行文化的影响和平台的创新功能，如视频滤镜和直播，进一步提高与增强了用户的参与度和平台的吸引力。社交类平台和视频类平台凭借多功能性与用户友好性，成为Z世代大学生日常生活中不可或缺的一部分。

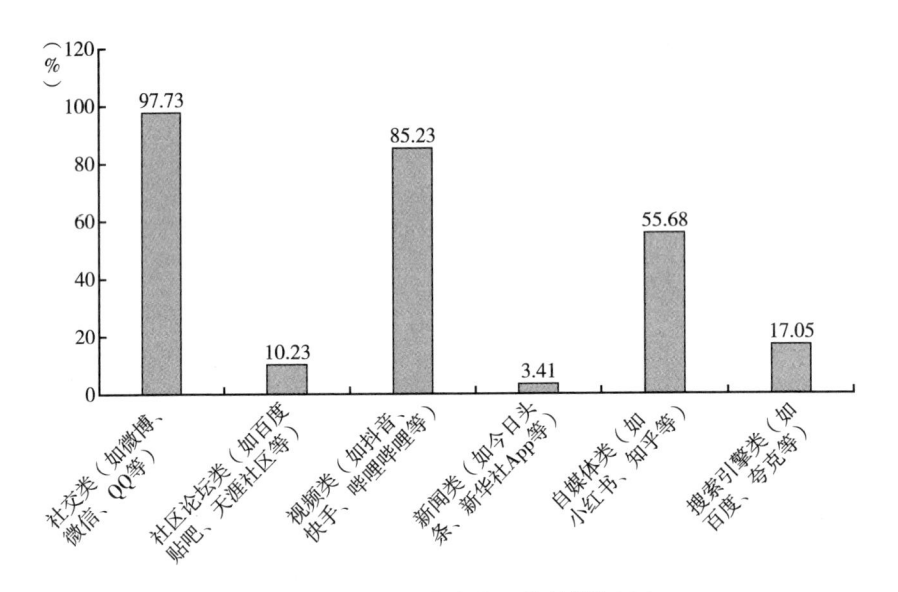

图1　Z世代大学生最常使用的新媒体平台

有37.5%的Z世代大学生每天使用新媒体5~6小时，14.77%的Z世代大学生甚至使用9小时及以上。而根据问卷数据，Z世代大学生使用新媒体的主要目的明显倾向于娱乐与休闲，占比高达89.09%，这表明新媒体如社交类平台和视频类平台是他们放松和打发时间的重要工具。社交与沟通也是他们使用新媒体的一个关键目的，有60.23%的Z世代大学生将其作为主要使用目的，这反映了新媒体在维护和发展人际关系中的核心作用。此外，获取信息与学习知识也占据了重要位置，47.73%的Z世代大学生利用新媒体获取信息与学习知识，显示了新媒体在教育和个人发展中的潜力（见图2）。

这些使用目的的普遍性可以归因于多个因素。技术的高度普及，尤其是

社交新媒体对 Z 世代河北大学生婚恋观的影响与塑造研究

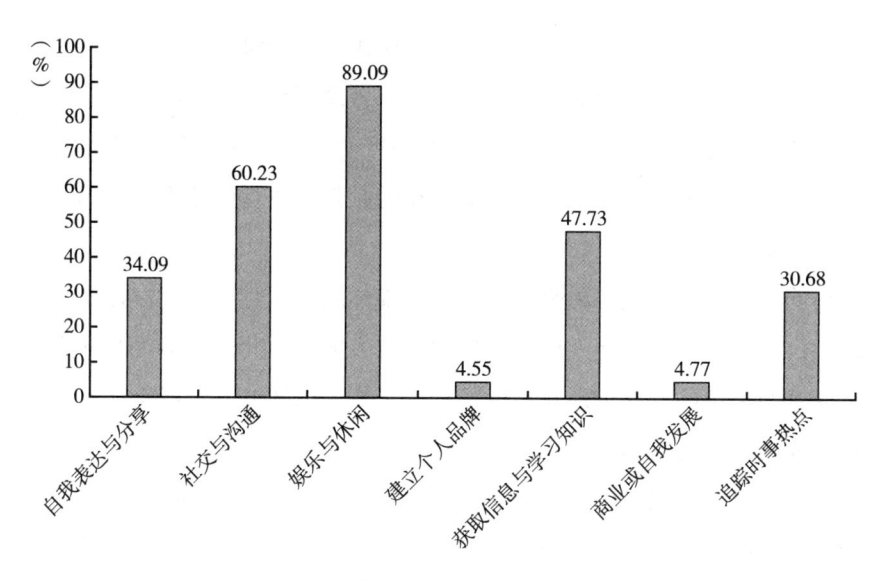

图2 Z世代大学生使用新媒体的目的

类别	百分比
自我表达与分享	34.09%
社交与沟通	60.23%
娱乐与休闲	89.09%
建立个人品牌	4.55%
获取信息与学习知识	47.73%
商业或自我发展	4.77%
追踪时事热点	30.68%

智能手机和互联网技术的便捷性，使新媒体成为 Z 世代大学生日常生活中不可或缺的一部分。新媒体提供的丰富内容和个性化推荐满足了用户的多样化需求，提高与增强了用户的参与度和平台的吸引力。同时，新媒体社交与沟通的功能满足了人类的社交本能，而获取信息与学习知识的功能则体现了新媒体在教育领域的价值。然而，这也提示我们需要关注新媒体使用可能带来的时间管理挑战和对现实社交的影响。

（二）社交新媒体中的婚恋内容接触

在新媒体时代，Z 世代大学生接触婚恋内容的模式呈现多样化和复杂化的特点。根据问卷数据，86.36%的 Z 世代大学生通过视频类平台接触婚恋内容，这一占比远远高于其他类型的新媒体平台。视频类平台的主导地位得益于该平台强烈的视觉吸引力和情感共鸣，使婚恋话题的呈现更加生动和贴近用户的实际感受。视频内容的直观性和易于传播的特性，使用户能够快速消费和分享，从而加速了婚恋观的传播和讨论。

此外，55.68%的 Z 世代大学生通过社交类平台接触婚恋内容，反映了

325

社交媒体在信息传播和社交互动中的核心作用。用户可以在这些平台上参与讨论，分享观点，从而形成对婚恋话题的深入理解和个人态度。社交类平台的互动性和即时性满足了 Z 世代大学生的社交需求，使他们能够在社交网络中讨论和探索婚恋话题，这种社交互动的频繁性也促进了婚恋观的形成和传播。

当前，新媒体普及率越来越高，而新媒体的交互性突破了以往信息传递流程中信息发布人、传递人以及对象的特定方式，Z 世代大学生在利用新媒体关注婚恋消息的潜意识以及定位都产生了较大的改变——特定化的被动认同转换成变动性的主动搜寻。

本次调研的数据显示，大多数 Z 世代大学生对于新媒体上婚恋相关内容的关注程度为"一般"（见图 3），说明这部分内容在他们的生活中并不是特别重要，但也有一定的影响力，Z 世代大学生不会主动接触婚恋相关内容，但是对新媒体的大数据推送内容不会特别反感。

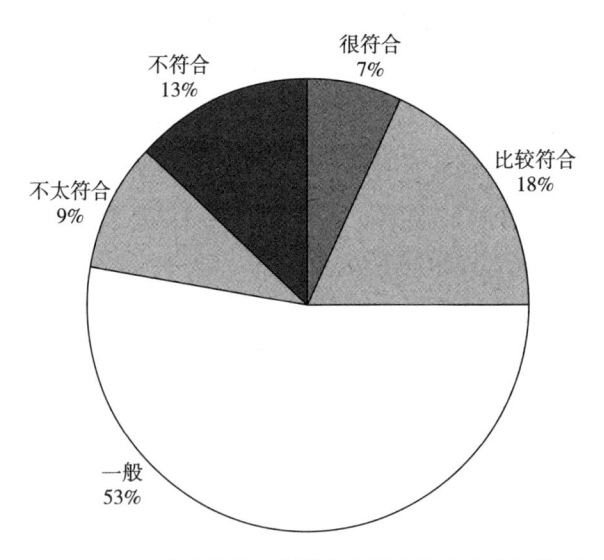

图 3　Z 世代大学生关注新媒体上婚恋相关内容的情况

同时，Z 世代大学生在新媒体上接触到的婚恋内容类型多样，包括成功或幸福的案例、失败或不幸的案例、建议或观点等。这种多样性可能满足了他们对于不同婚恋观和经验的探索需求，帮助他们从多角度理解婚恋关系。

然而，只有11.36%的Z世代大学生认为新媒体上的婚恋内容"可靠"，这表明Z世代大学生对网络信息持有一定程度的怀疑态度，反映出其遇见新媒体上的婚恋内容时能保持一定的理性，从而结合自身权衡利弊，考虑得更多、更全面。可见Z世代大学生通常具有一定的信息筛选能力，他们可能通过多渠道验证信息。这种批判性思维是他们在新媒体环境中接触和理解婚恋内容的一个重要特点，也反映出新媒体在提供婚恋内容方面的可靠性和权威性还有待提高。

尽管如此，一定数量的Z世代大学生对新媒体上婚恋内容持开放包容的态度（见图4），这一定程度上反映了他们对不同观点的接受度和对多元文化的包容性。

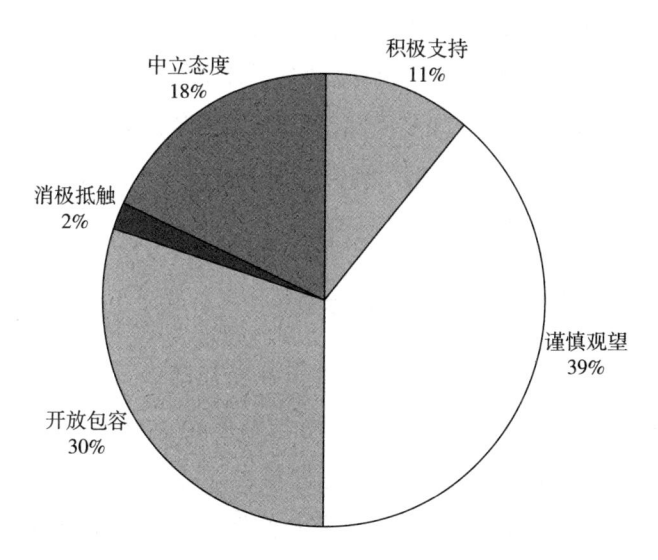

图4 Z世代大学生对新媒体上婚恋内容的态度

Z世代大学生通过新媒体接触婚恋内容的现状和成因是多方面的。首先，媒体特性是影响他们接触模式的重要因素。视频类平台的媒体特性使其成为传递复杂情感和故事情节的理想媒介，这可能是视频类平台在婚恋内容传播中占主导地位的原因。其次,社交需求是影响他们接触模式的关键因素。社交类平台的互动性和即时性满足了Z世代大学生的社交需求,使他们能够在社交网络中讨论和探索婚恋话题。此外,信息多样性也是他们接触模式的一个重要方面。新媒体提供了广泛的信息来源,用户可以根据自己的兴趣和需求选择接触不同类型的内容,这种选择性加深了他们对不同婚恋观的理解。

在新媒体时代,Z世代大学生的婚恋观受到多种因素的影响。他们通过新媒体平台接触的婚恋内容不仅包括传统的成功案例,还包括现代的多元婚恋观和实践。这些内容的多样性和复杂性要求Z世代大学生具有较强的信息筛选能力和批判性思维。他们需要在海量的信息中辨别真伪,形成自己的婚恋观。同时,他们在新媒体环境中积极参与婚恋话题的讨论和分享,通过社交互动来探索和表达自己的婚恋态度。这种参与和探索不仅影响了他们自己的婚恋观,还对周围的社会环境产生了影响。

Z世代大学生通过新媒体接触婚恋内容的现状是一个复杂的现象,它涉及媒体特性、社交需求、信息多样性、批判性思维和文化多元性等多个方面。这些因素的共同作用,塑造了他们在新媒体环境中接触和理解婚恋内容的方式。

(三)新媒体使用与婚恋相关行为

在新媒体时代,人们获取信息、进行社交互动以及塑造观念的方式发生了显著变化。通过分析"新媒体使用与婚恋相关行为"的数据可以发现,超过一半(53.41%)的受访者通过新媒体寻求或获取过婚恋相关信息或建议,这反映出新媒体平台的普及和便捷性在婚恋信息获取中发挥了重要作用。用户可以随时随地通过手机或其他移动设备访问这些平台,获取多样化的内容,满足不同的需求和兴趣。个性化推荐算法进一步增强了用户与婚恋相关内容的互动,因为系统会根据用户的兴趣和行为习惯推荐相关内容。

社会文化的变化对新媒体上的婚恋内容及互动行为产生了影响。随着社会对婚恋观的改变，如强调个人选择和自由恋爱，人们更倾向于在新媒体上寻找相关信息和建议。这些内容的流行和传播，不仅反映了社会对婚恋的不同看法和期望，还可能影响用户的行为和态度。个人心理因素也在其中扮演了重要角色，人们可能出于好奇、寻求认同或解决个人问题而在新媒体上寻找婚恋相关内容。

数据显示，超过 1/3 的用户因受到新媒体上婚恋建议或观点的影响而采取行动，这不仅体现了新媒体作为信息获取渠道的重要性，还反映了个体在婚恋决策上更加自主和多元。在这种背景下，社会价值观呈现多样化的态势，人们对于婚恋的看法不再局限于传统观念，而是包含了多种观点和生活方式，这反映了社会的开放性和包容性。

新媒体平台上的内容创作者和意见领袖对公众的影响日益增强，他们在塑造公众观念和行为上扮演着重要角色。用户在新媒体上的互动和行为受到群体影响，这体现了社会心理学中的模仿效应，人们倾向于模仿他人的行为，尤其是在不确定或需要社会认同的情况下。

社会互动模式的变化不容忽视，新媒体平台的互动性和即时性改变了传统的社会互动模式。人们更倾向于在线交流和分享，这反映了社会互动模式的现代化和数字化。同时，用户对个性化服务的需求增多，新媒体平台通过算法推荐个性化内容，满足了这种需求。这种需求的增多反映了社会对定制化和个性化体验的重视。

随着教育方式不断变化，新媒体成为婚恋教育的新途径，这表明传统的教育模式正在向更加灵活、多样和互动性强的新媒体教育模式转变。用户对新媒体上的婚恋内容持开放态度，反映了社会对婚恋话题的开放度和接受度，以及对不同婚恋观的包容性。这些变化不仅影响了人们的婚恋观和行为，还反映了社会整体的发展趋势和特点。

隐私和匿名性也是新媒体吸引用户进行婚恋内容互动的因素之一。新媒体平台一定程度的匿名性可能使用户更愿意分享和讨论个人婚恋问题，因为他们觉得这样更安全，不必担心现实生活中的社会评价。此外，随着互联网的普及，传统的婚恋教育和信息获取方式正在发生变化。新媒体成为获取婚恋信息和建议的新渠道，尤其是对于年轻一代而言。

新媒体不仅提供了一个获取信息和建议的平台，还通过互动性和参与性提高了用户对婚恋内容的参与度。社会文化的变化、个人心理因素以及新媒体的特性共同作用，塑造了用户在新媒体平台上的婚恋相关行为。这些行为包括寻求信息、进行互动以及根据新媒体内容做出行为改变。例如，56.82%的Z世代大学生表示他们曾经与新媒体平台上的婚恋相关内容进行互动，而11.36%的Z世代大学生表示他们经常与这些内容进行互动。了解这些背后的原因有助于更好地理解新媒体在当代社会中的作用，以及它如何塑造人们的婚恋观和行为。随着新媒体的不断发展，其对婚恋观和行为的影响可能会继续加大，值得持续关注和研究。

（四）新媒体使用对Z世代大学生婚恋观的影响

新媒体在Z世代大学生的婚恋观形成中扮演着复杂而多面的角色。网络博主的个人分享（67.05%）和朋友圈/社交媒体上的恋爱分享（52.27%）成为他们获取婚恋信息的主要渠道。这些内容以真实、接地气的方式呈现，容易引起Z世代大学生的共鸣，从而在他们的婚恋观形成过程中起重要作用。同时，新闻报道和影视作品/小说提供了更广泛的视角，通过真实事件或虚构故事，为Z世代大学生提供了丰富的婚恋素材。

1. 正面影响

新媒体对Z世代大学生的婚恋观产生了一定的正负面影响。从正面来看，新媒体作为一个信息丰富的平台，使Z世代大学生知悉了更多婚恋信息和知识，帮助他们建立起更为全面的婚恋观。网络博主的个人分享和朋友圈/社交媒体上的恋爱分享，为他们提供了真实的案例和多元的视角，从而对自己的恋爱和婚姻有更实际的预期。同时，新媒体上关于性别平等和健康关系的讨论，增强了Z世代大学生对两性问题的认识，这对于建立平等和健康的婚恋关系至关重要（见图5）。

当然，新媒体对Z世代大学生恋爱行为的启发和改变也是多维度和深层次的，这种影响在他们的择偶标准、恋爱观和婚姻观中都有所体现。根据

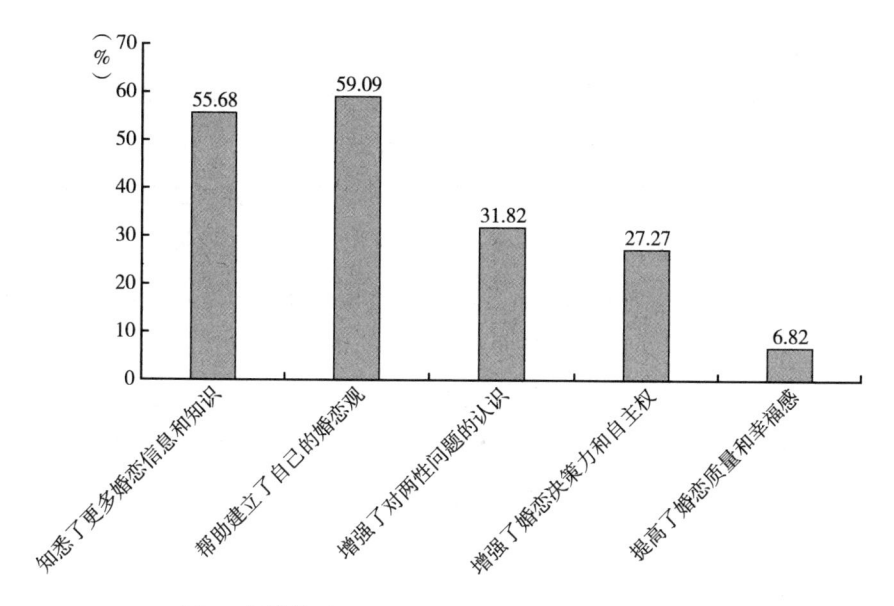

图中数据:
- 知悉了更多婚恋信息和知识: 55.68%
- 帮助建立了自己的婚恋观: 59.09%
- 增强了对两性问题的认识: 31.82%
- 增强了婚恋决策力和自主权: 27.27%
- 提高了婚恋质量和幸福感: 6.82%

图 5　新媒体对 Z 世代大学生婚恋观产生的正面影响

问卷数据可知，网络博主的个人分享和朋友圈/社交媒体上的恋爱分享在 Z 世代大学生中的影响力尤为显著，这些内容不仅提供了恋爱关系的新模式和期望，也鼓励了更真实的自我表达和更谨慎的恋爱决策。

首先，新媒体上的恋爱内容多样化，从甜蜜的恋爱故事到现实的挑战、从浪漫的邂逅到分手后的情感处理，这些内容为 Z 世代大学生提供了一个观察和学习恋爱行为的窗口。他们通过这些故事来了解恋爱中的各种可能性，从而形成或调整自己的恋爱期望和行为模式。例如，一些成功的恋爱案例可能会激励他们追求更健康和平等的关系，而一些失败的案例则可能让他们在恋爱中更加谨慎，避免重蹈覆辙。

其次，新媒体的互动性使大学生能够直接参与恋爱话题的讨论，这种参与感和社区感是传统媒体无法提供的。在评论区的交流、在线调查的参与，甚至是直接向博主提问，这些互动让他们能够获得即时的反馈和建议，从而在实践中不断调整自己的恋爱行为。同时，这种互动也为他们提供了一个表达自己观点和感受的平台，增强了他们在恋爱中的自我认同和自我表达。

2. 负面影响

然而，新媒体的负面影响也不容忽视。新媒体上的负面信息，如失败的婚恋案例和社交媒体上的比较文化，可能导致Z世代大学生对婚恋产生不切实际的期望和过度理想化的看法。这种信息的过度暴露可能会削弱他们对婚恋的积极性，增加社交焦虑和压力（见图6）。在社交媒体上，人们往往只展示生活中最好的一面，这种"完美"的展示可能导致Z世代大学生对恋爱和婚姻有不真实的期待，当面对现实中的挑战时，他们可能会感到失望和困惑。因此，尽管新媒体为Z世代大学生提供了丰富的恋爱信息和启示，但是他们必须发展批判性思维，以确保能够从中获得有价值的信息，并结合自身实际情况，建立健康的恋爱行为模式。

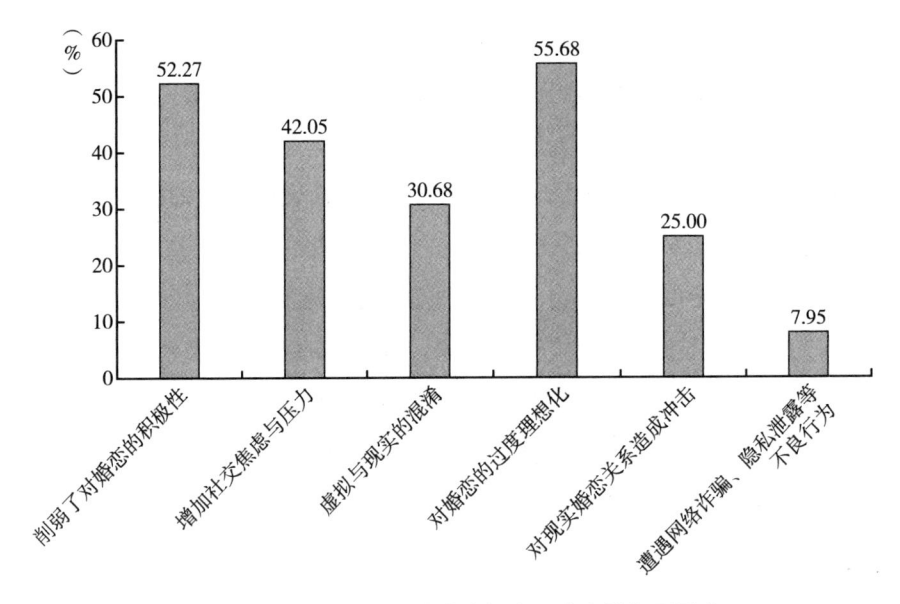

图6 新媒体对Z世代大学生婚恋观产生的负面影响

3. 行为塑造与代际影响

在恋爱行为的具体表现上，新媒体的启发作用也显而易见。例如，一些Z世代大学生可能会模仿新媒体上的恋爱行为，如在特殊日子里为恋人准备惊喜、通过社交媒体公开表达爱意等。这些行为不仅丰富了他们的恋爱生活,也在一定程度上塑造了他们的恋爱身份和形象。

值得一提的是,与传统的家人、朋友和社区相比,新媒体提供了一个更广泛和多元的信息场域,让Z世代大学生能够接触来自不同背景和文化的观点,这些观点可能与传统观念截然不同。这种多样性促进了代际差异的显现,新媒体上的观点往往更加现代和前卫,强调个人自由、性别平等和婚姻的个性化选择,而现实中身边人的看法可能更加传统和保守。

这种差异不仅反映了不同年代的人在价值观念上的变化,还可能导致年轻一代在婚恋选择上与传统观念产生摩擦。同时,新媒体上的婚恋观点往往更加反映了社会文化的最新变迁,如对性别角色的重新定义、对婚姻自由的强调等,而现实中身边人的看法可能更加根植于过去的传统和习俗。这种差异体现了社会文化在不同渠道中传播和接受的速度和程度。

4. 走向理性调适

Z世代大学生更倾向于通过自己的探索和学习来形成自己的婚恋观。他们重视婚恋关系中的个人选择和自主性,而不是完全依赖于周围人的影响。这种自主性的强调,反映了年轻一代对个人自由和自我实现的高度重视。

因此,新媒体在塑造当代年轻人婚恋观方面的强大影响力不容忽视。新媒体的广泛覆盖和易于访问性使它们成为Z世代大学生获取新观点和信息的重要渠道。通过新媒体,Z世代大学生能够接触到各种各样的婚恋故事和建议,这些内容在一定程度上塑造了他们对婚恋的认知和期望。

然而,Z世代大学生可能在新媒体上接触到更多关于理想化婚恋的描述,而在现实生活中,他们可能更直接地面对婚恋关系的实际挑战和复杂性。这种对比可能导致他们对新媒体上的理想化观点持有一定的怀疑态度,也促使他们更加理性地看待恋爱和婚姻。

这样的差异可能促使Z世代大学生发展批判性思维,在面对来自不同渠道的信息时,他们需要学会从不同来源的信息中筛选和评估,形成自己独立的见解。这种批判性思维的培养,对他们在婚恋关系中的决策和行为选择具有重要意义。通过理解和协调新媒体和现实生活中的不同观点,Z世代大学生也可以建立一个均衡和成熟的婚恋观，展现出更加成熟和负责任的态度，享受更加丰富和满意的恋爱生活。

四 社交新媒体引导 Z 世代大学生塑造积极婚恋观的对策

加快建设婚恋友好型社会是缓解大学生婚恋焦虑、引导大学生树立积极婚恋观的重要途径。为了更有效地帮助大学生缓解婚恋压力，需要构建一个多元化的社会支持体系。这个体系应该包括政府、高校、社区、家庭等多个层面，形成全方位的支持网络。政府制定相关政策营造良好的网络环境，学校通过教育和心理辅导来帮助他们树立正确的婚恋观，家庭提供情感上的支持和理解，这需要全社会的共同努力，积极培育新型婚育文化，营造生育友好的社会氛围。

（一）政府营造良好的网络环境

完善法律法规。随着社交媒体的迅速发展，恋爱相关问题不断涌现，要求相关法律法规需要明确针对网络恋爱中的道德失范行为进行规定与惩罚，以避免社交媒体对大学生恋爱观造成负面影响，从而营造良好的学习恋爱知识的网络环境。通过法律手段打击网络暴力、色情内容和不良信息的传播，维护健康的网络生态环境。

加强网络内容监管。社交媒体平台上婚恋话题的信息多样且质量参差不齐，因此应建立完善的网络监督机制，设立专门机构或团队，对涉及婚恋观的网络内容进行监测，对不利于大学生恋爱发展的信息持"零容忍"的态度，进行监督与举报，并给予明确的惩处，以营造良好的网络环境。

推动正面信息的传播与宣传。政府应积极推广社会主义主流文化，使其融入各类社交媒体，营造一个积极向上的网络氛围。通过官方媒体和公共平台积极宣传健康的婚恋观和家庭观，发布关于婚恋知识的科普文章、视频和案例分析，倡导理性、健康的恋爱与婚姻观念，引导大学生树立正确的价值观。

（二）高校发挥婚恋教育主阵地作用

2024年10月国务院办公厅印发《关于加快完善生育支持政策体系推动建设生育友好型社会的若干措施》，在强调"大力倡导积极的婚恋观、生育观、家庭观"的同时，首次提出"加强人口国情国策教育，将相关内容融入中小学、本专科教育"。引导大学生群体树立正确的婚恋观，做好学校婚恋教育非常关键。

课程设置与教育内容。高校应将婚恋教育纳入课程体系，通过开设相关课程，如"心理健康与婚恋关系""家庭教育与婚姻指导""婚姻家庭法"等，不仅可以提供理论支持，还可以通过真实案例发掘大学生的优秀恋爱观，借助生动的人生故事和感染力强的画面，提升恋爱观教育的效果。同时，应注重将传统文化与现代价值观相结合，引导学生树立积极向上的婚恋观。

丰富实践活动。通过组织丰富多样的实践活动，如情感沙龙、主题讲座和工作坊等，针对大学生如何看待爱情、选择伴侣、与异性交往、处理失恋、应对三角恋和婚前性行为等问题，邀请心理学专家、社会学者以及成功人士分享经验和见解。这些活动可以为大学生提供一个开放的交流平台，帮助他们讨论恋爱与婚姻中的困惑和挑战，增强他们的实践能力和情感智力。

利用新媒体平台。借助社交媒体和校园网络平台，传播正确的婚恋观。高校可以通过微信公众号、微博等渠道发布文章、视频和案例分析，使大学生在日常生活中接触到正确的婚恋观。组织线上互动，促进大学生之间的思想交流和碰撞。

提供心理咨询服务。充分利用高校的心理咨询中心，为大学生提供专业的心理辅导与支持。通过个案咨询、团体辅导等形式，帮助大学生解决在恋爱和婚姻中遇到的困惑与问题，提升他们的情感智力和应对能力。心理咨询老师可以针对大学生的普遍困惑，开展相关主题的讲座和工作坊，提升整体的心理健康水平。

家庭与社会合作。高校应与家庭和社会共同合作，引导大学生树立正确的婚恋观。通过家长、学校、社区活动等形式，提高家庭对大学生婚恋观教育的参与度，营造良好的社会氛围。同时，鼓励大学生参与志愿服务和社会实践，提升他们的社会责任感和人际交往能力，从而更好地理解婚恋关系中的相互尊重与支持。

（三）社交新媒体推动信息健康传播

作为信息传播的关键渠道，社交媒体所营造的舆论环境中的多元声音对大学生婚恋观会产生深远影响，极端的婚恋观和误导性的言论容易使大学生陷入情绪的漩涡，从而引发对婚恋的焦虑。因此，社交媒体需要积极承担社会责任，完善功能机制，推动信息健康传播。

加强内容审核和管理。社交媒体应建立严格的内容审核机制，确保推荐给用户的内容符合社会主流价值观和道德标准。在算法中加入对婚恋相关内容的审核，优先推荐积极向上的恋爱观、婚姻观和家庭观的文章、视频和帖子，避免传播负面或不良信息。

优化推荐算法。社交媒体的推荐算法在很大程度上决定了用户接收到的信息内容。因此，优化推荐算法是实现信息健康传播的关键。结合用户的兴趣和行为数据，提供个性化的婚恋内容推荐。通过算法推荐一些关于恋爱心理、沟通技巧、情感管理等教育性内容；通过算法限制和打击传播负面情绪、网络暴力、虚假信息等内容的账号和帖子，对于涉及不良婚恋观的内容，应及时进行屏蔽和删除，维护良好的舆论导向；设立用户反馈机制，让用户能够评价推荐内容的质量，帮助平台不断优化算法，提升推荐的准确性和有效性。

（四）提升大学生的网络媒介素养

提升大学生的网络媒介素养，尤其是社交新媒体素养，可以促进大学生主动寻求和获取优质的婚恋教育资源。在信息环境中，媒介素养使大学生能够有效地利用搜索引擎、社交媒体及在线学习平台，寻找专业的婚恋知识和心理辅导资源。通过接触高质量的教育内容，大学生能够获得关于情感管理、伴侣选择、沟通技巧等方面的知识，从而提升其对婚恋关系的理解和处理能力。

提升大学生的网络媒介素养，能够帮助大学生批判性地分析和评估婚恋相关信息。随着社交媒体的普及，各类关于恋爱和婚姻的观点、经验和案例在网络上广泛传播，其中既有积极的引导，也存在诸多误导和偏见。具备较高网络媒介素养的大学生能够辨别信息的来源与真实性，识别潜在的偏见和刻板印象，从而避免被不良信息影响，有助于他们形成科学、理性的婚恋观。

提升大学生的网络媒介素养，能够增强大学生的自我表达能力，使其能够在社交媒体平台上积极参与关于婚恋话题的讨论，更能自信地分享自己的观点和经验，参与健康的婚恋观传播，形成良好的互动氛围。这种积极的参与不仅有助于个人婚恋观的建立，还能在更大范围内影响同龄人的价值观念。

提升大学生的网络媒介素养，还可以提高其应对网络负面信息的能力。在面对网络暴力、虚假信息及不良婚恋观时，具备较高网络媒介素养使大学生能够保持理性思考，不轻易受其影响，避免过度理想化或消极抵触，从而维护自身的心理健康和情绪稳定。

B.21 短视频对河北城乡老年群体社会参与和价值认同的影响调查[*]

陈丽芳 代丽丽 刘斐然[**]

摘 要： 随着数字化时代的到来，老年人正活跃在互联网和短视频平台上，成为情感表达和社会参与的新力量。抖音等短视频应用，为当代老年人获取知识、社交娱乐、展示自我提供了新平台，加强了老年人的社会连接，增强了老年人在退出劳动力市场后的社会适应与社会参与。这些数字活动丰富了他们的生活，提升了他们的自我价值和认同感。通过对当下河北省城乡老年人短视频使用的情况进行调查，研究短视频使用对老年人社会参与和价值认同的重要影响，通过顶层设计、技术终端、家庭代际等层面的助力，从观念和行动上全面提升老年人的数字获得感和社会融入感。

关键词： 老年人 短视频 社会参与 价值认同

一 研究缘起

（一）研究背景

根据国家统计局发布的《中华人民共和国 2022 年国民经济和社会发展

---

[*] 本文为 2023 年河北省级创新创业课程建设项目"专创融合课程：新闻采访与写作（1）"阶段性研究成果、2024 年河北省社会科学发展研究课题"面向应急语言服务的河北省城市语言规划研究"阶段性研究成果。

[**] 陈丽芳，华北科技学院新闻系主任，教授，主要研究方向为网络舆情、传播社会学、新闻传播实务；代丽丽，华北科技学院副教授，主要研究方向为认知语言学；刘斐然，华北科技学院新闻学专业本科生，主要研究方向为新闻学。

统计公报》，我国60岁及以上人口总量为2.80亿人，占全国人口的19.8%，其中65岁及以上人口突破2.10亿人，占总人口的14.9%，中国社会已迈入中度老龄化阶段。我国人口老龄化程度进一步加深，推进实施积极应对人口老龄化国家战略的迫切性进一步凸显。

2002年，世界卫生组织首次提出"积极老龄化"的概念，将积极老龄化定义为"为提高老年人的生活质量，尽可能优化其健康、社会参与和保障机会的过程"。党的二十大明确提出实施积极应对人口老龄化国家战略，将"积极老龄化"作为老年群体生存发展权益逐步得到保障的过程。中国人口学会会长翟振武指出，促进老年人的社会参与是应对人口老龄化挑战的关键。在此愿景之下，社会各方都在积极构建更为包容的环境，为老年群体提供更多社会参与、社会创造的机会，充分实现自身价值。

近年来，随着科技不断发展，越来越多的老年人跨越数字鸿沟，开启了晚年的互联网时代。中国互联网络信息中心（CNNIC）第54次《中国互联网络发展状况统计报告》显示，截至2024年6月，我国网民规模已接近11亿人，互联网普及率达到78%，60岁以上的网民数量占我国网民整体的14.3%；在2024年上半年新增的742万名网民中，60岁及以上的占比高达20.8%，老年网民的比重逐年攀升，凸显出老年群体对数字生活的积极参与。

随着智能手机和4G/5G技术的基本普及，手机短视频异军突起，迅速发展成为一种新兴的内容传播平台。抖音、快手、火山小视频等凭借简单易上手、内容易懂的特点深受老年群体欢迎。据CNNIC最新统计，我国短视频用户规模达10.50亿人，占网民整体的95.5%，抖音发布的《2021抖音银龄社会责任报告》指出，短视频已成为一种新的老龄社会参与方式，是老年人与社会保持联系、维系和拓展社交网络的重要途径。

（二）研究意义

关爱老人是中华民族的传统美德，新时代老龄工作不仅要关注老年人身体方面的问题，还要关心老年人的心理问题，不仅要在身体上让老年群体获得幸福感，还要在心理上保障老年群体的获得感。身处信息化时代，老年人上网问题理应受到更多关注，包括老年群体上网时的内容喜好，了解他们的短视频使用习惯，有助于理解老年人在数字时代下寻求自我价值认同的过程，凸显老年人的社会参与，改善"数字不平等"的现状，弥合数字鸿沟。同时，在积极老龄化时代，为政府提供一定的决策参考，提高老年群体的媒介素养以及数字化生存能力。

（三）研究方法

运用质化和量化相结合的研究方法，以新闻传播学为核心，整合人口学、老年学、社会学、心理学的相关理论与研究方法。运用知识图谱、共词分析等文献计量法进行文献研究，对老年数字鸿沟、老年媒介素养、智能媒体与老年人社会参与、老年人自我认同等相关文献进行查阅与梳理，为本研究的框架建构、实证研究和思考讨论奠定理论基础；运用问卷调查、数据分析等定量研究方法展现老年人短视频使用的整体状况，采用综合评价模型，使用问卷的信度分析、效度分析、综合分析中的优劣解距离法（TOPSIS）等对问卷数据进行全方面分析，旨在全面地用数据解释课题，提炼问题，更好地解决问题；运用深度访谈等质性研究方法，了解国家相关政策方案实施后的效果及存在的问题，了解老年人通过短视频进行社会参与、实现自我价值认同的现状与特征。

二 研究设计

（一）研究对象

学界对于老年人的定义没有统一的定论。全国人口普查、中国综合社会调查（CGSS）、CNNIC《中国互联网络发展状况统计报告》把60岁及以上作为调查对象的一个年龄梯队；有学者认为65岁及以上为老年人，也有学者将我国的法定退休年龄（男性60岁、女性55岁）作为划分老年人的标准。

本研究结合我国法定退休年龄的划分标准，研究对象是居住在河北省域内、年龄为55岁及以上、具有一定听读能力的老年人。结合课题组的调研实际情况，主要以河北省廊坊市、石家庄市、秦皇岛市及保定市的城乡老年群体为研究对象，一定程度上能够反映河北省城乡老年群体短视频接触的普遍状况，具有一定的代表性和典型性。

（二）问卷设计

采用了线上与线下相结合的问卷调查方式。线上调查问卷主要针对除老年人之外的第三方，了解他们对于短视频与老年人社会参与的看法与态度；线下调查问卷主要针对55岁及以上的老年人，了解他们使用短视频的具体情况、老年用户通过短视频进行社会参与的状况、自我价值认同情况，构建调查数据体系。为避免问卷调查的误差和偏差，首先进行小范围（20人）的预调查，结果显示问卷具有良好的信效度水平，能够保证调查的准确性和信息的完整性。

（三）样本情况

本研究于2023年4~5月在河北省范围内分别进行了两次问卷调查。问卷一（样本一）针对除老年人之外的群体，从第三视角对短视频与老年人之间的关系进行调查，收回电子问卷202份，有效问卷202份，有效回收率为100%，其中男性占48.6%，女性占51.4%。问卷二（样本二）面向55岁及以上的老年人对短视频使用的具体情况展开调查，共收回270份问卷（纸质问卷72份，电子问卷198份），剔除无效问卷5份，共获得有效问卷265份，有效回收率约为98%，其中男性占43.7%，女性占56.3%。

三 数据分析

（一）信度分析

1.问卷一信度分析

表1展示了问卷一的信度检验结果，包括Cronbach's α系数、标准化Cronbach's α系数、项数、样本数，用于测量数据的信度水平。Cronbach's α

系数：评价收集的数据是否真实可靠，据此排查出题不合理或胡乱作答。标准化 Cronbach's α 系数：标准化是为了转化不同分值的量表进行统一度量，在量纲不一致的时候，如 5 分制和 10 分制的量表在一起分析时需要进行标准化。项数：参与信度分析计算的变量数。

问卷一的 Cronbach's α 系数为 0.903，在 0.9 以上，证明问卷一的信度甚佳，具有良好的稳定性。

表 1　问卷一信度检验

Cronbach's α 系数	标准化 Cronbach's α 系数	项数	样本数
0.903	0.926	9	202

2. 问卷二信度分析

表 2 展示了问卷二的信度检验结果，包括 Cronbach's α 系数、标准化 Cronbach's α 系数、项数、样本数，用于测量数据的信度水平。问卷二的 Cronbach's α 系数为 0.911，大于 0.9，说明该问卷信度较好，具有良好的稳定性。

表 2　问卷二信度检验

Cronbach's α 系数	标准化 Cronbach's α 系数	项数	样本数
0.911	0.94	11	265

（二）效度分析

1. 问卷一效度分析

表 3 展示了问卷一的 KMO 检验和 Bartlett 球形检验的结果，用来分析问卷一是否可以进行因子分析。通过 KMO 检验，KMO 值为 0.883，大于 0.6，说明了题项变量之间是存在相关性的，符合因子分析要求；通过了 Bartlett 球形检验，P<0.05，呈显著性，可以进行因子分析。

表3 问卷一效度检验

KMO 值		0.883
Bartlett 球形检验	近似卡方	372.107
	df	19
	P	0.000***

注：***、**、*分别代表1%、5%、10%的显著性水平。

2. 问卷二效度分析

表4展示了问卷二的 KMO 检验和 Bartlett 球形检验的结果，用来分析问卷二是否可以进行因子分析。通过 KMO 检验，KMO 值为 0.905，大于 0.6，说明了题项变量之间是存在相关性的，符合因子分析要求；通过了 Bartlett 球形检验，P<0.05，呈显著性，可以进行因子分析。

表4 问卷二效度检验

KMO 值		0.905
Bartlett 球形检验	近似卡方	242.512
	df	21
	P	0.000***

注：***、**、*分别代表1%、5%、10%的显著性水平。

（三）因子分析

1. 问卷一因子分析

根据矩形方阵设计进行挑选，确定了三个因子：短视频对老年社交的作用、短视频对老年人紧跟时代潮流的正向作用、短视频对缩小代沟所产生的影响。

表5为问卷一因子分析结果，包括潜变量、分析项、非标准载荷系数、z 检验结果等。测量关系时第一项会被作为参照项，因此不会呈现 P 值等统计量。由此可知，三个因子的标准化载荷系数均大于 0.6，因子测量关系良好。

表5　问卷一因子分析结果

因子	变量	非标准载荷系数	标准化载荷系数	z	S.E.	P
因子1	我认为短视频对老年社交有帮助	1	0.632	—	—	—
因子2	我认为短视频有助于老年人紧跟时代潮流,更好地了解国家大事、社会现状	1	0.873	—	—	—
因子3	我认为短视频可以帮助老年人与我增进关系,增加共同话题。	1	0.827	—	—	—

注：***、**、*分别代表1%、5%、10%的显著性水平。

2.问卷二因子分析

根据矩形方阵设计进行挑选，确定了三个因子：短视频对老年社交的作用、短视频对老年人紧跟时代潮流的正向作用、短视频对缩小代沟所产生的影响。

表6为问卷二因子分析结果，包括潜变量、分析项、非标准载荷系数、z检验结果等。测量关系时第一项会被作为参照项，因此不会呈现P值等统计量。由此可知，三个因子的准化载荷系数均大于0.6，因子测量关系良好。

表6　问卷二因子分析结果

因子	变量	非标准载荷系数	标准化载荷系数	z	S.E.	P
因子1	我认为短视频对老年社交有帮助	1	0.901	—	—	—
因子2	我认为短视频有助于老年人紧跟时代潮流,更好地了解国家大事、社会现状	1	0.779	—	—	—
因子3	我认为短视频可以帮助老年人与我增进关系,增加共同话题。	1	0.864	—	—	—

注：***、**、*分别代表1%、5%、10%的显著性水平。

表7展示了TOPSIS分析的结果，根据结果对各个指标的权重进行分析。总体而言，短视频的使用增加了老年人与家人和朋友交流的频率，大部分老

年人在遇到感兴趣的视频后会进行转发,这不仅增加了老年人结识新朋友的机会,还在一定程度上促进了老年人与子女的互动。

表7 TOPSIS分析

项	信息熵值 e	信息效用值 d	权重系数
短视频可以帮助老年人与年轻人增进关系,增加共同话题	0.981	0.019	17.566%
老年人可以从短视频中学到知识并将其运用于生活实践	0.984	0.016	15.122%
短视频有助于老年人紧跟时代潮流,更好地了解国家大事、社会现状	0.988	0.012	11.106%
老年人在使用短视频后心情、性格会有明显转变	0.988	0.012	11.543%
老年人会通过短视频扩散虚假新闻	0.952	0.048	44.663%

（四）描述性分析

由图1可见,调查问卷涵盖老年人的年龄范围较广,最小为55岁,最大可达97岁,其中占比最高的是60~70岁的老年人,也是短视频平台中最活跃的老年人年龄层。

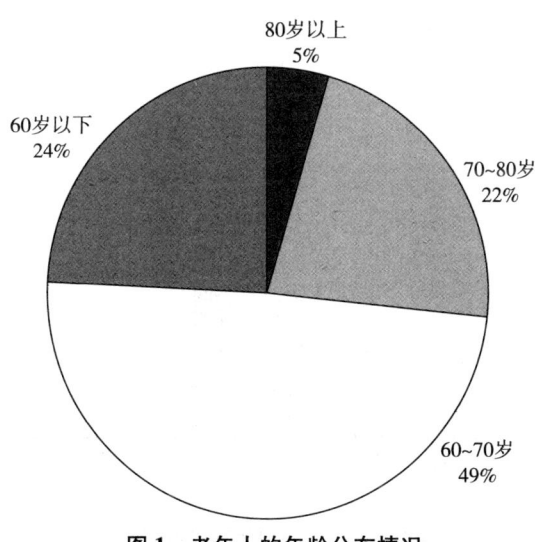

图1 老年人的年龄分布情况

由图2可知，大部分老年人每天观看短视频的时长在3~5小时，时间较为合理，但也有部分老年人每天观看短视频超过5小时，易造成网络沉迷。

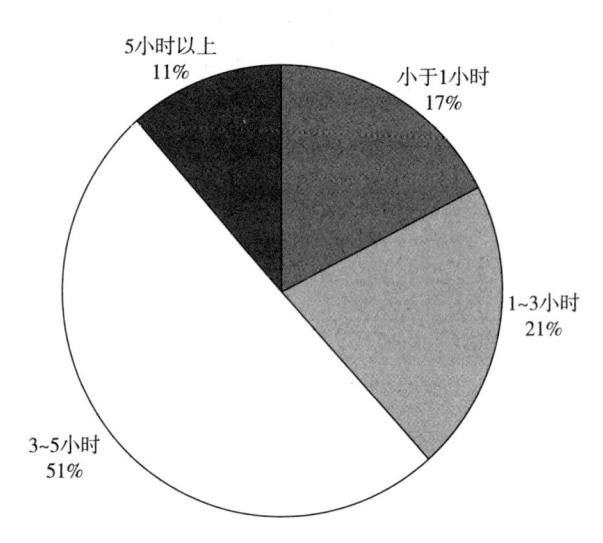

图2 老年人每天观看短视频的时长

由图3可知，老年人使用的短视频平台较为多样，其中抖音使用人数最多，其次是微信视频号和快手。

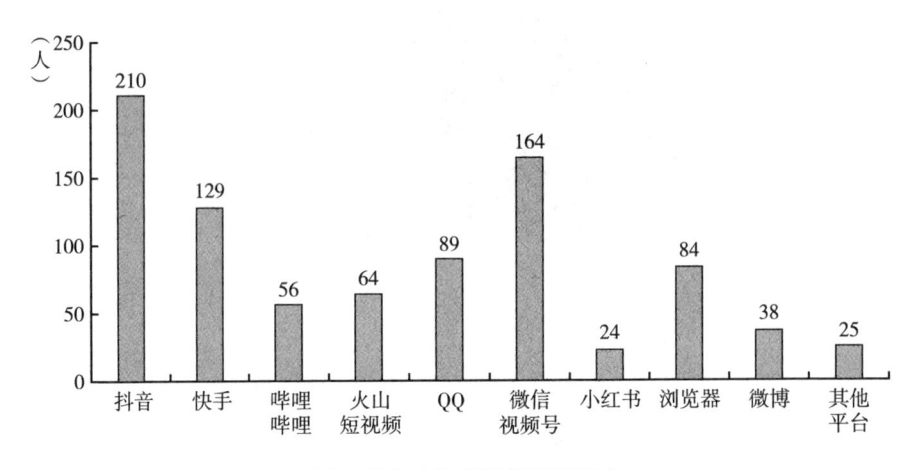

图3 老年人使用的短视频平台

由图 4 可知，老年人在遇到感兴趣的短视频后，大部分老年人会选择点赞、收藏、转发，但极少数老年人会点进博主首页进行关注。

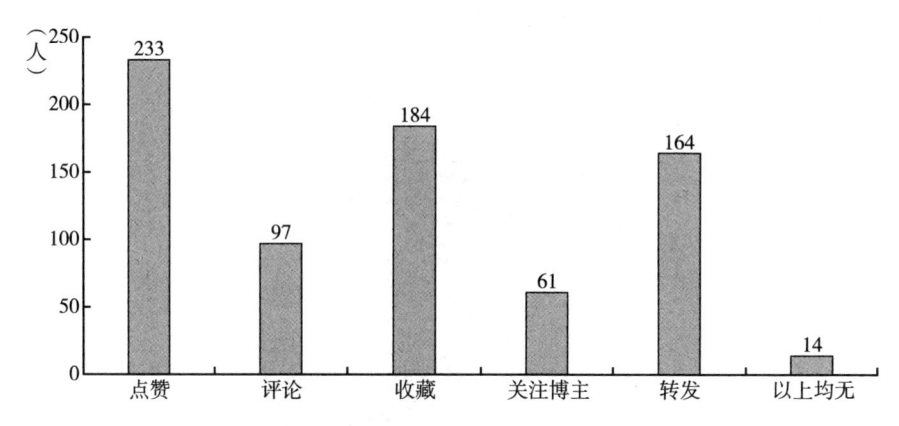

图 4 老年人遇到感兴趣的短视频的做法

图 5 展示了老年人喜欢的短视频类型，在调查的 265 位老年人中有 245 位选择了新闻，说明绝大多数老年人会观看短视频平台上的新闻，这一定程度促进了老年人紧跟时代潮流，缩小数字鸿沟，增强老年人了解社会热点与时事新闻的能力。

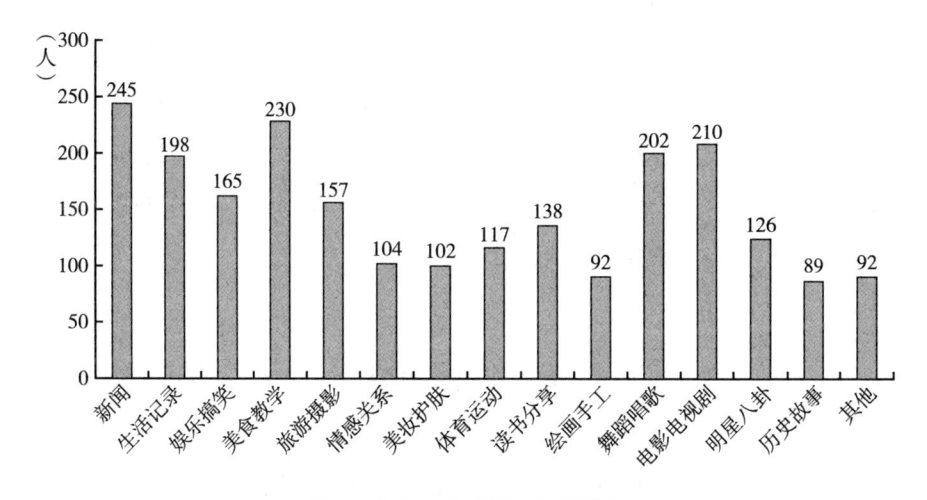

图 5 老年人喜欢的短视频类型

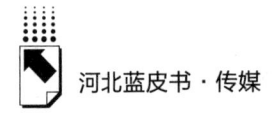

由图6可知，绝大多数年轻人曾指导老年人使用短视频，这在一定程度上可以有效说明大部分老年人对短视频平台持较积极的态度，比较愿意去接受这一新兴事物，并且为老年人在短视频平台更多的操作奠定基础。

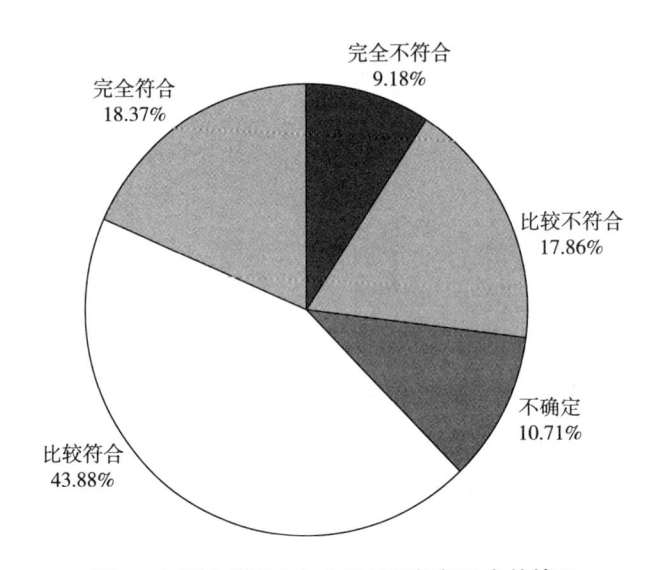

完全不符合 9.18%
完全符合 18.37%
比较不符合 17.86%
不确定 10.71%
比较符合 43.88%

图6 年轻人指导老年人使用短视频平台的情况

向子女请教短视频平台的使用方法，跟子女交流、分享视频内容，在平台上进行评论互动等，能够加强老年社交和老年人与家庭成员的沟通，从而对老年人的性格产生积极影响，对老年人的自我价值认同起到积极作用。

此外，老年人能够较好地从短视频中汲取相关经验，并将其运用到生活实践中，如美食食谱、生活小技巧等，也在一定程度上加强了其与家庭成员的沟通，缩小代沟，增强老年人的代际联系。

四 研究结果

（一）短视频对河北省老年人社会参与具有正向作用

2021年，中国人民大学人口与发展研究中心与抖音联合发布了《中老年人短视频使用情况调查报告》，总结了短视频加强老年人社会参与的具体类型：作为老年人与家人、朋友交流的工具，短视频强化了老年人的代际联系、削弱了老年人的孤独感、保障了老年人的心理健康；作为老年人获取信息的渠道，短视频满足了老年人的精神需求、帮助了老年人了解了社会变化、促进了老年人的社会融合和社会适应；作为老年人展示技艺、分享知识的平台，短视频有助于老年人实现原职业以外的自我认同。

1. 短视频可以提高与家人、朋友的联系频率

短视频不仅是中老年人的表达渠道，还在社交层面帮助老年人增进与家人、朋友的关系。

课题组本次调研数据显示，19.6%的老年人表示短视频加强了其和子女或孙子女之间的互动和交流。而按产品划分，在使用抖音的用户中，20.1%的老年人认为短视频加强了其与子女、孙子女之间的互动和交流，高于不使用抖音用户的16.1%。具体而言，短视频的使用能提高老年人与家人交流的频率。使用短视频能够提高交流频率的预测占比为76.6%，高于上网但不使用短视频的69.5%，且使用短视频时间越长，效果越好，其中，当使用时间大于3年时，该占比提高至82.8%。

除了家庭关系，短视频的分享和互动属性对老年人的朋友关系也有促进的作用。例如，一些老年人经常会在短视频平台中刷到同村人的直播和作品，他们会在直播间点赞互动。新的互动方式加强了朋友之间的交流，报告数据显示，使用短视频提高了原有朋友交流频率的预测占比为72.0%，显著高于上网但不使用短视频的58.7%，且同样呈现与使用时间的关系，其中，当使用时间大于3年时，该占比提高至81.2%。

2. 短视频可以影响老年人的心情和性格

调研数据显示，认为老年人在使用短视频后心情、性格会有明显转变的人数占总人数的52.58%，说明大部分老年人认为短视频对老年人的心情和性格有影响。大部分老年人现在将短视频作为主要的娱乐活动之一，他们使用短视频以后心情变得更加舒畅，性格也变得更加开朗，孤独感不断被削弱。多数老年人会给其他人分享自己的短视频，这也成为他们一个有效的社

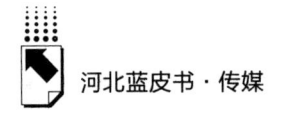

交手段。

3. 短视频成为老年人自身价值实现的重要渠道

由于老年人的生理特性以及脱离工作岗位的社会特性,老年人缺乏与社会之间的联系,容易影响个人的身心健康。中国人口学会会长、中国人民大学人口与发展研究中心主任翟振武认为,退休后的老年人,普遍面临与工作相关的主要社会角色的消失、社会关系网缩小、社会参与度降低、生活丰富度下降和幸福感削弱等问题。此外,健康水平的日益提高使老年人在退休后依然可以实现自身价值,同时老年人有继续实现自我价值的需求。而要想实现自我价值,除了通过再就业等方式,还可以通过丰富的文娱生活。传统的电视、广播对于老年人来说只能做到信息的输入,传统的文字创作、音乐创作等存在一定门槛,互联网和短视频的出现,或许为这些问题找到了突破口。

互联网对于老年人来说已不是什么前沿科技,相当一部分老年人已学会了上网。从本次调研的数据来看,老年人使用互联网短视频的人数占全部调查人数的61.03%,而随着更多的老年人学会上网,以及其他年龄段网民步入老年,互联网在老年群体的渗透率将持续上升。老年短视频创作者在平台中展示技艺、分享知识,因此短视频有助于老年人实现除原职业以外的社会参与,进而达到自我认同,实现自我价值。

(二)短视频对河北省老年人自我价值认同具有正向作用

1. 短视频有利于老年人了解时事,跟上时代步伐

报告数据显示,喜爱新闻内容短视频的老年人占参与调研人数的47.66%,证明有许多老年人通过短视频关注新闻时事。短视频为老年人不出家门就可以了解新闻热点提供了便利,使其不断更新观念,紧跟时代潮流。老年人会关心国内外大事,了解社会变革,学习新知识,接受新观念,紧跟时代的步伐。短视频让老年人的心变得更年轻,激发了他们旺盛的求知欲。

2. 老年人对于短视频的教育引导需求较为强烈

调查数据显示，62.05%的老年人曾经需要子女教授短视频的使用方法，说明老年人在如何下载和使用短视频上存在障碍，对如何使用短视频的教育需求加大。随着网络社会的发展，一些网络流行语盛行，并且老年人接受新鲜事物的能力逐渐下降。老年人更加深入地了解网络文化存在一定的困难，这就需要短视频平台增加网络文化教育及现代社会文化教育的内容，充分发挥短视频的教育引导作用，提供更多适合老年人社会参与和实现价值认同的视频内容，让老年人在刷短视频的同时可以获得新的技能和知识。

随着互联网的快速发展，抖音、快手等短视频平台对积极推广老年教育，使老年人能够老有所学发挥了重要作用。一方面，短视频能够打破时空限制，让老年人实现随时随地学习，利用碎片化的时间增加老年人获得知识的机会。另一方面，短视频在一定程度上能够提升老年人的社会参与度和生活幸福感，丰富老年人与社会的接轨渠道，有助于我国实现"积极老龄化"，促进老年人更好地融入和享受数字生活。此外，短视频能够以寓教于乐的形式在潜移默化中帮助老年人获取新闻时事、反诈防骗、健康养生等知识内容，紧跟时代发展。

五 老年群体通过短视频进行社会参与存在的问题

（一）思想层面

随着短视频的发展，老年人的社会参与和价值认同受到了冲击，老年人对社会产生了陌生感。一直在时刻进步的互联网，新鲜感与陌生感占据了人们的主观情绪。随着社会老龄化的不断加深，知识不断更新，那些不主动学习新知识、新技术的人们被加速淘汰。周晓虹结合文化反哺和代沟的研究，在众多造成代沟的因素中，反复强调了媒体（尤其是新媒体，其内涵与外延随着年代而变化）使用所造成的知识、观念、生活方式的连锁代沟，并

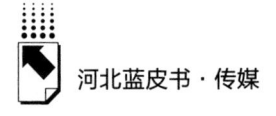

总结道:"大众传播媒介的发展本身也可以是划分不同代际的利器。"①

积极参与社会活动的老年人更倾向于形成积极的价值观,并且更能够适应社会变迁。社会参与为老年人提供了与社会保持联系的桥梁,有助于他们获得信息、分享经验,并感受到社会的支持和认同。因此,建议社区和相关机构应增加针对老年人的社会活动,如兴趣小组、社区服务等,以提高他们的社会参与度。互联网的发展也重塑了老年人的思想,一些老年人善于运用短视频平台,喜欢用短视频记录生活,甚至成为"银发网红"。但是更多的老年人不太会使用短视频平台,老年人在步入数字化生活的过程中,面临文化冲击、利益裹挟、形象被"丑化"、情感哄骗以及时间消耗等挑战,这些挑战对老年人的身心都会产生负面影响。

(二)行为层面

价值认同对老年人的心理健康和社会适应至关重要。研究表明,具有明确价值认同的老年人更能保持积极的生活态度,并且在面对社会信息的冲击时更有判断力。建议通过教育和媒体宣传,加强社会主义核心价值观的普及,帮助老年人建立和巩固积极的价值观。

2000年,联合国提出了"信息无障碍"的概念,其目的是使任何个体都可以方便地获得基本信息,或者在任何情况下使用通畅的信息交流手段,以接近的成本获得基本信息。以老年人为代表的群体在数字化社会中面临的诸多问题,开始在数字化、社交化、视频化日益成为趋势的媒介环境中浮出水面,将这些过去被大众忽略的问题置于聚光灯下。

多元化的价值取向给老年人带来正面情绪的同时,使负面情绪在他们心里"发芽"。老年人被网络诈骗的事情屡屡发生,大量的"摆拍"视频充斥在短视频平台上,此类视频呈现的内容大多与现实不符,却吸引了大量用户,激发了他们的好奇心,抓住了他们猎奇的心理,视频创作者、视频平台以及相关广告商家都能从中牟取经济利益,而这些"摆拍"视频往往涉及

---

① 周晓虹:《文化反哺与媒介影响的代际差异》,《江苏行政学院学报》2016年第2期。

社会的方方面面，甚至有一些老年人也参与这类传播虚假新闻的违法队伍中。

在老年人参与短视频制作的过程中，存在隐私泄露的风险。因为制作短视频时，许多用户亲自出镜，拍摄自己周围的环境，这可能导致个人隐私的无意曝光。由于老年人对网络知识的不熟悉，他们在保护个人隐私方面的警觉性通常较低，更有可能在不经意间透露个人信息，从而引发安全问题。

（三）平台层面

短视频平台目前针对老年人的短视频过少，并且内容热度和优质程度都较低。短视频平台的监管力量不足，出现了短视频传播虚假内容的现象，造成了一部分老年人被不法分子诈骗。网经社"电数宝"电商大数据库显示，"抖音电商"疑似存在退款、商品质量较差、货不对板、虚假促销、售后服务不及时、网络售假等问题。短视频平台的界面着重提高收视数据与流量变现，各类互动按钮、消费引导与插入广告导致许多短视频内容"臃肿"，与老年人追求简单醒目的使用习惯产生了矛盾。

近一半的老年被调查者表示，"不知道如何安装和操作软件"是使用过程中遇到的最大问题。部分受访者在使用过程中误操作下载了平台推送的广告软件。老年人对新事物、新技术的接受有一定难度，故意引导用户误触的各类开屏广告、内置广告也使"不慎下载广告中的App"成为老年人使用短视频平台时的常态。

六 短视频对老年群体社会参与和价值认同的提升建议

（一）国家和政府加强整顿，把握舆论引导权

传统媒介发布的新闻、中国传统文化精髓，以及社会正面能量等，都是社会主流价值的重要组成部分。在短视频平台这一传播渠道中，充分利用其影响力，发挥其在舆论引导和社会教育方面的积极作用，显得尤为关键。用

户在短视频平台上积极表达自己的观点,形成了多元化的意见交流,不同的想法在这里相互碰撞。政府官方账号应积极利用短视频,向公众传播主流价值观,营造一个健康、文明、积极的社会舆论氛围。

短视频的积极发展与社会主义核心价值观相契合,有助于推动社会主义核心价值观在短视频领域的实践。在数字化时代背景下,短视频作为一种新兴媒体形式,对老年人的社会参与和价值认同产生了深远影响。老年人接触短视频后,他们的社会参与方式和评价体系可能会发生变化,并逐渐形成新的认知结构。

(二)平台服务监管加强,增强老年人的体验感

推动老年友好型服务的发展,实施防沉迷机制。针对老年人的网络依赖问题,适老化的智能产品和服务开发显得至关重要。开发者需要考虑到老年人的特殊需求,根据他们的个性化特征对数字技术和应用场景进行调整,以促进老年经济的发展。平台应提供定制化的用户体验选项,如调整字体大小、界面布局等。考虑到视力减退的问题,老年人倾向于使用字体较大的手机,更偏好观看标题突出、字体较大的视频内容。

平台内预防管控,设置相应规章。在短视频流行的年代,用户鉴别、核实能力的不足导致不良短视频的传播,不仅令自身轻信虚假信息和谣言,还有可能二次传播并影响现实生活。因此,短视频平台应当肩负起相应的责任,从源头进行规制,优化内容,从技术与制度两个方面进行双重保障。平台还可以从技术协助、使用者反馈、优化算法等多个方面着手,进一步改善银发群体的短视频平台使用环境,并进一步减少老年人对网络的情感依赖。

平台应加强管理,防止诈骗再生。抖音与中国人口学会共同成立"银色闪耀专家顾问团",陆续邀请人口学、老年学等领域的权威专家,围绕"老年人面临的数字鸿沟"核心议题,进行问题研判和解决方案研讨。除在线下开展教育之外,抖音还鼓励创作者多发布优质适老内容,如老年人网络安全知识等,得到很多账号的积极响应。

短视频平台和社区共同作为,一起保障老年人的隐私安全。短视频平台应

在创作发布界面增添必读的隐私保护提醒须知，可针对老年人推送隐私安全保护科普视频和答题活动，普及个人隐私保护知识。社区可定期开展科普教学活动和展览，并对社区内的老年人进行访问，关注老年人的上网安全状况。

加强涉老视频审核，优化推送机制。未来，短视频平台需要考虑将老年群体相关的短视频使用予以专门分类，与其他人群的使用区别开来，并行管理，以进一步促进老龄化加深下短视频行业的健康发展。对老年人的消费行为设立门槛（如答题、设置消费上限等），并加强对直播带货商品质量的监管。短视频平台还应改进推送机制，降低推送视频频率，改变推送视频节奏，防止老年人不断更新视频。短视频平台还可以为拥有合理休息时间并长时间间歇观看短视频的老年用户提供虚拟奖励、折扣券，鼓励老年人适当休息，防止沉迷。

（三）青年帮助老年，实现代际数字反哺

鉴于代际的数字鸿沟，要加强跨代合作，通过数字反哺等方式，让年轻一代帮助老年人提高新媒体使用技能，同时老年人可以将传统知识和经验传授给年轻人，实现知识的传承和互补。年轻人在短视频的下载和运用上帮助老年人，可以开展青年人和老年人一对一的帮扶和线上交流等活动，让老年人感受到青年人和社会的关怀，更好地融入网络社会。家庭成员应更多地推动老年人的社会参与和价值认同提升，鼓励年轻一代与老年人进行更多的交流和互动，帮助他们理解和适应新媒体环境。同时，老年人应主动学习新技能，积极面对社会变化，形成积极的价值观。

一方面，年轻一代的生长环境与网络的普及和发展密切相关，他们属于从小"浸泡"在智能设备与网络之中的数字原住民，具备丰富的数字化时代生存经验以及媒介使用经验。另一方面，天然的血缘联结能够减少乃至消除银发群体在接触新技术时的心理抵触，在一定程度上更加有利于银发群体学习与适应新技术。

（四）面对数字鸿沟，老年人提升媒介素养迫在眉睫

在数字化、社交化、视频化日益成为趋势的媒介环境下，以老年人为代

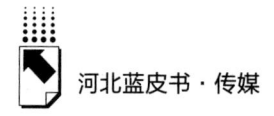

表的群体在数字化社会中面临的诸多问题开始浮现，使这些以往被大众忽视的问题得以放置在聚光灯下。以数字反哺、适老化改造等方式，通过媒介素养的提升以及心理满足，摆脱这一数字化背景下的老年困境。

随着媒介技术的不断进步，媒介素养教育在获取知识和信息方面的作用日益凸显。提升公众运用媒介的能力，即媒介素养，成为确保媒介功能的关键。对于老年人来说，提升他们的媒介素养是预防沉迷的基础，这有助于他们识别网络世界的真伪，防止在短视频平台上过度投入情感、时间和金钱，以及避免数字依赖和网络诈骗等问题。老年人投身于短视频创作，有助于缩小他们与年轻一代及社会快速发展之间的数字差距。数字排斥是数字鸿沟的显著特征，而数字融合则是解决这一问题的过程，应当努力将老年群体纳入数字融合的进程中。

社会科学文献出版社

皮 书

智库成果出版与传播平台

❖ 皮书定义 ❖

皮书是对中国与世界发展状况和热点问题进行年度监测，以专业的角度、专家的视野和实证研究方法，针对某一领域或区域现状与发展态势展开分析和预测，具备前沿性、原创性、实证性、连续性、时效性等特点的公开出版物，由一系列权威研究报告组成。

❖ 皮书作者 ❖

皮书系列报告作者以国内外一流研究机构、知名高校等重点智库的研究人员为主，多为相关领域一流专家学者，他们的观点代表了当下学界对中国与世界的现实和未来最高水平的解读与分析。

❖ 皮书荣誉 ❖

皮书作为中国社会科学院基础理论研究与应用对策研究融合发展的代表性成果，不仅是哲学社会科学工作者服务中国特色社会主义现代化建设的重要成果，更是助力中国特色新型智库建设、构建中国特色哲学社会科学"三大体系"的重要平台。皮书系列先后被列入"十二五""十三五""十四五"时期国家重点出版物出版专项规划项目；自2013年起，重点皮书被列入中国社会科学院国家哲学社会科学创新工程项目。

皮书网

（网址：www.pishu.cn）

发布皮书研创资讯，传播皮书精彩内容
引领皮书出版潮流，打造皮书服务平台

栏目设置

◆ 关于皮书
何谓皮书、皮书分类、皮书大事记、
皮书荣誉、皮书出版第一人、皮书编辑部

◆ 最新资讯
通知公告、新闻动态、媒体聚焦、
网站专题、视频直播、下载专区

◆ 皮书研创
皮书规范、皮书出版、
皮书研究、研创团队

◆ 皮书评奖评价
指标体系、皮书评价、皮书评奖

所获荣誉

◆ 2008年、2011年、2014年，皮书网均在全国新闻出版业网站荣誉评选中获得"最具商业价值网站"称号；

◆ 2012年，获得"出版业网站百强"称号。

网库合一

2014年，皮书网与皮书数据库端口合一，实现资源共享，搭建智库成果融合创新平台。

皮书网

"皮书说"
微信公众号

权威报告·连续出版·独家资源

皮书数据库
ANNUAL REPORT(YEARBOOK) DATABASE

分析解读当下中国发展变迁的高端智库平台

所获荣誉

- 2022年，入选技术赋能"新闻+"推荐案例
- 2020年，入选全国新闻出版深度融合发展创新案例
- 2019年，入选国家新闻出版署数字出版精品遴选推荐计划
- 2016年，入选"十三五"国家重点电子出版物出版规划骨干工程
- 2013年，荣获"中国出版政府奖·网络出版物奖"提名奖

皮书数据库　　"社科数托邦"微信公众号

成为用户

登录网址www.pishu.com.cn访问皮书数据库网站或下载皮书数据库APP，通过手机号码验证或邮箱验证即可成为皮书数据库用户。

用户福利

- 已注册用户购书后可免费获赠100元皮书数据库充值卡。刮开充值卡涂层获取充值密码，登录并进入"会员中心"—"在线充值"—"充值卡充值"，充值成功即可购买和查看数据库内容。
- 用户福利最终解释权归社会科学文献出版社所有。

数据库服务热线：010-59367265
数据库服务QQ：2475522410
数据库服务邮箱：database@ssap.cn
图书销售热线：010-59367070/7028
图书服务QQ：1265056568
图书服务邮箱：duzhe@ssap.cn

卡号：627592113739
密码：

S 基本子库
SUB DATABASE

中国社会发展数据库（下设 12 个专题子库）

紧扣人口、政治、外交、法律、教育、医疗卫生、资源环境等 12 个社会发展领域的前沿和热点，全面整合专业著作、智库报告、学术资讯、调研数据等类型资源，帮助用户追踪中国社会发展动态、研究社会发展战略与政策、了解社会热点问题、分析社会发展趋势。

中国经济发展数据库（下设 12 专题子库）

内容涵盖宏观经济、产业经济、工业经济、农业经济、财政金融、房地产经济、城市经济、商业贸易等 12 个重点经济领域，为把握经济运行态势、洞察经济发展规律、研判经济发展趋势、进行经济调控决策提供参考和依据。

中国行业发展数据库（下设 17 个专题子库）

以中国国民经济行业分类为依据，覆盖金融业、旅游业、交通运输业、能源矿产业、制造业等 100 多个行业，跟踪分析国民经济相关行业市场运行状况和政策导向，汇集行业发展前沿资讯，为投资、从业及各种经济决策提供理论支撑和实践指导。

中国区域发展数据库（下设 4 个专题子库）

对中国特定区域内的经济、社会、文化等领域现状与发展情况进行深度分析和预测，涉及省级行政区、城市群、城市、农村等不同维度，研究层级至县及县以下行政区，为学者研究地方经济社会宏观态势、经验模式、发展案例提供支撑，为地方政府决策提供参考。

中国文化传媒数据库（下设 18 个专题子库）

内容覆盖文化产业、新闻传播、电影娱乐、文学艺术、群众文化、图书情报等 18 个重点研究领域，聚焦文化传媒领域发展前沿、热点话题、行业实践，服务用户的教学科研、文化投资、企业规划等需要。

世界经济与国际关系数据库（下设 6 个专题子库）

整合世界经济、国际政治、世界文化与科技、全球性问题、国际组织与国际法、区域研究 6 大领域研究成果，对世界经济形势、国际形势进行连续性深度分析，对年度热点问题进行专题解读，为研判全球发展趋势提供事实和数据支持。

法律声明

"皮书系列"（含蓝皮书、绿皮书、黄皮书）之品牌由社会科学文献出版社最早使用并持续至今，现已被中国图书行业所熟知。"皮书系列"的相关商标已在国家商标管理部门商标局注册，包括但不限于LOGO（ ）、皮书、Pishu、经济蓝皮书、社会蓝皮书等。"皮书系列"图书的注册商标专用权及封面设计、版式设计的著作权均为社会科学文献出版社所有。未经社会科学文献出版社书面授权许可，任何使用与"皮书系列"图书注册商标、封面设计、版式设计相同或者近似的文字、图形或其组合的行为均系侵权行为。

经作者授权，本书的专有出版权及信息网络传播权等为社会科学文献出版社享有。未经社会科学文献出版社书面授权许可，任何就本书内容的复制、发行或以数字形式进行网络传播的行为均系侵权行为。

社会科学文献出版社将通过法律途径追究上述侵权行为的法律责任，维护自身合法权益。

欢迎社会各界人士对侵犯社会科学文献出版社上述权利的侵权行为进行举报。电话：010-59367121，电子邮箱：fawubu@ssap.cn。

社会科学文献出版社